拯救正义与平等

［英］G·A·科恩 著
陈 伟 译

復旦大學出版社

本成果（译著）为国家社会科学基金资助项目
（项目批准号：10CZX009）

献给我的爱妻詹妮
For my beloved wife, Ganni

简 要 目 录

前言 ·· （ 1 ）
导言 ·· （ 1 ）

Ⅰ．从……拯救平等

1. 激励论证 ·· （ 23 ）
2. 帕累托论证 ··· （ 79 ）
3. 基本结构异议 ··· （106）
4. 差别原则 ·· （138）
5. 自由异议 ·· （166）

Ⅱ．从……拯救正义

6. 事实 ··· （211）
7. 建构主义 ·· （252）
8. 公共性论证 ··· （316）

总附录：对批判的回应 ·· （343）
参考文献 ·· （380）
致谢 ··· （392）
人名索引 ·· （393）
术语索引 ·· （399）
译者后记 ·· （418）

详 细 目 录

前言 ·· 1
导言 ·· 1
  1. 重大的议题 ··· 1
  2. 拯救平等与正义 ··· 2
  3. 方法论上的若干分歧 ··· 3
  4. 正义与公平 ··· 6
  5. 两种立场 ··· 7
  6. 约翰·罗尔斯的伟大之处 ·· 10
  7. 本书概要 ·· 13

第一编　从……拯救平等

第一章　激励论证 ·· 23
一、激励论证、人际检验和共同体 ·· 23
  1. 激励、差别原则和平等 ·· 23
  2. 尼格尔·劳森的减税政策 ·· 29
  3. 在可变的人际环境中说出论证 ·· 31
  4. 绑匪的论证 ·· 33
  5. 共同体和人际检验 ·· 36
  6. 激励论证能通过人际检验吗? ·· 41
二、检验激励论证 ·· 42
  7. 什么使激励论证的小前提为真? ·· 42
  8. 为什么激励论证通不过人际检验? ·· 48
  9. 激励论证和欺诈 ·· 56
  10. 穷人应该拒斥激励论证吗? ··· 57

11. 第一人称复数和第三人称复数 ………………………… 59
　三、激励和差别原则 …………………………………………… 61
　　12. 差别原则的严格解读与松散解读 …………………… 61
　　13. 为什么正义的人们必须实践严格的差别原则？ …… 63
　　14. 差别原则和"日常生活" …………………………… 67
　　15. 尊严、博爱和差别原则 …………………………… 69
　　16. 差别原则和"相互不关心" ……………………… 73
　　17. 差别原则和不公正的社会 ………………………… 74

第二章　帕累托论证 ……………………………………………… 79
　1. 引言 ……………………………………………………… 79
　2. 阐述帕累托论证 ………………………………………… 83
　3. 挑战帕累托论证 ………………………………………… 89
　4. 驳斥帕累托论证 ………………………………………… 92
　5. 平等尺度中的劳动负担 ………………………………… 97
　6. 不一致的尺度 …………………………………………… 98
　7. 提升起始点 ……………………………………………… 99
　8. 不偏不倚与互惠互利 …………………………………… 100
　9. 不平等：一个必要的恶？ ……………………………… 103
　10. 结论 …………………………………………………… 105

第三章　基本结构异议 …………………………………………… 106
　1. "个人的就是政治的" ………………………………… 106
　2. 激励与差别原则：对激励论证的一个评论 ………… 107
　3. 基本结构异议 ………………………………………… 114
　4. 基本结构异议：一个初步的回应 …………………… 118
　5. 基本结构异议：一个更根本的回应 ………………… 121
　6. 谁应当被指责？ ……………………………………… 128
　7. 强制性社会结构和非强制性社会结构 ……………… 131
　附录Ⅰ：关于强制和基本结构的补充说明（2008年附加语） …… 133
　附录Ⅱ：基本结构是一种结构（2008年附加语） ……………… 136

第四章　差别原则 ··· 138
1. 引言 ·· 138
2. 重新考虑差别原则 ······························· 139
3. 差别原则的道德任意性情形与它的内容相矛盾 ······ 142
4. 关于差别原则的一个新近论证 ······················ 147
5. 对于差别原则的一个契约主义论证 ·················· 149
6. 天资差异的道德任意性应该表明什么? ·············· 151
7. 张伯伦和帕累托 ·································· 154
8. "不能"还是"不会" ······························· 156
9. 人性和建构主义 ·································· 162

第五章　自由异议 ··· 166
1. 引言 ·· 166
2. 平等、帕累托和职业选择的自由 ····················· 168
3. 平等、帕累托和罗尔斯式自由 ······················· 180
4. 平等、帕累托和工作中的自由 ······················· 188
5. 不平等收入推理 ·································· 197
6. 血、肾和性 ······································· 205

第二编　从……拯救正义

第六章　事实 ··· 211
1. 陈述我的命题 ····································· 211
2. 事实和一些元伦理学问题 ·························· 211
3. 大多数哲学家关于事实和原则考虑哪些问题 ········· 212
4. 我的命题:终极原则是不敏于事实的;以及心灵清晰性要求 ····· 214
5. 该命题的一个例证 ································ 215
6. 该命题的更多例证 ································ 215
7. 对该命题的论证 ·································· 217
8. 对该命题更深层的例证和辩护 ······················ 224
9. 心灵清晰性要求 ·································· 225
10. 不敏于事实的原则具有纯粹逻辑上的优先性 ········ 227

11. 该命题的条件特征 ·· 227
12. 论"是"与"应当" ·· 228
13. 论"应当"与"能够" ·· 230
14. 对该命题的可能误解 ·· 234
15. 该命题不是一个因果联系的命题 ······························ 234
16. 该命题不是一个心理学的命题 ································ 235
17. 该命题对于最重要的元伦理学争议是中立的 ···················· 236
18. 一些拒绝我的命题的坏的罗尔斯式论证 ························ 238
19. 功利主义,以及基本原则与调节规则之间的差异 ················· 241
20. 我的命题的重要意义 ·· 247
附录:上帝 ··· 250

第七章　建构主义 ··· 252

1. 导言和序要 ·· 252
2. 正义的基本原则与建构主义 ···································· 256
3. 正义的基本原则与建构主义:新问题 ······························ 268
4. 正义是社会制度的首要德性吗? ·································· 277
5. 两个例证:社会保险和财产税 ···································· 282
6. 正义和帕累托法则 ·· 289
7. 正义和对选择最优调节规则的限制,后者即著名的公共性 ······· 296
8. 正义和稳定性 ·· 300
9. "正义的环境" ·· 303
10. 结论 ·· 309
附录:两个原则的原初状态证明是契约主义的吗? ················ 309

第八章　公共性论证 ··· 316

1. 安德鲁·威廉姆斯论公共性和平等主义风尚 ···················· 316
2. 对威廉姆斯论证的一个剖析 ···································· 317
3. 种族主义、正义和担保 ·· 320
4. 担保要求威廉姆斯类型的确定性吗? ······························ 323
5. 正义需要精确度吗? ·· 326
6. 家庭内、市场上和国家中的平等主义风尚 ······················ 330

7. 作为正义的一种想望之物的公共性 …………………… 335
　　8. 公共性和职业选择 …………………………………… 338

总附录：对批判的回应 ……………………………………… 343
　　1. 公众行动和私人行动 ………………………………… 344
　　2. 正义的场所不在引起它的地方 ……………………… 346
　　3. 先验原则、自尊和平等 ……………………………… 350
　　4. 激励和特权 …………………………………………… 355
　　5. 博格的总体目标和超级目标 ………………………… 362
　　6. 博格在处理标准情形上的失败 ……………………… 365
　　7. 分配正义的通货和激励性不平等 …………………… 370
　　8. 罗尔斯关于激励的较早期讨论 ……………………… 373

参考文献 …………………………………………………… 380
致谢 ………………………………………………………… 392
人名索引 …………………………………………………… 393
术语索引 …………………………………………………… 399
译者后记 …………………………………………………… 418

前　言

人们常常无法确定一本书的主题最早出现在它的作者脑海中的那个时刻，甚或那个月份，但是在此，我认为自己能够确定这个时刻。1975年2月，普林斯顿大学的校园里，雪花飞舞，我步行前往蒂姆·斯坎伦(Tim Scanlon)的公司去参加一个讨论班。那时，我不记得我原先看过约翰·罗尔斯的《正义论》，并且我特别天真地对蒂姆说，虽然我能认识到，对广大生产者提供产生不平等的激励能够产生改善处境最不利者条件的结果，因此这对利益攸关者来说也许合乎情理；但我却无法认识到，为什么那会使结果的不平等成为正当的，这并不合乎情理。蒂姆明显地有所深思，但没有说他是否赞同。

本书的第一编为我1975年的评论做辩护：这个评论寻求从罗尔斯反对平等的论证中拯救平等。第二编是更为元伦理学的，为我关于正义概念(不是内容)的一个观点辩护，那是我在第一部分中为平等所做辩护的本质结果。(本书取名《拯救正义与平等》，而没有根据讨论内容的顺序取名《拯救平等与正义》，仅仅是因为前者更押韵。)从这个地方或那个地方开始是一件有关哲学的非常奇妙的事情，或者说，我发现它是非常奇妙的，"论证到哪里，就从哪里继续"①，当然你也会在某处停下。对我而言，这是35年前的事情，那时我正在为卡尔·马克思的历史理论进行辩护。在辩护中，我从历史唯物主义解释的本质入手，但是我不得不扩展到纯粹的解释概念以支撑我所做的工作，正如在这里我发现扩展到纯粹的正义概念是必要的。

对于这本著作，我努力地耕耘了很久，期间几度差点儿放弃。在这一努力中，我从两位朋友那里获得了巨大的团结的好处：智力和情感的支持。其中一位是迈克·大冢(Mike Otsuka)，他的支持远远超过了下面所能够计算出来的东西。谢谢你，迈克，为那肯定超过了一千个的电话(同时感谢万灵学院的买单)。第二位是德里克·帕菲特(Derek Parfit)，他的才华众所周

---

① Plato, *The Republic*, 394d.

知,但他的友善就只有我们这些非常幸运地能接近他的人才能知道。

我也必须特别地衷心感谢塞西尔·法布尔(Cécile Fabre)、安德鲁·威廉姆斯(Andrew Williams)、阿瑟·利普斯坦(Arthur Ripstein)和阿诺德·朱波夫(Arnold Zuboff)。塞西尔在书稿接近完成时阅读了全部的书稿,并提出了一些非常敏锐的问题。安德鲁在过去的15年中多次给出卓越的全面批判,并且把他的这些批评以一个睿智的报告给了哈佛大学出版社。阿瑟是另外一个报告者,他的深刻批判已经对我的研究结果产生了影响。而阿诺德在我不得不与他的妻子和孩子竞争他的注意力之前,就对仍在不断完善的本书的草稿进行了许多细节性的剖析。

感谢万灵学院和牛津大学为我提供了极好的工作条件,并感谢利弗休姆基金(Leverhulme Foundation)给予我两年(2000—2002年)的自由时间,免于承担教学和行政工作。

本书酝酿了这么长时间,以至于非常多的人已经在不同的时间给予了有效评论。我要感谢的其他人员的名单非常长,他们是:Dick Arneson, Daniel Attas, John Baker, Annette Barnes, Jerry Barnes, Brian Barry, Chris Bertram, Akeel Bilgrami, Giacomo Bonanno, Michael Bratman, David Brink, John Broome, Diemut Bubeck, Myles Burnyeat, Paula Casal, Victor Caston, Clare Chambers, John Charvet, Josh Cohen, Michèle Cohen, Miriam Cohen Christofidis, Jerry Dworkin, Ronnie Dworkin, Jon Elster, David Estlund, Colin Farrelly, Sam Freeman, John Gardner, Max de Gaynesford, Allan Gibbard, Margaret Gilbert, Keith Graham, Stephen Grover, Daniel Hausman, Ted Honderich, the late Susan Hurley, Rob Jubb, Frances Kamm, the late Jerry Katz, the late Gregory Kavka, Jeroen Knijff, Daniel Kofman, Christine Korsgaard, Saul Kripke, Will Kymlicka, Andy Levine, Kasper Lippert-Rasmussen, David Lloyd-Thomas, Hui-Chieh Loy, Steven Lukes, Murray MacBeath, Dan McDermott, John McMurtry, Jon Mandle, Dvid Manning, Mike Martin, Andy Mason, Saladin Meckled-Garcia, Mohamed Mehdi, David Miller, Chris Morris, Sarah Moss, Véronique Munoz-Dardé, Tom Nagel, Jan Narveson, Michael Neumann, Dilip Ninan, Richard Norman, Kieran Oberman, Bertell Ollman, Paule Ollman, Martin O'Neill, Ellen Frankel Paul, Jeffrey Paul, Chris Peacocke, Philip Pettit, Hanna Pickard, Piero Pinzauti, Thomas Pogge, Ross Poole, Janet Radcliffe-Richards, Joseph Raz, John Roemer, Miriam Ronzoni,

Amelie Rorty, Miles Sabin, Ben Saunders, Geoffrey Sayre-McCord, Tim Scanlon, Sam Scheffler, Rob Shaver, Bill Shaw, Seana Shiffrin, Saul Smilansky, Horacio Spector, Gopal Sreenivasan, Hillel Steiner, Uwe Steinhoff, Joe Stiglitz, Adam Swift, Larry Temkin, Dag Einar Thorsen, Bertil Tungodden, Peter Vallentyne, Frank Vandenbroucke, Philippe Van Parijs, Nicholas Vrousalis, Steven Wall, Bob Ware, Alan Wertheimer, David Wiggins, Martin Wilkinson, the late Bernard Williams, Jo Wolff, and Erik Wright.

哈佛大学出版社菲比·柯斯曼(Phoebe Kosman)的友善与机智为我解决了许多的困扰。牛津大学政治系的基兰·奥伯曼(Kieran Oberman)作为研究助理提供了非常好的服务。同时,我希望我的妻子米歇尔(Michele)知道我对她有多么的感激。

导　言

1. 重大的议题

正如我的导师吉尔伯特·赖尔(Gilbert Ryle)应该说过的那样,"你要从*某物中拯救出某物",在这里,我尝试拯救的正义与平等源出于罗尔斯的自由主义思想。我将在本导言的第 2 节中展开意欲达到的拯救之大致路线。但是,这里先尝试勾勒出隐藏在这个哲学争论背后的意识形态分歧。

在我与罗尔斯及其信奉者之间分歧的背后存在着一个重大的议题,即卡尔·马克思(Karl Marx)在其《论犹太人问题》一文中深刻表述的非自由主义的社会主义/无政府主义的信仰,"只有当现实的个人……认识到自身的力量并把这种力量组织成为**社会**力量以致不再把社会力量当作**政治**力量跟自己分开的时候","人类的解放"才会是"彻底的";因此,只有当个人"同时也成为抽象的公民"的时候,自由和平等才被表现"在自己的经验生活、自己的个体劳动和自己的个体关系中间"①。

理想的自由主义社会不同于理想的社会主义社会。在理想的社会主义社会中,平等的尊重和关心不是由社会规划并被限制在异化的上层建筑权力即国家的范围之内。如果这些权利原则像马克思认为的那样,是现实的、日常的、物质生活的权利原则,如果它们在日常生活中被实践,就像社会主义理想乌托邦地设想它们将会成为的那样,那么国家就能消亡了。

而这不仅仅意味着强权能够消亡。在马克思主义者的期望中,这意味着国家和社会的**分离**即二元性本身的消亡。到那时,一方面,不存在如罗尔斯的理解中出现的,一种组织起来达到某种形式正义的经济结构;另一方

---

　　*　原著中以斜体强调的词句,在译著中皆用黑体字表示。另外,注释中的参考文献页码皆为英文原著中的页码,具体作品及其版本可查阅附录中的参考文献。——译者注

　　①　《论犹太人问题》,第 241 页,词语的强调为原文所有。正是因为戴维·埃斯特伦德(David Estlund)把这段文字熟练地用作他的《科恩的罗尔斯批判中的自由主义、平等与博爱》一文的题词,才使我认识到我对罗尔斯的批判实际上是解读马克思深刻话语的部分内容的一种尝试。

面,却存在一系列无须表明尊重那种正义的个人的经济选择。马克思启发的问题是,一个在日常生活中没有由广泛意义上的平等原则形成其风尚的社会是否无法提供分配正义。对于这个问题,作为自由主义者的罗尔斯说了不。这是我们之间深刻分歧的界线。

自由主义思想的经济学家想当然地认为经济代理人是追逐私利的,或者,如詹姆斯·米德(James Meade)那样,他们认为经济代理人应该是这样的①,然后,他们想要政治代理人违反他们自私的意愿去行动:在市民社会的尘世中积聚现世的财物,但在政治的天国中做个圣徒。走出这个明显矛盾的一个办法是对经济人的一般化:于是有了像詹姆斯·布坎南(James Buchanan)和戴维·高蒂尔(David Gauthier)这样的理论家的工作。我从事的是对相反的一般化的一种探究。

2. 拯救平等与正义

本书尝试拯救这样的一个平等主义主题,即在一个分配正义占据主导地位的社会中,民众期望能够在物质方面大体上平等;分配正义不能容忍由为处境好的人提供经济激励而产生的严重不平等②,而罗尔斯及其追随者认为这样的严重不平等是一个公正社会的表现。本书还尝试把正义概念从罗尔斯的建构主义处理中拯救出来。而这种对一个概念的更加元伦理学意义上的拯救又支持了对平等主义主题的拯救。如果关于正义的建构主义是正确的,那么,正如我后面将阐释的那样,分配正义要求平等这一主张的前景就会变得糟糕。本书的第一编进行第一个拯救,第二编进行第二个拯救。

如果一个人要拯救平等,而正义又要求平等,那么,在这个意义上,并且在这一限度上,这个人就是在拯救正义。但是,这不是本书第二编标题"拯救正义"的意思,在那里,它意味着从构筑其内容的建构主义观点中拯救正义这个**概念**(无论它的内容是什么)。根据建构主义的观点,正义内容是通过社会生活规则,即由在一个特许的选择环境(在罗尔斯那里,这个状态是原初状态)中会被选择的调节规则(rules of regulation)来确定的。我对正义的拯救反驳(建构主义)所说的这种确定,这基于两个理由:如果社会生活

---

① 参见下面第八章第4节。
② 参见 A Theory of Justice,第7/7页。下面总附录第3节第384—386页上引用的文本表明,罗尔斯有多么的期待那种不平等。

的规则有充分的根据,那么它们将既反映正义之外的价值,又反映那些限制正义可应用范围的实际约束。既然如此,正义本身就不可能是用这样的规则来指明的东西。

本书第一编对平等的拯救与第二编对正义的拯救之间是什么关系呢?考虑到正义不同于其他的价值,那么关于正义要求平等这一主题的理由就得到了加强,因为与正义不同的价值趋向于反对平等。并且,许多实际的约束也不利于实现平等。如此一来,对正义的拯救使其既与其他价值区别开来,也与可起实际作用的调节规则——这些规则支持(不等于确立)正义要求平等的断言——区别开来。

这里要指出的是,在我特别批判建构主义在体系上把其他问题和正义问题混为一谈时,那些独立地认同建构主义是错误的人对我的讨论应该有兴趣,因为它涉及的是独立的兴趣,因此和我的观点——我所认为的其他问题确实是不同于正义的问题——是否正确无关。

3. 方法论上的若干分歧

除了我与罗尔斯主义者在正义的形式与实质这两方面的分歧之外,还有一个分歧是关于如何做政治哲学,或者确实地说就是如何研究哲学本身。这个分歧由一个事实得以综合地解释,即我是一个(具有同一时期共同特征的)牛津人,而他(她)们是哈佛人。我这个时期的牛津人不认为哲学能够距离有关的前哲学判断太远,而哈佛人认为能够。我们在关于分析与综合的区别及因此关于哲学本身的地位上有不同的看法;在关于事实与价值,以及关于理论与实践的关系上也有不同的看法。这些不同是至少达数十年之久的不同的哲学历史以及不同的民族特征的产物。

《正义论》反对并尝试取代一种罗尔斯称之为道德哲学与政治哲学的"直觉主义的"观念,但就他赋予这个观念的特征而言,称之为"彻底的多元主义"会更好。在这个被许多像我这样的牛津人所偏好的观念中,我们通过我们个人对具体事件的规范性判断的考察,来确定那些我们愿意赞同的原则。同时,我们允许那些被广泛的个体判断所全面支持的原则可以不理会反对它们的局外人的判断,从而使个体判断保留了一定的独立自主[①]。

[①] 因而,我打算把我自己列为弗朗西斯·卡姆所称的"标准道义论"的一位支持者,参其 "Owing, Justifying, and Rejecting",第336—341页。

以我在哲学上保守的观点来看,那是唯一可行的道路。同时,当我们走上那条道路时,我们就提炼出,并且因此达到我们最深层的规范信念,而作为最深层的信念,我们发现它很难予以辩护(反对、攻击除外)①。而且,当我们的任务接近完成时,我们预计会发现,我们认可的规范性要求将以竞争排列的方式呈现它们自身:它们全都无法始终令人满意,而我们也没有一种方法来系统地整合它们。在推论上站不住脚的折中是我们的命运。但是,我不是说这种理智上的窘境是令人满意的,而是说这就是我们身处其中的窘境。在相关文献中有许多摆脱它的尝试,但都失败了。

正如罗尔斯注意到的那样,我更喜欢称之为"彻底的多元主义"的观点有两个特性,第二个特性就其自身而言,比第一个特性使这种多元主义更加彻底。他说,这样的理论"是由众多最初原则构成的,这些最初原则可能会相互冲突,在某些特殊情况下给出相反的指示;其次,它们不包括任何可以衡量那些原则的明确方法和优先规则:我们只是靠直觉,靠那种在我们看来是最接近正确的东西来决定衡量"②。

罗尔斯发现,那种认为无需方法或限定范围(compass),直接通过协商就能达成一系列规范性要求的观点,是不能令人满意的。他寻求在方法和结果两个层面上产生一些更具秩序性的东西。准确地说,他提供了一种**理论**,一种产生原则的工具论,即原初状态,并且把正义等同于原初状态机制所产生的东西。原初状态理论宣称,在一定的有知和无知的条件下,无论人们利己主义地选择什么,它们都构成正义。这是因为那种选择的条件:在充分了解人性的特征与经济学社会学法则,但却不知道区别任何人(因此也包括我)与其他任何人的任何东西的情况下,所选择的原则被说成具有规范性的权威。

此外,罗尔斯断言,由所推荐的程序产生的原则会显示出一个稳固的结构:它们会形成一个词典式次序,这在特定情景下会支持确定的裁定,而不是没有结构的折中。但是,正如我所认为的那样(参见前面的第2部分),调节规则的方法是不合适的,所以我认为,更加重要的体系的承诺在结果中实际上无法实现。在幕后,信念的冲突继续存在。

---

① 正如对"直觉主义的"方法的那个说明所蕴涵的,它并不承载对假定一种道德感觉能力的认识论的承诺。它与许多关于我们基本信念的地位的观点,包括那些非认识论意义上的感情表达或态度表达的观点相一致。

② *A Theory of Justice*, pp. 34/30.

在政治(以及其他)道德领域,罗尔斯以及其他人都发现,我所相信的我们无可避免地依赖于直觉主义的折中(trade-offs,折中,平衡)并没有充分的说服力(unsatisfactory)。然而,当实际问题与利己主义的合法选择相冲突时,每个人都会毫无疑虑地玩起直觉主义的平衡。下面,我将阐明人们如何在道德事务上寻找一定的精确度和确定性,但当道德事务遭遇个体情况时,人们就不再期望寻找之。

人们说他们喜欢为慈善事业捐赠,但是他们会因为面对众多的正当理由以及想要成为为这些正当理由有所服务的人而感到困惑,甚至无法行动,他们不知道究竟该捐赠给谁。而当有数不清的餐馆需要去选择时,却不会发生类似的情况。他们只不过选择一个他们知道或者认为好的餐馆,尽管那并不是最好的,但他们认为那已经足够好了。

同时,人们说他们无法**知道**一笔既定的慈善捐赠会用于做什么善事,从而为认识上的确信树立起一个标准,但如果把这个标准应用到人们所关注的自己的私利上,那将剥夺他们的许多乐趣,比如,剥夺了只是碰巧得到好回报的投资的乐趣。

人们在慈善事业方面比在私利的获取方面更加坚持提出连锁推理式的问题(何处划界?)。人们提出:"如果我给他们10美元,那么为什么不给他们15美元?我要在哪儿停止呢?"但是,没有人说:"如果我花费10美元买瓶酒,那么为什么不花费15美元呢?我要在哪儿停止呢?"

同时,人们不肯接受责任指令的模糊性,诸如"干好你的分内事",而这与招呼大家好好享受但其含糊性阻缓不了大家对它的理解相比,并不会显得更加模糊,诸如"咱们一起去度过一段美好时光吧"。

于是,就产生了如何平衡宽宏待人的各种要求的问题。前面那种情景下使人们感到无能为力的那种难以取舍,在面对提供了价格、口味、格调、距离等条件下选择餐馆的问题时,人们并不会感到烦扰。

我不是在说事情含糊是非常好的,同时事情含糊在道德领域比在个体领域无疑会引出更重要的结果。像其他任何人一样,我也愿意事情更好。但是,与某些其他人不一样的是,我不认为这必定能达到。然而,无论怎么样,我发现引人注意的是,当我们的利益处在和不处在危险时,我们对于模糊(等等)有截然不同的反应。当面对正当合理的利己主义的选择时,我们感到不需要一个使每个事情都明确的理论。那么,为了避免或减少我们的道德承诺,在道德王国里我们需要这样的理论吗?回忆一下托马斯·霍布斯(Thomas Hobbes)的评论,"三角形的三个角之和等于四方形的两个角"这一"信条"也完全可能会被"争论",如果相信其虚假性是服务于某些人的利益的话①。

4. 正义与公平

本书第一编特别关注的是分配正义,第二编则关注正义这个概念本身,它应用于分配正义之外的问题,诸如考虑到个人自由和个人隐私时对个体的公正和不公正的对待问题。在转向专门评论分配正义之前,我先稍微谈一下非常一般意义上的正义,尽管这也许不能令人满意。

我设想,站在读者的立场上,对正义原则是这类一般原则的一个直觉理解就是:当她认识到约翰·罗尔斯与罗伯特·诺齐克之间的争论是一个关于正义的争论,和她认识到我们应该尊重我们的自然环境这个原则由于缺少一些非常具体的背景方面的信念而不是一个正义原则之时,她所使用的是(对正义的)同一种理解。但是,正如我的一些批评者所坚持的那样,如果我只不过**必须**用一般的词汇来说我认为正义是什么,那么对那些为之感到满意的人而言,我就是提供了那句古老的格言:正义就是给予每个人其所应得的②。然而,就我而言,我对这个格言不是十分满意,因为仅就其本身而言,这个格言和有关正义与人们应得之间关系的两个相互矛盾观点中的每一个都相容。根据其中的一个观点,正义的观念是**由**人们应得什么的信念而形成;根据另一个观点,人们应得什么的信念则**位于**(可独立确认的)正义信念的**下游**。我不确定哪个观点更加可靠,但是,我不认为,为了论证本书中的命题我就需要在这方面采取一个立场。

现在,正如我在第 3 节中指出的那样,我所喜欢的方法是考察我们最深层的规范性信念的形态以及作为其后承的逻辑蕴涵。同时,我自己在政治哲学中关于正义的充满生机的信念是一种特别有关分配正义的信念。这个信念就是,不平等分配的不平等无法被(一些)相关受影响者的选择、错误或舍弃来证明是正当的,这是不公平的;也因此,**就此而言**,它是不正义的,并且没有任何东西能够移除这种特别的不正义。这并不意味着,并且我也没说,这种不正义的不平等不能成为这样的政策的组成部分,即从整体上考虑

---

① Hobbes, *Leviathan*, p.166.
② 关于其出处的一个简介,参见 David Wiggins, *Ethics*,第 284 页注释 13。

优先于任何其他政策(因为正义之外的价值在其偏爱中具有重要性)的政策的组成部分,甚至也不能成为这样的政策的组成部分,即从整体上考虑比其他政策更正义(因为非分配正义的考虑在其偏爱中具有重要性)的政策的组成部分。但是,这确实可得出,任何包含那种不公平的政策系列都不能是完全正义的。因此,举一个重要的例子来说,差异原则在罗尔斯的观念中赋予满足它的分配以完全的正义,而实际上,正如我在第四章中论证的那样,它容忍了某种形式上的不正义。更一般地来说,罗尔斯主义的方法改变了正义的本性,因为它不能认识到,如果某事是不公平的,那么该事在某种程度上就是不正义的:把最大限度的通盘考虑下的调节规则等同于正义原则的做法排除了这种认知。

罗纳德·德沃金(Ronald Dworkin)在其《资源平等》一书中的某些段落提到了偶然的不平等是不公正的看法。德沃金本人没有把这一看法扩展到完全的普遍性,但是理查德·阿尼森(Richard Arneson)和我则提出将其普遍化,而伊丽莎白·安德森(Elizabeth Anderson)则恰当地把这个提议命名为"运气均等主义"。运气均等主义这个被陈述的见解,现在已经在许多博士论文中被认真研究,同时哲学界抱负不凡者的智巧在研究中也暴露出含混和困难,对此,我当然没有仔细考虑过。我不打算以显示其所有弱点的方式重述那个重要的信念,这些弱点在公开的陈述中已经得到辨明。但是,一般而言,我仍然相信它。因此,本书没有提供一个与罗尔斯理论完全相反的分配正义理论,尽管这种信念在本书第一编尤其在第四、五章中起到了一定的作用,但对我组织批判罗尔斯的形式不是必要的。但是,这种信念在那里所起作用不要求它以现在出现的竞争性可能形式中的任何一种特别形式来陈述。而且,与本书第二编中的所有东西一致的是,它能够被完全地拒绝掉。

5. 两种立场

如果得到正确理解的话,那么本书的一个主要命题就是罗尔斯的差异原则(它谴责与最贫困者利益相冲突的各种不平等)。罗尔斯的差异原则不仅应用于国家行为,而且也应用于超出国家所及范围的个体选择。如今,许多罗尔斯主义者通过为一种道德分工的正当性进行辩护来反对把差异原则的外延扩展到个人领域。按照这种道德分工,国家考虑正义,个体则考虑她自己的个人生活必须完成的事情和价值,即使个体本人愿意考虑正义,也只是在国家要求的范围之内。这种被认为是正当的分工被两种立场的道德所证明：一方面是一种非个人的立场，由国家对它做出反应；另一方面是一种个人立场，个体可以正当地致力于这种立场，而不是在她作为一位守法公民的能力中致力于这种立场。那些用这种方式批评我把分配正义的领域扩展到个人选择的人，可能会倾向于引用托马斯·内格尔那句意味深长的言论来代表他们的观点，即诸如国家这样的"机构"，"与个体不一样，它们没有自己要过的生活"①。

我既接受绘制了这个目标的个人与非个人立场的双重性主题，也接受内格尔的观点，即国家与个人不同，它没有自己所导向的生活。但是，我拒绝认为，非个人的正义只是国家的事情，实际上，这一结论既非内格尔本人所做出，也非罗尔斯所做出。

内格尔在《平等与偏袒》(*Equality and Partiality*)第 6 章和第 9 章中对所探讨的问题阐述了一个比上面的描述更注重细微差别的看法，但在这里继续谈论其细节就不相关了。这里的问题是，上面所说的看法并不是罗尔斯的看法：这样就明显地区别于罗尔斯赋予个人的一系列"自然义务"，这些义务，乃是加于个人而非国家，包括相互尊重、支持和促进公正的制度、在成本允许的前提下做善事等义务。这些义务是对非个人立场的表达，但是它们应用于个人生活的核心：确切地说，相对于制度，它们更是个人的原则。这并不排斥对劳动道德分工的一个简述，它使之约束在分配正义的领域：在这个领域里，罗尔斯实际上把设置公正机制的国家之任务与愿意在那个机制内行事的个人之非任务区别开来。因此，关于现在这个议题，我与罗尔斯之间的真正分歧不是非个人的立场能否延伸到个人的决策，而主要是分配正义的要求能否如此。并且，虽然对罗尔斯来说，他既认为分配正义的要求没有延伸到个人的决策，又认为非个人立场传达的其他东西延伸到了个人的决策，这是非常一致的，但是关于分配正义的罗尔斯式立场不可能**立基于**对非个人正义进入个体决策的普遍性门槛：这减弱了特别是就分配正义而言的分工这一命题的可信性，因为它不能反映一些更有普遍性的东西。

存在于内格尔两种立场中的深刻真理，以及更为深刻的真理即与个人

---

① *Equality and Partiality*，第 59 页。许多说法中的典型说法是，尤里乌斯("Basic Structure"，第 327 页)把上述立场描写成"一种分工的罗尔斯/内格尔理想"。

不一样的国家没有它自己要过的生活,都不会使追求正义的国家与不关心正义的个人(除了他们是愿意服从的公民之外)之间的道德分工正当化。内格尔的假设没有为所断定的分工提供根据,因此也没有为把非个人正义的需求逐出个人选择提供根据。

实际上,就必须特别关注分配正义的人而言,我们能够辨识三种可能的看法,它们都与内格尔论证的前提是一致的,它们中的每一个都与经常误归于我的看法——个人必须如国家一样致力于那种正义——相冲突。首先,罗尔斯的看法是,分配正义只是国家的一项任务。第二种看法会说,个人必须对国家在这一领域完全致力于的东西表现出一定的关心。最后是我自己的看法,没有自己生活的国家和实际上被认为有自己生活的个人,都必须以适当的不同方式,在经济事务上尊重非个人的正义和个体的正当合理要求。

详而论之。在不受限制的市场最大化与为了处境最差者而做完全的自我牺牲限制这两个极端之间有许多形式的动机。第一个极端被罗尔斯允许(我认为那是荒谬的),但是第二个极端不是我要求的。在我看来,第二个极端被一种正当合理的个人特权所排斥。这一特权使每个人有权成为某种存在,而不是为他人谋福利的机器:我们并非只是社会正义的奴隶。但是赞成差别原则的个体必须在经济选择方面对社会正义有一定的关心,无论关心什么,这一关心都是从个人特权停止的地方开始的。然而,国家也必须在其立法中对个体的个人特权予以关注。即便国家偶然有能力这样做,它不应该侵入性地且无所不包地立法以至于个体没有了自己特权活动的范围:但是,很显然,也如我在下面第一章第8节中指出的那样,一个国家尊重那样的约束与一个社会限制差别原则在国家的运用不是一回事。这个特权的正当化证明是一个非常不同于差别原则式不平等的关于不平等的正当化证明,并且,被证明正当的不平等只是偶然会与那些在罗尔斯的限制解释下差别原则所许可的不平等相类似:它们也许会比后者更大或更小。

所以,个体确实有他们自己要过的生活①,并且因此他们被允许在差别原则的要求与他们自己的合理利益之间寻找一个平衡,但并非由此漠视差别原则②在他们的日常生活中的作用③。我所说的平衡必然是一件不明确

---

① 正如犹太圣贤希勒尔(Hillel)在一个因为受到广泛称赞而被广泛引用的段落中说的那样,"如果我不为我们自己考虑,那么谁会为我考虑呢?"
② 正如希勒尔继续的那样,"但是,如果我单单为我自己考虑,那么我又算什么呢?"
③ 或者,如希勒尔的结论,"如果不是现在,那是什么时候呢?"

的事情,这也就很难判定是否实现了平衡:前面第 2 节中的评述显示了这一困难,我还会在下面的第八章中详细阐述之。

6. 约翰·罗尔斯的伟大之处

我的朋友马歇尔·伯曼(Marshall Berman)告诉我,哥伦比亚大学的哲学家莫里斯·拉斐尔·科恩(Morris Raphael Cohen)每年会举办一个关于黑格尔的《精神现象学》的研讨班,科恩对这个研讨班进程的贡献是无情地批判黑格尔,结果是,在学期末时那个文本已经被批驳得体无完肤了。后来,在拍一张哥伦比亚大学的院系照片时,科恩胳膊下夹着《精神现象学》出现在照片中。一个对此感到惊奇的同事问:"你一直攻击那本书,可为什么还带着它?"科恩的回答是:"还有什么书能放在那儿呢?"

我感觉这有点儿像罗尔斯的《正义论》。我相信,在西方政治哲学史上最多有两本书比《正义论》更伟大:柏拉图的《理想国》和霍布斯的《利维坦》。我不用再说自己对那些书的好评。但是,在造就《正义论》的伟大以及罗尔斯的全部成就中——如果同意我这样说的话,就如同黑格尔所做的那样——约翰·罗尔斯在思想上抓住了他的时代,或者更准确地说,抓住了他的时代中一个重大的现实问题。在他的作品中,(在美国意义上的)自由民主和(在欧洲意义上的)社会民主的政治学产生出对其自身的意识。(注意,说一种哲学代表它的时代不是否认它具有普遍真理。正如黑格尔本人所坚持的,普遍真理的不同方面在不同时代里是非常不同的。)

曾经有人对我说起,约翰·洛克的思想之所以充满对立甚至有时矛盾,就是因为洛克看到了所有的问题。当然,自由的社会民主主义不是没有其自身的问题,并且,它们也遭受着我所断言的在罗尔斯的构造中发现的那种对立。有人①认为我夸大了罗尔斯给出的东西与我相应给出的东西这两者之间的差异。如此一来,如果他们倾向于称我是左翼的罗尔斯主义者,那么我既不拒绝也不讨厌这样的形容。在罗尔斯主义中有一种很强的平等主义成分,我努力追寻这一成分来反对其不平等主义的结论。

在《资本论》第一卷第二编的倒数第二段,就是我真诚地认为最深刻也最鼓舞人心的三段话的中间那段中,卡尔·马克思谈到,资本主义市场"那

---

① 例如,乔舒亚·科恩(Joshua Cohen)和戴维·埃斯特伦德:可分别参见他们的"Taking People as They Are"和"Liberalism, Equality, and Fraternity"。

里占统治地位的只是自由、平等、所有权和边沁","所有权"被理解为包括（这里,特别是工人的）自我所有权,而"边沁"被用来指称效用的最大化。马克思在那些价值与市场之间建立了一种特殊的联系,无论这是否正确,它们都当然是自由资本主义文明的首要价值,也因而是吸引了其政治哲学家的价值。尽管并不是所有的哲学家都被这四种价值所引导,但是罗尔斯是这样,并且他所裁制出来的作品涵盖了全部。他像故事里的裁缝,一周前量过尺寸的顾客前来取衣服,顾客试穿了下茄克,一个肩看起来比另外一个高。但是,裁缝说他没有正确地穿那件茄克,并轻微地向下压了下那人的肩。裁缝也不得不把他的一条腿转了二十度,以及其他诸如此类的调整。等那人疑惑并抱怨地离开他的店铺,窘迫地尽力走到人行道上,一个路过的女人对其丈夫说:"可怜的人！真是折磨！"而她的丈夫说:"但是,衣服不错！"

在资本主义显示的价值冲突中,首要的冲突是平等与效用之间的冲突。资本主义的修辞学对两者都赞同,但现实是为效用而牺牲平等：它依赖不正义来生产人类的幸福①。当托马斯·内格尔声称"资本主义生产的东西太让人惊奇了"的时候,我必须承认,在我明白它的意思之前,这个句子使我不快,而他不是指它有道德上的吸引力——如有人认为的那样,资本主义给每个人以合适的应得之物。更确切地说,他是表示资本主义提供了物品的意思②。

所有负责任的当代政治哲学都必须处理资本主义两个方面的真相,即其黑暗的真相和光明的真相。如果因为资本主义为每个人提供了物品,罗尔斯主义就认可不平等是公正的,那么我认为这是一种掩饰了它所要解决之冲突的处理方式。

我发现亨利·西季威克（Henry Sidgwick）对冲突的反应更友好些（西季威克用"这个论证"来大体上指我在本书第一编中所批判的对不平等的激励论证）。

我认为,从一种政治视角来看,这个论证作为对一种允许消费性财富分配极大不平等的社会秩序的辩护是具有决定性的。但是,当我听

---

① 我不是说它是成功的。我不拒绝聚焦于资本主义产生的苦难来对其进行批判。我正在发展一种不同的批判形式。

② *Equality and Partiality*, p. 93.

说它是作为一种伦理视角的结论来极力主张时,我就想起了墨尔本爵士(Lord Melbourne)任首相时对一个朋友请教空的嘉德勋位(garter)授勋仪式①时的回答。他的朋友说:"你为什么不自取之呢?没有人有更好的主张。"墨尔本爵士说:"是的,但是,我不明白贿赂我自己我能够得到什么。"虽然这个回答在表达上是冷嘲热讽式的,但是它给一些宣称在信奉习惯上比墨尔本爵士有更高道德标准的人上了一课。即使我们断定作为社会事实的对奢侈的容忍对人的能力的全面发展是不可或缺的,这个伦理问题仍然会为每个个体保留以下问题,是否那对他是不可或缺的;是否为了使他本人尽责,他就能要求用一大笔可消费的财富而不是降低到用普通商品来贿赂自己。同时,如果谁肯定性地回答这个问题,那么谁就必须承认自己属于以乔治·艾略特(George Eliot)所说的"那高高的理想不是被要求用来说明其行动的人"②为其特征的人的那个阶层。

因为本书的目标是反对罗尔斯在正义上的看法,所以我认为说明罗尔斯的成就在我看来有多重大是有价值的。但是,我应当表明我对约翰·罗尔斯个人的尊敬和喜爱,这一点对我也很重要。虽然我不在围绕罗尔斯的那个圈子里,但是我很幸运地在牛津和哈佛有许多机会去了解他。我特别高兴地记得在一个午饭时间我们都常去的地方——牛津国王爱德华大街Holland & Barrett健康食品店中一间没有装饰且现在已关闭的只有长凳的地下室咖啡店——我们一起吃了一顿(非常)短时间的午餐。我们谈论康德和自由意志,并且我很高兴——正如在我看来③——罗尔斯表达了这样的信仰,即如果我们所有的选择实际上都是因果决定的,那么我们许多关于人类道德价值的通常判断就没有了意义。由于我已经三十年来喜欢思考相同的主题,反对占据主导地位的相容论者的一致意见,所以我很高兴杰克·罗尔斯④站在我们少数派的一边。这有一种合谋共同反对那种一致意见的满

---

① 这里不是指一种没有穿在大腿上的长筒袜,而是指一种没有包含爵士的爵士身份。
② *Practical Ethics*, pp. 108-109.
③ 这听起来可能像一个大惊小怪的附加说明,但它是一个有必要的限制性条件,因为罗尔斯经常从这样一个他正在评论的深层约定谈起,而人们不能准确地确定他正在说什么,这部分地是因为人们无法确信自己已经达到了相同的深度。
④ 罗尔斯的全名是John Jack Bordley Rawls,杰克是他的昵称。——译者注

足感。

杰克·罗尔斯平等而非常大度地对待每个人,因为这样的原因再加上他的作品的影响如此深远,所以他培育出了一个令人赞叹的哲学群体。我认为,能被那个群体接受为一个**有资格的对话者**是一种荣耀。

7. 本书概要

本书包括四个以前出版的作品,并做了稍微不同的调整:第一章至第三章①和第六章。就第一章至第三章而言,文本的改变只是风格上的,但是增加了一些脚注,同时对一些脚注做了改变或扩展:除引述以前的之外,每个情况都指了出来。就第六章而言,比第一章至第三章做了更大一点儿的修改,主要是在第13节"论'应当'蕴涵'能够'"和第19节"论基本原则与调节规则之间的差异"中。

第一章是对我1991年坦纳讲座论"激励、不平等和共同体"的再次加工。平等主义的自由主义者如著名的约翰·罗尔斯相信,不平等如果能通过那些熟悉的激励机制使处境最不利者得益,那么它就是正当的:罗尔斯认为,如果给予处境较好者比处境最不利者更多非常有助于后者的得益,那么这样做就能被他的差别原则——通过有助于那些底层人群得益来支持不平等——证明是正当的。我断言,这种证明不平等正当化的方式比一般假定的更有问题;(至少)当这个激励性考量从所有的有关惩罚或应得权利中独立出来的时候,它就产生了一个对不平等的论证,而这个论证预设一个非共同体的社会模式,在该社会模式中,人们相互之间的关系被解释成策略性的,人们把彼此当作获益的机遇或者障碍,而不是当作可借以证明他们的生活方式的公民同胞。然而,共同体,或如罗尔斯称作的**博爱**(fraternity),对罗尔斯是一个重要的价值,并且,罗尔斯断言,这一价值不但与我批判的激励性原理相一致而且为之所说明。我则相反地断言,在对激励性不平等的赞同中,罗尔斯应用差别原则的方式正好体现了对那个原则的抛弃。

我质疑的既不是差别原则本身也不是第一章中关于不平等性激励的良性后果的那个因果叙述。我不是指我赞同那些条目中的任何一个,毋宁说,我在那章中的具体批判路线与它们的实情相一致。相应地,我主张,**即使那**

---

① 虽然第三章也出现在我的 *If You're an Egalitarian, How Come You're So Rich?* 一书中,但为了保持论证的连续性,它也需要出现在这里。

个因果叙述是真的，而无论差别原则是否正确，差别原则也不能证明基于激励的不平等**作为正义社会的一个特征**是正当的，以罗尔斯自己对正义社会的理解来看，正义社会就是一个其公民相信那些实现社会正义的原则并依之生活的社会。

在第二章（帕累托论证）中，反对罗尔斯的情况得以更深入的展开，提供对明显并列的一个有关不平等论证的反驳，这个论证与其之前（推定的）通过差别原则来进行的显然有说服力的正当化证明紧密相关。论证从一个断言开始，即对平等机会这个理想的恰当理解，要求平等本身作为寻找一种正义秩序的自然**起点**：没有人有权利声称可以基于应得或者任何其他的先天条件而比其他任何人拥有更多的资源。但是，现在设想在一个**不平等**回报的特定设计下**每个人**都会是处境较好者的可行性。那么摒弃那个设计肯定是愚蠢的——这就是"帕累托"改变。据此，不平等被证明是正当的：我们不应该停留在平等的起点上。

在主要的回应中，我指出，如果最初的**不平等**情况是站得住脚的，那么它就削弱了用一种不平等来替代那种平等这样的情况。因为，如果在其中所有人都是处境较好者的这样一种不平等是切实可行的，那么我也断定，在相关的情况中，一种比最初的平等表述更高水平的平等也是切实可行的，而这不是一个被相关的不平等所支配的帕累托。同时，在它证明最初的平等偏好是正当的这个前提之下，所谓的帕累托最优平等状态应该清楚地指向它所比对的不平等。

接下来，本章转入在平等这个标尺之下为劳动负担的内容——既包括质量也包括数量——进行正当性证明。帕累托论证使用了不一致的标尺这一问题也得到进一步的讨论。在帕累托论证中，仅当，非常不一致地，我们使用基本的善这个标尺来证实这个帕累托改进产生一种不平等的分配，同时我们借助于劳动负担使那个不平等正当化时，才似乎可以得到一种正当的不平等。

从本书前两章对罗尔斯的批判中可以得出，分配正义无法只通过公民遵从旨在增益处境最不利者的国家法律来实现，并由此无视那些公民的行为是如何（在遵从法律的限制之内）追逐私利的。所以，我得出结论，一个在差别原则的术语里公平的社会，不仅要求公正的强制性**规则**，而且要求一种影响个体选择的正义**风尚**（*ethos*）。公民不能被认为完全接受了差别原则，除非差别原则影响的不仅是他们的投票行为，而且也在其投票产生的结构中影响他们的某些行为。

但是,这个结论面临一个异议,也就是说,正义之眼并不聚焦在日常生活中经济行为主体的决策上,因为他们的行为发生在社会基本结构之内但并不决定社会基本结构,而差别原则只应用于社会基本结构。反驳者坚持认为,差别原则评估行为主体运作其内的规则,而不评估在那些规则之内他们所做的选择。

我在第三章中回应了所说的**基本结构论证**。我从陈述《正义论》中罗尔斯的主要原理即把基本结构处理成"正义的首要主题"开始,因为"它的影响十分深刻并从一开始就出现"①。但是,正如我所主张的那样,经济主体的行为对人们的生活机遇的影响是相当深刻的,把那种行为从差别原则的范围中排除出去,因而与罗尔斯牺牲之以聚焦基本结构的背景是不协调的。在国家强制性的规则结构中,生产者谈判得越厉害,他们就越少愿意在高额税收下勤奋而热情地工作,处境最不利者的境况从总体上也就会越不利。如果在经济上接受差别原则的生产者由此迁就非常高的再分配税收,而不是以出国或早停工对高税收作出反应,或用别的方式来抗议,那么处境最不利者的境况将会显著地好起来。但是那两个方案之间的区别是风尚的不同以及风尚主导的行为的不同。它不是一种正义的基本结构与一种不正义的基本结构之间的区别,后者如罗尔斯为了决定结构的正义而在结构中只是把人们的选择作为尽可能远地中立于有关正义的数据。

前三章批判差别原则的限制性应用,但并不挑战那个原则本身。然而,在那几章的辩论中有些成分可结合到一起来明显地支持一个反驳差别原则本身的论证,而不是仅仅反驳对差别原则的那个松散的罗尔斯式的应用。

第四章吸收了那些成分。第四章论证差别原则不是一个无条件的正义原则,因为它支持由道德上的专断引起的那种不平等式不正义。我也大胆地提出下面的断言,在罗尔斯的差别原则**情形**和差别原则**内容**之间有一个完全的对立,前者包括对关系平等主义的确认,即一个在本质上对人与人之间的对比很敏感的平等主义;后者则在相同的意义上使那个原则无视人与人之间的对比。在通常的非正式的差别原则形式和标准的词典式的差别原则形式之间,一个重要的含糊表达被发现了,一个对前面第二章帕累托论证重新整理过的版本得到了仔细研究,这要归功于托马斯·内格尔。在罗尔

---

① *A Theory of Justice*, pp. 7/7.

斯的帕累托论证与罗伯特·诺奇克的威尔特·张伯伦论证之间，一些始料不及的共性被显现出来，这既涉及那些论证的结构，也涉及有相同结构以使之可能的评判。在一个总结性的部分中，我比较了为什么真诚信奉差别原则并呼吁国家遵循差别原则的公民们却可能不依靠那个原则来生活的不同原因。该章以关于人性的看法与罗尔斯的建构主义之间关系的一个讨论来收尾。

第五章继续做第二章遗留下来未完成的事情。在第二章我所阐述和驳斥的论证中，我们从一个受欢迎的平等状态 D1 起始，接着我们被告知，如果 D1 能够被 D2——一个使每个人处境都更好的不平等状态——所替代，那么支持 D1 就是无意义的。如果该论证是正确的，那么平等主义者就陷入一个两难困境：他必须要么放弃他的原则，要么支持一个帕累托低级状态。帕累托似乎要求对平等的抛弃。但是，在第二章的回应中，我宣称不存在这样一个两难困境。因为如果 D2 是可能的，那么 D3 通常也就是可能的，即一个比 D1 帕累托更优且 D2 帕累托无法可比的帕累托最优平等状态。因此我们不必在平等与帕累托之间做出选择。

但是，即使平等主义者没有面对一个两难困境，她却仍可能面对一个三难困境，这就是第三章的主题。平等也许与帕累托是一致的，但是，很多东西会相互抗衡，当我们在"自由"的两个阐释的这个或者那个阐释之下将自由加进必要条件集合时，就会产生不一致。

该章对两个三难困境命题进行分别论述。第一个命题提出，在职业选择自由的意义上，平等和帕累托与自由是不一致的：只有通过最优化指令迫使那些在同样报酬下的人选择一份不同的工作，工作才会是满足帕累托最优的，才与平等回报相一致。作为回应，我认为受到适当激励的平等主义公民会因各种理由选择最优的就业安排，而不是被迫这样做。如果我是对的，那么那个断言的一种形式——平等是对有才能者的一种奴役——就由此被驳斥。

第二个三难困境命题提出，即使在平等主义鼓舞之外的帕累托最优安排中，每个人自由地选择与任何其他人同等报酬的工作，个人也会在从事其选择的工作中遭遇一种不自由，因为它会对他们自我实现的预期构成阻力。我在回应中指出，并不是说在自我实现——关涉到在一个普通的工作市场中所能获得的东西——中没有这样的阻力产生，而是说这样一种阻力的存在并不能证明对平等回报的背离是正当的。

第五章总结第一编，接下来是对第一编的一个简单回顾。

第一编主要致力于挑战下面这个论证的两个前提：

1. 不平等是不公正的，除非它们对于使处境最不利者好起来是必要的，在那种情况下，它们是公正的。
2. 对生产者的不平等性激励报酬（unequalizing incentive payments）对使处境最不利者好起来**是**必要的。
3. 因此，不平等性激励报酬是公正的。

第一章至第三章对前提2提出一个异议。该异议指出，不平等性报酬不是**绝对**必要的，因为它们反映激励寻求者的意志，而如果这些人遵从前提1中所述的正义观念来行动，那么他们就不会要求所谈论的激励产生那样的结果。

我对前提1的异议是，在其背后的思想中存在着不连贯，而第四章的大部分则致力于这个异议。你不能为了正义而使平等成为自然起点或者违约点，这样做的**理由**是，没有人比任何其他人应得更多，并因此背离平等，仅因为这个背离可以使处境最不利者受益，并因此宣称这个结果毫不含糊地是公正的。

最后，第五章提问，在失去自由中，是否有一个对分配正义观念的偿付价格，这个分配正义观念出自我对那个渲染性论证的批判。

第一编的整个论证是在正义的基本属性这个层面上展开的，与调节规则这个层面正相反，后者区别于前面导言第2节第2段中所述的那种正义。实际上，整个第二编致力于为那个区别辩护，并因此也致力于第一编论证展开的方式。

第六章开启了本书的第二编，一个更加元伦理学的部分。它呈现了一个关于事实与规范原则之间关系的一般性研究。它的首要命题是，每当一个事实支持一个原则，也就是说，给我们理由来断定一个原则时，也就在本质上断定了一个没有任何事实支持的更本质的原则（这不是说不存在一些不同于一组事实的**其他**种类的好理由来断定未获得事实支持的原则：那是另外一个问题）。倘若再给一个或两个前提，那么可得，如果事实支持原则，那么不敏于事实的原则（fact-insensitive principles）就位于我们的规范性信念的顶点。

既然开始为本章的这个主要主张进行论证,那么我就为之辩护,反驳各种异议,同时我指明,它非常不同于那个熟悉的主题,即不能从"是"推出"应该",而令人足够惊奇的是,那些断定**能够**从"是"推出"应该"的人不得不接受我的命题。

我的命题蕴涵这样的思想,应用上的不可行性不能驳倒一个原则的断言:于是,我似乎违背了"'应该'蕴涵'能够'"这个神圣的元原则,因此我在"'应该'蕴涵'能够'"这个教条上区分什么是真的和什么是假的。

尽管我相信我的命题与大多数哲学家们(和非哲学家们)所认为的相矛盾,就我所知,**主张**所有的原则肯定依赖于事实的唯一哲学家是约翰·罗尔斯,但他并不是在建构主义的基础上论证这一点的:他相信,**所有的**基本原则,无论是建构主义的还是用其他方法派生出来的,都依赖于事实,因此,例如,功利主义的情况非常合适地依赖于下面的事实,诸如奴隶制度从来不被要求用来实现人类幸福的最大化。我考察并驳斥了罗尔斯对有关原则的全面事实敏感性给出的几个论证。在我对罗尔斯观点讨论的过程中,我寻求进一步加强受事实约束的原则(fact-bound principles)与不受事实约束的原则(fact-free principles)之间的区分,后者通过识别前者的一个重要子集即调节规则而得以加固,同时把调节规则与它们基于其上的基本原则进行比较。

第七章阐明,正义原则的建构主义者通过最优选择状态下会选择的依赖规则来进行识别是滥用了正义的本质,因为,正如我在《导言》第2部分中解释的那样,所依赖的最优原则是由与正义不同的价值和不反映基本原则的实际考虑这两者所塑成。最重要的区分是在表达我们最深层的道德承诺的基本规范原则与我们采纳且(确切地说)用来管理我们事务的调节规则之间,后者或者是成文的,或者是通过惯例和习俗形成的。未能透彻而有力地做出这个区分,在适当的地方,对我所声称觉察到的建构主义中的错误而言是至关重要的,这个错误意味着正义这个概念必须从建构主义中拯救出来,而无论正义的内容会变成什么。

根据建构主义,同时考虑它的几个变量,正义原则是有经验的和/或有道德特权的选择者为回答下面这个问题而拣选出来的那些原则:"管理社会生活的正确原则是什么?"我以简单的一点来反驳建构主义,做了下面的构思,同时考察了其推论。这简单的一点就是,对所述问题的回答,因为部分地依赖于对正义的信仰,也依赖于事实情况和不基于正义本质的可行性,同时依赖于与正义不同的价值。因此,把正义原则的建构主义等同于对所说问题的正确回答是得不到支持的,既因为它把正义处理成对事实是敏感的,又因为它无法认识到正义与其他价值之间的区别。把正义原则等同于所依靠的最优原则集是不正确的,因为最优原则是最优的,综合考虑各个方面的,因此就不是单独从正义的视角来考虑的。

这里所说的错误识别通过提给建构主义选择者的问题而被指出。当然不是要求他们去说**正义**是什么:问那个问题的是我们;并且建构主义的教条指出,如果我们对提给建构主义特定选择者的不同问题——也就是说,什么是最优的社会调节规则——都有答案,那么我们就得到了正义是什么这个问题的答案。我对建构主义的生成性批判是,对那个问题的回答不能回答"正义是什么?"这个问题。

第八章考虑并驳斥把**公共性**作为正义的一种形式要求的主张。

公共性的关键点展开如下。无论一个个体是否面对我所说的那种平等主义风尚,正义指令都会因为不止一个理由而难以决定。首先的一点是,没有人会假设,在激励发挥一定的作用对其是如此生厌以至于没有额外报酬而那样做就会降低其生活水平,并且达到一个没有激励就比处境最不利者所过的生活还要差的程度时,正义仍要求一个个体放弃让激励发挥一定的作用。但是,对包括其至交的其他人而言,指出在激励发挥一定作用情况下的一个人的表现是**否是**异常令他生厌,则往往是不可能的:的确,甚至对**他**而言,指出是否如此也都常常是困难的,因为,为了支持那一点,他需要在大体上对自己和别人的工作完成水平进行比较,而那将引起严重的认识困难。相应地,平等主义风尚的原则不能清晰地被表述,并且,是否有人尊重它们也因为这样或那样的原因而难以确定(非常重要的是,尽管对其他人和他而言,确定他是否在**诚信尽力**遵循平等主义原则是不太困难的)。

准确地陈述该风尚的这些特征是困难的,这些特征以及估量人们会在多大程度上遵循它而不只是作为结果的相关困难,正是安德鲁·威廉姆斯(Andrew Williams)批判我的立场的出发点。威廉姆斯坚持认为,在罗尔斯式正义中,以及实际情况中,关于正义的公开原则是占优势的,根据这一点,辨别他们是否被遵守必然是可能的,这是正义规则的本质使然。那是因为,个体有权利拒绝缺乏保障而被正义要求或者在一定程度上也许会以其他方式要求的牺牲,虽然其他人也正在做着牺牲,同时,考虑到与一种平等主义风尚的一致性,他们就无法轻易地拥有那种保障,这既因为无法准确地做到这一点,又因为人的行为动机不是完全可测的。如果威廉姆斯是正确的,那么我对罗尔斯的批判就大打折扣。在罗尔斯差别原则对人们的工作和收入选择的不适用性中不存在不一致的地方:对正义的一种公共性限制禁止了那种适用。

现在,在一个社会中指导行为的规则具有所说的公共性属性,可能的确是**可取的**,而事实是,我所赞成的这种风尚的规则在某种程度上缺乏那种属性。但是我主张,公共性**最多**是管理社会的规则的一个考虑方面,而不是对**正义**内容的一个正当限制。我在有些例子中指出了这一点,比如现在的这个例子,把公共性看作对正义的一种限制与关于正义本身特征的深层直觉相冲突,并且,如果在决定实际的政策之前,我们要寻找"正义(只不过)**是**什么"的公式,那么这些直觉就必须占据主导地位。

总附录主要是被用来回应各种批判。我有幸拥有那么多的批判,并且随着本书的出版,批判在继续飞快地增长。

总附录的出现是因为知识分子的伦理学要求个人对他已写的东西做某种程度上的后续跟进:应该回应批判和审视,并且,如果有必要的话,应该修正自己的立场。但是,满足那个要求则意味着减少了每份努力阐述的回报,并且有时候不得不做出权衡性判断。如果只有当我考虑了所有理性的重要批判并对自己感到满意之后才出版本书的正文,那么它将会被永远地保留在电脑里。但是,我愿意指出,感到特别遗憾的是,我还没有时间来明确地决定我对迈克尔·提特尔鲍姆(Michael Titelbaum)在《一种罗尔斯式正义风尚看起来会像什么?》和 A·J·朱利叶斯(A. J. Julius)在《基本结构与平等价值》中的批判到底是怎样考虑的。

第一编　从……拯救平等

第一章 激 励 论 证

富人:"各位注意了,只要我比你拥有的多一些,我就会努力工作,并使你们和我的处境都越来越好。"

穷人:"好吧,这听起来不错,但是我原本以为您也赞同正义要求平等呢,看来不是。"

富人:"你说的没错,但那仅是标准之一。想要更好的话,就要给予像我这样的富人和你们穷人不同的激励性报酬。"

穷人:"哦,好吧。那为什么一定要这样做呢?"

富人:"因为不这样的话,我就不会像以前那么努力了。"

穷人:"为什么不那么努力了呢?"

富人:"我不大知道,我想这就是我与生俱来的本性吧。"

穷人:"你的意思是你不太关心正义,是么?"

富人:"哦,不! 我可不这么想。"

——简·纳维森(Jan Narveson)《罗尔斯论财富的平等分配》

一、激励论证、人际检验和共同体

1. 激励、差别原则和平等

1988年3月,时任英国撒切尔政府财政大臣的尼格尔·劳森(Nigel Lawson)把所得税的最高税率从60%降到40%。这一减税政策进一步增加了那些收入已然很高者的净收入,这些人的收入本来就比英国一般收入水平高了许多,当然更不必说同穷人的收入相比了。社会主义者不喜欢这一减税的做法,正如在随后的一份工党政策文件中指出的那样,工党实际上将恢复税率至1988年前的水平①。

劳森的减税政策怎样才能得到辩护呢? 诚然,在资本主义社会中,经济

---

① 严格说来,最高税率本可能会增至50%,但是国民保险缴纳的上限将被取消,而这两项举措的效果与提高税率至59%且保持国民保险缴纳的最高限额不变这一举措的效果可能会是一样的。

上的不平等并不是新事物,许多人已经花费了大量的时间为经济不平等进行辩护。我们从政治右翼那里听到,富人有资格享有他们的财富:一方面因为他们自己创造了他们的财富——要不是他们,那些财富就不可能存在;另一方面是因为那些生产了财富从而有资格拥有财富的人们自愿让渡财富给富人,或者是因为他们接受了那些有资格拥有财富的人的赠予或是自愿交易所得,而其他人有资格拥有那些财富,是因为……(如此等等)。(一些坚持上述观点的人还认为这是因为建立了一种道德应得[moral desert],即生产证明了资格的正当性,然而其他一些人发现即使应得的观念在其中不起任何作用,这种权利来源的讲述依然是令人信服的。)然后,一个功利主义的命题不仅得到了右翼而且得到了中间派的肯定,这个命题是:不平等之所以是正当的,是因为它通过刺激经济达到了增加国民生产总值的目的,从而增加了人类幸福的总和。

以罗尔斯为首要哲学代表的左翼自由主义者拒不接受对不平等的这些论证:他们不接受包含于这些论证的大前提中的原则(资格、应得和总体效用)①。但是右翼和中间派有时还提供了另外一种对不平等的论证,在这个大前提下,自由主义者们和睦相处。这个大前提是这样一个原则:各种不平等之所以是正当的,是因为他们尽可能地改善了穷人的境况②。在对不平等论证的这一个版本——并且它就是本章的主题内容——中,他们的高额收入能使有才能者比他们原本生产得更多;而且,由于那些上层者受到激励,所以那些最终成为社会底层者的境况要优于他们在一种更平等社会中的可能境况。这对于撒切尔保守主义的不平等政策是一种政治上的有效论证。我们不停地被告知,反对这种政策的运动,即朝着社会主义平等主义方向的运动,对穷苦者会是不利的,因为它倡导的制度本身所引起的结果恰恰

---

① 更确切地说,他们**在相关的基本层面上**拒斥那些原则。这个限定性条件是必要的,因为左翼自由主义者把应得和资格(entitlement)看作是贡献和补偿的程式中合法所得的(派生的)规则,而贡献和补偿不是**基于**应得和资格这两个观念。(参见 A Theory of Justice,第 103/88—89、310—315/273—279 页;Tom L. Beauchamp, "Distributive Justice and the Difference Principle," 第 144—148 页;Thomas Scanlon, "The Significance of Choice," 第 188、203 页。关于对应得和资格有细微差别的观点的一个最新表述,参见 Rawls, Justice as Fairness,第 72 页及以下各页。)

② 关于对这一原则的广泛使用,参见 F. A. Hayek, The Constitution of Liberty,第三章,尤其是第 44—49 页。

是它的辩护者所一直警告的①。

左翼自由主义者否认下面这个事实性断言：英国或是美国的巨大不平等实际上有利于穷人；但是他们倾向于赞成这样一种观点：如果这些不平等有利于穷人，那么它们就可能是正当的；从而他们要为这些在他们看来从激励的角度考虑具有正当性的不平等进行辩护。这就是罗尔斯著作的一个主题。在罗尔斯看来，一些人主要是由于遗传和其他运气，从而能比其他人生产得更多；因而，如果不太幸运的人们能够因此变得比较富裕的话，那么那些幸运者比别人更富有就是正当的②。罗尔斯所说的差别原则保证了这种政策的正当性，而它仅仅支持那些有利于处境最差的人的社会和经济的不平等，更广泛地说，就是那些要么使处境最不利者的境况得到改善，要么不会使他们情况变得更糟的不平等：在这个问题上，罗尔斯的理论构想在一定程度上含糊不清。在下文中，我将采用一种更宽泛形式下的差别原则。在这个意义上，差别原则允许那些虽没有帮助但也没有伤害处境最不利者的不平等③。

---

① 对那种指责的强烈支持来自凯·安德鲁斯（Kay Andrews）和约翰·雅各布斯（John Jacobs）：*Punishing the Poor*。

② 参见 *A Theory of Justice*，第 15/13、102/87、151/130—131、179/156、546/页在1999年版本中被省略；*Justice as Fairness*，第 76—77 页。

③ 差别原则的表述在两个方面上显示出含糊不清的情况。一方面是上文所提到的在那些**不会损害**处境不利者的不平等与那些**帮助**处境不利者的不平等之间的含糊性；另一方面是**被授权的**（mandated）的不平等与**被允许的**不平等之间的含糊性。这些差别产生了下列的矩阵图：

	被授权的	被允许的
有利的不平等是	1 →	2
	↑	↑
非损害性的不平等是	3 →	4

既然被授权的不平等是被允许的不平等，并且有利的不平等不会产生伤害，那么在上面用箭头标注的对差别原则可能的解释中就存在许多推论。并且对于哪些不平等是被授权的和哪些不平等是被允许的就有五种逻辑上可能的情况：所有的不平等都是被授权的（1,2,3,4）；有利的不平等是被授权的，而其他的是被禁止的（1,2）；没有不平等是被授权的，而只有有利的不平等才是被允许的（2）；没有不平等是被授权的，而所有非损害性不平等都是被允许的（2,4）；有利的不平等是被授权的，而所有非损害性的不平等是被允许的（1,2,4）。我们能够为这五种观点中的每一种提供逻辑依据，并且我相信在各种罗尔斯文本的字面意思和/或本质思想中对这些逻辑依据全部有迹可循。（正像我说过的那样，即使我接受差别原则的一种形式，在这种形式中，差别原则允许**所有**非损害性的不平等，但是我在这一章中对罗尔斯的批判是与上述所罗列的他的任何一种观点都是一致的：这种批判仅仅取决于他允许的有利的不平等和禁止的损害性的不平等，而且这种**立场**是上述五种观点中每一种的构成部分。）

（有关列举或提供对差别原则各种解读的文章，可参见 Derek Parfit 编辑的文集，见 *Equality or Priority?* 一书附录。）

现在，再来讨论社会主义的平等主义者，这些人不喜欢劳森的减税政策①。作为左翼自由主义者的左翼，他们并不认为利用应得、资格和总体效用来证明不平等是正当的。但是，对他们来说，不能轻易地把罗尔斯对不平等的论证抛在一旁不理会。他们不可能只是不理会这种证明，而不给予自己所倡导的平等主张一种狂热的信仰，否则他们就无法在自我反思时发现后者的吸引力。

社会主义的平等主义者声称他们信奉平等。我们很可能认为，他们之所以被看作是平等主义者，是因为平等是他们的前提。但是这个前提的结构太简单了，以至于容纳不下那些使他们在政治上继续前行的思想，即：为什么一些人的境况如此**有利**，而另一些人的境况却应该**不利**呢？为什么一些人应该处于比其他人更好的处境中呢？这并不是一个乏味的话题。因为在这个问题中，没有提到状态的绝对水平，因此也没有提到任何境况**不比**其他人更差的处境不利者。也许在遍布着百万富翁和亿万富翁而没有任何人生活艰难的世界中，一些平等主义者仍然会坚持他们的理想，但是对于百万富翁与亿万富翁之间的不平等，在我的印象中，那些从事政治的社会主义的平等主义者，他们对这种不平等没有什么强烈的看法。他们认为不妥当的事情是，在阶层的最底端有着一种不必要的艰辛。他们相信，穷苦的人们在平等化的再分配后将会富裕起来。这种情况的关键特征是穷苦者的境况比任何其他需要改善的人的境况都更糟糕，而平等化的再分配会提高他们的生活水平。

对于这些平等主义者而言②，平等之所以可能是一件好事，是因为它可

---

① （附加于2008年）本章其余段落在对正义和最优政策（optimal policy）的区分上还未能做到审慎周到。在这种区分的影响下，我现在想说那种分配正义**是**（某种）平等；但是，帕累托法则，从而那种受到限制的帕累托法则，即差别原则，往往要胜过正义。相应地，我现在想说，虽然在一定的限定条件下，我的确接受了差别原则，但是我不把它**当作一种正义**的原则，而是作为一种理性政策的原则。因此，我现在在不同意在本章其余段落中提到的社会主义的平等主义者的观点。有人认为，值得那样头衔的人应该在这个章节中占有一席之地，但是像我这样的另外一些人认为这是错误的。

另外，参见后面的第四章第1—5节和第七章第6节。请注意，这种原则的主要变化并没有影响我在第一章至第三章中对罗尔斯激励原则的批判，在那里，我指责罗尔斯**误用**了差别原则，他**没有**像他把差别原则指向平等——作为一种对分配正义的理解——那样，运用差别原则。

② （附加于2008年）他们在这里被称作"平等主义者"，不是因为一个明显错误的看法，即他们声称把"平等主义"（相对于优先主义）作为一个基本原则，而是因为他们相信促进平等。一个功利主义者——拒绝把平等主义作为基本原则但相信逐渐缩小的边际效用法则证明了一种平等分配的正当性——可能会被许可说：因为我是一个功利主义者，所以我是一个平等主义者。此外，参见本节的最后一段。

能会改善贫穷者的处境,而不是因为平等会使富裕者变得贫穷。并且,当他们的批评者指责他们因为平等的缘故而愿意把每个人降低到处境最不利者甚至更困难者的水平时,他们并不是回应说:嗯,是的,如果有必要的话就让我们一起降低吧,但如果那是可能的,那么我们就能在一个比这更高的标准上达到平等。相反,他们的说法在原则层面上有点儿含糊其辞。他们仅仅否认这种观点,即为了实现平等,就必然走向一种一些人更贫困而没有人比现在处境更好的状况。假如他们更深入地思考一下,他们就会补充说,如果拉平是必然的话,平等就会失去它的吸引力。平等要么会使贫穷者变得更穷,从而没有达到最初的平等主义意图;要么可能使贫穷者的状况没有得到任何改善,从而使其他人的境况不为任何明确目的的变坏。平等主义者的初始动机是对贫穷者的关注,与此相比,如果确实需要用不平等来改善贫穷者的境况的话,那么不平等就是必要的;如果不平等既没有改善又没有恶化穷人的境况的话,那么这样的不平等是可容许的。

因此,这些平等主义者忘记了他们的目标。在一个充满了穷苦者的世界中,如果他们拒斥差别原则,并且坚守一种严格平等的平等主义,那么他们的立场就变得不连贯或者可以说是背离了自身。(就我曾经归于他们的优先性和重点而言,严格说来,他们应该认可的基本原则既不是平等也不是差别原则,而是下面这句复杂的格言:改善贫穷者的境况,或者如果不可能,那就尽可能使他们的境况得到改善。但是,从对何谓富裕的适当严格的解释来说,并且从世界可预见的资源前景的现实主义观点来看,这句复杂的格言的实际结果就是差别原则的实际结果。)我们可以得出的结论是,我所理解的社会主义的平等主义者不应该被称作"平等主义者",因为(如果我是对的话)平等并不是他们的真正前提。但是,这个结论可能有些草率,我马上会对"平等主义者"这个名称的适当性进行更多的讨论。

对我而言,我接受那种被更宽泛解释的差别原则(参见前面第29页①),但是,我怀疑它是否适用于辩护如下观点:对有才能者进行特殊的金钱激励。罗尔斯主义者认为,与这样的激励机制相关联的不平等符合差别原则。但是我相信,有一种观点与罗尔斯主义者的假设相比是更成问题的:如果不平等通过熟悉的激励机制而有利于贫穷者,那么不平等就被证明是正当的;我相信,(至少)在激励不再借助应得和资格的时候,它才产生出一

---

① 此处页码见本中译本边码。以下不再注明。——译者注

种支持不平等的论证,而这种不平等要求一种违反共同体的基本条件的社会模式。只有当有才能者的态度与差别原则本身的精神相背离的时候,差别原则才能被用来证明那种导致了不平等的报酬激励机制的正当性:如果有才能者明确支持差别原则的话,他们就不需要特殊的激励机制。因此,当差别原则被用来证明给予有才能者激励性报酬是正当的时候,他们必须被看作是在共同体之外坚持这个原则的①。

更一般地说,同时有点儿超出这些讲座的有限纲要,我想要记下我在这里的一个怀疑:差别原则是否无条件地证明了**任何**重大不平等的正当性。仅当处境最不利者不会从一种不平等的消除中受益的时候,差别原则才允许这种不平等。我还相信,要表明处境最不利者不能从不平等的消除中获益,通常比自由主义者所认为的更加困难,因此,以差别原则来证明不平等是正当的通常要比自由主义者所认为的更加困难。处境最不利者之所以通过激励性不平等获益,仅仅是因为如果取消不平等的激励,那么境况较好者实际上就会进行罢工。这种不平等可以使贫穷者受益,仅仅是在富裕者不平等的态度以及因之而来的行为所设定的限制集合之内,而这种限制是他们可以消除的。并且,在一种由预先存在的不平等结构而不是由不平等主义态度所设定的限制集合之内,这种不平等也能使处境不利者获益。因此,在一个由政府提供医疗保障的国家中,会存在由于分配一部分医疗资源给那些支付高额费用因而享有高级护理的患者所造成的不平等,但当把收入的一部分用来提高整体服务标准的时候,这种不平等使处境不利者获益。不平等的医疗保障帮助了穷人,但是这只是在先前的收入不平等(无疑地,这种不平等本身反映更深层的结构不平等和不平等主义态度)本身没有——在该论证之内——被表明有利于处境不利者这样的背景之下才会如此。

在可行集合(the feasible set)的建构中,人们越是在时间和因果上向前追溯,人们越是容易遭遇更多的被人类的选择所关闭的开放可能性,从而

---

① 尽管我将提出下面的思想来反对左翼自由主义者:共同体无法容许他们所赞同的不平等,但是我也不需要否认巨大的不平等在前市场社会中与共同体共存。因为,如果的确是这样的话,那么那种共存是可能的,因为它普遍接受,更具体地来说,这是因为不太富裕者接受了关于命运和地位的意识形态,而左翼自由主义者不赞成那些意识形态。当人们认为自由主义者所认作错误的事情没有表明共同体和不平等能够在一个持有现代意识的社会中共存的时候,共同体才能与不平等相协调地共存。

也就越难去识别那些没有损害处境不利者的不平等。综合上文区分过的两个事例,我猜想,社会不平等将会表现出有利于或者中立于社会底层者的利益,这个表现仅当我们把不平等的结构和/或支持不平等的态度(任何肯定差别原则的人都不应该毫无保留地接受它们)看作是理所当然的时候才会发生①。

　　现在,如果这一切都是正确的,那么我们最终就可以间接地证明将"平等主义者"这个术语用于我所理解的社会主义者是正当的,在这里我假设他们愿意容忍我沿着刚才预示的路径对他们立场的一种表述。因为我们也许会说,一个人在如下条件下是一个平等主义者:如果他把差别原则应用于存在贫穷者(与只是不太富裕者不同)的环境中,**同时**,他相信差别原则在上述情况下要求的是平等本身,换句话说,如果他相信从长远来看,同时不去考虑根深蒂固的赞成不平等的态度和实践的话,那么在这样的情况下,**并存在不**损害处境最不利者的社会不平等。起初,平等似乎是一个前提。然后,当渴求平等的理由得到澄清的时候,平等**作为**一个前提就遭到了拒绝:它为了支持差别原则而遭到了拒绝(或者严格地来,正如前面第 32 页提到的那句复杂的格言)。但是,现在由于植根于差别原则(或类似的某种东西),平等重新断言自身不仅是此时此地的结论,而且是可预见的未来的结论。

2. 尼格尔·劳森的减税政策

　　在本章第 3 节中,我将返回来继续讨论罗尔斯和差别原则。现在,我想集中地讨论尼格尔·劳森的减税政策和反对取消减税政策的激励情形,也就是把对多产者的回报维持在现有高水平上的情形。并且,我将只是就那些通过熟练技能和才能而不是通过投入资本来获得许多产品的劳动者来考虑这种情形。因此,我将要考察的论证不仅适用于资本主义经济,而且适用于那些没有资本私有制的经济,比如市场社会主义的某些形式。当然,对于资本投资的高回报也存在着一种激励论证,但是在这一章中,我不探讨那个论证。

---

① 我们也可以说,当我们不是把上述因果性而是把道德律令看成是理所当然的时候,不平等对于改善处境不利者的境况是必要的。因此,当左翼自由主义者所拒绝的应得和资格原则的各种要素得到肯定的时候,激励才能被判定对于提高处境不利者的境况来说确实是必需的。

激励论证的支持者说,当多产者获得的回报不多时,他们就会比他们所能生产的要少,结果是,相对贫穷和处境不利的人们的境况就会比有才能者得到很好回报的时候更糟糕。当激励论证被用来反对重新恢复最高税率到60%时,激励论证的推理如下:

当经济不平等使处境最不利者在物质上得到改善时,它们才是正当的。(大前提,规范性前提)
当最高税率是40%的时候,(a)那些有才能者的富裕者比最高税率定为60%时生产得更多;同时,(b)结果是,处境最不利者结果在物质上得到改善。(小前提,事实性前提)
因此,最高税率不应该从40%增至60%。

这个论证的小前提 a 部分中声称所实现的条件应该如何促成 b 部分中的结果呢?这个问题对我现在所关心的问题来说是无关紧要的。一个可能的情况是,当税率降低而税额上升的时候,那些富人会更努力地工作,从而有更多的财政收入用来重新分配。另一个可能的情况是,当那些富人更努力地工作的时候,除了其他的结果,他们还为贫穷者创造了更好的就业机会。

我将对激励论证给出否定性的评论,但是我对它的批评将采取一种特殊的形式。因为我不会直接地集中讨论激励论证本身,而是集中在激励论证的某些提出方式的特征上。因此,在刚才描述过的具体中心所提出的(和它们所做的)问题之外,我不会就激励论证的有效性或者它的前提的真实性提出问题。而且,我尤其不会就激励论证的事实性小前提去探究可能的疑问。我将既不会怀疑论断(a),即所谓的有才能的富人当他们得到更多回报时他们就会生产得更多,也不会怀疑论断(b),即穷苦者会从(a)命题所断言的处境有利者的更巨大的生产力中获益。我的目标并不是表明激励论证的小前提是错误的。

接下来的批评并不都是针对一切可以被称为激励的东西,而只是针对那些能产生不平等的激励,而据说这些激励因为改善处境不利者的境况而被证明是正当的。我对那些被设计用来消除贫困陷阱或是诱导人们从事特别不快乐的工作的激励并不存在异议。那些激励在本质上并不导致不平等。我的目标是这样一些激励:它们给有才能者高额回报,要不然他们不会像那些回报致使他们做的那样努力工作。我认为,自由主义为这类激励所做的常见辩护未曾经过彻底的思考。

3. 在可变的人际环境中说出论证

我说过,我会通过集中思考激励论证的某些表达方式来批评它。因为我认为,虽然当该论证如其常常出现的那样以一种温和而客观的形式被提出来时——如上文所说的那样,可能听起来会很有道理,但是如果我们选定它的提出形式,譬如,一个有才能的富裕者向一个贫穷者宣布该论证,这听起来就不大适宜。当激励论证发生在人际环境中的时候,它就经历了这种贬值,这一事实将会影响我们对激励论证所暗中推荐的那个社会的本质的评价。

一种规范论证之所以会经常呈现出一种特别的面貌,是因为它是谁提出和/或向谁提出的问题。当实施一种行为或者采纳一项政策或者采取一种态度之理由时,那个(些)被要求如此行动或批准或认为的人的适当反应和在交流中处于不同位置的观察者的反应,可能都依赖于谁在说和谁在听。这种依赖性的形式和解释会在不同类型的情况下呈现出相当大的变化。但是,一般的观点认为存在着许多的方式,这其中,一些比另一些更令人感兴趣,正是在这些方式中一种论证的令人信服的价值可能是说者—听众—相关者(speaker-audience-relative);而且,还有不同利益程度上的很多理由,询问为什么应该如此。

在描述一种在激励论证情形下运转的依赖形式之前(那种反应依赖于谁在对谁说话),并且为了产生如下气氛:我们在他们讲话方式的语境中思考他们的论证,我举出这个一般现象的一些例子:

(a) 我能够论证说,加利福尼亚的司机不应当因刚刚在红灯亮时右转弯而受到指责,因为他不知道加利福尼亚范围之外的规则是不同的。但是,他当时不能提出这个论证,即使它听起来似乎是完全合理的。

(b) 你想要拿钓鱼竿来消遣娱乐,而我需要用它来得到我的下一顿饭。我知道你是如此的不坚忍,以至于如果你不能去钓鱼,会比我吃不上饭更心烦意乱。所以,我让你得到钓鱼竿,而且我把你对失望的超级敏感当作我的理由。但是,对你来说,把这个原因作为你应该得到钓鱼竿的理由,就不那么合适。

(c) 我可以使我的中产阶级朋友相信,因为我的轿车正在维修,所以这些天我不得不花几个小时的时间乘坐公交车,所以这几天我有权脾气不好。当听众不是我的朋友而是一个每天都被迫忍受漫长车程而没有轿车的公交乘客的时候,基于同样理由得出的同样结论听起来就苍白无力。

(d) 正如慈善事业的广告设计人员所知道的那样,我们平常为不进行大量捐赠而提出了一些自私的理由(我们需要一个新房子,我正为度假而存钱,我实际上不是很富裕),当我们设想它们是说给那些没有我们的施舍就意味着苦难和死亡的人听的时候,这些理由听起来就明显地站不住脚①。

(e) 有些人为慈善事业做出的牺牲远大于听者为自己开脱才提供捐赠所带来的牺牲,当这样的普通理由说给前者听的时候,它们听起来也是苍白无力的②。

---

① "你怎么会告诉一个快要饿死的人说你什么也做不了呢?"(《行动援助传单》,1990 年)

② 对这种(尤其)特殊的相关性的不当利用出现在 1943 年的一则广告中,它的目的是促进对战争债券的购买。在 1944 年 3 月,这则广告由于对战争胜利的贡献而获得褒奖。

这则广告顶部的第三格画有一幅在一间阴冷小牢房中的美国战俘。在这幅画的下面,我们发现下述文字:

今晚,你会给美国战俘写一封信吗?

或许,他就是来自吉米·杜利特尔的一个男孩;或许,当巴丹半岛(该岛在菲律宾吕宋岛西部——译者注)失守的时候,他被丢在那里。不管怎么说,他是一个美国人,并且,他已经很长时间没有收到一封信了。

当你坐下来写信的时候,告诉**他**你为什么在截止时间之前没有买一份战争债券。

你可能会说:"亲爱的乔,旧的夹大衣已经变得有点儿破旧,所以我……"

不,划掉它吧。乔可能不大懂夹大衣的意思,尤其是如果他是在一间潮湿的日本式牢房中颤抖的话。让我们重新写吧。"亲爱的乔,我一直在相当努力地工作,并且已经一年多没有休过假了,所以……"

该死,最好也划掉吧。乔所待的地方甚至没有休假可言。

哦,你在等待什么呢? 开始写信给乔吧。不管怎样说,**试着**写封信吧。

但是,先生,如果你发觉无论如何你都不能写出那封信,你会至少为乔做下面这件事吗? 你会提高投入战争债券的额度并且从此开始**持续**购买你应买的那份战争债券吗?(1945,*Britannica Book of the Year*,第 22 页)

我简单谈一谈这个广告的形式,以及它的激励力量的来源(如果它确实产生了这种激励,它得到这种奖励就是应得的)。

当然,这则广告不是针对某一个人而是针对一大群人,针对所有生活富裕的人和广告所描绘的公民的个人意图。然而,这则广告好像是对某一个人讲的,并且是用单一人称向一组战俘中的一个战俘讲话。这则广告的内容暗示公民本身负有对战俘本身的某种责任。但是,这则广告的目标是,从公民和战俘两个群体中各选择一个人出来,然后勾画他们之间的一种遭遇,从而传递出许多人身上所负的义务。此外,应该注意到,如果这则广告的人称指称用的是复数形式,换句话说,如果老百姓对所设想的**一群**战俘讲到了**我们的**破旧外套、失修的棚屋和缺少休假,那么这则广告(转下页)

(f) 既然五十步不应该笑百步,那么,当一位惯常逃税、穿着考究的上司因为一位雇员偷偷地挪用了一点儿现金而斥责他的时候,后者就不会引起大家的注意。

这些例子表明,各种论证的说服力在发生着变化,这是因为人们的认识(a)或者道德(e 和 f)或社会(c)立场发生了变化,或者是因为手法和窘迫(c、d 和 e)和直接性(d)的问题,或者是由于慷慨比贪婪更有吸引力(b)。在这里,我不尝试对各种论证在不同类型的人际传达中减弱说服力的方式进行系统的分类。相反地,我将在这里讨论一种与本文尤其相关的事例,因为激励论证就属于它。

4. 绑匪的论证

在这种类型的事例中,一个论证在它的提出者是一个人或是人们中的一员的时候就改变了模样:他的某个选择或某些选择使得激励论证的某个或更多的前提为真。与同一论证的其他提出者相比,那个使得或者说有助

(接上页)从它的目的和力量上来讲几乎没有减损。(比较由一个富人或者所有富人一致地向所有穷人用第一人称复数形式描述激励的正当理由。)

这则广告的制造者认为他们能够通过描述一个公民提供给乔不买债券的原因,从而揭露公民给出的理由的不充分性。而且,他们正确地认识到,如果你不必同时面对乔,那么当你因上述理由而决定不买战争债券的时候,就很容易面对自己。

这则广告打动读者的力量是由多种因素决定的,并且混合了那些属于 c、d 和 e 类型的因素。这则广告模拟了一个公民与乔之间的一个直接对话,这样一种直接性是通过人际形式提出论证从而达到一种修辞效果。于是,由于这种直接性得到了保证,两三个可拆分的东西混合在一起就产生了强烈的说服力,这则广告就依赖于这种说服力:我和乔是同一个共同体的成员,而他在受苦;我和乔都是一项非常重要的事业的共同参与者,在这项事业中,起码我和自己家人的生活**质量**处在危险之中;而且,乔是一个道德英雄——与我不愿意付出的绵薄之力相比,看看他为上面提到的事业所付出的东西。这些要考虑的因素融合在一起使我觉得应对乔负责。这则广告表明,尽管对于一个人来说在买更多的战争债券之前去挑选一件新外套听起来是相当合理的,但是穿一件破旧外套的负担与乔背负的负担相比就产生不了任何的辩解作用:正如这则广告所意味的那样,这就解释了为什么当一个公民告诉乔他的破旧外套是他不去购买更多战争债券的合适理由时他会感到羞愧。

最后,评论一下那种直接性的作用。就如我所注意到的那样,那种直接性是这则广告力量的一种来源。在产生直接性的东西不是对于一个人(或者一个群体)的情况下,直接性就能有助于增强说服力。我们不对动物讲话,但是当某些实验准备妥当时,证明这些动物在实验中的用途的论证就可能难以在实验室中表达出来。我们也不对树木讲话,但是当一个人站在一片巍巍森林之中时,为《纽约时报》周日版的篇幅进行正当性辩护就可能更加困难。因此,当说出的一个论证是直接性的一个特例而不是它的一般形式的一部分的时候,我们就只好面对一个人;而且,战俘是表达的对象,这一点对于这则广告的力量而言可能不是关键的,而这种情况正好与激励论证**在那里**被提出来时的情况相反。

于使论证的某个前提成真的人,能够被要求证明前提是正确的这个事实①。而有时候,他不能提供一个令人满意的证明。

关于这种结构有一个引人注目的事例,考虑下支付绑匪赎金的这个论证:仅当绑匪收到赎金的时候,孩子才会被释放。有各种各样的理由不去支付赎金。有些关涉到进一步的后果:譬如,或许更多的绑架会被鼓励。而且,支付赎金之所以被认为是错误的,不仅在于它的一些后果,而且在于它的本质,因为支付赎金就意味着答应一种卑鄙的恐吓。但是,你们可能仍然会同意,因为利害关系太大,所以支付赎金给绑匪就常常是正当的。由于缺乏把刚刚提到的抵消性理由中立化所需的证明,所以赞同向某一特定绑匪支付赎金的论证就可能展开如下:

> 孩子们应该和他们的父母在一起。
> 除非他们给绑匪赎金,否则绑匪就不会把这个孩子归还给他的父母。
> 因此,这个孩子的父母应该支付绑匪赎金。

现在,该论证的这种形式完全是第三人称的:在这种形式下,任何人(或许,该论证提到过的人除外)都可能是将该论证说给其他任何人的人。但是,让我们现在设想绑匪本人提出这个论证,譬如提给孩子的父母。(这里要紧的是,他正在进行这个谈话,而不是他们正在聆听:后者的情况在下面第 11 节中得以突出。)凭借对于论证的无可指责的认同标准,接下来的论证就与上面所给的论证是一样的:它的大前提陈述了相同的原则,它的小前提包含了相同的事实性断言,同时它的结论指向相同的行动表现。

> 孩子们应该和他们的父母在一起。
> 除非你们付给我赎金,否则我将不会归还你们的孩子。
> 因此,你们应该付给我赎金。

现在,应该注意到,尽管我们能够假设它的前提的真实性和它的推理的有效性,但是,对于任何一个在上述人际环境中说出该论证的人,耻辱就加

---

① 与它为真这个主张相反,能够要求该论证的每一个提出者去证明这个事实的正当性。

诸其上，即使在大多数情况下①，以客观的形式讲出同样的论证是一个无罪的方式。并且，关于为什么在所展现的人际环境中这个论证的提出者会招致耻辱，当然没有神秘性可言。那个绑匪之所以会招致耻辱，是因为他所诉诸的事实，即只有当你们支付了赎金才能取回你们的孩子，这是他故意促成的事实：他使这个事实为真，而使这个事实为真在道德上是卑鄙可耻的。

当绑匪提出这个论证时，他就表明他本人是很坏的，但为了使我们自己相信绑匪的要求不值得同意，我们几乎没有必要反思他说出该论证的形式。即使不依赖于任何这样的反思，我们也可以充分地认识到绑匪的行为是错误的，并且我们不必因他对这个论证直率的公开承认而感到特别的愤慨。事实上，在某些情况中，绑匪提出这个论证将对孩子的父母有利，因为绑匪说出该论证的小前提，这有时首先就会使孩子的父母知道如何找回自己的孩子。人们甚至能够设想，一个或许有些轻微精神分裂的绑匪忽然想到，"天哪，我忘记了去通知孩子的父母！"而他在思考的过程中就会想到这个孩子及其父母。

然而，虽然绑匪的（主要的）不道德之处不在于他表达了这个论证，而在于他使论证的小前提为真，他之所以还是应该为表达了这个论证而感到羞愧，只是因为他使那个前提为真。在某些情况中，他可能有更严重的罪恶而没有说出这个论证，这个事实没有证伪下面的断言：在所有情况中，只要他说出这个论证，那么他就暴露出自己是极坏的。

在绑匪论证中，有两组行为者：绑匪和孩子的父母，他们都是在该论证的最初表达中以第三人称被提及的，并且在该论证修改后的表述中是以第一人称和第二人称被提及的。考虑一下涉及两组不同人群即 A 和 B 的任意一个论证。这样的一个论证可以用许多不同的方式来表达。它可能被 A 或者 B 中的人说出，或者被非 A 非 B 中的人说出，并且这个论证可以说给任意一组的人们，或者对这两组的人都不说。而且，所有这一切都适用于激励论证，一方面是一群有才能的富人，另一方面是那些处境最不利者。在对激励论证的论述中，我主要是对这样一种情况感兴趣：在其中，一个有才能

---

① 我采取这种谨慎的方法来表达自己的观点，是因为且不说该事例，如果你想要同意如下事例，在其中绑匪本人使用了该论证的客观形式，称他自己为"他"，那么就有如下情况：一个人提出该论证并且表达出（例如，通过他的语气）他对对抗性（如果可以适当地不予理睬的话）考虑是不敏感的，和/或者他在绑匪的威胁中没有看到任何麻烦的地方，和/或者他明白客观力量互动模式下的人类交易。

的富人提出了激励论证,有时对谁说并不要紧,要紧的是有时贫穷者是他的听众;并且,我一度考虑到相反的情形,即一个穷人向一个有才能的富人讲述了这个论证。

激励论证和绑匪论证有一些共同之处,即使在一个人得到他想要的金钱之间,扣留人质与扣留劳动之间有重大的区别。然而,在更加仔细地审视绑匪论证与激励论证之间相似和区别之前,我想解释一下为什么"共同体"这个词会出现在本章的标题之中。

5. 共同体和人际检验

在常见的用法中,"共同体"涉及大量的条件,我将介绍我想起来的一个特殊条件,我通过把它与**综合的正当性证明**(comprehensive justification)这个概念相联系来介绍这个条件。

大多数的政策论证包含了当政策实施时和尚未实施时人们会如何行动的各种前提。关于住房、卫生、教育和经济的方案典型地是通过改变行为者的可行集合而得以实施,并且它们的正当性证明通常假定,能够预料到行为者面对那些可行集合时将选择做什么。

那么,考虑一项政策 P 以及一个据称证明其正当性的论证,这个论证的前提之一说,当政策 P 生效的时候,整个人口的子集 S 将按照某种方式行动。当我们询问 S 的成员的预期行为本身是否正当的时候,我们就在对 P 提出正当性证明进行一种也许可被称作**综合评价**(comprehensive assessment)的活动。并且,只有当那种预期行为确实被证明是正当的时候,政策 P 的**综合的正当性证明**才得以实现①。

"我们应该做 A,因为他们将会做 B",可以证明我们做 A 的正当性,但是,如果他们做 B 没有被证明是不正当的,那么它就不能综合地证明我们做 A 是正当的;从而,如果我们把他们做 B 是否正当的问题放置一旁视作不相干问题的话,我们就没有为我们做 A 提供一个综合的正当性证明。因而,就对待激励论证而言,就好像对待有才能的富人的行为的正当性证明,也就是小前提所描述的,我们被期待没有问题可提出来,所以,我们所得到的可能是一个正当性证明,但不是一个对激励政策的综合的正当性证明。

---

① 由此可以没有恶意地推出,被采用去降低犯罪率的刑事政策缺乏综合的正当性证明。这样一项政策被证明是正当的这个事实表明,并非一切政策都与社会相一致。

于是，仅当一个政策论证通过我所称的**人际检验**（interpersonal test）的时候，它才能提供一种综合的正当性证明。当一个政策论证被提出时，相对于说者和/或听者而言它就会发生变化，人际检验就是根据一个政策论证的这种变化来检验它的坚实性。当社会的任一成员讲给其他任一成员来听时，人际检验关心的是政策论证是否能充当有争议的政策的一个正当性证明。所以，为了进行这种检验，我们就要假定该论证由一个特定的个人来表达，或者更一般地说，由一个特定人群的一个成员来说给另一个人或者说给另一个特定的抑或相同的人群的一个成员，如果**由于**谁在表达它，和/或它是表达给哪些人听，该论证就不能充当一种政策的正当性证明的话，那么无论它在其他的对话条件下是否同样成立，它都不能（**简单地**）提供一种政策的综合的正当性证明。

当把一些论证付诸这种检验时，它们就会失败。这种检验的显著方式和检验失败的唯一模式——将在本章下文中出现——是说话者无法满足正当性证明的要求，即当该论证被其他人表达和/或向其他人表达的时候，这种要求并没有出现。所以，可以预测到我将尽力去表明的东西：激励论证无法在有才能的富人那里充当不平等的正当性证明，因为他们无法回答他们表达该论证时就自然会出现的对于正当性证明的一种要求，也就是说，如果所得税被调回至60%的话，为什么你就会不那么努力地工作？富人会发觉，不管这个问题是谁提给他们的，这个问题都很难回答，但是我经常会集中关注他们的对话者是处境不利者的情况，因为在那种背景下，这个问题以及富人解决它时所面临的困难可能引起更深入的对话，从而产生更深刻的阐明。

当提及相关群体的一些政策的正当性证明是用一种通常的方式，即全部用第三人称谈论相关人群及其成员的方式来表达的时候，有些问题的正当性并不总是显而易见的，诸如，为什么不同的人倾向于做他们想做的事情。当我们描述相关者自己重复这个论证的时候，它就变得显而易见；有时，当听众是有策略地选择的时候，它会更加显而易见。人际表达的检验使如下情况非常明显：政策的正当性证明通常依赖于那些并非外在于人类主体的环境。

共同体也是如此。我从观察到有不止一种类型的共同体开始，同时，我现在必须阐明与当前关切有关的那种共同体。不过，首先简单说说"共同体"一词的语义学含义。

像"友谊"一样,"共同体"既可作为一个可数名词起作用,又可作为一个物质名词起作用。当它表示有不同界限和联系的人群(欧洲共同体、伦敦的意大利人共同体、我们的共同体)的时候,它是一个可数名词;当我们讲到在某个社会中有多少个共同体的时候,当我们说某个行为加强或是减弱共同体的时候,或者当我们说某种态度尊敬或亵渎共同体等的时候,它就是一个物质名词。

一个人可能会说,一个共同体就是在其中存在共同性(community)的一群人:这就是可数观念(count-notion)与物质观念(mass-notion)之间的联系。"共同体"在这方面很像"友谊":友谊是一种关系,在这种关系中友情得到了实现。需要注意的是,朋友之间能够做和能够感到那些与友情不一致的事情,但是并没有由此结束他们的友谊。在友谊中,存在友情衰退而不终止友谊的情况。但是,在友谊中不可能(永久地)**没有**友情。所有这一切对于共同体而言也是如此:在一个共同体中,能够存在对共同性的侵害和倒退,但不可能没有共同性。

在作为形容词用的无条件的意义上,共同体不仅在形式上而且在内容上都类似于友谊。除了这类共同体外,还有一些特定类型的共同体,其中一些在刚才指出的意义上对共同性作出了贡献,然而其他的却不是这样。并且,共同性的类型(物质的)不同于共同体的类型(可数的)。语言学上的共同性或语言的共同性同样构成一个语言共同体;民族的共同性建立一种民族共同体;对邮票的兴趣的共同性结合成一个集邮共同体。

我在这里所关注的共同体形式,我将称之为**辩护性共同体**(justificatory community),它普遍存在于各类辩护性共同体之中。并且,辩护性共同体尽管在某种意义上是一个虚构的观念,但是它也对共同体作出了贡献,**简短地**说,对刚刚描述过的完全(作为形容词用的无条件的)意义上的共同体作出了贡献。一个辩护性共同体是由一群人组成的,在这些人之中,盛行一种综合正当性证明的规范(这种规范不必总是被满足)。如果当一项政策生效的时候,某些人所愿意去做的是那项政策正当性证明的部分原因,那么让他们证明相关行为是正当的就被认为是恰当的;而且,当他们不能证明的时候,就减损了辩护性共同体。由此可以推出,只有一项政策的论证通过了人际检验,相关的人们为该政策提供的论证才能满足辩护性共同体的要求。而且,如果对该政策的所有论证未能通过那种检验,那么无论其他什么东西仍然在支持该项政策,该项政策本身就都表明辩护性共同体的缺乏。

现在,如果相关行为者**不能够**证明一种论证归于他们的行为是正当的话,那么该论证就没有通过人际检验,并因而与共同体不一致。要是行为者实际上被要求证明他们的立场是正当的,但是由于这个或那个原因,他们拒绝这样去做,又会怎样呢? 因此,被讨论的这个论证不是必定通不过人际检验,因为也许相关行为者能够证明他们的立场是正当的。但是,如果他们拒绝证明的理由是他们认为他们自己不负有对他们的询问者加以说明的责任,他们认为他们不**需要**提供一种正当性的证明,那么,他们在所讨论的政策问题上就是坚决放弃与我们中其他人之间的共同体。他们正在要求我们像对待一群火星人那样对待他们(如果它是攻击性的、温和的,或者两者都不是),对于我们来说,采取某些措施就是明智的,但是我们不应该期望他们会参加正当性证明的对话。

采用人际检验并把不通过它看作缺乏共同体的标示,这并没有对那些由特定人群构成的相关意义上的共同体做出任何的预设。有的人可能认为,在一个社会中,富人与穷人之间没有理由应该存在共同体,因此,他们可以把不通过检验看作是毫无关系的,或者,即使有关系,也不是因为它表现出共同体的丧失。相比之下,其他人可能认为,共同体应当出现在所有人之间,因此如果共同体不能通过明晰的"你—我"形式的检验,那么它将会削弱由富裕国家在南北对话中提出的政策论证①。与人际检验相联系的命题是:如果一个政策的正当性证明没有通过人际检验,那么提出该论证的任何人实际上都认为,其论证所涉及的人们在此程度上就互相脱离了共同体的状态。他们彼此之间是否应该构成一个共同体则是另外一个问题。那取决于一个学说,即关于一个共同体的适当的界限是什么,在这里我不详述。在我看来(这里没有得到充分辩护),如果在当前意义上它不是一个共同体,那么它就减弱了一个社会的民主特征,因为如果我们根据我们当中的某些人不能向其他人证明正当性的东西来制定政策的话,那么我们就不能**一起**制定政策。

---

① (修改于 2008 年)在 1989 年的打印稿 Justice as Fairness: A Briefer Restatement 第 152 页第 28 条注释中,罗尔斯表达了一个与共同体的边界能有多大这个问题有关的观点:"为了使差别原则能够生效,所需要的忠诚或者动机支持就预设了在人与人之间有某种程度的同质性,并且预设了在一个多元社会中不可能会发生的社会凝聚力和封闭性的意识。"这个陈述意味着国家内存在着一种足够的封闭性。(这个脚注在 2001 年出版的 Justice as Fairness 版本中没有重现,可能是因为——正像罗尔斯可能已经认为的那样——要对 1999 年出版的 The Law of Peoples 中的主题进行更好的发展。)

人们常说，期望一个现代社会成为一个共同体是不切实际的，并且，在一个巨大和混杂的政治体中，期望在任意一对公民之间有一种永久热情的相互认同的意向，毫无疑问是不可想象的。但是，这里所讲的共同体不是某种沉闷庞大的**礼俗社会**(Gemeinschaftlichkeit)。相反，我对激励论证的主张是——借用罗尔斯的一个短语——它没有提供"一个公共基础"，"依据这个公共基础，公民就能够互相证明他们的共同机构是正当的"①；因此，这个正当性证明与罗尔斯所说的"公民友谊的纽带"②是不相容的。

现在，举出上述概念组的一些实例。

在哈罗德·威尔逊的首相任期内，一些经济政策根据所谓的"苏黎世国际银行家"的意图而被证明是正当的。据说，这些国际银行家能对各种政府决定做出报复性的回应。正是因为这些银行家们的**外国**身份的标志，经济政策才不得不**安抚**他们，并且虽然原本以为他们的行为应该有所不同，但对于英国政府来说，号召他们这样去做可能被认为是不适当的。但是，就那些被认为是属于我们自己的共同体的人们来说，如此的号召想必是合适的。我们自己共同体的成员不需要通过我们共同体的政策去安抚：当他们的要求被证明是正当的时候，就应当得到满足。但是，那是另一回事。

对一些读者来说，有个例子可能会接近本国的情况，即这样一种政策论证：付给英国学者的薪水应该提高，因为否则他们将屈从于外国高薪的引诱。我们可以假设，因为现时的薪金水平，学者们的确有意离开自己的国家。然而，当他们被看作同一共同体的成员，承担可以影响国家福利的决定正当性证明义务的时候，他们是否应该移居国外的问题是和上述政策论证有关的。并且，许多具有移民倾向而提出上述政策论证的英国学者通过用第三人称提出上述论证的小前提来避开自己是否移民的问题。他们说"许多学者将会出国"，而不是"我们中的许多人将会出国"。

在一个有关当前(那是 1991 年)利益的事例中，分享共同体的成员身份与公开要求正当性证明之间的联系很好地表现出来。那些莫斯科的将军们可能会对立陶宛独立运动的领导人说："普遍的流血应当被避免。如果你们坚持为独立而战的话，我们将会强有力地进行干预，那么结果是将会有普遍

---

① "Kantian Constructivism in Moral Theory"，第 347 页。比较 Christine Korsgaard："差别原则的吸引力部分在于它是你能毫不为难地提供给**任何人**的正当性证明的资源。"("The Reasons We Can Share"，第 50 页)

② *A Theory of Justice*, p.536.

的流血。因此,请你们放弃对独立的追求。"立陶宛独立运动的领导人可能要求莫斯科的将军们证明他们进行武力干预这个条件意图的正当性。如果那些将军们无视这个要求,那么他们就断然放弃了与立陶宛人组成的辩护性共同体。

立陶宛独立运动的领导人可能提出一个相似的论证:"普遍的流血应当被避免。如果你们进行武力干预,那么我们将仍然坚持我们对独立的追求,从而结果是将会有普遍的流血。因此,你们应当放弃你们武力干预的计划。"同时,立陶宛人可能也会觉得没有义务去向那些将军们证明他们的意图是正当的。在另一方面,如果双方都带着这样一种责任感去努力的话,那么他们会进入一种正当性证明的交流。在这种交流中,每一方都努力表明,无论是否为真,对方的小前提都是错误的。

6. 激励论证能通过人际检验吗?

人际检验聚焦于论证的说出方式,但是通过审视那种说出方式,它检验的是论证本身。如果当富人提出激励论证时缺乏共同体的现象就出现,那么该论证本身(不管是谁肯定它)就表明富人与穷人之间的关系与共同体不相符合。如果我是对的,那么可以得出,只是在人际关系缺乏一个共有特征的那个严格意义上的社会中,激励论证才能证明不平等是正当的。

例如,有时就像在绑匪事例中那样,人际检验是证明一个已然明了的观点的一种间接方式(即在绑匪事例中,在绑匪与孩子父母之间就存在共同体的显著缺乏)。但是,在其他的事例中,该检验将阐明,而且我相信,激励论证就是其中的一个事例。该论证通常用完全第三人称的术语来表达,并且相对而言,好像它提到的富人们的态度和选择不会出现任何问题。相比之下,当我们设想一个有才能的富人自己肯定这个论证时,那么与平等和义务相关的背景问题就一目了然;并且,如果我是正确的话,那么就表明富人们离开了他们与穷人之间在生活的经济方面的共同体。所以,当我们用选择出来的"你—我"术语来提出激励论证的时候,我们就更深入地看到了激励论证的特征。

现在,我们来谈一个重要的资格问题(qualification)。我认为,当激励论证**单独地**由富裕的人们提出来的时候,它就表明它自身是与共同体不一致的。我插入"**单独地**"这个词,是因为当激励论证与关于应得的主张和/或者与诺齐克式的主张——一个人有资格处置他或她的劳动在无束缚的市场上可能得到的回报——相结合出现的时候,那么反对该论证的当前情况就失效了。我本人不接受那种对激励性不平等的复合证明,但我在此没有主张它通不过人际检验。在这里,我的目标是对激励证明(incentive justification)未加修饰的或是赤裸裸的运用。激励证明经常被赤裸裸地运用,并且伴随大量的强调:它正被赤裸裸地运用。当辩护者说激励证明的优点在于它使用了关于应得和资格的毫无争议的道德前提时,那种强调就出现了。(请注意,既然约翰·罗尔斯拒绝使用应得和资格去证明不平等的正当性,那么对激励的罗尔斯式赞同就采用了我所称的那种赤裸裸的形式。)

我提出的主张的先后次序排列如下:有才能的富人无法证明下面事实的正当性:(赤裸裸的)激励论证的小前提为真。如果他们不能证明激励论证的小前提为真是正当的,那么他们就不能把它用作对不平等的正当性证明。如果他们不能把它用作对不平等的正当性证明,那么在共同体之内它就不能被用作一个正当性证明。如果在共同体之内它不能被用作一个正当性证明,那么任何一个运用它的人当他这么做的时候(实际上)就是把社会描绘成了与共同体不相符合的东西。

二、检验激励论证

7. 什么使激励论证的小前提为真?

当绑匪本人提出他的论证的时候,他的论证就使他的主张受到怀疑,因为正如我说过的(参看前面的第4节),他**使**"只有孩子的父母支付赎金,他们才能得回他们的孩子"为真,而使之为真在道德上是卑鄙可耻的。

因此,要用类似的方式使第一人称激励论证的肯定成为不可信的话,我必须捍卫如下两个主张。第一,在一种足够地相似的意义上,富人**使**如下主张为真,即他们在税率为60%时工作的努力程度不如在税率为40%时的努力程度:我不得不指出激励论证的小前提①把自己的真值归于富人的决定和意图。(我这里之所以讲**足够地**相似,是因为这里毋庸置疑地有一些重大差别,随之而来的事实是富人不是一个人而是一个群体,而且是一个成员关系易变的群体:在本小节的最后一段,我将讨论这个事实产生的某些复杂

---

① 或者,严格地说,该前提的(a)部分:只有当其他人——例如政府——按照某种必需的方式行动,(b)部分才为真。但为了方便,我将继续(**简短地**)谈论使事实性小前提为真的富人。

情况。)并且也需要表明,尽管应得和资格的考虑在赤裸裸地(参见第5节的倒数第2段)运用激励论证时被搁置一旁,富人们在这里被剥夺了求助于它们的手段,但富人们无法证明使上述命题为真是正当的。尽管那样,我当然也没有必要坚持主张富人们使激励论证为真的行为使他们处在和绑匪相同的道德地位上;而只是坚持主张,如果他们的立场是可辩护的,那么这种辩护就依赖于一个赤裸裸地运用激励论证的人所放弃的那种根据。

我把注意力转向我的第一个任务,这个任务想要表明有才能的富人们的确能够使激励论证的事实性前提为真。让我们提出如下问题:如果该前提为真,那么它为什么为真呢?它之所以为真,是因为富人们在税率为60%的时候不能够像在税率为40%时那样努力工作吗?还是因为他们在税率为60%的时候不愿意去那样努力工作呢?如果该前提为真反映了无能力(inability),那么在相关的意义上我们就不能说富人们**使**该前提为真。用无能力来解释该前提为真意味着,富人们不可能由于不同的选择而使得该前提为假。

一种无能力的主张可能采用两种形式。在该主张的第一种形式上,如果富人们不能消费昂贵的东西,那么富人们就不可能努力工作。

现在,以下这点很可能是真的:如果没有足够的金钱去购买高级的消遣,那么某些高级才能的成就将是不可能的:与靠平均工资生活在普通住宅中所能获得的休闲相比,每天进行大量自驾车活动的经理在两个工作日之间确实需要有效而更昂贵的休闲活动。(当我说他可能**需要**高质量的休闲时,我不是指他的偏好排序或者效用函数,而是指他在身体上和/或者心理上可能去做的事情。在因果关系上,那种能力局限与一个人的效用函数相互作用,但是前者并不等同于后者或者后者的一个方面。)但是,那种考虑因素可能会证明的收入差距肯定只是60%的税率施行后的收入差距的一小部分。经理们(之类的人)在40%的税率时所得到的额外收入,几乎不可能被要求用于购买他们为实现高水平业绩所严格需要的——我们可以想象得到的——任何奢侈品:即使缴纳60%的税率之后,他们所剩下的收入也能够负担得起那些必要的奢侈品。

富人们在60%的税率时工作的努力程度不可能像在40%税率时的努力程度,在这个主张的另一种不同的版本中,据说他们所需要的不是只有大量金钱才能购买到的商品,而是对那些商品或者金钱的预期:高额报酬现在被说成对于动力或士气是必不可少的。(你在最后时把饼干给了表演犬,以便同样的程序下次还会再次上演,而不是因为那条小狗需要从那块饼干得到卡路里以便继续表演。)这个动因故事不是说,除非他们得到优厚的报酬,否则富人们将会选择不去非常努力工作:他们在这件事上有一个真正的选择,这一命题恰好是那个无能力主张所要反驳的命题。这里真正意味的是,大把钞票的吸引力维持着并且也需要去维持努力工作所需要的激励动机:当富人预期被征收60%的税额时,他们不能使自己像他们预期被征收40%的税额时那样努力工作。

现在,在我看来,这种主张没有多少真实性可言:从总体上来看,它表示有才能者比他们实际上更加脆弱。即使激励论证的小前提为真,富人们也不太可能缺乏在其他方面去做的动力,以至于使得他们休更长的假期,在五点钟而不是六点钟去休息,或者不再为设法得到下一张订单而烦恼,这就是那些他们在所得税提高之后所做的事情。税额的提高意味着富人们面对着一份新的而且缺乏吸引力的行为替代方案的成本收益表,并且他们当然会发现较难对现在这个承诺更少报酬的选择提高热情。由此不能得出,他们不能做出并有效追求那些选择。

我仍然会说在这里受质疑的那种主张中没有多少真实性,但并不是一点没有。因为我认识到,至少不管他们的意愿如何,报酬"太低"的感觉可能造成一种闷闷不乐的不情愿,从而导致业绩的下滑。但是,我们应当询问:什么造成了那种无能力的感觉?并且,如果它的两个显著原因是它仅有的原因,那么,就如我现在想要努力解释的那样,无能力主张的"激励"版本将会失去资格。

失望的预期这件事情导致了报酬太低这种沮丧感。尽管他们是在一个严重不平等的社会中被社会化的,但有才能的富人们当然期望因他们的努力而获得可观的回报。因此,当没有得到如此的回报时,甚至当他们认为他们不应得到或者说在其他方面不配去得到这样的回报时,他们也会是情绪低落。但是,他们还会做出类似的判断并非不可能。他们认为,如果他们努力工作的话,那么他们就有权利去拥有获得非常好的报酬;并且这种信念如此强烈,以至于它成为士气低落的更深层原因:它能够使那种在60%的税率时努力工作的想法让他们充满一种真正令人无力的沮丧之情。

现在,(**根据假设**,那些在税率为40%时通常努力工作的人们)在税率为60%时无能力努力工作,这种无能力反映了习惯性预期或者对资格的判断,或者两者兼有。这种无能力在这里不能有效地反驳如下主张:有才能的富人们的选择决定使激励论证的小前提为真。首先,考虑一下习惯因素。我们在这里是从根本的层面上来考察某种对不平等的正当性证明。因此,通过促进那种正当性证明而引用纯粹的习惯来证明不平等的报酬就是一种不适当的做法。习惯能够改变①,所以它们在一种根本性的考察中就是不相关的。并且,在这里,高额报酬正当性的信念的因果力量(有助于维持习惯性的预期)也必须被忽略。因为我们在这里所设想的是,有才能的富人们采用赤裸裸的形式说出激励论证,在其中对资格的援引被明显地习惯性避开。因此,当富人们拒绝承认该论证的小前提的真值反映出他们本身愿意去做和不愿意去做的事情时,他们就不得不引用他们自己在资格上的信念。如果这样的话,那么将会有一种实际效用上的不一致②。

如果无能力主张的"动机"变种完全依赖于习惯和规范性信念的话,我们就能够有把握地将它搁置一边。我们可以说,如果这是真的,那么在当前的语境中,它之所以受到损害,是因为它的真值所依赖的东西,即它没能给以下说法提供一个适当理由:有才能的富人们在税率为60%时不能像他们在税率为40%时那样努力地工作。这个主张可能有助于使那些针对当前一代有才能的富人们的道德主义指责平息下来,但是它不能促进对人类社会不平等的坚定辩护。

现在,我坚定地相信,像无能力主张所拥有的那样的真值确实完全依赖于习惯和意识形态的因素;由于上述的理由,他们在这里必须被排除掉。我

---

① (扩展于2008年)通过改革后的教育结构,如果不总是在个人的层面上,那么无疑是在社会的层面上。

而且,即使有关的习惯无法改变,那么可能是对实践而不是对正义理论有更多的影响。正像罗尔斯所说,"我们不考虑承诺的强度,这种强度可能来自一些不得不从一个不公正社会中的有利地位转到这个公正社会中的较不利地位的一些人(或者绝对地,或者相对地,或者两者兼)……应用在那些从不公正社会的假设转型的事例上的承诺强度检验是不相关的"("Reply to Alexander and Musgrave",第251—252页。同时参见 *Justice as Fairness*,第44页,关于教育在维持一个公正社会中的作用:相关的承诺强度是那些在一种把平等主义原则灌输给年轻人的社会化过程之后仍然存在的强度)。

② 如果一个第三方(没有赞同地)引用富人们在他们的资格上的信念作为恰巧去解释该论证小前提的真实性的东西,那么那种特定的不一致不会与该论证的赤裸裸的运用有关。但是,当对不平等的正当性论证在根本的层面上被攻击的时候,谈及那种信念仍然会是不可接受的。如果富人们之所以不能够在税率为60%时像他们在税率为40%时那样努力工作,是因为他们相信如果他们更加努力地工作则他们应该得到更多的报酬,那么除非有异乎寻常的循环论证,上述的无能力就不可能出现在将会证明如下命题正当性的一个论证中:他们因更努力工作而获得更多报酬**在根本上是正确的**。

认为,当一个人致力于无能力主张本身的时候,去相信其他方面是很困难的。无能力主张容易与自己所反对的主张混杂在一起,也就是说,有才能的富人们拥有权利在税率为60%时不像在税率为40%时那样努力地工作。尽管如此,但我没有表明不存在有关的更深层次的对动机的限制,并且,在本次讲座之后的研讨会上,塞缪尔·谢弗勒(Samuel Scheffler)使我正确地开始这个领域的任务。他没有拒绝我的结论,但是强调它尚未得到证明,或者至少在一般的情况下没有得到证明。在一般的情况下,问题不在于是否**这些**特定的人们能够在所预期的税率提高的情况下可能开足马力去工作,而在于一般而言,对于最优的经济动机来说,一些重大的不平等是否是必需的。

正如谢弗勒所说的那样,尽管我已经表明,但激励仍会引出一些不可能"任意被激起的"动机,而其他的任何东西不会诱发它们,并且这些动机能够使得行动者表现得比他们原本的更好。为了阐明他的反对意见的形式,谢弗勒引用了"那种需要竞赛才能跑出最短时间的赛跑者"和那些在压力、逆境或者挑战之下才能工作得最好的人们。这些有说服力的例子消除了关于心理可行性的简单思维。这些情况表明,人们所能够做的事情依赖于他们为此提供的理由:根据不同的理由,有不同程度的肾上腺素。同时,谢弗勒得出结论:对无能力主张一个完全充分的回应将不得不包括"至少一种重要的平等主义心理学的基本原理……一种对人的动机来源和机制的实际解释……而这种解释是平等主义制度所期待从事的"。

我接受这个主张,而它要求一项在这里显然无法完成的工作计划。需要表明的是,一群信奉平等并且据此行动的人们组成的社会是可再生的,而且它在解体的压力之下并不是注定要崩塌的。这样的社会似乎在小规模上是可能的,而我们需要去探究,对人性和组织的何种限制使它们很难——正如它们毋庸置疑难以建立的那样——在一个更大的范围内得以建立?这些困难是否接近不可能性呢?作为一个现实的建议,规范性平等主义的确需要一种相应的心理学。如果谢弗勒的反对观点所指明的研究计划传递出一些消极的结果,那么平等可能仍然会是一种站得住脚的价值①,但是,若它不

---

① (附加于2008年)这可能的确构成正义的价值,我们应该不得不说,这种正义的价值之所以不可能实现是因为人类天性上的缺陷。由于对"应当"蕴涵"能够"——就它是真的而言——意味着什么的误解,有些哲学家已经(不经意地,或者相反)证明人类天生是不公正的。我认为那不能表明是先天的。(参见下文第六章第13节对"应当"蕴涵"能够"被典型滥用的讨论,同时,参见第七章第8节倒数第2段的最后一句,反对那些致使原罪在逻辑上不可能的正义的概念化。)

做修改就不可能代表一种政策目标。

在实行这样一个计划去搜寻可能支持平等的"人的动机来源和机制"的过程中,反思其他(非激励的)能够表明谢弗勒异议的形式的事例并非不适当。因为它们都牵涉到努力工作的动力,不管作为目的本身还是作为驱动其他人或者自身的一种手段。这些考虑之中的动机与搜寻收益截然不同,这些收益如同金钱一般对行为本身是十分表面的。这些例子使我们想起甚至在缺乏金钱上的动机的情况下,想要实现目标、表现出众和更加优异的欲望仍然能够引起极大的努力。当然,许多人可能会说这样的非金钱的机制仅仅是用地位上的不平等代替金钱上的不平等,并且这仍然是另一个我在这里无法充分应对的巨大挑战①。然而,需要注意的是,既然金钱上的不平等本身造成了地位上的不平等,那么"取代"的观念就有点儿不合适了。此外,地位不是像物质资源一样可以再分配的,所以它不会像金钱上的不平等那样向平等主义提出同样的问题,而平等主义的抱负(参见前面第 30—31 页)是一些人不必要地过着艰难的生活。

此外,应当想起另外一种考虑:如果一个人接受了一份比市场力量全部发挥出来时将会提供的薪水低得多的薪水,那么这对他会意味着什么呢?这种思考的张力就是当**根据假定**像他这样的人正在接受同样低的薪水时,他可能会感觉到的那种张力。我们正在谈论一种平等主义的社会,而不是谈论其中每个人都是独一无二的道德英雄的这样一群有才能者构成的群体。

这就是我此刻面对谢弗勒提给我的艰巨任务时所能够做的一切。因此,虽然意识到一些必要的情况还没有被证明,我现在仍然把动机主张和存在的所有相关的含蓄警告撇在一边,我得出结论,激励论证的小前提之所以为真(如果它为真的话),是因为只有在最高税率为 40% 的时候,像经理这样的人才愿意去努力工作。

但是,在我们询问这个选择是否正当之前,让我提出下面的复杂情况:即使每一个有才能的个体在税率为 60% 时选择不去努力工作,那么也不存在这样的一个个体使激励论证的小前提为真,因为它的真实性需要许多这

---

① 关于应对这个挑战的一个巧妙尝试,参见约瑟夫·卡伦斯(Joseph Carens)的 *Equality, Moral Incentives, and the Market*。虽然在卡伦斯的论述中存在着大量的缺点,但是在我看来,这是一本见解深刻和开创性的著作。(对卡伦斯的更多评论,参见下面第五章第 189—191 页和第八章第 369—370 页。)

样的人们做出相似的选择。于是,这就不能与绑匪论证相提并论,因为是绑匪本人独自地使其论证的小前提为真。

为了对这个重要的观点做出反应,在这里我只说两件事情。第一,应该注意的是,一个单独的有才能的富人非常类似于一大群绑匪中的一个成员,这个成员也可以深信不疑地说:如果我改变我的选择,那么这不会有什么影响或者不会有太大的影响。但是,如果这样一个绑匪帮派中的一个成员采用第一人称复数的形式来提出绑匪论证的话,如果他说:"给**我们**赎金是你们得回你们的孩子的唯一方法"的话,那么如下事实就没有使得他的立场被证明为正当的,这个事实是:他只是"我们"中的(非必需的)一个人,而这个"我们"一起保证了孩子已经被绑架。并且,同样为真的是,如果富人们一起导致的结果不能被证明是正当的而一个富人导致的结果可以被证明是正当的,那么,作为只是富人之一而不是所有的富人将不会充分地使某人的行为成为正当的。一个人不可能会像他在没有帮助的情况下完成某事时那样尽责,但是他也不能说结果与他的行为没有关系①。

此外,个人是否对集体产生的结果负责呢?不管这个问题的真值多么复杂,我在这里的注意兴趣都不是对富人的道德特征进行评论,我的主要兴趣是一个我认为通不过人际检验的论证。富人们可能通过一种他们很少去思考的实践获益。如果在这里我(反事实地)设想他们通过求助于激励论证而努力去证明那种实践是正当的话,那么这首先不是为了探究他们多么应该受到指责,而是为了依据辩护性共同体的规范来考察激励论证是如何起作用的。

8. 为什么激励论证通不过人际检验?

在激励论证的标准表述形式中,它的提出,就好像富人们使得它的小前提为真是否正当这个问题与对它的评估无关,并且好像把这个问题提交给富人们可能是不恰当的。我已经反对,只有富人们被想成不可及的第三方,即他们不属于提出激励政策的那个社会时,这个问题才会被认为是不适当

---

① 关于一个与前面的段落中涉及的问题有关的事例,参见 Derek Parfit 的 *Reasons and Persons* 一书的第 80 页的"harmless torturers"。如果有人反对说,与刚才设想的绑匪不同,富人并不是一个有组织的集团,那么我相信,就我的目的而言,对 Parfit 的事例反思显示出他们不必成为一个有组织的集团。并且,有人也可能会提出一群相对无组织化的绑匪这样有说服力的事例,在这个事例中,所有对那种类比而言关键的因素得以恢复,但是我将为你们省去过分繁杂的细节。

的。由此不能推出，富人们的所作所为不能被证明是正当的，并且这个已经被提出来的、被忽视的问题不可能得到满意的回答。在本节中，我探究对这个问题的可能回答。

激励论证小前提的有关部分（即 a 部分，富人们需要证明其正当性的那个部分）表述为，如果最高税率上升至 60%，那些有才能的富人们将会比现在即税率为 40% 时工作得更不努力。因此，我们得出结论说，这是因为他们那时会选择不努力工作。作为那种选择的结果，贫穷者将会比他们以前的情况更坏（由于激励论证的小前提的 b 部分为真）；并且，更不用说，如果有才能的富人们在税率为 60% 时仍保持税率为 40% 时投入的努力程度，那么贫穷者就会比他们原本的情况更糟糕。根据激励论证小前提背后的事实性假设，贫穷者从刚才提到的三种工作/税收组合中获益的次序如下：

（1）有天赋的富人们在 60% 的税率时工作量为 w
（2）有天赋的富人们在 40% 的税率时工作量为 w
（3）有天赋的富人们在 60% 的税率时工作量为 w − x

在这里，w 是富人们在税率为 40% 时选择的工作量，x 是税率上升至 60% 时他们减少的工作量。

现在，我们必须提出这样一个问题：如果税率提高，富人们的选择将使（3）而不是使（1）为真，从而使贫穷者比税率低的时候处境更糟糕；当应得和资格的观念不被允许出现在正当性证明中的时候，富人们的选择是否能被证明是正当的并与他们对该论证的支持——在靠近前文第 2 节开头的地方阐明的——相一致呢？

在某些情况下，在税率为 60% 时完全像税率为 40% 时那样努力工作可能意味着一种压迫性的生存方式，富人们所做出的选择无疑是正当的。想想那些苦恼而憔悴的雅皮士或者过分劳累的外科医生，如果他们所做的巨大工作量没有通过导致他们选择努力工作的可观收入来补偿的话，他们确实可能会过着悲惨的生活。我们之所以能够把"特殊负担"放置一旁不予理会，并不是因为它们不存在，而是因为对有才能的富人们在那种情况下的选择的正当性证明的性质。

让我来解释一下。在当前的使用中，激励论证被认为证明了不平等的正当性。但是当援引特殊负担的时候,综合考虑各种情况,我们所得到的就不是对激励所导致的不平等的一个正当性证明,而是——综合考虑各种情况——对它们所导致的不平等的一种否认。这是因为当我们比较人们的物质条件的时候,我们必须不仅要考虑他们获得的收入,而且也要考虑他们为得到收入而不得不做的事情。所以,如果有才能的富人们能够合理地声称承担了特殊负担的话,那么为了使他们更努力工作而把税率降低至40%也可能成为平等的一个要求:在工作特别艰苦的地方或者有压力的地方,按照一种如何判断事情是否平等的合理观点,较高的酬劳是一种弥补平等的均衡器。既然我反对的只是那些引起明显不平等的激励,那么面临特殊负担的情况时,我的反对意见就得收回;并且,我承认,在有特殊负担的地方,富人们对下面这个问题有一个具有说服力的回答:他们为什么要使激励论证的小前提为真①。

作为一个哲学家,我的主要目标是一种正当性证明模式,一种有特殊负担存在时激励论证就偏离它的正当性证明模式。但是,作为一个从事政治的人,我还有另外一个目标:依靠激励性理由而得到实际辩护的那种现实世界的不平等。并且,因为我还有这第二个目标,所以我不得不声称那种特殊负担的情况在统计的意义上是不常见的。但是,我没有发觉这样做的困难,因为我确信,如果有才能的富人们在税率为60%时比我们假设他们在税率为40%时提供更大的努力,那么他们当中的绝大部分人将会不仅仍然可以拥有更高的收入,而且比普通人享有更令人满意的工作②。

---

① (附加于2008年)请注意,这个有说服力的回答不能证明额外报酬作为一种激励是正当的。这可能类似于通过不依赖激励的劳动管理制度下的平等来证明正当性一样。关于对"特殊负担"情形的精彩评论,当我准备这次讲座时还没有意识到(参见 Alastair Macleod, "Economic Inequality: Justice and Incentives",第186－188页)。

② 任何一个不赞同那种统计评估的人都被邀请来满足下述更为适度的主张,这种主张将满足这里的情况:尽管难以判断任何一个既定的个人在多大程度上喜欢或者不喜欢他的工作,但是说需要才能的工作总体上很少令人满意则是错误的。据此,对负担的考虑不能证明总体来说他们需要更多的薪水这个事实是正当的。

对于罗尔斯而言,下面是一个重要的观点:有才能者是幸运地成为有才能的,并且这部分地因为在工作中施展才能是令人满足的。因此,在支持激励的正义中,罗尔斯主义者就没有充分的理由去援引特殊负担的考虑。正如罗伯特·诺齐克评论的那样:"罗尔斯**不是**在设想:需要这些不平等去刺激人们担任人人都能做得同样好的工作,或者大部分几乎不要求技艺的最辛苦工作将要求最高的报酬。"(*Anarchy, State, and Utopia*,第188页)

既然我提出建议不要对激励论证小前提的真值产生怀疑,那么现在我必须把另外一种情况放在一旁,在那种情况中,报酬优厚的有才能的富人们非常喜欢他们的工作或者全心地投入挣钱中,以至于他们在税率提高后事实上决不会不再那么努力工作。如果这样的人怀着产生政治影响的寻租希望,从而宣布税率升高将会导致他们较少努力工作,那么这些人就是在欺骗。但在他们的情况中,并就有才能者的劳动供给曲线在相关范围内不单是垂直的而且是逆向扭曲的而言,激励论证的小前提是虚假的,这是因为这些人在税率提高之时**不会**减少努力工作,因此在这里,这种情况不在讨论范围之内①。

为了总结和扩展上面的讨论,现在我请你们看一张表格。这张表格描绘了有才能的富人可能被认为身处其中的三种情形。在表格出现的三种情形中,有两种情形因为不同的原因而与我们的目的不相关。特殊负担情形之所以是不相关的,是因为它没有向平等主义的观点提出任何问题(而且,在任何情况下都没有普遍的示例化);欺骗情形之所以是不相关的,是因为在那种情形中,激励论证的小前提是虚假的。所以,从现在开始,让我们来集中讨论这张表格中所谓的标准情形②。

在下表中,w 表示富人们在税率为 40% 时的实际工作量,w − x 表示某种值得关注的更小的工作量。

表 1.1

对(当前)穷人的益处	在三种工作/税收组合中富人们的偏好次序
	标准情形
2	在 40% 税率下工作量为 w
3	在 60% 税率下工作量为 w − x
1	在 60% 税率下工作量为 w(并且比其他人的境况更好)

---

① 然而,它是一个十分现实的情况。当食槽中有很少的饲料时,猪并不总是把它们的嘴从那里移开:有时,它们更加努力地去得到饲料,这对政策有很多暗示。

② (附加于 2008 年)"标准"是一个令人遗憾的表达上的选择,因为它不必要地(就我的目的而言)暗示欺骗情形或者租用情形(或者,在靠近第二章第 4 节开头的地方我称之为"**糟糕情形**")比我所谓的标准情形更不常发生:乔舒亚·科恩公允地批评了那种暗示("Taking People as They Are",第 374—375 页)。我应该说过,我所谓的"标准"情形**在非租用情形的集合之中**更普遍,也就是说它比"特殊负担"情形**更加**普遍。

续表

对(当前)穷人的益处	在三种工作/税收组合中富人们的偏好次序
	欺骗情形
2	在40%税率下工作量为 w
1	在60%税率下工作量为 w
3	在60%税率下工作量为 w – x(并且比其他人的境况更好)
	特殊负担情形
2	在40%税率下工作量为 w
3	在60%税率下工作量为 w – x
1	在60%税率下工作量为 w(并且结果比其他人境况更坏)

在所有这三种情形中,富人们更喜欢选择的是税率为40%时的工作量 w,而税率为60%时的工作量 w – x。这种偏好可能不是显而易见的,但是我们能够证明①他们有这种偏好。因为当税率为40%时,他们选择的工作量是 w,而不是 w – x;而且,与税率为60%时的工作量 w – x 相比,他们更喜欢税率为40%时的工作量 w – x,这是因为在后者的组合中,工作量相同而收入更高。由此可推出,与税率为60%时的工作量 w – x 相比,富人们更喜欢税率为40%时的工作量 w。

在标准情形和特殊负担情形中,富人们的偏好次序是相同的。这两种情形之间的差别(这种差别在括号中表达出来)在于,当富人们选择偏好次序最底部的那种选择时,富人与其他人之间在运气上的比较。这种比较既反映出收入水平又反映出工作的质量:如果他们在税率为60%时工作的努力程度像他们在税率为40%时那样,那么在特殊负担情形中,富人们的境况可能会比其他人更加糟糕;但是在标准情形中,他们仍然会比其他人的处境更好。贫穷者从各种工作-税收组合中获益的次序(该次序在表格左栏中表示了出来,在所有三种情形中是相同的)建立在激励论证小前提 b 部分为真这个假设的基础上(因此,"税率为40%时的工作量 w"好于"税率为60%时的工作量 w – x");并且这个次序基于更深层的假设:如果富人们在税率为60%时像税率为40%时同样努力工作,那么这会给贫穷者带来更进一步的好处(因此,"税率为60%时的工作量 w"好于"税率为40%时的工作量 w")。

---

① 根据经济学家的通常假设(它们在这里是无害的):选择跟随偏好而做出,并且广泛的选择优于狭隘的选择。

人际检验使有才能的富人们自己说出了激励论证。现在,为了当前的目标,有才能的富人们没有被归入欺骗情形之中;在这种情形中,激励论证的小前提为假:如果所得税提高,他们实际上将会减少工作量。并且,如果我们遵循一种取悦哲学家的区分,那么如果富人们说出激励论证,他们就没有威胁任何事物。因为在所推荐的区分中,你们只不过是警告说,当你们倾向于做 A 时你们就会去做 A,而这与你们从会做 A 这种说法中得到的好处是不相干的。应该注意的是,在所推荐的区分中,一个喜欢小孩子的绑匪只是警告说,如果他没有得到赎金,那么他实际上可能宁愿(出于非策略性理由)保留这个孩子:这表明,在上述区分中,非胁迫的警告能够是非常令人不愉快的。

因此,现在让我们设想一群高薪的经理人和专业人员,他们正在向低薪的工人、失业者和由于各种个人的和环境形成的原因而贫困的人们发表演说,而这些人都依靠国家福利生活。经理人正在游说反对所得税从40%增至60%,他们是这样说的:

> 公共政策应该使最贫穷者(在当前情况下,碰巧是你们)的境况得到改善。
> 如果最高所得税增至60%,那么我们将不那么努力工作,并且因此穷人的境况(你们的境况)将会更加糟糕。
> 所以,对我们的收入征收的最高所得税不应该增至60%。

尽管说出论证的这些富人们可能因为这个或那个原因不会被当作是在威胁穷人,但他们仍然是那些有着高额收入和优越生活方式的人们,即使税率增至60%,他们仍能继续像现在一样努力工作,并且因此给穷人们带来更多的利益,且仍然比穷人们的处境更好,但他们会拒绝这样做。事实上,他们宣称:我们不愿意去做那些使你们的处境得到改善并且确实仍然使我们比你们的处境更好的那些事情。我们认识到,在目前的燃料补贴水平上,这个冬天你们中的很多人将会是挨冻的①。如果税率提高至60%且我们相应地不会减少工作量,那么燃料支出上的费用可能会增加,并且你们中的一些

---

① 根据英国下院议员、工党卫生发言人罗宾·库克(Robin Cook)的说法,在1991年的严冬中,死亡的老人比同期通常的情况多了4 000人。

人可能会更加舒适。但是,在这样增税之后,实际上我们会减少工作量,而且你们的处境会更加糟糕。

由于已经提出了他们的论证,富人们就不能完全有条件去回答穷人提出的如下问题:"既然如果你们在税率为60%时像现在这样的努力工作,你们的境况仍然比我们好得多,那么如果税率提高至那个水平,什么能证明你们减少工作量的意图的正当性呢?"因为这些富人们不会宣称由于他们的巨大努力而应该得到非常多的报酬,或者是由于他们对生产的较高贡献而应该获得更多的报酬。他们的方法没有诉诸这样一些有争议的道德前提,并且他们中的许多人可能会认为,少了这样的前提,他们的论证会因而更不容易被驳斥。而且,他们之所以不能回应说他们所辩护的金钱上的不平等对于改善穷人们的处境是必要的,是因为正是他们使它成为必要的,并且,事实上穷人们所提的问题是:他们的正当性证明是如何使金钱上的不平等成为必要的?

激励论证确实给穷人们提供了一个去接受它所建议的不平等的理由。因为穷人们把以下一点看成是激励论证的前提,即富人们决心证明那些使激励论证有效的意图。但是,激励论证不能像对富人们自己那样起作用:既然他们不可能把他们自己的选择当作一个客观的数据,那么他们同样不可能把激励论证小前提为真看成是理所当然的。相应地,与穷人们不同的是,他们需要的不是接受激励论证所辩护的不平等的正当性证明,而是强加这样一种不平等的正当性证明。

但是,有人可能会说,富人们的确能够对穷人们做出有说服力的回应,而且,不需要提出关于应得和资格这样有争议的主张,应得和资格在这里被排除。他们可能说:"瞧,如果税率有任何升高的话,那就完全不值得我们去那样努力工作;并且,如果你们在我们的位置上,你们将和我们的感觉一样。"①这难道不是对穷人们提出的问题的一个令人满意的回答吗?

正如我现在将要承认的那样,这个回答之中有某种说服力。但是,它的修辞形式使它看起来比它实际的更有说服力。

首先,需要注意的是,上述所引辩解的第一部分("瞧……努力工作")没有独立的重要性,没有重要性,即独立于下面的相关主张:穷人们如果处

---

① 这段对话选自塞缪尔·谢弗勒在研讨会上对这些讲演的评论。谢弗勒提出了一个挑战,本节的剩余部分是对这个挑战的一个回应。

在更好的处境,他们将会与富人们现在的感觉(和行动)一样。由于正是穷人们向富人们提出这个挑战的预设,即如果税率上升,富人们确实更喜欢和倾向于减少工作的努力程度,并且当谈及什么是"值得他们去做"的时候,富人们可能只是提醒穷人们注意那些偏好和意图:例如,他们不可能说,如果他们在税率为60%时努力工作,他们就得不到任何报酬或者得到的报酬很低。

所以,这种在修辞学上表达出来的辩护性步骤的负担就是,一个有代表性的穷人可能大体上会像富人所做的那样去行动。但是,这个有代表性的穷人在回应中可能有些话要说,他可能会说:"我们实际上不知道我将会怎样行动。自然地,并非所有的富人都追求市场效益的最大化,并且我希望,如果我是富人,特别是如果我仍然清晰地意识到我现在的实际处境可能会变成什么样,我就不会属于那样做的绝大多数富人。"(当一个奴隶主对一个奴隶说:"如果你生在奴隶主阶级中,你也会过得很好并且把你的奴隶当作奴隶",那个奴隶不一定被这番话所感动。)这样的反事实性预言没有表明,处在一定社会阶层的人们所通常选择去做的事情是正当的①。

现在,假设富人们放弃了强烈却有问题的"你在我的位置上时也会这样做"式的正当性证明。假设他们只是说(排除修辞性的词汇,这就是注释31②的正文内容),即使把应得和资格放置一旁不谈,那么也只有极端的道**德严格主义者可能否认每个人都有权利去追求某种程度的自我利益**(即使当这使贫穷者的境况比他们必然的境况变得更糟的时候)。

我并不情愿拒绝上述所强调的原则,这个原则肯定了塞缪尔·谢弗勒所称的"以行为者为中心的特权"③。但是,一种适度的自我利益权利似乎不足以证明不平等范围的正当性以及在所讨论的社会中实际上存在的贫富悬殊的正当性。资格或者应得也许能证明穷人与富人之间巨大的差异是正当的:应得和资格不包含对它们可能赞同的那种不平等的任何限制。这在资格原则的事例中尤其明显:我是我自己劳动力的绝对所有者。当我的生产能力被看作是完全的私有财产时,我就可以按照我自己的意愿和要求来使用它。相应地,对与其他人利益相对立的自我利益越是给予更多的关注,

---

① 一个南非白人对一个反对种族隔离的拥护者说:"如果你在我的位置上,你可能会有不同的看法。"我总认为对这个白人的正确回答是:"不错,我确信,它的确使一个人失去了洞察力。"
② 中译本第54页注释①。——译者注
③ 参见他的 *Rejection of Consequentialism* 一书。

这种关注也就越局限于它的可辩护性范围之内,而且看起来就不太可能证明奢侈与贫困之间的现存反差的正当性。

现在,可能有人反对说,当把较不富裕者的境况描述成被剥夺或者是贫困的境况时,我是在褊狭地批判激励论证。对于这样的一个反对意见,我有三点回复。

第一,在本章中,我关注的是(虽然**和其他的**事物一起)激励论证的现实政治用途。因此,提及现实的情况是完全适当的。

第二,激励论证是十分普遍的。因此,不管贫穷者多么贫穷,激励论证无论是在绝对的意义上还是相对的意义上都适用于富人们。相应地,特别是在激励论证运用的极端情形中去评估它,在方法论上就是适当的。

而且,正是当贫穷者的境况极其悲惨时,激励论证的**大**前提才被看作有说服力。在处境最不利者的处境不太差的地方,给予他们的主张一个绝对优先权就显得更加狂热。但是,如果改善贫穷者境况的情形越具有说服力,富人们说出的激励论证就越不足信(如果我是对的话)。所以,激励论证在它乍看之下最恰当的地方是最应受责备的。

现在,一个实施了约翰·罗尔斯的两个正义原则的社会将不会显露出当前英国所特有的不平等程度。因此,对于从行为者-优先性的角度来为通常使用的激励论证所做出的辩护,上述将它中立化的尝试就不会有助于驳倒罗尔斯所使用的激励论证。关于为罗尔斯使用的激励论证所做出的辩护,下面我将进行更多的讨论①。

9. 激励论证和欺诈

如果税收增加则有才能的富人们减少生产,富人们的这个决定使激励论证的事实性前提为真,并且它使穷人们比他们原本可能的更贫穷。我已经证明过,在赤裸裸地使用激励论证的限制范围之内,富人们无法证明使它的事实性前提为真是正当的。因此,当他们采用激励论证为最高薪水的低

---

① (附加于2008年)在这里,我支持一种个人的特权,正如我所论证的(此外,参看具体与罗尔斯有关的部分,第71—72页),这种特权没有证明激励论证是正当的,但是,它允许在正确种类的情况中向处境最不利者提供少许的救济,而不是严格遵循差别原则的要求。正像在本章的初稿中,这个行动步骤可能被判断成仅仅是一个特定的让步。我希望在"导言"第5节中对这个观点的详细阐释能使它不那么特定,而使得它的推理更加严密。(对这种特权的更深层反思,参见本书"总附录"第4节)。

税率辩护时,就会产生一种不一致的印象:他们越倾向于去肯定激励论证的规范性前提,他们就应该越不倾向于使它的事实性前提为真①。激励论证之所以能够站得住脚,仅仅是因为其小前提中提到的行为者不会像一个人可能期望那些提出其大前提的人们行动的那样去行动。如果他们确实能这样做的话,他们就不会使激励论证的小前提为真,于是,它的小前提就不可能为真,激励论证就可能崩溃。

当富人们自己提出激励论证的时候,就产生一种欺诈。关于与这种欺诈之间的比较,想想那些绑匪们,他们说,由于人质的安全应该被首要关注,所以人质的亲人应该为人质的释放支付赎金。电影《家有恶夫》(*Ruthless People*)描绘了这种结构上相似的——并且可笑的——立场。在这部电影中,绑匪们绑架了那位讨厌的妻子作为人质,但丈夫却心情愉快,不愿意为释放他的妻子支付赎金,当获悉这个情况后,沮丧的绑匪们向这位不想要回妻子的丈夫表达了愤怒。或者,考虑一群刚刚吃饱饭的流浪者,当他们把巨无霸汉堡的盒子扔进排水沟的时候,他们抱怨这个城市街道清扫服务的不成功。当有才能的富人们愤愤不平地指责左翼政党对富人征收重税的政策据说表明了对穷人缺少必要的关切时,类似的不协调就产生了。他们可能说,按照富人们自己决心坚持的合作方式来看,这样的一些政党是愚蠢的。但是,即使这也许会是真的,这却不是**他们**向那些政党表示愤慨的一个理由。

10. 穷人应该拒斥激励论证吗?

激励原则可能使穷人们相信他们应当投票去维持低税率,但是,这并没有向穷人们表明为什么富人们使他们最好那样做是正确的。并且,穷人们可能会拒绝以那种方式去投票。他们可能会支持工党同时迫切要求对高收入征缴更高的税收,而且并不是因为他们不接受激励论证的事实性小前提。相反地:他们可能会相信激励论证的小前提为真,他们可能会注意到它的

---

① 这个主张——有才能的富人对激励论证大前提的肯定与他们倾向于使它的小前提为真**不一致**——与上述详细阐述的主张不相同(虽然是相关的),也就是说,当激励论证被赤裸裸地使用的时候,有才能的富人们**无法证明**使小前提为真是正当的。这个前后不一致的主张依赖于大前提所说的内容,并且仅仅与它的某些提法相协调。如果绑匪改变了他的论证的大前提,即大前提从"孩子们应该和父母在一起"变为"父母们应该把钱给绑匪以取回被绑架的孩子们",那么,关于其小前提的主张就依然成立,但那个不一致的主张就消失了。如果富人们采用"穷人们应该投票赞成一切能够增加他们利益的东西"作为大前提,那么就得到了类似的结果。

真实性反映出富人们对生活和工作的一种不寻常的高标准的坚持,并且即使以牺牲他们自身的物质利益为代价,他们也不想容忍那种坚决的主张,而是想去反抗它。那么,穷人们可能会拒绝激励论证的大前提。他们可能会说,当各种不平等改善他们境况的根据包含在激励论证小前提中的时候,那些不平等就是不正当的。

富人们建议说,因为如果穷人们那样做,他们的物质境况就会得到改善。穷人们有一个理由来回应富人们的这种建议,同时,他们可能非常担心与富人们的合作。但是,对穷人们来说,拒绝富人们的建议并且放弃所承诺的物质利益可能不必然是一种非理性的行为。拒绝与一个不正当的掌权者达成协议不必然是一种非理性的行为(而且,有时被认为是道德命令),即使若你同意他提出的建议则你的物质状况可能得到改善。这之所以不必然是非理性的行为,既是因为你的境况如何好不单单地关系到你的物质状况,也是因为关心你的境况如何好对你而言并不是唯一的理性行为。(低收入的人们有时会关心其他一些事情,例如,保持他们的自尊和不与他们所认为的不公平事情合作。这表现在除了从预期收入最大化的角度能被认为是理性的之外,低收入者经常愿意坚持为争取更高工资的罢工。)

尽管如此,愤怒的穷人们可能正如我所说的那样,相当关心未来的额外收入,进而就同意富人们的建议。他们可能认为:我们想要去改善我们的普通命运,所以对于我们来说,接受增强激励性的建议是完全合理的。但是,他们不可能对富人们说:是的,你们的建议是完全合理的。如果富人们声称,为了做出更好的成就,他们**需要**额外的金钱,或者如果没有优厚的报酬,卓越的成就可能就意味着他们过惨淡凄凉的生活,那么,穷人们可能就会从"我-你"相互作用的维度出发同意富人们的建议。在我设想的情形下(即在上表1.1的标准情形中),反对富人们的建议就是把富人们看作一群你(a set of thous),而不是强大的难以理解的力量的一种方式。如果富人们能像机器或自然物碎片一样被看作是外在的事物的话,那么对于穷人们来说,不采纳富人们的建议可能会是不理性的。对高山表示气愤,认为"我绝对不会顺着你向上爬或者绕过你而到达我想去的地方",这个行为就是非理性的,因为除非你是一个万物有灵论者,否则你与高山的关系就要适当地采取一种"我-它"的形式。但是,穷人们知道富人们是人,而且他们可以把他们看作是共同体的成员,这些成员被面对面地要求提供正当性证明。于是,穷人们拒绝富人们的建议就不必然是非理性的:不合作的愤怒是对富人们言论的一种理性反应。(不可否认,即使在缺乏共同体时,他们也能如此反应,但是,当一种共同体规范在表面上适当时,那种反应就采取一种更加明晰的形式。)

11. 第一人称复数和第三人称复数

当那种认为富人不属于穷人共同体的看法被认为可以接受时,激励论证就不存在任何问题(在我说它有问题的那个特殊方面上)。但是有时候,反正在英国是这样,许多富人自己渴望求助于共同体,例如,当他们(或真或假地)惊恐地反对穷人们的激进骚动的时候。(也许有些富人认为,"属于相同的共同体"意味着一种不对称的关系。)

当然,特别有才能的人能够通过宣称他们个人在激励论证中缺乏一种归因于他们阶级中成员们的气质,从而毫不费力地肯定激励论证。但是,如果激励论证要想被接受为共同体内部不平等报酬的正当性证明,那么以第一人称提出而不是以这样一种拒绝承担责任的方式提出,就应该是没有问题的。

从第三人称的角度来看,激励论证的小前提仅仅预示富人们将会如何行动,并且它能够表明对激励论证说出者的主题思想——要求对那种行为的一种正当性证明——的误解:激励论证的说出者不用对自己的主题思想负责,并且他自身可能倾向于谴责它。但是,若完全用第一人称的力量去肯定激励论证的小前提,那就是宣布或者——为了满足当前的目的——表明一种意图,对正当性证明的一种要求因此就是合乎程序的。观察以下两种交谈之间的差别,每一个交谈都跟随在向一个穷人明确断言激励论证的小前提之后。在第一种情形中,是**由**一个穷人或者由某个第三方提出的。

  穷人:但是,他们这些富人们不应该要求这么多。
  回答:这与我无关。事实是他们要求这么多。

这是对那个穷人的悲叹的一个有效回答。但是,现在考虑一个类似的交谈,它跟随在该前提的第一人称表述之后:

  穷人:但是,你们这些富人不应该要求这么多。

　　　　回答：这与我无关。事实是我们（我和其他人）要求这么多。

　在这里，正是回答的不一致性证实了它所反对的那种质疑的合适性。

　　由于发现提供一个有说服力的回答是很难的，富人们就把他们自己的选择态度和决定描绘成既定事实。他们可能会对穷人们说："瞧，我们都必须接受现实的情况。"然而，他们正在要求穷人们承认的并不是一个外在的事实。在富人们的这种修辞中，对意图的声明伪装成对选择之外某些事物的一种描述：由于与他们自己的主动作用相分离，富人们**自身**就得以第三人称的方式出现①。

　　对于一种相似的自我误述（self-misrepresentation），考虑一下对绑匪而言去说下面的话是多么荒唐可笑："嘿，我很抱歉，但是事实是，除非你支付赎金，否则我不会释放你们的孩子。"如果用一种事实的风格而不是作为一种黑色幽默说出那些话，那么他的话表达出对他自己意图的一种偏离，这意味着他疯了。

　　并且，我相信，当一个阶级的意志被它的成员仅仅描述成一个社会学的事实时，会有某种古怪的事情发生。一位富人坐在它的起居室里用一种超然的方式解释说，他的选择与为什么穷人们应该投票反对向富人们征收更高的税这个问题无关。这里也有一种异化（alienation），然而因为它不如我刚才描述过的那位单个绑匪的异化那么明显，所以你不必变得完全热衷于滑进这种异化之中。每个富人之所以很容易陷进这种异化，是因为他的个人选择缺少突出的特点，迷失在他的阶级成员们所特有的许多相似的选择之中：他参与到一种如此熟悉的实践之中，以至于他被看作是自然进程的一部分，或者被看作是与自然进程处于同等地位。在一个反思的时刻，他可能会对贫穷者的状况感到吃惊，但是他使富人们的意图（也包括他自己的意图）——正是这些意图挫败了他们对于优先权的主张——具体化为社会政策必须将之作为一种参数的硬数据（hard data）。他没有注意到下述事实，即他自己的那些决定促进了他所描述的那种状况，这种状况是大量的个人选择的结果，但是他用客观的社会学或者是经济学的论述来描述这种

---

①　这不是对我们曾在第7节最后撇开的那个无能力主张的回放。虽然那个主张承认富人们形成和实现了一系列的意图，但是否认了他们能够形成和/或实现某些替代性的意图。在异化的动机中，正是有意图的行为者被隐藏，或者至少被模糊了。

情况。

回忆一下说"嘿,我很抱歉"的那个疯狂的绑匪。孩子的父母可能会表现出一种相应的疯狂。如果他们把绑匪的意图看作是不仅对他们而言而且甚至对于绑匪而言是一个客观的事实的话,那么他们就确实疯了。于是,他们就把绑匪的要求仅仅看作是发生在他们身上的不得不支付赎金取回孩子这么件事情,并且,也许他们之中的一个人像对一个可能有同情心的局外人那样对绑匪说:"哦,5 000 英镑**是**一大笔钱,我确定你也会同意这一点;但是,这毕竟不比切除萨莉的扁桃腺肥大这个手术花费得多,并且正像你已经指出的那样,她的**生命**就值这么多。"

而且,这些反思也关系到激励论证。我曾经说过,当富人们向穷人们提出激励论证时,激励论证就没有能力充当对不平等的一种正当性证明,这表明激励论证预设了他们之间共同体的缺乏。并且,我刚才也说过,当富人们用某种形式或者某种语气提出激励论证的时候,他们就是暗示他们没有资格成为选择性的人类行为主体。当考虑第二点的时候,或许有教益的是设想一种我们还没有想到的激励论证的表述,在这个表述之中,一个穷人向一群富人表述激励论证。这时,激励论证的小前提将会表达为:如果最高税率上升到60%,那么你们就会不那么努力工作,并且我们的境况将会因此而恶化。如果一个贫穷的说话者用一种客观的口吻说出这一点,那么他的富人听众们可能会因此感到不可思议。当某人预测你的行为就好像你无法控制自己的行为那样时,这种不可思议就会出现。其中的一些听众甚至可能抗议说:"喂,等一下。如果税率提高的话,我们至少可能**试图**不去减少工作努力程度。"而那位穷人可能反驳说:"你不可能会遵守那种决心。因此:**请投票反对税率提高吧。**"在那位穷人坚持激励论证小前提为真时,他将会坚决反对共同体,或者坚决反对他的听众们的主动能力,或者坚决反对这两者。

三、激励和差别原则

12. **差别原则的严格解读与松散解读**

到目前为止,我已经仔细考察了日常政治话语中出现的为实际存在的资本主义社会(英国)不平等的辩护。现在,我撇开本土的语境,转向基于文本来考察罗尔斯的差别原则。可以肯定的是,罗尔斯可能不会赞同盛行于英国的特定的不平等。但是,他自己对不平等的辩护和对劳森减税政策的辩护有一些重要的共同因素,并且我对后者的许多批评也是针对罗尔斯的观点的。

罗尔斯自己常常且明确地认为,他对差别原则的肯定与对由于给予有才能者特殊激励而产生的不平等的赞同是一致的。但是,我将论证,当罗尔斯式正义忠实于它自身时,它就会谴责这样的激励;并且,如果一个社会的成员自身明确地信奉差别原则,那么这个社会就没有必要使用特殊的激励来激发有才能的生产者①。

在本章中,我已经关注到那些必要的不平等之间的区别。一类是与人的选择无关、改善处境最不利者境况的那些必要的不平等;另一类是仅仅在实现某些人的意图这个给定目的的意义上才是必要的那些不平等。而且,正如有人可能会说的那样,这种在意图相关的必要性与意图不相关的必要性之间的区分产生了一个问题:我们如何对待罗尔斯差别原则中的"必要的"这个词。当罗尔斯说,如果不平等对于改善最不利者的情况是必要的,则它们就是正当的②,此时,罗尔斯只赞同那些与人的意图无关的、必要的(为了实现上述目的)不平等吗?或者更自由主义地(在这个词不止一种的意义上)说,他也赞同当有才能的富人们缺少对平等的某种信奉并据此开始努力行动时的那些必要的不平等吗?我们在这里面临对差别原则的两种解读:在对其严格的解读(strict reading)中,只有当不平等严格说来是必要的时候,即与人们的选择意图无关的时候,差别原则才把不平等当作必要的;在其松散的解读(lax reading)中,差别原则也支持与意图有关的必要性。所以,例如,如果需要一种不平等来改善贫穷者的境况,但是有才能的生产者只有作为自私自利的市场利益最大化者时他们才工作,那么那种不平等就被差别原则的松散解读而不是严格解读所支持。

我将论证,在对差别原则的这两种不相容的解读中,每一种解读都能在罗尔斯的作品中找到支持的材料,因此,罗尔斯在这个问题上实际有两种立

---

① (附加于2008年)现在,我应该不得不补充说,在戴维·埃斯特伦德提出很好的批判之后,我在总附录第4节中进行了回应:"保留在前面第8节中讨论的个人特权这个术语之内。"

② 这是差别原则的一个部分。差别原则的另一个部分说,如果各种不平等恶化处境最不利者的境况,那么它们就是不正当的;并且,按照对差别原则的宽泛解释(参见前面第29页),差别原则的第三部分说,如果各种不平等没有对处境最不利者产生影响,那么它们就是正当的(不是不正当的)。

场。在一个正义的社会中,人们热情地肯定差别原则。罗尔斯对这种热情的看法显示出对差别原则严格的、"与意图无关的"解读:这种解读与他对"完全顺从"、贫穷者的尊严和博爱的看法是一致的。然而,由于赞同各种激励,罗尔斯把与有才能的人们的意图有关的那些必要的不平等看作是差别原则可接受的不平等:他继续进行的论证就好像他肯定差别原则的松散解释。

13. 为什么正义的人们必须实践严格的差别原则?

在转向罗尔斯的文本之前,我想要论证,如果我们假设人们在差别原则得到运用的社会中,人们自身依附差别原则明确表达出来的正义思想,并且,在人们的日常生活中他们是由差别原则所驱使,那么,对差别原则的严格解释就是必须履行的。换句话说,如果我们以未经解释的差别原则的陈述开始,严格的解释和松散的解释在那里含糊不清,同时我们假设,在差别原则支配的社会中所有的人都全心全意地遵从这个原则,我借此想表达的是,他们关切的是确保他们自己的行为在差别原则限定的意义上是正当的,那么他们所遵从的就是严格解释下的差别原则。

在这样的一个社会中,差别原则影响了经济生活中公民的动机。该原则支配了他们对报酬的预期,换句话说,那是被他们认作对于他们被邀请担任的职位可接受的报酬。人们普遍认为,差别原则可能会被政府用来修正本身不被差别原则影响的选择的结果,但是正如我所主张的那样,在一个全心全意恪守差别原则的社会中,在公共选择与私人选择之间不可能有这样鲜明的反差。相反地,人们想用他们自己的经济行为去满足差别原则①,并且,他们帮助维持一种其他人也想维持的道德氛围。在下一小节中,我要表明,即使罗尔斯对各种激励的赞同体现出对严格理解的差别原则的拒绝,但他说的许多话使他信奉这样一种对差别原则的严格理解,因为赞同各种激励就意味着接受松散形式的差别原则,而且在差别原则对经济动机没有直接影响的一个社会中,这种形式的差别原则能够得到满足。

假设我是一位医生,想在一家医院谋求一个职位。我知道,我可能获得

---

① (附加于2008年)再次——参见前面第8节的最后一段——因为受一种合法的个人特权的适当限制:我不会总是增加这个限制性条件。

年薪10万英镑的收入①。我也相信，当且仅当我要为了完成这份工作需要大约花费5万英镑时，我的报酬与待遇较少者报酬之间的任何差距才会被我做这项工作所确实需要的东西和/或被它的具体负担和/或被我的合法的个人特权证明是正当的。那么，我怎么可能一本正经地说正义禁止那些有害于贫穷者的不平等呢？而且，除非我确实想要获得这份特定的工作，我要求的报酬是5万英镑，并且为了社会利益因而放弃5万英镑，否则我如何能决心在自己的生活中正当地行动呢？②

我可能会说："瞧，我**是**关心处境较不好的人，但是，我不必把我的一生奉献给他们。对于政府来说，通过向我征税来满足他们的利益是对的；但是，我也应该被允许去追求我自己的**自我**利益，这就是为什么我觉得去拿医院为吸引像我这样的医生而不得不提供的那份薪水是正当的。"

但是，这种回答在这里是站不住脚的。

首先，需要注意到，我不可能本着辩解的自我批判精神来表达这样的回答，因为在这里，**按照假设**，我决心去正当地行动。在这种假设之下，我必须显示出我的行为不是不正当的，不是在正义与自我利益之间的一种可理解的妥协。我不得不表明，由我和其他专业人员的选择引起的不平等不是不正当的，即使他们使得贫穷者的命运比它必然的情况还要糟糕。所以，我正在主张的是，某种不平等是正当的，因为它反映了那些幸运地拥有天资的人

---

① （附加于2008年）我对医生事例的使用给人一种错误的印象，即一种平等主义风尚的主要影响可能会导致行为者放弃他们可能在市场上得到的东西。这样一种风尚事实上在某些情况下可能的确会产生那种影响，但是一种平等主义风尚的更重要的相关影响是导致行为者接受非常高的税率。参见"总附录"的第1节。

② 那些赞同对差别原则进行松散解释的人们已经建言，我可能会说，我放弃2.5万英镑对于一个特定的人来说可能很少能带来益处。但是，那也不一定如此：如果要求我的牺牲对于某个特定的人或者某些特定的人产生明显的影响，那么就可能设计出不会破坏这种牺牲的影响的途径。但是，这个要求是无论如何都被误解的。因为一个人可能出于同样原因主张反对那些在松散解释中支持差别原则的人们，向某一特定的人收取所得税是无意义的，因为这对任何一个个体也不会产生重大的意义。

而且，这一点在这里无论如何都不是核心问题。因为在这里适当的问题不是：不论这个社会——一个信奉罗尔斯式正义的有才能的个体在其中发现了他自己——的特性是什么，这个个体的道德责任是什么呢？正确的问题是：一个按照差别原则是正当的**社会**会是什么样子？除此之外，有才能的人在这样的社会中一般会如何行动呢？就像我正在主张的那样，如果他们一般而言可能接受普通薪水的工作，那么每个人就可能和其他人一起反思他/她正在对贫穷的人们产生的巨大影响（否则，贫穷者就可能成为贫穷者）。

们对自我利益的合法追求。我是说,正义本身是在自我利益与平等主张之间的一种妥协或平衡。

正如我在前面指出的那样(参见本章第 33 条注释①的正文),我的目标不是抨击那种允许行为者拥有某种利己主义特权的正义观念的完整性。但是,那位医生的回答不仅仅是要阐述一种可辩护的正义观念,而且是要调和他的全心全意地遵从差别原则的经济正义观念的主张与他对差别原则的松散解读。我们必须询问,他的回答是否实现了那种结果。

现在,罗尔斯没有把分配正义说成所构想的那种妥协②,但是,我们的问题是,他是否可以,换句话说,他是否可能根据医生的回答路径来维护松散的差别原则。并且,我认为他不可能这样做,因为医生的回答表明在这里错误的区分是什么。这个回答辩护的是对必须提供给贫穷者的帮助在总量上的一个界限:这个总量受到对富裕者利益的适当考虑这个因素的节制。但是,由于追求松散的差别原则,所以与任何应当被当作在自身利益和公共服务之间的适度妥协相比,政府可能会对我征税更多或是更少。如果政府与适度妥协相比向我征更多的税,那么根据那位医生的回答,我可用正当的自我利益的理由来反对。因此,这种回答远远不是对差别原则的澄清,它(有时候)把差别原则描绘得过于苛刻了,即使在差别原则的松散形式下也是如此。同时,如果政府与适度妥协要求的税收相比向我征更少的税,那么我不可能说,我所肯定的差别原则中的松散性基于那些妥协理由是正当的,因为基于那些理由,差别原则因此就会过于松散了③。

简而言之,大体上,妥协观念没有像松散的差别原则那样划出同样的界

---

① 见中译本第 55 页注释③。——译者注
② 认为自由对差别原则的优先性促使了这样一种妥协可能是一种错误。它之所以没有促使这样一种妥协的原因之一是,在这里我们不关心以正义的名义对那位医生的自由施加强制性的限制,而是关心什么才能当作一种他对自由的正当使用。(在下面的第五章第 3 节中有关于这个话题的更多讨论。)
③ 由于天资的某种分配,松散的差别原则所认可的各种不平等可能就相当大,其程度在直觉上与核心的罗尔斯式观念是不一致的,后者即有天资的人们应把他们的特殊能力归因于纯粹的好运气。他们怎样才能成为完全正义的人?怎样才能认为他们自身所拥有的天赋只不过是运气好却同样尽可能地在市场上利用它呢?当然,有一些天资的分配在各种不平等中可能相当小。但是,这作为原则的问题并不小,而且当一个假定的基本原则与某种结果相一致并引起批评的时候,表明这个原则在实践中缺乏那些后果,这并不是对这个假定的基本原则的辩护。如果这样辩护,就像所预料的那样,这个原则就不是基本的,而是保证性的,因为就事实而言,它服务于各种更基本的目标。(在下面第六章和第七章中那个主题将被详尽地考察。)

限。顺着妥协路线来进行辩护,松散的差别原则至多是正当平衡的一个有缺陷的中介,而不是原本以为的那样是一个正义的基本原则。简单地说,妥协观念不同于下述想法:考虑到各种行为者在市场中是(或者可能是)利己主义最大化者,如果各种不平等对于使贫穷者受益是必要的,那么它们就是正当的。因此,松散的差别原则不可能成为那些信奉差别原则正义的行为者所肯定的东西:从他们的观点来看,它在利己与利他之间划出了一条任意的界限。

留给我们的是严格的差别原则①,政府不可能独自地实施这个原则。为了差别原则能够占优势,整个社会就需要一种被差别原则贯穿的风尚。因此,除非一个社会确实被某种风尚或正义文化所贯穿,否则这个社会(相对于它的政府)就没有资格作为一个信奉差别原则的社会。当然,风尚在立法的直接控制之外,但是我相信一个正义社会在正常情况下不可能没有一种风尚②,并且,罗尔斯本人要求在他所描述的正义社会中必须有一种精心培育的适当态度。

在一种由差别原则所塑造的正义文化中,有才能的人不会期望(他们通常有能力获得)高额的薪金,而这种薪金的水平反映了对他们才能的高要求(与特别需要或者他们工作的特殊负担相对而言)。由此得出结论,在一个由正义者组成的社会中,差别原则不会引起那种通常认为(例如,罗尔斯认为)它会产生的不平等,特别是它不会在那个短语的"标准"意义上(参见前面第8节表1.1)证明激励报酬是正当的,也就是说,报酬不是要去补偿异常艰苦的工作,而是要把才能引向那些总的来说不特别艰辛的工作。在一个正义社会中,正义是在它的前解释的形式下被差别原则所定义的,严格解释下的差别原则将占据主导地位。

(在我想起的那个社会中,无论一个人何时做出一个经济决策,他将不得不担心不幸的人们。这一点并不是真实的。自由主义者可能把这种情况

---

① 我并不是说在伦敦没有别的游戏,而仅仅是说没有玩差别原则游戏的第三种方式。(一个进一步的替代可能是这样一种严格的差别原则,它受到一种以行为者为中心的特权的限制。但是,添加的限制更改了——它并没有解释——差别原则。此外,参见后面"总附录"第4节。)

② 例如,由于那些为经济学家所熟悉的不对称信息和激励兼容性的问题,并且,当税率增加过高时,生产者减少劳动的倾向也粗略地揭示了它们。在非正常的条件下,正义可能与普遍的自我利益最大化是相一致的:例如,如果才能和效用函数是相同的,那么有形资产的原初平等就可能被认为是正义的充分条件。(根据德沃金的观点,即使使用不同的效用函数,也可能是这样的。)

看作是压迫性的①，并且，无论他们正确与否，平等主义风尚的一个功能就是它使有意地关注处境最不利者成为不必要的。更确切地说，所发生的事情是，人们使一些原则内在化，而且——在正常的情况下——非反思性地依靠这些原则生活，这些原则限制了对自我利益的追求，并且这些原则的意图是，当它们指导行为时，较不幸者就会获益。）

14. 差别原则和"日常生活"

依据差别原则所需要的松散解释，当每个人在市场中通过追逐私利的行为得到她能够得到的东西时，差别原则就得到了满足。市场的回报由税制和其他规章安排，使最不利者的境况得到改善，就如同任何被征税和调节的市场回报的程度能够使他们的境况得到改善那样。对一个社会而言，建立这个原则意味着什么呢？依我看来，当人们被要求去解释为什么他们和像他们的那些人乐于为他们所得的报酬而工作时，人们可能会提到平等的规范。这种严格的解释与罗尔斯对不平等化激励的无条件支持相冲突。然而，正像我现在打算表明的那样，对差别原则的严格解释与在罗尔斯的著作中能够发现的许多重要的对正义的一般界定是相符的。

在当前的联系中，非常重要的是罗尔斯的理论描述了一种他所称的良序社会（well-ordered society），也就是说，这个社会的公民显露出完全愿意遵从正义的要求。在一种良序社会中，不仅在投票箱前而且在日常的事务中，人人都出于一种由正义原则所贯穿的正义感而行动。

从罗尔斯著作的许多段落来看，这一点是很清楚的。我们不仅被告知："每个人都接受并且知道其他人同样地接受相同的权利和正义的首要原则"，这个原则本身可能与他们对信念的投票箱式观点是一致的；而且被告知：各方"在日常生活中……肯定并且按照（那些）正义的首要原则行动"②。完全遵从这些原则意味着在日常生活中，正如罗尔斯也提到的那样，"在他们日常生活的过程中"，他们**按照**这些原则而行动③。并且，部分

---

① 例如，参见 Thomas Nagel, "Libertarianism without Foundations"，第199—200页。同时，对内格尔的批评，参见我的 *If You're an Egalitarian, How Come You're So Rich?*，第168—174页，并且也参见下面第五章第3节的收尾段落。

② "Kantian Constructivism," p. 308.

③ 同上书，第315页。比照 *A Theory of Justice*，第253/222页：他们"有意识地在日常生活中按照正义原则而行动"。

由于"**按照**他们的正义感所要求的那些原则来行动",所以他们的"完全自主性得到了实现"①。公民们坚定地致力于那种行为方式。他们"有一种最高阶(highest-order)的欲望去出于正义的原则而**行动**,这就是他们的正义感"②。他们"拥有一种表达出他们作为自由和平等的道德人的本性的欲望,并且他们**按照**他们在原初状态中会承认的那些原则去行动就充分地表现了这种本性。当所有的人都努力遵从这些原则并且每个人都成功地做到时,那么他们作为道德人的个体的和集体的本性就得到**最充分**的实现,而且他们个体的和集体的善也就都随之实现"③。

现在,这样一些陈述对我来说似乎意味着罗尔斯式公民的经济动机受到差别原则的影响。如果在"**他们的日常生活**"中,他们"**按照**"一个引导他们关心贫穷者的原则而行动,那么他们怎么会像那些追求激励最大化的人那样行动呢? 我们可以说,在他们的日常生活中,他们之所以**按照**这样一种原则来行动,仅仅是因为他们支持由这个原则所决定的税收,并且旨在修正他们**按照**自我利益最大化的动机行动所带来的后果吗? 这样的支持可能表明,你尊重那反对你的差别原则主张,但是,作为你在日常生活中的行为依据的正义感的一部分,它的确不足以作为你受到它启发的证明④。当你在你自己的市场选择中尽可能地得到更多⑤,并且仅仅赞同政府在对像你这样的人们的选择所常常导致的不平等进行不完全调节时应用差别原则,那么你"作为(一个)道德人的本性"怎样才能被当作"得到了**最充分**的实现"呢?

---

① "Kantian Constructivism",第 315 页,添加了强调。

② 同上书,第 320 页,添加了强调。

③ *A Theory of Justice*,第 528/462 - 463 页,添加了强调;同时比照此书第 572/501 页:"对公正行动的欲望和表达我们作为自由道德人的本性的欲望原来是阐述同一个欲望实际所说的内容。"比照此书第 574/503 页。

④ 罗尔斯说:"公民们有一种通常有效的正义感,也就是说,那种使他们能够理解并运用那些正义原则的正义感,并且当他们的环境要求时,最大程度地按照正义原则行动。"(*Justice as Fairness*,第 198 页)。如果正义的行为存在于遵守那些旨在影响正义原则实施的法律之中,那么他们为什么必须把那些原则本身应用于他们自己的环境之中呢?

⑤ 如果一个私利最大化者信奉松散的差别原则,那么他的经济行为与一个不信奉这种原则的私利最大化者的经济行为有什么不同呢? 我们可能会说,与后者不同,前者当且仅当并且因为该原则生效时,也就是说,被政府在它的经济政策中所采用时,才愿意把私利最大化。但是,这不必然是正确的:关于在一个不存在松散的差别原则的社会中他们应该怎么做,那些相信应该建立松散的差别原则的人们可能会有各种不同的观点。而且,即使当这个原则没有生效时,我们的信奉者的确会做出非私利最大化的行为,这几乎也没有表明,他在他自己的"日常生活中""尽力遵守"了差别原则。

考虑一下《正义论》中的这段话:"通过避免在一个平等自由的架构中利用自然和社会环境中的偶然因素,人们在他们的那些社会结构中表达了对彼此的尊重。"①如果是这样的话,那么在我看来,在罗尔斯式社会中,似乎不会有寻求激励的人,因为他们的确利用他们的偶然的天资和社会优势,并且这段话说,这样做的人表明他们缺乏其社会结构所要求的那种对他人的尊重。如果你否认这段话有这种含义,那么你必须做出以下两个似乎不合情理的主张中的任意一个:你必须要么主张①不管这段话表达了什么意思,罗尔斯意义上的正当的有才能的人可能会利用他们的优越才能这个偶然因素;要么主张②与看似显而易见的事情相反,有才能的市场利益最大化者不会进行那样的利用。

让我们这样来思考它。按照一种罗尔斯式观点,为什么有才能的人应该比缺乏才能者赚得更多,这个问题没有基本原则的根据。仅仅当差别原则被应用时,事情(一般看来)结果才能那样。所以,设想我们与有才能的富人们交谈,并且,**按照假设**,当他们可能按照差别原则的要求已经顺从地接受作为结果的税后收入时,我们询问他们为什么没有把他们收入中高于平均值的部分给予那些低于平均收入水平的人们。他们可能会说些什么呢?他们当然不可能说他们正在避免利用他们才能上的优势,并且我们不可能说他们在"一种正义观念"之下生活,这个正义观念是"像反对者追求……经济利益那样,这种正义观念使自然天赋和社会环境中的偶然因素失去了作用"②。

15. 尊严、博爱和差别原则

罗尔斯相信,一个正义的社会——按照对这个社会如何运转的松散理解——尊重处境最不利者的尊严,是因为,正如罗尔斯所说,处境最不利者知道他们的境况能够尽可能地得到改善。但是,那是一种幻想。因为仅仅当那些处境较好并且可能远远好于处境最不利者的人们追逐私利的时候,处境最不利者的境况才会得到尽可能的改善。

乔舒亚·科恩是差别原则的坚定拥护者。他比较了如下两种社会:一种是由差别原则支配的社会;另一种是虽然由一种基本的最低限度支配但

---

① *A Theory of Justice*,第179/156页,同时,一般而言,参看同上书,第72—75/62—65页。
② 同上书,第15/14页。

却自由放任的(laissez-faire)社会。科恩之所以轻视基本最低限度/放任自由主义的安排,是因为它在非常弱的意义上"肯定"处境最不利者个体的"价值"。因为如果我是这样一个社会中的一名成员,"那么我知道,如果那些较富裕的人们准备放弃他们的一些利益,我的境况就可能更好。并且我还知道,这种利益的放弃对我来说不仅仅持续这一段时间,而且还包括我的终生。其余的人知道这一点,并且知道我也知道这一点,等等。尽管这样,他们还是接受了这些利益"①。然而,科恩没有能够看到,在一个由松散的差别原则支配的社会中,能够对于缺乏才能的人们发表上述那些看法,是由于在这个社会中,有才能的人们要求并且得到了激励性报酬。在这样一个社会中,思维清晰的不幸者知道,"如果那些处境较好者准备放弃他们的一些利益,他们的境况就可能更好"。科恩描述了一个在罗尔斯式社会中处于不利境况的人,这个人在反思时对如下这点感到满意:"其他公民按照最大最小值(maximin)规则行动"(也就是说,在这种环境中,应该按照把处境最不利者的利益放在第一位的原则来行动),因而"显示出对我的善和我从属的那个群体的善的关心"②。但是,只有按照我对罗尔斯式社会的特性的修正性观念,那个处于不利境况的人才会拥有这样一种反思。当标准解释和松散解释下的差别原则处于支配地位时,一般而言,如下这点不是真的:公民"按照最大最小值规则行动",并且因此产生的不平等可能的确挑战那些处于底层的人们的自我价值感。如果他们成功地保持那种价值感,那么这不会是因为他们对处境较好者如何对待他们这个问题的认识。

乔舒亚·科恩的这些评论就是本着罗尔斯下面这段话的精神实质,这段话说:在这里被称为 B 的"最不利者能够接受 A 的较好境况,因为 A 的利益已经通过改善 B 的前景的方式达到。如果 A 不被允许拥有更好的境况,那么 B 的境况会比现在更加糟糕"③。这段话的第二句并非不得不与第一句相一致,因为在其他各个方面都相同的情况下,A 可能已经克制获取他所能获取的全部利益,于是 B 的状况可能比现在更好。如果 A 在改善 B 的不利前景的过程中没有得到可以得到的利益,那么 A 就拒绝改善 B 的不利前景。这显示出 A 对 B 的命运是多么的不关心。

---

① "Democratic Equality," p. 743.
② 同上书,第 746 页。
③ *A Theory of Justice*,同上书,第 103 页,在 1999 年版本中该段被省略。

科恩在评论差别原则过程中的错误表明,在罗尔斯本人对差别原则的松散运用中,他错误地把差别原则描绘成博爱价值的实现,博爱价值被罗尔斯曲解成"这样的观念:除非有益于境况较不好者的利益,否则就不想要占有更大的利益……一个家庭的成员通常不愿意获利,除非他们能够以一种促进家庭其他人的利益的方式获利。现在,按照差别原则行动恰好也产生这个结果"①。但是,只有我们严格地解释差别原则,"想要按照差别原则行动"才能有上述的结果。因为不愿意"获利,除非他们能够以一种促进家庭其他人的利益的方式获利"与激发市场利益最大化者的发财致富动机是不相容的②。

我们应该注意下面这句话中的一种含混性:"除非这是为了那些处境较不利者的利益,否则就不想要拥有更大的利益。"除非其他人由此获利,否则一个那样形容的人就不想获利。难道这意味着:除非他们得到某种东西(无论多么少)?但是,那不满足差别原则规定的最大最小值标准。或者,难道这意味着:除非我的所得并不意味处境较不利者的所得少于必然的所得?但是,假如可行集合足够多,那就意味着对平等的追求。

让我来说明这一点。兄弟两人 A 和 B 都住在纽约,他们住在那里的福利水平分别是 6 和 5。如果他们移居到芝加哥,他们的福利水平就会分别上升至 10 和 5.1。如果他们移居到波士顿,他们的福利水平就会分别上升至 8 和 7。如果 A 建议他们应该移居到芝加哥,那么博爱是否就像罗尔斯所要描述的那样与 A 的这个建议相一致呢?如果认为相一致,那是难以令人信服的。或者,罗尔斯式博爱是在严格地最大最小化吗?在那种情形下,波士顿就是选择,而且在一个再分配没有任何限制的可行选择集合中,平等就是结果。(请注意,在这个最后的例子中,我不会具体说明例子中的数字表示什么:无论你们选择什么样的尺度,这个推理都将会完成。并且,这证实在渴望的结果即正当的不平等出现时,没有任何尺度可言。)

在当前的关系中考虑一下罗尔斯的如下陈述,即"天赋更好的人(那些在自然天赋的分配中占有并非在道德上应得的位置的人)被鼓励去获取更大的利益——他们已经从那种分配中的幸运位置上受益——条件是,他们

---

① *A Theory of Justice*, pp. 105/90.
② 本节的剩余部分包含了最初出现在"对不平等的帕累托论证"中的材料,这些材料在下面第二章的再版中被我删掉了。

应以有助于较少天赋者的善的方式来培养和使用他们的自然天赋"①。让我们检验一下这段话中所说的哪些东西在反对差别原则的要求。根据差别原则的要求,一种基本善的不平等只有在它对于扩大最小的基本善的集束的大小是必要的时候,它才被证明是正当的。让我们集中关注引文中所述的条件,即有天赋者"以有助于较少天赋者的善的方式来培养和使用他们的自然天赋"。让我们来询问:必须培养和利用多少自然天赋来有助于较少天赋者的善?据我们能从引文中搜集到的东西来看,那个数量在最好的情况下是悬而未决,在最差的情况下根本就是任何数量,无论多么小。但是,正如我现在将要论证的那样,差别原则要求的却是,天赋较少的人在基本善的分配中获得的与天赋较好者获得的一样多:

	天赋差的人	天赋较好的人
A 没有培养	5	5
B 培养和使用(Ⅰ)	6	9
C 培养和使用(Ⅱ)	7	8

根据对所引那段话提到的条件的弱的解读,并与那段话的其他内容相一致,B 虽然比 A 表现了更多的不平等,但它是能接受的,尽管对较少天赋的人不利(与 C 相比)。但根据差别原则,B 是不能接受的,因为 C 是可能的,而且它的可能性使 B 中的不平等比改善较少天赋者的境况的必要不平等更大。但是,可行集合通常还包括 D:

D 培养和使用(Ⅲ)	7.5	7.5

为什么平等地分配增加的产品将会是不可能的呢?除了从平等主义的观点来看这是站不住脚的原因以外,如果它能够平等分配,有天赋的人可能会不愿意去生产那么多。因而,差别原则将会要求 D:运用差别原则证明不平等的正当性是非常困难的。

一个依据松散的差别原则来征税和管理的追求市场利益最大化者的社

---

① *Justice as Fairness*, pp.76–77.

会,从处境最不利者的观点来看,必定比一个自由放任的社会更可取①;但是,在上述任何一种社会中,社会上层者的行为既不与本质上的社会主义博爱价值相一致,也不与那些贯穿着差别原则的动机相一致。罗尔斯要么必须放弃对才能发挥的各种激励的支持,要么必须放弃他的尊严、博爱和完全实现人的道德本性这些理想。我认为,这些理想应该值得坚守②。

16. 差别原则和"相互不关心"

罗尔斯曾一度对如下观点做出了评论:

> 企业家可以拥有的较大期望[大概]鼓舞他们去做那些提升劳动阶级长远前景的事情。③

罗尔斯并不(完全地)支持这个事实性主张,但是他说,就像他所表明的那样,他相信,如果那是真的,那么差别原则既赞许产生那些较大期望的报酬,又赞许与之相关的"在生活前景上的原初不平等"。

还有其他一些段落也产生了有关的相似效果④,在这里没有必要全部引述。但是,我确实想引用并就罗尔斯的一个评论发表看法。罗尔斯的这个评论可能被解读为试图预见和改变我已经提出来的那种批判路线。

紧随他支持各种激励的一段话之后,罗尔斯写道:

> 人们可能认为,从理想上说个人应该希望互相服务。但是,由于各方被假定为对彼此的利益不感兴趣,所以他们对那些不平等的接受就仅仅是对正义环境中人们所处于的那些关系的接受。他们没有理由抱

---

① (附加于2008年)自由放任主义不可能会是更可取的,因为如果这对于处境最不利者已经是更好的话,那么松散的差别原则可能已选择了自由放任主义。

② 有人可能认为,除了对那些理想的信奉之外,罗尔斯还有更深层的理由拒绝各种激励和松散的差别原则,也就是说,厌恶风险的倾向——促使原初状态中的各方选择差别原则——也可能使他们倾向于选择严格的差别原则。我没有使用这个论证是因为我试图提出自己的理由来反对罗尔斯的一些理想,而这些理想是我借助我所赞同的罗尔斯思想来加以反对的;而且,我既不同意原初状态中所选择的原则本身是正当的,也不同意原初状态中的各方会选择最大最小值策略,因此,如果上述建议是正确的,他们就可能选择严格的差别原则。

③ *A Theory of Justice*, pp. 78/68.

④ 参见同上书,第151/130—131、157/135—136、279/246页; Rawls, *Justice as Fairness*, 第53、63页; Rawls, "Distributive Justice",第139页。

怨彼此的动机。①

有人可能会说,以这段话为基础,我对罗尔斯的批判显示出我误解了他构想出的那些正义原则的作用。有人可能会说,那些原则是被公正的人们在他们的互惠互利的合作中所遵守的一些规则。公正的人们可能会或者可能不会**关心**彼此,但是只要他们遵守这样的法则,他们就有资格作为正义的人。如果他们确实关心彼此,那么他们就超出了正义的范围。并且,当要求严格的差别原则的时候,我所要求的就不只是正义。

但是,那种思路在我看来似乎是站不住脚的。因为它错误地认为相互不关心属于已经实现了的正义社会中的人们的品质,而相互不关心是罗尔斯的原初状态中特别纯朴的人们的特征,在原初状态中,那些支配正义社会的原则被选中。在原初状态中,相互不关心是由于方法论上的原因被假定的,是想在一种无知之幕(a veil of ignorance)的约束下从理性的自我利益衍生出正义。但是,不能由此推出,由原初状态中相互不关心的各方所选择出来的原则,当它们在一个正常运转的社会中作为相互作用的准则起作用时,与相互不关心是一致的。并且,把相互不关心当作现实社会中人们的品质,这无疑与如下观念相抵触:正像罗尔斯描述的那种情况一样②(参见前面第59条注释③的正文),他们的关系带有博爱的精神。像"一个家庭的成员"这样的人们,"除非他们能够以一种促进家庭其他人的利益的方式获利,否则他们不希望获利",这些人不是对彼此利益不感兴趣的那些人。如果对其他人利益不感兴趣的一个人在享有自己利益的时使处境较不利者获利,那么他怎么可能只渴求自己的利益呢?(参看上文第15小节)

17. 差别原则和不公正的社会

罗尔斯说:"一个处在原初状态中的人将会承认(各种激励所必需的)

---

① *A Theory of Justice*,第151/131页。关于"相互不关心"的更多内容,见 *Justice as fairness*,第62页。

② 当罗尔斯写道"尽管在原初状态中的各方对于彼此的利益不感兴趣,但是他们知道,在社会中他们需要通过尊重他们的伙伴来获得保证。他们的自尊和他们对于他们自己的目标体系价值的信任无法经得住不关心……其他人"(*A Theory of Justice*,第338/295页),罗尔斯本人就同样地区别了在原初状态中人们对待彼此的态度与在社会中人们对待彼此的态度之间的不同。

③ 中译本第71页注释①。——译者注

不平等的正义性。的确,若他不这样做的话就是目光短浅。"①

现在,这个主张的措辞令人感到奇怪,因为我们通常把目光短浅看作是对自己的利益而不是对正义的认识不足②。并且,我指出了这种阐述中的不恰当性,因为我相信它反映出一种在罗尔斯的体系结构中未解决的紧张,一种隐藏在本讲座所揭露的困难背后的紧张。那种隐藏的紧张是如下两种观念之间的紧张:一种是**商谈性**(bargaining)的社会关系观念;另外一种是**共同体**(community)的社会关系观念。(根据这两种观念的各自原理,还有一些观念介于它们之间,但是,当我解读罗尔斯的时候,这两种社会关系都以它们的纯粹形式出现在他的著作之中。)

但是,让我们忽略上述这段话中的不恰当的措辞,而集中关注于它所蕴涵的如下主张:不承认激励性不平等的正义性可能是一个错误。我对这个主张的回应到现在为止是完全可以预见的,即如果我们是在完全遵从的假设之内进行讨论,那么我们不必并且不应该承认:或者激励性不平等是鼓励成就的必要条件,或者激励性不平等是正当的。然而,让我们现在收回完全遵从和普遍正义感这些令人陶醉的假设。相反,考虑一下像美国这样的社会,在这个社会中,当差别原则以全面的方式获得支配地位时,幸运的人们学会期望得到比他们可能得到的更多的东西。在那种情况中,我们可能同意:不承认激励性不平等可能是一个错误。如果我们需要不平等去"激励有效的成就"③,那么不让不平等产生就可能是愚蠢的行为,但是不能由此得出结论说,倘若正义的**基本**原则像应用于罗尔斯式社会中那样应用于每个人总是公正地行动的社会④,那么让不平等产生就是基本正义的一个

---

① *A Theory of Justice*,第151页,在1999年版本中该段被省略。

② 无论如何,一个处在原初状态中的人不会问自己什么是**公正的**。就他的无知而言,他会问自己如下的问题:从他的利益角度出发,什么是最佳的选择?

③ *A Theory of Justice*,第151页,在1999年版本中该段被省略。

④ (附加于2008年)比较一下Macleod在"Economic Inequality: Justice and Incentives"中的论述:

"……它是关于像难以令人置信**因为**那种行为使整个社会收益最大化就主张那种行为是勇敢的那样,仅仅**因为**一种分配使收益最大化就假设这种分配是公正的,也难以令人置信。"

"当罗尔斯设法把激励性提供的任何不平等——将服务于使处境最不利者的收益最大化——描绘成公正(或者不是不公正)时,在罗尔斯的立场中就存在几分类似的混淆。符合罗尔斯差别原则内在的严格要求的激励性方案不能**由于那个原因**而被说成是公正的。为了假设他们能够,就可能会假设我们能够把譬如碰巧拥有社会上有价值且相对罕见的技能的人们的过分要求描述成公平的,即使这里的事实是,他们提出这些要求时比拥有大致同样技能的其他人更无情,这个事实主要是对他们在决定资源分配的谈判之中更大的贪婪或固执的一种反映。"(第186页)

要求。

尽管罗尔斯的首要主题是完全遵从条件下的正义，但罗尔斯也把他的原则看作评价实际现存社会的标准①。在我看来，被设想为可以支配一个正义社会的差别原则把那些对于改善处境最不利者而言必要的现存不平等谴责成不公正的，在那里这种必要性反映有才能的富人的意图；但是，如果考虑到那些不平等是必要的，那纵然因为上述理由，消除它们也将是草率的。我可能会和尼古拉·布哈林(Nikolay Bukharin)一起对富农们说："使自己富起来！"而没有假设（比布哈林更多），我由此表达了一个正义要求。如果我们关心贫穷者，那么我们应当有时承认激励，正像我们有时甚至应该满足一个绑匪的要求。于是，我们不是按照严格解读的差别原则行动，在严格解释中，差别原则是支配正义人们的社会的一项正义原则，正义的人们被这种差别原则所鼓舞。我们是在按照松散版本的差别原则行动，这种松散版本的差别原则赞同激励，并被应用于人们熟悉的那些不公正的社会中。根据激励确实不可避免这个假设，激励性报酬可能是正当的，但是不能由此得出结论说，当激励性报酬被提供时，就不会出现任何不公正。（一个人可能对一个儿童的监护人说：绑匪不公正地威胁着那个儿童的安全，并且那个儿童的正义因此要求你向绑匪支付赎金。因此，一个人可能对一个结构上不平等的社会中的立法者说：有才能的人是不公正地漠视穷人们的困境，穷人们的正义由此要求你不要征收非常高的税收。）

只有当多产的人们得到优厚的回报时，他们才会决定提供服务。这时，如下政策才是理性的：向他们支付充足的报酬来使他们生产，从而使最贫穷者的境况变好。但是，按照差别原则本身所设定的那个标准，他们的立场因此就是不公正的。于是，按照一种严格的罗尔斯式正义的观点，松散解释中的差别原则确实要求激励性政策，但它不是正义的一个基本原则，而是处理人们的不正义的一个原则。它之所以不是正义的一个基本原则，是因为它给予那些冒犯正义的追求市场利益最大化者以好处。我们可以称之为正义领域中的一个破坏限制原则(a principle of damage limitation)②。

如果这样做限制了破坏，那么按照松散的差别原则路线来管理社会就是明智的，但是承认那种社会因而不是建立在正义的基础上也是明智的。

---

① *A Theory of Justice*, pp. 245 – 246/216.
② 或者，在同上书的第246/216页上的一段中，一个"解决不正义的原则"。

与此相关的一个更一般的要点是,人们不应该像罗尔斯在《正义论》中那样假定:"正义是社会制度的**首要价值**",在那里这句话的意思是:"法律和制度……只要它们是不公正的,那么就必须革新或废除。"①因为有时正义是无法达到的,而且我们觉得勉强接受其他东西是合适的。例如,当不付赎金就无法得回孩子时,当正义的结果无法获得时,那么交付赎金从而使所有的人(绑匪、父母和孩子)都比拒付赎金的处境更好,这无疑是更可取的。尽管在有些情况下,由于利害关系较小,我们可能为了不同意一个不公正的要求而宁愿放弃帕累托改进。

同样地,根据一条古老的马克思主义格言,正义在匮乏的条件下并不是制度的首要美德。在那些条件下,一种正义的分配或许不可能实现,因为有权势的人将阻碍它的施行。在那样的情况下,争取正义可能使得每个人的处境更坏,因此,此时不公正的法律和制度不应"革新或废除"。而且,马克思主义意义上的匮乏不是指生活用品的缺少,而是指更为广泛的环境,即为了保证或许是相当合理的生活用品,大多数人必须花费他们的大部分时间从事那种与他们的自我实现相冲突的劳动。

在那样一种条件下——并且,我们是否仍然处于这样的条件之中是一个巨大而困难的问题——容忍甚至有时培育激励性诱因可能是正确的,尽管事实是它与正义相矛盾。有时,松散解释的差别原则可能被推荐为社会制度的一种首要价值,因为我们不可能实现正义,而伴随着各种激励的不正义是我们能够实现的最好的不正义②。

我对罗尔斯的主要的看法:在一个受差别原则支配并且以博爱和普遍尊重为特征的完全遵从的社会中,社会上层可能放弃所谓适当的激励。我没有拒绝作为公共政策一个原则的松散解读中的差别原则③:我并不怀疑存在一些环境,在其中应用差别原则是正确的。我所怀疑的是:它被描述为正义的一个**基本**原则,并且我强烈反对罗尔斯的一种意愿,即把一个由差别原则支配的社会中那些最上层的人们描述成承受最可能地实现他们道德本性的一些人。我本人的社会主义的平等主义立场由约翰·斯图亚特·穆

---

① *A Theory of Justice*,第3/3页,我附加了强调。
② 我在下面第七章第4节中对作为制度首要美德的正义特性表示了更大的怀疑。
③ (附加于2008年)我也不否认,从分配正义的观点来看,(当缺乏平等主义风尚时)这可能会是最优的。

勒(John Stuart Mill)在他的《政治经济学原理》一书中很好地表述出来。通过比较平等报酬与根据产出("完成的工作")给予的激励型报酬,穆勒认为前者:

> 要求具有更高的正义标准,并且适合于比现在高得多的人性道德状况。按照完成的工作支付报酬的做法,只在工作多做或少做可以自由选择时才是真正公平的。如果完成的工作取决于体力或能力的天然差别,这一报酬原则本身就是一种不正义:它是锦上添花,给予天赋最优厚的那些人最高的报酬。然而,将它作为对目前道德标准所形成和现行社会制度所鼓励的自私性格的一种妥协,是非常方便的;并且,在教育得到彻底改造以前,这样做较之在更高的理想下所进行的尝试,更有可能迅速收效。①

罗尔斯对差别原则的松散应用意味着"锦上添花"。他把激励政策作为正义社会的一个特征,但是事实上,正如穆勒所说,只有在我们所了解的那样的社会中才是"非常方便的",是一种"与资本主义形成的自私类型的性格进行的冷静妥协"②,追求正义的哲学家不应该满足于一种方便的妥协。在这段精彩段落的结尾,如果把便利称为**正义**就违背了穆勒所期望的复兴。

---

① *Principles of Political Economy*,第二卷,第一章,第四节,第210页。在《功利主义》第五章中,穆勒详细地论证了正义是一种方便。但在这里,在上述条件下,这个不变的报酬原则既是"非常方便的",又是"一种不正义"。这些指称的合取与穆勒在《功利主义》中所说的一切是否一致? 这是一个很好的问题。

② 沿着这些路线对罗尔斯的睿智批评,参见 Allen Buchanan, *Marx and Justice*,第127—128页。

按照穆勒的观点,"根深蒂固的自私性构成了现存社会状况的一般特征。这种自私性之所以如此根深蒂固,仅仅是因为现存制度的全部进程倾向于促进它"(*Autobiography*,第168—169页)。关于进一步的相关参考文献,参见 Richard Ashcraft, "Class Conflict and Constitutionalism in J. S. Mill's Thought,"第117—118页。

第二章 帕累托论证

1. 引言

有些为不平等辩护以反对它被指责为不公正的方式需要一些前提,而平等主义者们发现这些前提容易被简单处理,例如有关如下情况的陈述:对处于不平等地位的人们的应得和/或资格的对比。但是,由约翰·罗尔斯提出并由布莱恩·巴里(Brian Barry)①(正是他们自己拒绝平等主义者们②所不予考虑的前提)详细阐述的对不平等的一种辩护,常常被证明甚至对于持平等主义观点的人们来说也是无法抗拒的。这种对不平等辩护的说服力已经有助于促使那种旧式的、无承诺类型的、真正的平等主义脱离当代政治哲学。当前的这篇文章是使这种平等主义返回到当代政治哲学的部分尝试。

在他的《正义诸理论》中,巴里用大约15页的篇幅专门讨论我所考虑的罗尔斯式论证的同情式重构。他把它分解成两个阶段。在第一阶段,巴里称之为"从机会平等到平等","罗尔斯把平等确立为仅仅在**表面**上是分配的正义基础"。在第二阶段("从平等到差别原则"),存在着一种"从一种平等的分配转到一种在差别原则支配下的[不平等]分配的论证"③,由差别原则支配的分配在这里指的是帕累托更优(Pareto-superior)④的不平等分配,

---

① 参见 John Rawls, *A Theory of Justice*, 第10—17节;以及 Brian Barry, *Theories of Justice*, 第213—234页。
② 他们自身是否应该被归类为"平等主义者"不是一个需要在这里讨论的问题。
③ Barry, *Theories of Justice*, p.217.
④ 定义:如果每个人在状态 A 中都比在状态 B 中的处境更好,那么状态 A 较之于状态 B 是一种**强帕累托更优**(Strongly Pareto-superior);如果至少有一个人处境更好并且没有人处境更坏,那么状态 A 较之于状态 B 是**弱帕累托更优**(Weakly Pareto-superior)。如果状态 A 与状态 B 相比是一种帕累托更优,那么状态 B 与状态 A 相比是**帕累托次优**(Pareto-interior)。如果某个状态与状态 A 相比是帕累托更优,那么状态 A 就是(**简单地**)**帕累托次优**。如果没有任何状态与状态 A 相比是帕累托更优,那么状态 A 是**帕累托最优**(Pareto-optimal):如果没有任何状态与状态 A 相比是(转下页)

在这种分配下,于是所有的人们,特别是现在处于社会底层的人们,都比他们在最初的平等状态中境况更好。差别原则(至少)在逻辑上是与对善的一种平等分配相一致的,因为它表明,如果(并且只有)不平等使处境最不利者与他们与此相反的境况相比更好,不平等才被证明是正当的:当(如果曾经)使不平等正当的这个条件被满足时,差别原则本身并没有作为一种社会事实被表明。但是,罗尔斯相信下述两个条件通常能够被满足:最初生活机会中的"深层的不平等"在现代社会中是"不可避免的";并且,差别原则告诉我们,那种深层类型的不平等被证明是正当的①。在当前的论述中,我既不挑战差别原则,也不挑战帕累托法则,那些帕累托更优的分配总会更受欢迎一些。我的异议是要表明:两阶段论证没有确立罗尔斯视之为正义的不平等的正义性。

现在,正如巴里所承认的那样,两阶段论证——我称之为帕累托论证——不是罗尔斯对差别原则下的不平等的正式论证,因为帕累托论证无需原初状态的设定。而且,关于帕累托论证与正式的契约式论证之间的关系,巴里发表了很有趣的看法;与罗尔斯不同的是,巴里认为关系没那么好②。此外,因为帕累托论证被公开承认是巴里重构的一个产物,所以,正像巴里所指出的那样,有人可能怀疑罗尔斯是否会支持它的所有步骤。但是,不管帕累托论证被假设起什么作用,或者实际上起到了什么作用,在罗尔斯的作品中,它显然起到提出罗尔斯意图的作用,在这里,这个意图是将某种不平等与正义和解,并且,很多像巴里一样的人已经发觉帕累托论证令人信服。所以,它是值得仔细考察的。

在详细地审察帕累托论证之前,我将概述它的论证过程,这正像我们在巴里那里发现的那样;并且,将概述我拒绝它的理由。

(接上页)**弱帕累托更优**,那么状态 A 是一种**强帕累托最优**;如果没有任何状态与状态 A 相比是强帕累托更优,那么状态 A 是一种**弱帕累托最优**。如果两者对于另一方都不是(即使在弱的意义上)帕累托更优,那么状态 A 和 B 是**帕累托不可比**(Pareto-incomparable)。如果一个变化有益于某些人而不损害任何人,那么这个变化是一种**弱帕累托改进**(Pareto-improvement);如果一个变化有益于每个人,那么它是一种**强帕累托改进**。每当有一种情况可行,那么**帕累托法则**(Pareto principle)就支配一种帕累托改进:强帕累托法则支配(即使)弱帕累托改进,弱帕累托法则仅仅支配强帕累托改进。

① *A Theory of Justice*,第 7/7 页。比较 Rawls, *Political Liberalism*,第 80 页,"Reply to Alexander and Mugrave",第 246 页:"不平等被假定为是存在的"。

② 参见 Barry, *Theories of Justice*,第 213—215 页,以及 Rawls, *A Theory of Justice*,第 104/89 页。

帕累托论证的出发点不是帕累托法则,而是机会平等这个理想;并且,在帕累托论证的第一个阶段中有两个思想。第一个思想是,只有当所有的在道德上任意的不平等原因被排除时,真正的机会平等才能实现;在这里,因此我断定,如果由于不平等所属的原因类型而没有证明那种不平等是正当的,那么这种不平等的原因就"在道德上是任意的"。(为了明白我通过这个断定所要表达的意思,反思一下那些非罗尔斯主义者的以下观点,即那些相应地与应得或者资格相联系的不平等原因确实证明了它们所引起的不平等的正当性。)帕累托论证第一个阶段中的第二个思想是,在特定的意义上,不存在不任意的不平等原因。相应地,因此巴里主张,真正的机会平等"意味着结果的平等"①,这因此被标为"**表面上的公正**"②。

但是,完全的机会平等,或者相当于结果的平等,仅仅是表面上的公正。因为尽管不存在不平等的**原因**能够使之是公正的,但是以下这点却可能是正确的,即一种不平等可能凭借它的结果而是公正的。而且,这带领我们进入了帕累托论证的第二个阶段,这个阶段主张不平等确实是公正的,当且因为它产生了某种特别的结果,这种特别的结果使每个人变得处境更好,当然包括那些最终在最小的程度上变得处境更好的人们,以及在新分配中因为这样的分配而抱怨不平等的——如果任何人都有权利去抱怨不平等的话——处境最不利者。帕累托论证第二个阶段中的两个思想如下:第一个思想是,当平等是一种帕累托次优事态时,坚持平等就是非理性的(为什么任何人尤其是处境最不利者更喜欢平等而不太喜欢一种在其中每个人都处境更好的不平等呢?);第二个思想是,有时候,甚至通常而言,平等**就是**帕累托次优。

我对帕累托论证的异议的实质是,对帕累托论证第一个步骤的基本原理的一贯坚持使其第二个步骤存有疑问:我将主张,任何人只要相信不平等可能的来源是道德上的任意性故而一种原初的平等是表面上的公正,那么就没有任何理由相信所推荐的帕累托改进维持了正义,即使那个改进因

---

① 参见 Barry, *Theories of Justice*, 第 224 页。那似乎是一件说起来奇怪的事情。在下面第 92—93 页中,我努力使之看起来不那么奇怪。
② 同上书,第 226 页。

为其他的理由而应该被接受①。此外，社会的可能世界集合（the set of possible social worlds）将通常包含一种帕累托最优的平等分配，这种分配相对于初始平等而言也是帕累托更优，并且，这种分配一定比所推荐的不平等分配更令人喜欢，否则就违背了初始平等这个基本原理。正像罗尔斯所说："显然地……当把平等的初始安排当作一个水平基点时，就有无数的方式可以使所有人得利。"②我认为，由罗尔斯选出的特定类型的帕累托改进，与从机会平等到平等这个初始阶段的基本原理相矛盾。

尽管我赞成帕累托论证的第一部分但反对它的第二部分，但我不必赞同或拒绝论证中的任一部分以便去继续我当前的批判。因为我的关键性主张是，帕累托论证的两个部分是相互不一致的。那些像罗尔斯和巴里这样的人们，在做出论证的第一个步骤之后接着做出论证的第二个步骤，他们不明白，帕累托论证的第一个步骤是多么影响深远的平等主义。有的赞成我这样批判的人可能通过拒绝对一种原初平等的论证来做出回应，而不是像我会做的那样，可能通过（至少）拒绝对放弃原初平等的论证来做出回应③。

有一种对不平等的论证，与我将要批判但在这里没有提出的那个论证相比，这个论证更简单。这个更简单的论证很容易与我即将集中关注的那个论证相混淆。它展开如下：对善的分配一定是要么平等要么不平等，但是，最可行的平等分配相比于某种可行的不平等分配而言是帕累托次优，因此，一种不平等的分配总是更受人欢迎。在这个不同的论证中，平等和不平等被对称性地安排。平等不是一个由正义指定的特许出发点，这时我们被要求对从这个出发点到不平等的过程进行评判。于是，这个更简单的论证没有提供理由给以平等为起始，一个批评家可能将之作为一个没有背离平等的理由来压制以平等为起始。但是，罗尔斯说：

由于各派都把他们自己看作是（自由而平等的道德）个人，所以，对

---

① "帕累托改进使不平等化"这个步骤可能在正义之外的基础上被接受，其实罗尔斯本人为之提供的情形并不真的是一种正义。这个主张是由 David Lyons 在他的文章"Nature and Soundness of the Contract and Coherence Arguments"（第 152—153 页）中有说服力地做出的。

② *A Theory of Justice*, pp.65/56.

③ 尽管如我曾说过的那样，我赞同帕累托论证的第一部分，但我也对之有保留。罗尔斯对道德任意性这个主旨的使用（迄今为止）在很大程度上受到诺齐克在其《无政府、国家与乌托邦》（*Anarchy, State and Utopia*, 第 213—227 页）中所做出的未得到回应的敏锐批评。此外，参见第四章第 3 节和第 5 节。

于他们来说,一个明显的出发点就是,假设所有的社会基本善(包括收入和资源)都应平等:每一个人都应拥有相等的份额。①

罗尔斯为把平等作为起始点阐述了一个基本原理,并且正如下面所阐述的那样,它的详细展开正像我所主张的那样抨击了放弃平等这个随后情况。那个更简单的论证不可能是罗尔斯的,因为它尤其不能像我称之为帕累托论证所论证的那样去支持差别原则的不平等。的确,正是特别引发差别原则的考虑,明确反对了以一种不平等的分配来代替原初的平等。

两阶段的论证在自由放任主义与激进平等主义之间提出了一种中间立场。这样的立场可能会是站得住脚的,但是,如果我是对的话,它不是以那种在这里提出的方式站得住脚的。在这里,我将继续第一章中的一个主题,即这样一种不平等:罗尔斯所容许而且鼓励的那种不平等,需要借助这种不平等来辩护的正是他想要拒斥的应得和资格这两个观念。因此,如果我是对的话,在左翼立场和右翼立场的政治哲学之间应该有更多的对立。如果存在一种中间立场,那么它也不可能在罗尔斯的方式中得以辩护。

2. 阐述帕累托论证

帕累托论证的第一部分是从机会平等开始,这里讲的机会平等不是自由放任主义者理解的那种机会平等:对于自由放任主义者而言,只要不存在对任何人的经济或社会的自我发展的法律障碍,诸如在奴隶制或农奴制下的生存,那么机会就是平等的。在这种观念中,对(出身、培养等)"自然的和社会的偶然因素"②中机会不平等的影响是被容许的,并且这个观念因此对于它意在促进的机会平等理想是不忠实的:它的"最明显的不正义之处……是它允许分配的份额受到这些从道德视角来看非常任意的因素('即自然的和社会的偶然因素')的不恰当影响"③。

以下是对自由放任主义所拒绝的特征和限度的一些评论。为了证明背叛他自己的机会平等原则是不对的,自由放任主义的支持者必须由于一个特别的理由而拒斥封建的和其他身份上的障碍,也就是说,只是因为它们破

---

① "The Basic Structure as Subject",见 *Political Liberalism*,第 281 页(附加了强调);同时参见"A Kantian Conception of Equality",第 26 页。
② Rawls, *A Theory of Justice*, pp.72/62.
③ 同上书,第 72/63 页。

坏了机会平等,而不是例如因为一个没有身份障碍的社会在一种功利主义的意义上是在结果上的最优(尽管他当然也可以相信这一点)。如果他因为功利主义的原因反对封建主义,而且单单因为这些原因而赞成机会平等,那么他不会遭受如下指责:他所赞成的机会不是真正平等的,因为他不必宣称它是平等的;并且,他也不可能被指责为在这种道德上的任意中从事贩运买卖①。同时,如果他肯定自由放任主义是因为他把自由放任主义看成是与自我所有原则相符的社会结构:那是大多数当代哲学自由放任主义者的立场,那么他也会免受当前论证的影响。作为攻击对象的自由放任主义者——不可能是一个非常清晰的思考者,并且在统计学的意义上是非常少有的②——一定说,他支持自由放任主义是**因为**他信奉机会平等,他信奉机会平等是因为他认为人们的进步被他们根本无法承担责任的局限和优势不同程度地阻碍和促进是不公正的。这个时候,而且仅仅在这个时候,他遭受到所指明的内在批判。

在拒绝了自由放任主义之后,罗尔斯和巴里转向一种机会平等观念,这个观念试图消除对于进步(不仅仅法律的而且)社会的障碍:就是说,例如,与享有特权的孩子们所得到的教育相比,贫困背景的孩子们不应该拥有不那么好的教育。在这个次阶层面,"机会平等"等同于"消除遗传天赋以外的所有[不平等化]因素"③。但是,罗尔斯坚持认为,"能力的自然分配"与由不平等社会前景所规定的分配非常相似,"从道德的视角来看是任意的"④。于是,我们转向下一个话题,并且发现取决于一种真正完全的机会平等,在这种机会平等之中,自然优势和社会优势都不能促进福祉的不平等⑤。

---

① 托马斯·内格尔(Thomas Nagel)为反对罗尔斯而对功利主义的辩护在这里是相关的:见其"Equality",第119页。

② 正如我在下面的注释中指出的那样,我不相信罗尔斯是以所建议的牵强附会方式来分析自由放任主义的。

③ Barry, *Theories of Justice*, p.222.

④ *A Theory of Justice*, p.64.

⑤ 在上述段落中,我介绍了如下的转换:从天赋自由到作为一种完全内在自由的平等。这个转换的前两个亚阶段屈从于它的后继阶段,因为后者更忠实于其前面亚阶段的基本原理。我相信,但不确定,巴里倾向于把这样一个论证精确地归于罗尔斯,但是,我确定罗尔斯本人表述的这个论证结构(参见 *A Theory of Justice*,第12和13章)在某种程度上不同于我所建立的那个论证结构,后者是我基于巴里的《正义诸理论》(*Theories of Justice*,第218—220页)而建立的。

罗尔斯的方式展开如下。他把"天赋自由"原则、"自由的平等"原则和"民主的平等"原则作为对机会平等理想提供的三种解读。天赋自由被拒绝,是由于它自满于自然运气和社会运(转下页)

巴里说,这种对机会平等的激进解释,作为"对所有人而言仅仅是同等的成功前景","意味着结果上的平等"①。既然这可能被认为是一种奇怪的等同,那么让我来解释我认为巴里是什么意思。我以一种熟悉的形象化形式来表述他的观点,巴里的意思是,在一种理想的障碍竞赛中,每个人都同时穿过了终点线:结果上的平等就是对机会平等的检验。

上述观点足以很好地表达巴里在以下特定事例中的意思:一种善处于危险之中,而所有的人都被假定为想要平等地得到它。为了更一般地表达他的观点,我们可以说,在正在讨论的分配之中,在结果上可能达到的这样一些差别,不应归因于在机会或者能力上的差别,而应该归因于爱好或者选择上的差别;而且,正因为上述的原因并在那种意义上,没有一种这样的结果上的差异被当作是一种不平等。如果你能够得着的只是桔子,而我能够得着的既有桔子又有苹果,从而我得到两个桔子和两个苹果,而你仅仅得到两个桔子,于是,你站到了在我们之间一种不平等的不利那一边。但是,如果我们每个人都能够得着这两者,我以一些桔子结束而你以一些苹果结束,或者即使与你能够得着的相比,我以每一种水果得到的更多而结束(因为你不如我更喜欢水果),那么没有相关的分配不平等是成立的(除非这里我所想的是错误的,选项菜单被操纵以迎合我的口味)。如果在结果中没有能够反映出机会不平等的那种不平等,那么相对于**正当的**(基于平等主义的理由)**不平等**来说,结果是否能够或者应该被**简单地**称之为**平等**就是无所谓的。要紧之处是,结果是一种平等主义者们都会赞同的分配②,而且,这种分配在这里起到了罗尔斯/巴里论证构建中的初始阶段的作用,而不管它的名字应该是什么。按照巴里的说法,在这

(接上页)气对份额的影响。因为自由的平等旨在阻止社会运气,所以它被推荐出来,但是由于社会运气与自然运气之间不存在区别,所以它也由此遭到批判,而这个区别会证明专注于社会运气的正当性。

因此,从自由的平等到民主的平等这个转换其实是一种内在的转换,但是,从天赋自由到自由的平等这个转换并不是这样。天赋自由没有因为巴里所指的那种类型的任何内部不一致而被罗尔斯所拒斥:它被拒斥是因为它未能抵制道德上的任意性。

① *Theories of Justice*, p. 224.
② 不同的平等主义者都相信不同的事物应该被均等化,因此他们会赞同和谴责不同的结果。但是,在这里这一点并不要紧:"平等主义者们都会赞同的结果"这个短语,正像它应用到初始阶段那样,可能在这里被看作是一个可变量,因为我们将考察的那个论证是为了不平等,而不论什么样的平等观念被包含在其中。

里我将其称之为"平等"①。

那么,关于怎样达到初始平等就讨论这么多。现在让我来引用一些原文,在这些原文中,罗尔斯为第二步即从平等到不平等做了辩护。然后,(在下面的第3节中)我将问一些有关第一个阶段即平等阶段的特征的问题,以消除歧义性。

罗尔斯频繁地评论,当且因为基本②善的不平等体现了一种相对于平等分配而言的帕累托更优选择,基本善的不平等才被证明是正当的。例如:

> ……各方就从一个确立所有人的平等的自由的原则开始,这一平等的自由包括机会平等和收入与财富的分配平等。但是,没有什么理由说这一接受应该是最终的。如果在社会基本结构中有一种不平等可以使每个人的境况都比初始平等的那个基点境况更好,那么为什么不允许这种不平等呢?人们为了将来的回报,就能够把一种较大的平等可能允许的直接得益③看作聪明的投资。④

此外,更简明的如下:

> 对全部基本善的一种平等划分,从接受某种不平等来改善每个人

---

① 如果像巴里所说的那样,真正的机会平等意味着结果上的平等,那么帕累托论证的第二步在要求我们放弃平等之时,也要求我们放弃真正的机会平等。我怀疑巴里是否完全意识到他的立场的这个方面,这意味着,"**最公正的社会**"(*Theories of Justice*,第217页,我附加了强调,同时比较第234页)缺乏机会平等。

② 严格地说,应为**社会的**基本善,但正如罗尔斯本人所做的那样,我将缩写为"**基本善**",这样的话,就不太可能误解。基本善是"假定每一个理性人都想要的东西",因为它们"通常都有一种效用,而无论一个人的理性生活计划是怎样的"。"社会的基本善"是"在社会安排方面的"基本善,即"权利和自由,权力和机会,收入和财富",以及自尊的社会基础。"其他的基本善,诸如健康和精力、智力和想象力,是自然的善;尽管他们的个人财产受到基本结构的影响,但是他们没有那么直接地在其控制之下。"(*A Theory of Justice*,第62/54页)威尔·金里卡(Will Kymlicka)主张,罗尔斯并没有好的理由来限制他的社会的基本善的幸福指数:见其 *Contemporary Political Philosophy*,第70—73页。托马斯·博格(Thomas Pogge)在他的 *Realizing Rawls* 中对他所称的罗尔斯的"**半后果主义**"的辩护支持罗尔斯对社会的基本善的正义范围的限制。

③ 也就是说,这是对于处境最不利者而言;处境较有利者是从**不平等**中直接得益。这个观点是,我们阻止穷人给予富人更多的东西,结果是,穷人后来以改善处境而结束。

④ *A Theory of Justice*,第151页。在1999年版第130—131页上,引文被大幅修改,但这对于我当前对它的解释和使用而言并不重要。

的境况这种可能性来看又是不理性的。①

然后,在比其他段落更明晰的一段话中,在虚构的时间中区分了两个阶段:

> 设想……一个假设的初始安排,在这一安排中,所有的社会基本善都被平等地分配:每个人都有同样的权利和义务,并且收入和财富被平等地分享。这种状况为判断改善的情况提供了一个基点。如果某些财富和组织权力的不平等会使每个人的境况都比在这一假设的开始状态中更好,那么它们就符合我们的一般观念。

根据这一点:

> 所有社会价值——自由和机会、收入和财富、自尊的基础——都应当被平等地分配,除非对其中的一种价值或所有价值的一种不平等分配合乎每一个人的利益。②

显然,从其他的段落来看,在上面这些表述所推荐的不平等中,那些比其他人做得更好的人是那些拥有更好生产才能的人。他们比那些较少天赋的公民同胞们得到更多的基本善。而且,正如我已指出的那样,罗尔斯(甚至)邀请平等主义者们去赞同那个结果,否则就显示出非理性。

现在,正如我们已经看到的那样,罗尔斯强调那种更大的才能是幸运的。这意味着不但对于那些拥有更大才能的人们是一种好运,而且他们拥有更大才能完全是运气。同时,他们拥有才能是纯粹的幸运这个事实被看作下述情况的一种理由,即除了在同样有益于那些缺少初始优势的人们这个条件之下,他们为什么不应该拥有更多的优势:因为他们已经是处境较有利者,所以他们不应该比其他人拥有更多的基本善,结果是,除非较不幸运者与他们否则会拥有的境况相比拥有了更多的基本善。"那些先天有利

---

① *A Theory of Justice*,第 546 页。这句话和它前面的那句话在 1999 年版本的相应页面(第 478 页)上被去掉。但是,毫无疑问,罗尔斯继续相信我引用的这个句子所表达的命题。

② 同上书,第 62/54—55 页。

的人……只能在改善那些不利者状况的条件下才可以从他们的幸运中获利。"①

考虑一下下面这个典型的段落:

> 天赋更好的人(那些在自然天赋的分配中占有更幸运位置的人,而从道德上讲他们对此不是应得的)被鼓励去获得更深层的利益——他们已经从这种分配的幸运位置中受益了——但条件是,他们应以有利于天赋较差者(那些在这种分配中占有更不幸位置的人,而从道德上讲他们对此也不是应得的)的善的方式来培养和使用他们的自然天赋。②

现在,罗尔斯用"**更深层的利益**"到底指的是什么?看来是,根据与其他人的天赋相比,天赋良好的人已拥有的天赋被算作收益:他们的天赋是一个"他们在[天赋]分配中的幸运**位置**"的问题。有人于是可能推断,他们"被鼓励去要求的"那些"深层的利益"指的是更深层的差别利益,即比天赋差的人获得对他们已储有的基本善的更大添加。这个短语几乎不可能指那

---

① *A Theory of Justice*,第 101/87 页,以及参见同上书,第 75/64—65、102/87、179/156 页,并且,断然地支持本段落中给出的罗尔斯的解释,"A Kantian Conception of Equality",第 263—264 页。
② *Justice as Fairness*, pp. 76-77.
在这个脚注和前一个脚注我对所引用的段落的解释中,对有才能者可以施加多么靠前的约束取决于对他们来说拥有更多的才能是合适的。在一种所建议的反向解释(counter-interpretation)中,罗尔斯说,天赋在道德上是任意的,所以,没有人可以把从它们之中受益当作一种应得;但是,如果有良好天赋者以一种同样帮助无天赋者的方式从他们的才能中获益,那么回报给前者的利益就是可接受的。在这个反向解释中,它对罗尔斯的论证——正像他提及的,才能是一件好东西——是不重要的。
这个反向解释的论证可能既是相关的又是罗尔斯式的(因为在罗尔斯那里有不止一个论证),但是,由于两个原因,我必须依靠我自己对所引用段落的解释。首先,这个反向解释并没有说明那个反复提示的修辞学上的策略安排即"才能是有益的"的原因。其次,并且可能更为重要的是,罗尔斯在我的解释之中很容易被看成是正在提出一个以直觉为基础的抗议以反对给予有才能者优厚薪酬,即抗议这样的薪酬遵循"拥有者被施予"的观念:参见接下来脚注中的穆勒引文。作为回答,罗尔斯自然地解释如下:那也是很好的,只要那些**没有**拥有的人也受益。
正像我在第一章第 6 条注释(中译本第 25 页注释③——译者注)中指出的那样,对于不平等是被允许的这个观点,在罗尔斯的表述中存在着一种模糊性。许多文本,诸如上述那些引文,仅仅容许那些有益于处境最不利者的不平等。其他的文本,例如,那些在其中肯定字母排序最小化原则(leximin principle)的文本,同样容许不损害他们的不平等。这个反向解释的论证相当于较少平等主义的字母排序最小化原则。与我的解释不同,它并没有解释为什么最大最小原则可能采取一种限制性形式,而那是最大最小原则出现在所引段落中的形式。
此外,参见下面的第四章第 6 节:"天资差异的道德任意性应该表明什么?"。

样的(被认为是在才能的基本善之外的利益)基本善,因为他们已经拥有一些基本善(如果没有的话,那么按照所建议的解释,而且考虑到以上所说的其余部分,"**更深层的利益**"会意味:有才能者应该饿死,除非他们赖之生存的条件使那些无才能者受益!)。有人可能会怀疑我对如下观点的信心,即我在它们之中辨明的含义可能会是从这特定的三个词①("**更深层的利益**")中曲解出来的。但是,没有人能怀疑,在所推荐的帕累托更优的不平等中,有才能者通常比无才能者拥有更多的基本善。罗尔斯对此说得非常清楚:报酬的不平等是特别作为对有才能者的鼓励而起作用的。

3. 挑战帕累托论证

因此,我们从社会基本善方面的平等和才能的(非社会的基本)善方面的不平等开始,我们将把这种状态标为 D1;然后,我们转到一种帕累托更优的替代状态 D2,在这种状态中,有才能的人不仅享有他们的初始优势,而且享有更大的社会基本善集束中的深层优势。那么,需要注意的是,在从 D1 离开的转换中,才能的不平等被一种在社会基本善方面的不平等加强了(而不是例如抵消了)。我们可能会惊讶地发现,特别有才能者应该最终得到更多,因为对帕累托论证第一部分的一种首要坚持——那会带我们到达 D1——是,他们有更多才能这个情况证明不了分配结果的正当性。而且,平等主义者可能后悔这种相比于给予那些没拥有才能的人"给予那些已经拥有的人[更多]"②。

伴随着这些想法,现在我开始仔细审察罗尔斯的不合理性命题(不用一种不平等状态取代 D1 是不合理的)。

首先需要注意的是,对起始点情景 D1 的描述明显不充分。我们缺少有关 D1 的信息,我们要求有这些信息以对它应让位于 D2 的建议做全面的评价,而且,因此我相信,这种不充分的描述,即缺少信息,使得从 D1 到 D2 的滑行比反之将会出现的情况更顺利。D1 这个"初始的平等","为判断各种改进提供了一个基准"。在我们知道的比罗尔斯告诉我们 D1 包含什么更多之前,我们无法说明,D2 是否在或者怎样在 D1 的基础上得以提高。

---

① 作者在此指"更深层的利益"的英文表达 still further benefits 这三个单词。——译者注
② 约翰·斯图亚特·穆勒在他的《政治经济学原理》第二卷第一章第四节第 210 页如此描述给有才能者更高的薪水。对于罗尔斯与穆勒之间在这个问题上的一个相反对比,参见前面第一章最后一页。

在 D1 中，"所有的社会基本善都被平等地分配：每个人拥有同样的权利和义务，并且收入和财富都被均等地分享"①。但是，对这个起始点的描述至少在如下几个方面是不充分的：首先，由于我们仅知道有关社会基本善的情况，我们并不知道有才能者和无才能者在 D1 中的劳动投入②。我们既不知道他们在工作上花费了多少时间，也不知道那段时间有多么辛苦③。同时，我们不知道基本善的初始平等是什么，准确地讲，在至关重要的一个方面，这是一种什么样的平等。考虑一下收入和财富方面的善。我们能够假定，财富持有倾向于指经济价值的严格平等（也就是说，因而，财富和收入中的每一个都是平等的：平等的不[仅仅]是这两者的某些功能的价值）。在一种简单的意义上，非流动性收入在结果上是平等的。但是，劳动性收入（因此，简而言之：收入）的平等则是成问题的。在这里，它是指工资率（即每一劳动周期的收入）平等且因而有可能不同的周收入或年收入，还是指周收入或年收入平等且有可能不同的工资率，抑或是指其他的东西呢？最后，从更总括的意义上讲，D1 中所规定的收入和财富的平等是在什么水平上？为什么它不被假定为比其所是的那个任何水平更高或更低呢？

---

① *A Theory of Justice*, pp. 62/55.
② 关于相关的观点，见 Ronald Dworkin, "Equality of Resources", 第 116—117 页。
③ 正像迈克尔·莱斯诺夫(Michael Lessnoff)所指出的那样，这与罗尔斯对正义所做的理解即"社会合作的利益**和负担**的适当分配"(*A Theory of Justice*, 第 5/5 页, 附加了强调)是不一致的，罗尔斯没有把劳动负担从社会基本善的索引中删除("Capitalism, Socialism and Justice", 第 143 页)。

后来，罗尔斯考虑把休闲时间包括在基本善之中：见其"Reply to Alexander and Musgrave", 第 253 页，及"The Priority of Right and Ideas of the Good", 第 455 页。而且，托马斯·博格非常肯定："该索引也必须包括**休闲时间**作为一种明显的社会基本善。这个善可以简单地被定义为与工作时间相反，它是社会合作的一种负担"(*Realizing Rawls*, 第 198 页)。这并不完全令人满意，因为如果"工作时间"是一种负担，那么它就是一种重要的与工作的性质和人的天性在规模上有重要不同的负担"(比较 John Baker, "An Egalitarian Case for Basic Income", 第 125 页注释 4)。而且，这还使一些人在工作中实现自身的问题更加困难。对于他们来说，这是否也是社会合作的一种**负担**呢？
在"Reply to Alexander and Musgrave"面世 19 年之后，关于闲暇是否应该被包括在基本善之中，罗尔斯保持他的中立。（见 *Political Liberalism*, 第 181-182 页）。我相信，这个中立政策反映了如下事实：劳动是社会合作(因此，它应该是一种基本善)的一种负担(有时候是得益!)，但未通过为基本善规定的公共能力检测的检验(因此，它不应该是一种基本善)。

从此以后，当我谈到"劳动负担"，我的意思不仅指一个人的劳动量，而且也是在它有多么繁重或残酷的意义上指它的性质。需要注意的是，即使《正义论》已经包括闲暇时间作为一种基本社会善（或者，包括劳动时间作为一种基本社会恶），我们应该还是不仅完全不知道它的性质，而且完全不知道人们在 D1 中的纯粹劳动投入量。

我返回到下面第 5 节和第 6 节以及第五章第 3 节中在利益衡量之下的劳动负担这个主题。

我不知道巴里(或者罗尔斯)通过对那些确实相关的问题的回答想要做什么。但是,这里要紧的不是想要做什么,而是这些问题是否容许自然而然的回答,正是这些回答维持了那个提议的最初说服力,这个提议是:为了赞同对善的一种不平等分配而放弃 D1。

现在,我们先把有关 D1 中劳动的辛苦程度及收入和财富的水平问题放在一旁——对于这两者我将在后面重新讨论——让我们假设(以便我们能有效地决定所讨论的东西),在 D1 中劳动收入的平等是每小时工资的平等(可称 D1 工资率为工资率 W);有才能者和无才能者劳动同样的时数并投入同等程度的努力:这是对他们的"义务"是"同样的"①这个契约的一种似乎合理的部分解读;由于更有才能并投入同样的努力,因而有才能者比无才能者生产得更多,尽管**按照假定**他们没有得到更多的收入。许多人可能把这看作是不公平的,但较有才能者的更多产出在这里应被视为归因于他们的幸运天赋这个在道德上任意的情况,因而,这种幸运天赋的结果属于对初始平等的论证中应不被考虑的因素。

现在,根据前文讲的关于 D1 的那些假设,我们可以推断,在 D2 中,有才能者和无才能者都享有高于 W 的工资率,在那里他们的工资率可分别标为 W_t 和 W_u。我们还知道 W_t 大于 W_u;知道正是有才能者得到 W_t 时提供的额外生产能力(超过他们在 W 中提供的)使无才能者得到 W_u;并且知道罗尔斯所认为的 W_u 与 W 之间的差别对于证明 W_t 与 W_u 之间差别的正当性是必要的。(为简单起见,并为完善在这里将被反对的不平等情形)我们还**进一步假设**,无才能者在 D2 中不比他们在 D1 中生产得更多。

当然,上述假设只是填充由罗尔斯和巴里留下的某些空白的一种方式。但是,这是一个相当自然的方式,并且,无论如何我都深信,当起始点以此种方式加以阐明时,对那一问题反思的结论就将是坚实的,而且其他可接受的说明也会产生相似的结论。

现在让我们考虑一种在逻辑上可能的分配 D3,这种分配在实践上也许可行,也许不可行。在 D3 中,生产的数量与在 D2 中一样,但 D3 不同于 D2,因为在 D3 中工资是相同的,有才能者和无才能者都处在一个被标为 W_e 的工资率上,W_e 超过 W 和 W_u,但少于 W_t(因此,$W_t > W_e > W_u > W$)。

---

① *A Theory of Justice*,第 62/54—55 页:参见 *A Theory of Justice*,第 62/55 页。

D3 相对于 D1 是帕累托更优,但与 D2(它与 D3 是帕累托不可比①)不同,D3 维持了平等,并且无才能者在 D3 中比在 D2 中的处境更好,而有才能者在 D3 中的处境比他们在 D2 中的处境没有得到明显的改善,同时,这两种人在 D3 中的处境都比在 D1 中更好②。如果 D3 是可行的,**并且**,有才能的人们愿意在 We 的工资率上生产他们在 Wt 的工资率上所生产的东西,那罗尔斯的主张即面对一种可能的帕累托更优的不平等而坚持平等就是非理性的,就会失去它的力量,因为一种**维持平等的**③帕累托改进的行动步骤,在其中没有人像有些人在 D2 中那样贫穷,此时也是可实现的。我们可以假定,如果 D3 的确可行,那么与 D1 相比增加的产品,在整体上就还要完全归于有才能的人们的更大生产能力。但是,由于在 D3 中工资率是平等的,所以,有才能者在 D3 中没有像他们在 D2 中那样从产品的增加中获得差别收益。

4. 驳斥帕累托论证

让我们现在问一个问题:什么可以解释和/或证明用 D2 来代替 D1 是正当的,而不是用 D3 来代替 D1 是正当的?

第一个应被考虑的回答是,与 D2 相比,D3 对有才能的人们会是不公平的,正是这些有才能的人们在 D3 中比其他人生产得更多,可是在报酬方面,他们得到的并没有比其他人得到的更多。但是,由于罗尔斯的平等主义论证,对 D1 没有异议已然是正确的,所以,在所有的一致性方面,它不可能被用来反对 D3。

第二个回答是,D3 在客观上是不可行的,这里的"在客观上"是指不可

---

① 参见前面第 87 页注释(中译本第 79—80 页注释④——译者注)。D2 和 D3 是帕累托不可比,因为在它们的每一个状态中,总有些人的处境比他们在另一个状态中的处境更好。

② 对于一些读者来说,表现上述一系列对比的下列图表可能会有所帮助:

	D1	D2	D3
有才能者	W	< Wt	> We
	=	>	=
无才能者	W	< Wu	> We

< 表示"小于", > 表示"大于", = 表示相等

③ (附加于 2008 年)换句话说,它维持了工资的平等,而且因此当它的尺度仅仅是收入时,它就满足差别原则。然而,如果有才能者在 D2 中比他们在 D1 中工作更努力,并且,如果一种可辩护的尺度被采纳,而这个例子不得不被轻微改动却没有实质性影响,那么从一种平等主义的观点出发,相同的工资就是不正当的。(参见下面的第 5 节和第 6 节,论平等的竞争尺度)

行性,不是一个关于人的意志的问题。之所以说 D3 是不可行的,是因为伴随着世界中所有的人的意志,有才能者不**可能**在 We 时像在 Wt 时那样生产得那么多。然而,这对于 Wt 和 We 的现实分配几乎没有可能①。在一些特殊的情况下,这可能是正确的,在其中,关于不平等的帕累托论证生效了,但是只是(在这个叙述之下)在一些特殊的情况下②。在正常的情况下,只有在 D2 可能时,那些有才能者不情愿去平等地分享在 D2 中生产出来的更多产品这个情况才使 D3 成为不可能的。

接下来还有一种回答,即使 D3 在客观上是可行的,但 D3 的确被有才能的人们的态度排除了实现的可能性:他们不愿意在 We 时像他们在 Wt 时那样长和/或那样努力地工作。对这个情况有三种相关的不同的亚变体,每一种亚变体都需要单独地评论,对这三种亚变体我将标为糟糕(或者"租用的",或者"欺骗的")情形、良好(或者"特殊负担")情形和标准情形:正是标准情形体现了我与罗尔斯的分歧所在③。

糟糕情形:如果他们的工资率**注定**是 We,那么有才能者会乐意在 We 时正好生产出他们在 Wt 时所生产的东西④,但是当工资率为 We 时,他们因为策略上的原因而拒绝生产那么多,因为他们的拒绝导致了对 Wt 的一种要求。但是,这个回答玷污了 D2 的推荐。在这里,就罗尔斯所打算的意思来说,即使它是不切实际的,面对有才能者的能力,表达一种对维持平等的 D3 的偏好也不是非理性的。

与糟糕情形所主张的相比,在良好情形和标准情形这两者中,有才能的人们更喜欢并且下定决心在 We 时比在 Wt 时生产得更少,这就是为什么 D3 是不可行的原因(尽管它不是在客观上如此)。在那种好的变体中,在 D2 中有才能者的工作比无才能者的工作更加艰难,艰难到足以去证明 Wt 与 Wu 之间差别的正当性。(需要注意的是,为了承认这种可能性,我不必说这样的艰难性判断是如何获得的,以及关于什么会补偿它这样的判断是如何获得的。)在这种情形中,**从一种平等主义的观点来看**,支付给每个人的 We 就会是不公平的:在良好情形中,有才能者承担一种特殊的负担,任何

---

① 参见第一章第 7 节,实际上是对这个问题的一个扩展讨论。
② 诸如在第七章第 6 节里由范·帕里斯(Van Parijs)例子所提供的那些情况。
③ 括号里的替代性名称在第一章第 57 页及其后页上有所介绍。
④ 这就是说,他们的劳动供给曲线在相关的范围内是垂直的。它也可能会是向后弯曲,在那种情况下,他们在 We 时会比他们在 Wt 时生产得更多。

一个讲道理的平等主义者必须考虑应该补偿这种特殊负担。于是假设,举一种不同于我们在这里所面临的种类的例子,尽管人们拥有平等的才能,但是环境的限制意味着有些人比其他人工作更多的时间,而所有其他方面(包括人们的效用函数)都是平等的,并且效用是一个劳动时间递减函数。那么,没有一个头脑清楚的平等主义者会赞同平等的周薪酬总额,无论他是否应该——这会取决于这个情形的深层特征——(精确地)坚持平等的小时薪酬。

更大的负担证明了更多的补偿报酬的正当性这个平等主义原则在我们的语境中发挥着作用:赞成 D2 并在良好情形中反对 D3。以一种如何判断事情是否平等的明智观点来看,哪里工作特别艰苦或者有压力,那么此时更高的报酬就是一种起平衡作用的均衡器(counterbalancing equalizer)。相应地,同时因为我们正在考察一个信以为真的不平等证明,良好情形或特殊负担情形都没有给我们提出任何问题,因为在综合考虑各种情况的条件下,当特殊负担被涉及时我们所得到的就不是对一种不平等的一个正当性证明,而是——在综合考虑各种情况的条件下——对存在一种不平等的一个否定。

此时,在我所称的标准情形中,有才能的人们的工作不是特别繁重的,与此相反,与其他人的工作相比,他们的工作通常更舒适①。所以,在标准情形中,以下这点是不真实的:高额薪水补偿了有才能者的特别艰苦的辛劳。那么,假设我们处在标准情形中,在这种情形中,Wt 尤其对于因一种特殊负担补偿有才能者来说并不是必须的;并且,更一般地说,并没有特殊负担情形来反对向每个人支付 We。那么,尽管有才能的人们可以如在糟糕情形中那样,成功地坚持要求 Wt 作为比他们在 D1 中进行更多生产的一个条件,并由此使 D3 成为不可能,但是很难理解为什么一个平等主义者应该被期待去把他们那时的所作所为看作是可接受的,即使谁对此都无能为力。在解释拒绝赞同 D2 的正义中,平等主义者能够吸收罗尔斯使用过的观念而从机会平等转到 D1。她能够这样说,为了从可行集合中把 D3 赶出去,有才能的人们正在违反

---

① 因此,也许有人会建议他们应该比其他人获得更少的薪酬。但是,我在这里不能听从这项建议:我正在反驳一个对不平等的论证,而不是在勾勒一个完整的平等主义理论。

> 一种正义观,当反对派追求……经济利益时,这种正义观使自然天赋和社会环境中的偶然因素失效。①

相反地,他们在显而易见的程度上(尽管它的确与自由放任主义并不是在同样的程度上)遵照着一种正义观而行动。

> 根据人们的社会运气或者自然运气中的幸运来衡量他们在社会合作中的利益和负担的份额。②

罗尔斯曾在某处宣称,帕累托改进的不平等可能通过"建立起成功地引出更多有益成果的各种各样激励"③而生效,并且另外一段暗示,这是他所慎重考虑的帕累托改进的不平等的最重要形式④。这意味着有才能的人们要求一种不平等的激励从而去比他们在 D1 中生产更多的东西:正是因为他们处在一个能够比无才能者其时可能拥有的更多的位置上,以至于 D3 从可行集合中被排除出来。现在,对于有才能者而言,当他们像在 D2 中那样生产得更多时,他们比在 D1 中所得到的 W 更多是完全合乎情理的;但是,当他们在 D3 中得到 We 时,他们的确比 W 得到的更多。这里令人震惊的是,罗尔斯支持一种工资率 Wt,Wt 比其他的工资率更高,当优秀的才能在构造 D1 中据说在源头上证明不了较高回报的正当性时,他们凭借市场配置的力量保证这种工资率去奖赏优秀的才能。如果有才能者反对 D1 的平等,其理由是他们比其他人在 D1 中生产得更多,他们可能已经被告知他们试图寻求利用在道德上的任意性优势。当他们为了支持 D2 而拒绝 D3 时,他们可能被告知相同的事情。我们可以提问:如果 D3 帕累托更优于 D1(至少按照当前的假设,也就是说,有才能者的劳动不是特别繁重的),那么为什么原初平等没有在 D3 中用人们易懂的方式表述,相反在 D1 中用人们易懂的方式表述了呢? 如果我们已经从 D3 开始,D2 就会因它自身而被理解:一个无法辩护的(以导致 D1 的这个假设为依据)替代项替代了一个在客观上可行的平等状态即 D3。

---

① *A Theory of Justice*,第 15/14 页,在那里,"使……失效"被换成了"防止……的使用"。
② 同上书,第 75/65 页。
③ 同上书,第 151 页,在 1999 年版本中该段被省略。
④ 同上书,第 78/68 页。

请注意,罗尔斯式的论证不是:有才能者在 D2 中承担了一种特殊劳动负担,他们需要为此得到补偿。如果他们会由于如此的一个负担而应当得到更多的钱,那么这不会是对**不平等**的一个论证,而是对一个**平等**原则的运用,它所合理考虑的不仅仅是金钱,而且还有一个人的劳动是怎样的不公平。因此,我们现在能够陈述如下关于帕累托论证的两难困境:要么有才能者在 D2 中承担一种特殊负担,这个负担通过 Wt 与 Wu 之间的差别而得以补偿,在这种情况下,**把从 D1 到 D2 的转换描述成导致了一种不平等则是一个错误**①;要么 Wt 是补偿任何一种负担所必需的,在这种情况下,**一个平等主义者没有理由把 D2 看成是可接受的,而且对他而言,每一个理由都推荐 D3**。换句话说:要么,在全面考虑各方面情况(包括劳动负担)的条件下,有才能者在 D2 中所得到的额外金钱没有使他们比无才能者的处境更好;要么,在全面考虑各方面情况的条件下,它确实使他们比无才能者的处境更好。在全面考虑各方面情况的条件下,在第一个选择项中不存在正当的**不平等**,因为在全面考虑各方面情况的条件下,这里没有不平等;在第二个选择项中,不存在**正当**的不平等,或者不管怎样,所得到的不平等仍然在期待它的正当性证明,并且**难以明白**任何一个赞同第一个罗尔斯式步骤的**人如何**可能证明从机会平等到平等的正当性。因此,(在全面考虑各方面情况的条件下)一种正当的不平等在以上任何一种情况中都不会出现。只有当劳动负担的问题被遮蔽时,才可能使得看起来一种正当的不平等出现了。

---

① 这个观点是说,D1 本身在经过深层的必要说明之后是否在结果上成为一种平等的分配:这将部分地取决于在 D1 中相比较的劳动负担,这在前面第 100 页上没有得到说明。

请注意,如果我们已经详细描述了在 D1 中挣得的作为每单位产出的工资的收入平等(如我们所做的那样,相对于我们所获得的每单位时间的工资),那么我们应该不能不通过规定有才能者承担特殊劳动负担而就把 D1 描述成一种平等的状态。由于在道德上的任意性理由,他们于是会比无才能者每小时挣得更多。到目前为止,通过规定平等的小时工资,我们隐藏了劳动负担的问题。

按照假定,有才能者在 D1 中获得与其他人相同的基本善。如果休闲是一种基本善,那么他们工作与其他人一样多的小时,由此就生产得更多,但得到的是相同收入。如果休闲不是一种基本善,并且报酬是每单位的产出,那么他们就获得更多的休闲和/或更多的基本善,而不是一般而言同样数量的基本善。这样就规定好了,但是每单位的产出仍然正是同样比率的基本善。取名一个平等的社会可能会是空洞的,正如罗尔斯自己承认休闲作为一种基本善的倾向所暴露的那样[奇怪的是他没有完成——参见前面第 33 条注释(中译本第 90 页注释③——译者注)]。如果有才能的人们只是因为他们有才能就不应该获得更多,那么在初始平等中他们就不应该获得更多的休闲。

5. 平等尺度中的劳动负担

我现在必须捍卫我对这个两难困境的第一个情况的描述（参见上述段落中第一个黑体字体从句）。那个描述可能会被认为是不可接受的，因为它为平等采用了一种尺度，在其中社会基本善以外的事情（即劳动负担）有重要意义，而那些是（正式地）出现在罗尔斯的尺度中的唯一的善。当社会基本善单独地构成尺度时，对 D2 的特殊负担（或者"良好情形"）变种——与平等相一致——的描述就失败了，因为**根据假设**，在 D2 中有那样一种善的不平等。因此，假如在这里罗尔斯通过"平等"和"不平等"表达了什么的话，那么对特殊劳动负担的提及看起来就是混乱的。

我对所提及的劳动负担的第一个辩护是，当从一个平等主义的观点来评价分配时，暂不考虑一个人的社会条件这个重要方面肯定是荒谬的①。但是，我也可以提供对这个有争议的程序的一种辩护，这种辩护很少固执己见，因为它建立在罗尔斯本人所肯定的观点之上。

回想一下，罗尔斯把以下这点看作是在规范性上相关的：天生具有良好天赋的人们依其身份就比其他人更幸运。那种不平等——**它不是一件有关社会基本善的事情**——在分配正义中被假定为一个理由来解释为什么有才能者不应该从他们已经比较好的运气来进一步获益，除了那种获益以有利于不太幸运者为条件。由于罗尔斯因此把一个现存的社会基本善分配之外的某物看作是对社会基本善深层分配的一种适当限制，因此，他不可能说，鉴于一个完全一般的理由即劳动负担没有牵涉社会基本善中的不足/多余，所以劳动负担在分配上是不重要的。

但是，能够组织开展一个甚至更有说服力的同样论证。让我们询问：为什么有才能是（正像罗尔斯说它是的那样）一件幸运的事呢？部分的原因是，有才能使人们能够得到他们想要的东西，显然包括收入。这就是为什么罗尔斯把才能归类为一种基本善：当然不是一种社会的基本善，而是一种"自然的"基本善②。但是，如果迄今为止还没有收入获益得以形成，那么在

---

① （附加于 2008 年）如果在达到第六章所做出的对基本原则与调节规则之间的区别之后我写出了这篇文章即本章的要旨，那么我会说，劳动负担必须得到基本正义的评估，无论在调节规则之内显示这些评估可能会有多么困难，甚至要通过代理人。（那些对非资源的生活得益和负担的福利主义的考虑，在调节规则之内通常是很难满足的，但是它们不是完全不可处理的。例如，保障性住房的分配者公正地考虑那些拥有可怜住房经历的人们的不同窘迫程度，而不只是考虑他们现在居住的住所有多大。）

② *A Theory of Justice*, pp. 62/54.

这里我们就必须从才能的力量中提炼去生成收入,因为罗尔斯在他的建构的第一阶段即我所称的 D1 中把各方描述成从他们的才能中获益。若暂不理会这个收入生成的方面,才能施展本就该有回报无疑是对本段起首那个问题的主要回答。但是,那是一个与劳动(利益和)负担相关的考虑。因而,罗尔斯不可能始终一贯地反对我对这样一些考虑的提及。(请注意,既然罗尔斯十分强调隶属于才能施展的固有回报①,这是在前面第四章最后一段所描述的那个两难困境的第二个情形,即"标准情形"那个方面,它最有可能得到应用:对于罗尔斯来说,很难去主张上层人士的工作比起处境较不利者的工作得到了更少的回报[不提收入])。

6. 不一致的尺度

在对反驳帕累托论证的两难困境的陈述中,对涉及劳动负担的辩护就讲这么多。现在,我想表明以下这一点不是必要的,即为了反驳帕累托论证(相对于:为了同时表明事情的明确真相是什么),而把劳动负担放在利益的尺度之中。因为只有当我们含糊其辞地通过那些包括劳动负担和不包括劳动负担的尺度来隐瞒真相时,罗尔斯式论证才是有说服力的。于是,我们没有必要支持任何一个尺度去驳回那个论证。

帕累托论证的正式尺度是基本善这个尺度。在这个尺度之内表达的话,帕累托论证展开如下:对于基本善的不平等分配不存在任何理由(帕累托论证的第一个阶段),除非一种不平等分配有益于每一个人(第二个阶段)。但是,我们看到,那不能证明从 D1 到 D2 的步骤是正当的,因为只要在 D2 是可能的地方,则一般说来 D3 也是可能的,并且,相对于 D3,D2 不是一种使每一个人受益的不平等分配:处境最不利者在 D3 中要比在 D2 中的境况更好。

现在,有的人在读过上面段落之后将会感到它进行得太顺利了,感到反驳很快就成功了,感到处在评论之下的这个论证把有些东西遗漏了。并且,

---

① 他这样做是为了肯定亚里士多德式原则:"如其他条件相同,人类享受对他们已经获得的能力(他们固有的或靠训练获得的能力)的运用,并且这种能力被实现得越多,或其复杂程度越高,则这种享乐也就越增加。"(*A Theory of Justice*,第 426—427/374 页)。与我们所询问的事情有关的正是这最后一个短语(即"其复杂程度越高"——译者注),在该段的其余部分中非常强调对亚里士多德原则这个陈述的介绍。(安东尼·斯基伦注意到,亚里士多德原则难以与罗尔斯所赞同的对于有才能的人们的激励相结合。罗尔斯"假定……那些喜欢展现他们能力的极少数人,即企业家们,将需要巨大的财富和声望去激发他们的活力"[*Ruling Illusions*,第 47 页]。)

我认为,类似于该论证下面充实版本的某种东西构成了他们反对的基础:
"在起初时,一切都是平等的。现在,除了有才能者工作得更努力和生产得更多以外,一切仍如以前一样。于是,他们应该比无才能者拥有更多的额外产品,因为他们是那些正在更加努力工作的人。"但是,该论证的表达方式要求不一致的尺度:既然原初平等是基本善的一种,那么为什么劳动负担就突然间是相关的?我们不能既拥有一个尺度去判断起始点是否正当,又拥有另外一个尺度去判断违反它是否正义。

那么,假设我们的尺度确实容许劳动负担,并且假设仅在我们把劳动负担考虑进来之后我们才宣称 D1 是一种平等的状态:基本善的平等对于平等就不再是充足的(或者是必要的)。于是,除非我们认为在 D2 中,有才能者是被不平等化地**过度地**(**或者不足地**)补偿他们的辛劳,否则我们不能把 D2 当作一种**不平等**的状态。D2 据推测是基本善的一种不平等分配,但是在一种包含劳动负担的尺度中,就其本身而论,不平等对于不平等是不充足的。

简而言之,如果我们使用一种基本善尺度,那么 D2 实际上展现的是一种不平等,一种缺少正当性证明的不平等:如果 D3 是可行的,那么由于那些导致 D1 的假设仍在起作用,D2 怎么可能就被证明为正当呢?另一方面,如果我们使用一种包括劳动负担的尺度,那么 D2 是否显示出一种不平等就是不清楚的,因为单就基本善而言,它是被明确规定的。但是,如果它确实牵涉一种不平等,那么这种不平等就缺乏正当性证明,因为它没有给予有才能者最恰当的补偿量(如果它给予的话,那么通过这个尺度来判断就不会有不平等存在)。

一种正当的不平等似乎仅仅在以下非常不一致的情况中出现:我们使用基本善尺度来证实 D2 是一种不平等的分配,并且,我们依靠劳动负担来证明那种不平等是正当的①。

7. 提升起始点

正如我在第 3 节中所承认的那样,除了我在那里所选的那种填补罗尔斯/巴里对 D1 的描述中所留下的那些空白的方法以外,还有很多方法。但

---

① 关于罗尔斯对基本善尺度的误导性确认,更多的讨论参见下面第五章第 200 页及其以后的部分。

下一节在这里编号为"7",而不是像在本章的原始版本中编号为Ⅷ。我省略了原来的Ⅶ,那一节重复了前面第一章中的内容,它也包含不是第一章的内容,那些内容现已改放在第一章第 15 节中。

是,因此我断言,我的论证在本质上不依赖于我所制定的特别说明。我也注意到(第99页),罗尔斯和巴里对于 D1 中收入和财产的**水平**只字未提,而且我本人并没有把他们定位在一个具体的水平上。

现在,帕累托论证的一个缺乏耐心的支持者可能早已希望去反对以下这一点,即从一开始就明显言之有理的平等是最有可能的平等,而体现在那个反对中的建议可能被认为是凭直觉推荐的。不论那会怎么样,帕累托论证没有因此不受威胁地免于我对它的批判,这能够很容易地被重新部署。一旦我们如以前那样强调——并且正如我们仍然能够强调那样——以下问题:确切地说,假定的平等是**一种什么样的**平等,那么如以前一样的问题就会出现。假设我们有一个似乎可信的答案来回答上述问题,在其中被提议的出发点就是最有可能的平等:称之为 D3 从而使它与上述讨论相关联。于是,上述异议就进而提出如下建议:没有理由认为一种帕累托改进 D4 是可能的①。

8. 不偏不倚与互惠互利

收入差别可能反映的不是有差别的生产能力,而是不同的收入/休闲偏好②。但是,正如我们所看到的那样,罗尔斯所辩护的收入差别的确反映了能力的不同:正是有才能者赚取更多的钱,以此为条件,当他们这么做时,较少才能者才比他们与此相反可能的情况赚取更多的钱。

有人发现才能所赞同的不平等伴随 D2 发生并不令人惊讶,这样的人可能正想起一些条件,按照这些条件,追逐私利的有才能的人们可能因为互惠互利而愿意与无才能的人们进行合作:他们可能被期望去排除内在于 D3 (D3 未能实现不是因为较少才能者更喜欢 D2 而不是 D3!)的平等工资(We)这个条件。并且,确实正是罗尔斯的政治哲学中契约主义(是在高蒂尔的意义上,而不是在斯坎伦的意义上③)的限制解释了 D2 的不平等的事

---

① 或者,更严格地说,这样一种 D4 只是凭借那些非常少的不平等才是可能的,我在前面第102页上已经同意这一点,它不依赖于意志。于是,能够证明为正当的是,这里的不平等将比罗尔斯和巴里所认为的少得多。

② 对照巴里在前面第93—94页上对使用短语"结果上的平等"的辩护。可能存在苹果和桔子集合的一个可行集合,对于所有的购买者而言是一样的,并且我们可以按照苹果和桔子的模型来考虑收入和休闲。

③ 关于高蒂尔的契约主义,参见他的 *Morals by Agreement*,特别是第六章;关于斯坎伦的契约主义,参见他的"Contractualism and Utilitarianism",以及 *What We Owe to Each Other* 第五章。

实和形式。作为契约主义，那种熟悉的不平等的基本原理与对一种初始平等的首次论证是相冲突的，它认为，从一个严格的不偏不倚的视角来看，那种不平等无法被证明是正当的，这个忽略了偶然事件的视角（这就是这里通过"不偏不倚"表示的意思）商谈不同境况中人们的利弊。如果一种严格的契约主义方法，在上述意义上清除了不偏不倚的所有成分，从一开始就已被采纳，那么 D1 就不会经受得住仔细审查：通过坚持 D2 而使 D3 成为不可能的有才能的人们几乎不会赞成 D1 中的初始平等。

上述的段落使用了一个对于布莱恩·巴里的《正义诸理论》至关重要的区分：这个区分处于所定义的不偏不倚立场与互惠互利的契约主义立场之间①。为了尽快看到这些立场之间的差别，考虑一个不能贡献任何东西给社会产品的身体虚弱的人的情况。从一种契约主义的观点出发，没有人欠他任何东西：他不能进入互惠互利的关系之中。从一种不偏不倚的观点出发，他的困境使我们的帮助显得合理。

考虑到巴里对观点之间区别的正当坚持，他对罗尔斯混合这两种观点的敏锐批判，以及他对不偏不倚观点的坚定支持，那么巴里对帕累托论证中的第二个步骤感到满足就是出人意料的，因为这在契约主义的条件中而不是在不偏不倚的条件中才讲得通。巴里认识到，当根据互惠互利的眼光做出判断时，差别原则是过于强烈的平等主义的②，但是他不明白，当在不偏不倚的眼光之内进行判断时，在帕累托论证的第二个阶段中差别原则的运用就是过于**不**平等的，正如他本人解释后者的那些要求那样。

当帕累托论证被阐述时，无论是被罗尔斯阐述还是被巴里阐述，它都几乎没有解释以下问题：用我的专门术语来说，为什么是 D2 而不是 D3 更能

---

① 见 Barry, *Theories of Justice*, 第 7—8 页以及其他各处，使用索引找到关于"不偏不倚"的讨论。在他的"Constructing Justice"第 266 页及以后的部分中，艾伦·吉伯德（Allan Gibbard）概述了一种可能的第三观念——"作为公平互惠的正义"，这个观念是在巴里那两个观念之间的中间观念。吉伯德并不确定它是真正清晰和连贯的。罗尔斯（*Political Liberalism*, 第 17 页）称赞吉伯德成功地识别出他（罗尔斯）所追求的东西，但他没有处理吉伯德对那个观念的保留，并且在前面那本书第 17 页和第 50 页上，他错误地描述"互利"以至于和巴里的那个观念脱离了关联。

在我看来，如果我们迫切需要它的基本原理，那么吉伯德的"作为公平互惠的正义"只是在表面上清晰。它的混合物特征变得清晰可见，一个分叉显示出来，并且我们又不得不在互惠互利与不偏不倚之间进行选择。

见 Barry, *Justice as Impartiality*, 第 48—50 页关于吉伯德的一个评论，以及第 60 页对本脚注中我评论的 *Political Liberalism* 段落的批判性评论。

② 见例如 *Theories of Justice*, 第 213 页。

把自身表述为帕累托改进的替代性选项？我们通过曲线来表明，为了简化它们的信息，让我们在 D1 与 D2 之间做出一个选择，被画出并被评论的曲线就好像它们代表了自然事实那样①。但是，曲线没有描述纯粹客观的可行集合：它们反映有才能的人们的预期和坚持。在这一章中，我已经问过，在导致 D1 的平等主义前提的范围之内那些预期和坚持是否是可辩护的。

巴里为一种初始平等总结的论证如下：

> 适用于差别原则的基本情形是那种适用于**表面上的**平等正义的情形。根据罗尔斯的道德任意性概念，在成功方面的所有差别都是基于道德上的任意因素。或许最似乎合理的描述会谈及三种抽彩：有自然的抽彩，它分配了遗传的天赋；有社会的抽彩，它分配了较为有利或者较为不利的家庭与学校环境；然后还有一个霍布斯所称的"上帝的秘密工作，人们称之为**祝好运**"——这个抽彩分配疾病、意外以及正确时间处在正确地方的机会。现在，让我们补充如下原则：在道德上任意的东西对处境好者依据基本善做什么没有区别。于是，**在正当性理由的最基本层面上**，除了基本善分配中的平等以外，再也没有其他什么东西适合于任何东西的情形了。②

现在，让我（正像你可能很晚才会认为的那样）来承认，我没发觉这些"表面上的"事件"在最基本层面上"易于分析③。为什么虽然各种抽彩应该"在正当性理由的最基本层面上""没有什么区别"，不管那会怎么样，但它们仍合情合理地使一种区别更明显呢？④ 为什么一种由多产者提出的抗议，即他们应该比其他人在 D1 中的确拒绝接受的情况得到更多的报酬，当他们为支持 D2 而拒绝 D3 时却被证明了呢？

---

① 曲线出现在 A Theory of Justice，第 76—77/66—67 页以及 Justice as Fairness，第 62 页，并且它们在 Theories of Justice 第 229 页及以后部分中被巴里讨论。

② Theories of Justice，第 226 页，我附加了强调。

③ 罗尔斯本人没有说初始平等是**表面上的**公正。但是，他是在寻求证明一个正义原则的正当性，并且他在那样一种活动中把平等当作正确的出发点，因为公民们是"自由和平等的"（参见前面第 91 页）。同样，环绕着"表面上的公正"的晦涩性与正确的出发点这个观念有关。

④ 人们可以在基于原因的正当性理由与基于后果的正当性理由之间做出区分（参见前面第 89 页），但是，原因在因果顺序中首先出现这个事实，并不意味着它们在正当性理由的排序中就处在一个更为基本的层面上。

在一种情形中,中等收入的人们在一种变化中忍受损失,这种变化会既有益于处境最有利者又有益于处境最不利者。巴里让处境最不利者为这个变化辩护,具体如下:

> ……那时[换言之,在有争议的变化之前]那些人正在获得的额外数量超出了我们正在通过道德任意性所取得的利益。因此,如果通过放弃他们的某些利益我们的境况可以得到改善,那么他们就无法合理地保有所有的那些获益。①

巴里赞同这个陈述,但是他未能注意到,它适用于反对处境最有利者在 D2 中得到的"额外的数量"。为什么上层人士保有他们的获益就是可以的?为什么上述论证中"因此"这个词之后的推论在处境最有利者的情形中就不能成立了呢?所引陈述的(无可否认的)特殊语境怎么就不利于它的论证的一般性呢?

9. 不平等:一个必要的恶?

巴里描述"不平等""至多是一个必要的恶"②:这是对帕累托论证第一阶段的一种解救。但是,在称之为一个"恶"时他陷入了一种不一致性,并且在称之为"必要的"时他忽略了一个重要的区别。

巴里把不平等称为"恶"中的不一致性很好地压缩了我所努力去揭示的帕累托论证结构中的不一致性。因为人们可以而且必须询问,所推荐的不平等**在什么条件下**是一个恶?**按照假定**,就任何人的福利都被关注到而言,它不是一个恶,因为它代表了一种帕累托改进。但是,由于**按照假定**它是为了正义,那么就正义而言,很难明白它怎么可能是一个恶,即一种不正义;并且,巴里确实否认它是那种类型的恶③。把一种不正义添加到那种"**表面上的公正**"之中(无论那意味着什么)怎么可能在一种正义的计算中产生出一种改进呢?帕累托论证的第一部分蕴涵着不平等是一个恶,但是,它的第二部分蕴涵着不平等不是一个恶。

---

① *Theories of Justice*, p. 232.
② 同上书,第 234 页。
③ Barry, *Theories of Justice*, p. 234.

我从"恶"转向"必要的"。根据巴里的观点,在道德上,处境最不利者境况的头等重要性反映出:

> 如下观念所起的至关重要的作用:本质上公正的东西就是平等,对平等的背离是由于道德上的任意性。当然,对这个观点的批评将会延伸到对差别原则的批评[由于过于平等主义]。但是,如果人们接受了这一前提(至少为了论证),那么在我看来就似乎可以非常合理地说,在证明不平等的正当性中,全部的事情就是证明它对于处境最不利者是正当的①。(回想一下,"处境最不利者"是一个有唯一代表性的很大的团体。)在这种场合下,那些处境较有利者并不比处境最不利者更有道德立场来抱怨,在另一种可替代性安排之下他们甚至会更好。出于他们毕竟被允许较之其他某些人的处境更好这个唯一的理由,为了使处境最不利者受益,这将是完全**必要的**。②

让我们集中关注这个引文的最后一句,并且让我们在以下两种不平等之间做出区分:撇开人的选择,对于改善处境最不利者而言必要的不平等,以及对于那个目的而言确实必要的不平等,单是仅仅考虑某些人的意图情况。如果存在第一种类型的不平等,那么 D2 中的不平等就不是它们中的一种。**简短地说**,它对于改善贫穷者的境况并不是必要的,但是,倘若有才能的生产者只是作为自私自利最大化者才工作,那么它就是必要的。此时,巴里说,"全部的事情就是证明它对于处境最不利者是正当的"。那么,处境较

---

① 严格地说,在这里这样说就是错的,因为这与对支配当前章节的这种构想的批判没有关系。因为正像巴里在其他地方认识到的那样,人们可以"不把一种固定的身份归给处境最不利者群体"(*Barry*, *Theories of Justice*,第 216 页)。然而,他不仅在这里这样说;同时,在第 233 页上,他又说:"处境最不利者所得到的与他们能够从不平等中得到的一样多,所以它们没有理由抱怨";同时,在第 242 页上,他又说:"对于做得糟糕的那些人的回答是,如果其他人没有做得更好,那么他甚至会处境更不利"。与第 216 页相一致,恰当的回答是,不是他而且**有人**甚至会比他现在的处境更不利,而不管那个人是他还是其他的某个人。

经常地违反巴里在第 216 页上规定的约束并不是一个无趣的失误。在这个失误中,要求固定身份的契约主义主题取代了不偏不倚性的框架,在后者中身份被消解。

在罗尔斯对"处境最不利者"这个短语的使用中,他在固定的参照与可变的参照之间模棱两可,对他这个重要的模棱两可话语的批判,见 Derek Parfit, *Reasons and Persons*, 附录 H, 以及 G. A. Cohen, *Self-Ownership*, 第 88 页。

② 同上书,第 233 页,附加了强调。

有利者会如何回复要求他们证明 D2 中不平等的正当性的那些处境最不利者呢？他们不可能说，"我们所辩护的不平等对于使你们处境变好是必要的"，因为正是他们使它成为必要的，并且，处境最不利者所提的问题实际上是问：你们使它成为必要的正当性理由是什么？

处境有利者不可能援引他们自己的应得和资格：正当性理由的策略被罗尔斯和巴里所拒绝。他们都无法指出他们劳动的特别艰巨性这个特征：在前面第 4 节中这个观念得到了重视。但是，还有一些他们可以说的事情，这些事情与职业的自由选择有关，而且与有才能者的奴役这样一类观念有关。那都是一些需要认真考虑的事情，我将在第五章中阐述它们。

10. 结论

我已经宣称，帕累托论证的两个部分相互之间是不一致的。在它的第一部分中给出选择平等作为一种公正出发点的理由，在它的第二部分中给出支持违背作为公正的平等的理由，这两种理由之间发生了矛盾。尽管如此，帕累托论证还是表明，只有并且因为有才能的人们的行为违反正义观念的要求——这种要求为从平等开始提供了理由，违背平等才是必要的。帕累托论证的最终建议在其对正义是什么的解释中容纳了不正义。

帕累托论证提出一个两难困境：你不可能在一种经济的正态函数之内既拥有①平等又拥有②帕累托最优。我已经论证，严格地说，帕累托法则并不要求不平等；而且，不严格地说——把有才能者的行为当作前提条件——它所要求的不平等是不公正的。

鉴于此，所以我相信，帕累托论证被推翻了。但是，为了与第 9 节结尾句所说的保持一致，我承认，帕累托论证的一种修正形式也必须被处理。帕累托论证的这个修正形式用一种三难困境取代了上面描述过的两难困境：你不可能同时拥有①平等、②帕累托最优和③职业选择的自由。我也相信这个修正形式是错误的，我将在第五章中尽力表明为什么它是错误的。

第三章 基本结构异议

> 只有当现实的个人把抽象的公民复归于自身,并且在他的日常生活、他的个体劳动和他的个体关系中,成为**类的存在物**的时候,只有当他认识到自身的力量是**社会**力量,并把这种力量组织起来,因而不再把社会力量以**政治**力量的形式同自身分离的时候,只有到了那个时候,人的解放才能完成。
>
> ——卡尔·马克思:《论犹太人的问题》
> 第 241 页(译时稍微修改)

1. "个人的就是政治的"

116   在这一章中,我为一种主张辩护,这种主张可以用一个现在常见的口号来表达:**个人的就是政治的**。这个口号目前的表述是模糊的,但是我在这里表示的是某种相当明确的东西,即分配正义的原则,换句话说,就是那些关于在社会中利益和负担公正分配的原则;无论它们在何处实行,它们都适用于人们合法的不受强制的选择。所以我主张,这些原则适用于人们在法律的强制性结构之内所做出的选择;同样,每个人会同意,正义的原则(也)适用于法律的强制性结构。(谈到人们在强制性结构之内的选择,不管遵守这样一些结构的规则与否,我并没有包括这种选择在内[再说一遍,这样一些结构的选择正如每个人都同意的那样,正义的原则(也)适用于它们],但是,那些规则却使这些选择成为开放的,因为它们既没有命令也没有禁止这些选择。)

117   我在这里所借用的用黑体标出的口号被女权主义者广泛使用①。然而,更为重要的是,我在这里使用这个口号表达并在上文中设法阐明的那个观

---

① 但是很明显,在被女权主义者使用之前,它是基督教解放神学家所使用的一个口号:见 Denys Turner, "Religion: illusions and liberation",第 334 页。

念本身是一个女权主义的观念。不过,请注意,在简要解释我将辩护的那个观念的过程中,我没有特别提及男女之间的关系,或者男性至上主义的问题。在女权主义对标准的正义观念所做的批判中,我们能够在它的实质与形式之间做出区分,而且正是这种批判形式,在这里对我而言是首要关注点①,即使我也赞同它的实质。

女权主义批判的实质是:标准的自由主义正义理论,尤其是罗尔斯的理论,不合理地忽视了在家庭内部(家庭的法律结构可以根本不表明性别歧视)一种不公正的劳动分工和不公正的权力关系。从政治的视角来看,这是女权主义批判的关键点。但是,当我们把以性别为中心的内容剥离开来的时候,我们就能得到女权主义批判的(常常只是含蓄的)形式,即不受法律调整的选择应列入正义的首要视野;从理论的视角来看,这是女权主义批判的主要教训。

因为我相信"个人的就是政治的",所以在这个指定的意义上,我拒斥罗尔斯的如下观点,即正义原则仅仅适用于罗尔斯所称的社会"基本结构"。女权主义者已经注意到,罗尔斯对如下问题摇摆不定并贯穿他的写作的整个过程:家庭是否属于社会的基本结构并因此在他看来家庭是否属于正义原则适用的地方。我将论证,罗尔斯在这个问题上的摇摆不定,不仅仅是一种犹豫不决的情况,这个情况在赞成把家庭包括在基本结构之内时就能很容易地被解决:这是苏珊·奥金的观点②,而且在我看来,她的这一观点是错误的。我将(在第 5 节中)表明,如果罗尔斯没有放弃他的立场,即只有基本结构才能适用分配正义原则,那么他就无法允许家庭进入社会基本结构。由于假设罗尔斯能够包括家庭关系,所以奥金表现出她未能抓住女权主义对罗尔斯所做的批判的**形式**。

2. 激励与差别原则:对激励论证的一个评论

在接下来展开的一系列论证的最后,我得出上面宣布的结论。在这里

---

① 或者更准确地说,是区别它的形式问题。(就女权主义批评针对的是政府的立法和政策而言,它的形式没有什么独特的东西。)

② 关于基本结构是接纳还是排斥家庭,苏珊·奥金格外地注意到了罗尔斯的矛盾心理:举例来说,参见她的"Political Liberalism, Justice, and Gender",第 23—24 页,更一般的论述,参见她的 *Justice, Gender and the Family*。但是,到目前为止我能够说的是,就罗尔斯的一般正义观点而言,这个例子只是一系列模棱两可的例子中的一个,苏珊·奥金没有意识到这一系列模棱两可的更大范围的后果。

的第 2 节中，我将重申在别处也曾经做过的一种批判，即对罗尔斯适用其差别原则的批判①，换句话说，他没有把它适用于对有野心的市场商人追逐私利的选择的指责之中，这种选择引起一种不平等，我认为这种不平等对于贫穷者是有害的。在第 3 节中，我介绍一种对我批评罗尔斯的异议。这种异议认为，根据规定和设计，差别原则是一种仅仅适用于社会制度（尤其是那些构成社会基本结构的制度）的原则，因此并不是一种适用于人们在这样的制度范围内所做出的选择——诸如那些有野心的追逐私利的市场商人所做出的选择——的一种原则。

第 4 节和第 5 节对那种基本结构异议给出单独的回应。我在第 4 节中表明，这个异议与罗尔斯关于正义原则在一种公正社会中的作用的许多陈述是不一致的。然后，我同意这些不可调和的陈述可能在罗尔斯的著作中被遗漏了，并且在第 5 节中我通过表明以下观点来重新回应基本结构异议，即对基本结构是什么没有一种可辩护的解释来允许罗尔斯坚持下面的主张：那些适用于基本结构的原则不适用于基本结构之内的选择。我得出的结论是，与这里所谈到的这个特别异议相比，我对罗尔斯的最初批评仍然被证明是正确的。（第 6 节就我的如下立场的含义发表了评论：那些做出违反正义原则的选择的个人应该受到道德上的谴责。第 7 节探究了强制性制度与非强制性制度之间的区别，这一区别在第 5 节的论证发挥了一种关键性作用。）

至于基本结构是否能够被视为等同于社会的国家强制部分这个问题，除了那些在适当章节中仔细讨论的难题以外，附录 I 援引了更多的难题，并且附录 II 说明为什么基本结构被称为"一种结构"。

我对罗尔斯的批判在于他对差别原则的运用。差别原则的一种表述②认为，当且仅当不平等对于使社会中处境最不利的人们比他们反之的境况更好是必要的时候，不平等才是公正的。我在这里没有反对差别原则本身③，

---

① 参见前面章节的各处。

② 参见第一章第 6 条注释（中译本第 25 页注释③——译者注），对差别原则的四种可能阐述——它们都是有争议的——都在《正义论》中找到了支持。我相信，对于差别原则的各种阐述来说，本章的论证是有说服力的。

③ 我在其他地方表达了我确实对这个原则有所保留，但是它们与当前的论证无关。例如，我同意罗纳德·德沃金对差别原则的"胸无大志"（ambition-insensitivity）一词的批判：参见他的"Equality of Resources," pp. 116 - 117,并且也参见第一章第 7 条注释（中译本第 26 页注释①——译者注）和第四章第 1—5 节。

但是关于以下问题,我明确地反对罗尔斯。这个问题是,哪些不平等通得过证明它所设置的不平等是正当的这个检验,并且因此,在多大程度上不平等通得过这个检验。在我看来,当差别原则设置的这个必要条件如罗尔斯本人提议构想它的那样①,被构想成调节一个其社会成员接受差别原则的社会的日常事务时,几乎没有任何一种严重的不平等满足由差别原则设置的这个必要条件。如果我是正确的,那么肯定差别原则就意味着:正义(在实质上)要求②的是不合格的平等,这种平等相对于初始生活机会中的"深层的不平等",而罗尔斯认为正义与后者一致③。

一般认为,例如罗尔斯就认为,差别原则许可一种对不平等的论证,这种论证以各种物质激励的策略为中心。这个想法是,当且仅当有才能的人们获得的薪酬高于普通薪酬时,他们才会生产出比他们没有获得高于普通薪酬的情况时更多的产品;同时,他们那时将生产的额外产品的一部分可以被用来补充处境最不利者的利益④。随着有差别的物质激励而来的不平等据说能在差别原则的条件下被证明是正当的,因为正如所说的那样,那种不平等有益于处境最不利的人们:不管处境最不利的人们的地位怎样微不足道,那种不平等对于他们被安排到这样的境况是必要的。

现在,在我对这个论证展开批判之前,对于它在表达中所用的措辞,做一个告诫式说明是必要的。这个论证集中关注的是在市场经济中获得高薪的处于有利位置的人们所享有的一种选择:依照他们获得酬劳的多少,他们可以选择工作的辛苦程度,而且也可以选择在哪个行业工作,以及为哪个雇主工作。在上述论证的标准阐述中,这些处于有利地位的人被称为"有才能的人";并且,由于即将给出的理由,我将贯穿我对该论证批判的始终也这样称呼他们。即使如此,从这个词的任何意义上来说,"有才能的人"这个词蕴涵着比一种获得高额市场报酬能力更多的意思,为了使这个论证具有它所有的一切力量,这些幸运的人们(根本)不必被看作是有才能的人。对于他们而言,非常真实的是:**他们被如此安置,以致对于他们来说,幸运的是,**

---

① "提议构想它":我用这个稍微有些过分考究的短语是因为当前对罗尔斯的批评中有一部分是批评他在这个构想中没有成功——换句话说,他不承认如此构想它的那些含意。

② 这个条件正如我相信的那样,是指每个人都有权利在某种合理的程度上追求自己的私利。但是,从激励性理由来看,这是一个完全不同的不平等的正当性理由:参见第一章第61页。

③ *A Theory of Justice*, pp.7/8.

④ 这恰恰是一个最素朴的因果故事,它把给予处境较有利者的优厚报酬与有益于处境最不利者联系在一起。为了阐述的便利,我在这里采用了它。

他们的确能要求一种高薪,而且他们能够准确地根据薪水有多高来相应地改变他们的生产率。但是,就激励论证而言,他们的幸运地位可能是由于完全偶然的情况,相对于他们拥有的由自然甚或社会造成的任何天赋。人们不必认为,在接受这个论证的要旨上,普通洗碗工在实力、眼光和独创性等方面的天赋低于普通行政长官的天赋。人们无疑确实需要考虑一些这样的事情,从而赞同不同的论证,这种论证证明给予有利地位的人们高薪是正当的,因为他们获得的全部或者部分薪水是作为对他们运用不寻常能力的回报。但是,罗尔斯的理论是围绕着他对这样的应得报酬的拒斥来建立的。罗尔斯也不相信增加的额外报酬是正当的,因为只有在适当的互惠基础上,额外的贡献才能证明额外的报酬是正当的。在他看来,它们是正当的纯粹是因为它们引起了更具生产性的表现。

然而,我坚持把相关的个人命名为"有才能的人",因为反对从任何观点来看他们事实上都不是特别有才能的人就是进入了一种经验主张,这种主张既容易引起争论,又在语境中具有误导性,由于它会给人留下这样的印象:无论处于有利地位的人们是否配得那个有争论的命名,它对我们对激励论证的评估来说都应该是重要的。当这一显然让步性的词汇"有才能的"被使用时,我将要展开的对激励论证的特定批判最好是依据它的特征去理解:它并不表示对处在一种市场社会中最高层的人们如何达到他们的地位这个实际问题的让步。我使用这个论证自身的术语显示了我对它的批判的力量:即使我们对于处于有利地位者如何确保他们的强势市场地位做出宽宏大量的假设,这个批判仍然站得住脚。此外,在这里做出这样的假设还是特别恰当的,因为罗尔斯的差别原则在词典意义上仅次于他的如下原则,即在追求渴望的地位时所实行的公平的机会平等原则:如果有什么东西可确保那些占据这些地位的人具有较高的创造性天赋,那么就是这个原则。(这并不是说该原则真的确保了以下情况:与公平的机会平等相一致的是,区别上层人的首要东西是高超的奸诈和/或者巨大的攻击力,并且没有什么更加可令人称赞的东西。)

现在,出于下面的原因,我相信,对不平等的激励论证代表对差别原则的一种歪曲的应用,即使这是对它最为熟悉的并且可能是最具说服力的一种应用。要么相关的有才能的人们自己肯定差别原则,要么他们不肯定差别原则。换句话说,要么他们自身相信,如果不平等对于使贫穷者境况好起来不是必要的,那么不平等是不公正的;要么他们不相信那是正义的一个要求。如果他们不相信这一点,那么在罗尔斯的某种意义上,他们的社会就不是公正的;因为按照罗尔斯的观点,一个社会只有当它的成员自身肯定和支持正确的正义原则,这个社会才是公正的。差别原则或许可以被用于为政府的如下行为进行辩解,即在一个社会中容忍或者促进不平等,而这个社会中的有才能者本身并不接受这一点。但是,这样一来,它就可以证明在一个社会中一种不平等的公共政策是正当的,而这个社会中的一些成员——有才能者——并不与其余的人分享共同体①:于是,与从外面应用于其中的一种原则相比,他们的行为就被看作是一种固定的或可变的数据,而不是被看作其本身就对那个原则负责。这不是正义原则如何在一个公正的社会中起作用的问题,正如罗尔斯所阐明的那个概念一样:在他的术语之中,一个可以在一个公正的社会与一个公正的政府之间做出区分的人,也就是一个把公正原则适用于一个社会的人,而这个社会的成员本身可能并不接受那些原则。

因此,我们转向第二种并且也是唯一剩下的可能性,即有才能的人们确实认可差别原则,这正如罗尔斯所说,他们在其日常生活中运用正义原则,而且在这么做的过程中获得他们自己的正义感②。鉴于他们自己相信这一原则,于是他们可能被问到,为什么他们要求得到比无才能者更多的报酬,因为那可能确实需要特殊才能的工作,但这并不是特别使人不愉快(因为在罗尔斯关于源自激励的不平等的正当性理由之中没有这样的考虑)。有才能者可能被问到,他们所获得的额外报酬对于提高处境最不利者的地位是否是**必要的**,根据差别原则,这是可能证明他们应该获得额外报酬正当性的唯一依据。**简短地说**,如果不依赖人的意志,以致不依赖世界上所有人的意志,那么排除不平等会使每个人的处境变得更加糟糕这个情况是必然的吗?或者,只是在有才能者会**决定**生产比他们现在所生产的更少的情况下才是必然的?或者,如果不平等被消除(例如,通过重新分配来达到完全平等主义效果的收入税③),那么他们就必然占据不了他们所特别需要的位置吗?

---

① 更准确地说,从我在第一章第 43 页上所阐明的那个用强调字体表示的短语(*justicatory community*)的意义上讲,他们并不与其余的成员分享辩护性共同体。

② "公民在日常生活中……认可并依据第一个正义原则行动。"他们"依据他们的正义感所指示的这些原则"来行动,从而"他们作为道德人的本质被最充分地实现"(引语分别引自"Kantian Constructivism",第 308、315 页,以及 *A Theory of Justice*,第 528/463 页)。

③ 这种实现平等的方法寻求在消除市场的动机功能时保持它的信息功能:见 Joseph Carens,*Equality, Moral Incentives, and the Market* 一文中各处,以及本书第五章第 189 页及其以后部分。

那些认可差别原则的有才能的人们将会发现那些问题很难处理。这是因为,在差别原则的审问下,他们不能用自我辩解的方式来主张,他们的高额报酬对于提高处境最不利者的地位是必要的;在标准情形中①,正是他们自己使那些高额报酬成为必要的,由于他们自己不愿意为普通报酬工作时付出与非常优厚报酬情况下相同的生产率,这种不情愿确保无才能者获得少于他们反之的情况。因此,那些报酬是必要的,只是因为有才能的人们的那些选择没有受到差别原则的适当影响②。

于是,除了非常特殊的情形,即在这种情形中有才能者确实不能够——相对于在其中他们(仅仅)不会那么做的标准情形——像在没有较高报酬时的生产率那样去做事,差别原则仅仅在一个并非每个人都接受该原则的社会中,才能证明不平等是正当的。因此,不可能用适当的罗尔斯的方式来证明不平等是正当的。

现在,这个关于接受和实施差别原则意味着什么的结论,意味着一个社会的正义不专门是它的立法机构的责任、它的法律上的强制规则的责任,而且还是人们在那些规则之内所做的选择的责任。对差别原则的标准的(在我看来,也是误导性的)罗尔斯式运用可以模拟如下:有一种市场经济,在其中所有的行为主体都寻求使他们自己的收益最大化;同时,有一个罗尔斯式国家,这个国家选择一种针对收入征税的职能,这使返还给处境最不利者的收入最大化,这个过程伴随的限定条件是:由于有才能者追逐私利的动机,一种完全平等化的税制会使每个人的处境比在较少平等化的税制下的情况更加糟糕。但是,对于被正义所激励的公民——他们支持针对他们(中的一些人)表现为追求私利的经济主体进行一种税收博弈的国家政策——来说,实施差别原则的这种心绪不定的样子完全不符合罗尔斯对一个公正

---

① 为准确地理解我用"标准情形"所表示的意思,参见第一章第8节。

② 罗尔斯允许有才能者说,他们的高报酬之所以是正当的,是因为他们被需要用来使贫穷者的低报酬不比他们已经得到的更差。但是正如我在第一章的第7—11节中所论证的那样,当有才能者被以第三人称谈及时,这可以作为他们的高额报酬的一个正当性理由,但是,关键问题是,不是当他们本人正在把它提供给穷人的时候。类似地,我确实有合适的理由来支付赎金给一个绑架我的孩子的绑匪,但是,他不能基于此来证明他从我这里索要赎金是正当的:他不可能说,因为只有我满足这个要求时我才能得回我的孩子,所以他要求赎金就是正当的。有才能的富人本身当然无论如何不像绑匪那么坏,但是当用"你-我"术语来描述时,他们所给的正当性理由就如绑匪所做的那样崩溃了:正如我在前面所说的,只有当他们被看作外在于所讨论的社会时,对他们激励的正当性理由才生效。

社会的(合理的)要求：那个公正社会中的公民自身愿意去服从在差别原则中所体现出来的正义标准。因此，我们可以得出结论：一个在差别原则的条件之内是正义的社会，需要的不只是公正的强制性**规则**，而且还需要一种贯穿于个人选择之中的正义**风尚**。如果缺失这样一种正义风尚，那么对于提高处境最不利者境况不必要的不平等就会出现：这种被需要的风尚促进了一种比经济游戏规则自身所能够保证的更加公正的分配。而且，所需要的确实是一种风尚，一种固定地贯穿于日常生活的动机之中的反应结构，这不仅是因为不可能设计出能够始终检验其是否被遵守的平等主义经济选择的规则①，而且因为即使假定适当的可适用的规则能够被确切地阐述，但是如果人们被要求永远地顾及这样一些规则，那么它会严重地危害自由。平等主义的职责的不确定性正是它的可取之处②。

诚然，一个人可以抽象地想象出一套强制性规则，这套规则是如此好的和谐以致于在它们之内的普遍的利己主义选择，可能会使处境最不利者的地位提升到任何一种其他的选择方式均会达到的高度。只要强制性规则具有并且已知具有这样一种特性，那么行为主体就能做出利己主义的选择，并且确信他们选择的结果会满足一种对差别原则的适当强硬的解释。在这种(想象的)情形中，差别原则正义所必需的唯一风尚会愿意服从那些相关的规则，而那是罗尔斯(不得已)明确要求的一种风尚。但是，关于激励适用性的大量的经济学文献使我们懂得，这种所设想的完美型的规则不可能被设计出来。于是，在目前实际的情况下，正像我已经论证的那样，所需要的风尚必须在规则之内引导选择，而不只是指示行为主体去遵守这些规则。(我应该强调的是，情况并非如此，因为一般而言真实的情况是，当行为主体诚意地从事某种活动时，支配这种活动的那些规则的实质就必须成为目标：每一种竞技性运动代表对这种一般化的一个反例。但是，我对上述结论所做的论证不是基于这种虚假的一般化。)

---

① 为什么没有这样的"公共"规则能够被设计出来的一个主要原因是，综合考虑，并不是始终能够辨识出，甚至对一个正在被讨论的人而言，她要求更多金钱作为她转而从事在社会上更值得做的工作的一个条件，这作为对"特殊负担"的补偿是否能被证明是正当的，并因此在平等的框架之中是被允许的。关于对公共性的更多论述，参见第八章。

② 参见第八章第4节的最后三段。

3. 基本结构异议

有一种支持罗尔斯《正义论》的异议,会坚持反对我在批评罗尔斯对差别原则运用时的论证。这种异议认为,我集中关注有才能的生产者在日常经济生活中的态度是不恰当的,因为他们的行为发生在社会基本结构之内,但并不决定社会基本结构,而差别原则仅仅适用于社会基本结构①。无论人们在社会基本结构之内的选择可能是什么,只要社会基本机构满足正义的两个原则,那么它就是正当的。无可否认,所以罗尔斯承认,从许多观点来看,人们的选择本身能够被评价为正当或者不正当的。因此,例如,任意地指派候选人 A 而非候选人 B 到一个特定的岗位上就可能被判定为不公正的,即使它发生在一个公正的基本结构的规则之内(因为那些规则不可能被有效地设计来宣布所论及的各种任意性为不合法)②。但是,在选择之中的这样一种不正义不是罗尔斯式原则所旨在谴责的那种不正义。因为,**按照假设**,那个选择发生在确定的基本结构之中:它因此不可能影响基本结构本身的正义;而依照罗尔斯的观点,这个基本结构正是那两项原则所支配的。同样的,有才能的人们所做出的关于工作和报酬的那些选择也不应该被提交到差别原则的法庭上来评判。所以,评判那些选择就是在错误的地方应用了那个原则。差别原则是一种用于制度的正义原则。它支配着制度的选择,而不是支配在制度范围之内的选择。因此,前面第 122 页及其以后部分中对那个两难论证第二种情况的发展误解了罗尔斯的下述要求,即一个公正社会中的公民们支持那些使之公正的原则:按照差别原则的规定范围,只要有才能的人们遵从盛行的经济规则,因为差别原则需要那些规则,那么他们就确实被算作在忠实地支持差别原则。

不妨称此为"基本结构异议"("the basic structure objection")。现在,在我进一步阐述并回应这个异议之前,我想指出,在基本结构这个概念中存在一个重要的模糊性,正如罗尔斯主义者使用那个概念时那样。这种模糊性表现为,罗尔斯式基本结构是否仅仅包含社会秩序的强制性方面,还是也包括那些并非在法律上或者实际上具有强制性的根深蒂固的惯例与习俗。我

---

① 关于这个限制的典型表述,参见 Rawls, *Political Liberalism*,第 282—283 页。
② 参见《正义论》第 2 节的第一句话("正义的主题"):"许多不同种类的事物被说成是公正的或不公正的:不仅仅是法律、制度、社会体系,而且还有许多种类的特殊行为,包括裁定、判决和归罪。"(同上书,第 7/6 页)但是,罗尔斯将某些例子排除在其视野之外,诸如上文所给的例子,因为"我们的话题……是社会正义。对我们而言,正义的首要主题是社会的基本结构"(同上)。

将在第5节中返回到这个模糊性,并且我将表明,这个模糊性不仅推翻了基本结构异议,而且也推翻了罗尔斯教导很多人去追求正义的整个方法。但是,目前我将忽略这个重要的模糊性,我将像它在"基本结构异议"中指称某种结构那样使用"基本结构"这个措词,而不论它是否具有法律上的强制性;但是,为了达到这个异议的目的,基本结构的核心特征是,它的确是一种结构,换句话说,是一种规则的结构,在这个结构中选择被做出,而不是一系列选择和/或行动。于是,我的罗尔斯主义的批评者们可能会说,不管结构是什么,严格地说,不管基本结构是什么,如下异议是站得住脚的:我对激励论证的批判错误地把为结构而设计的原则应用到了个体的选择和行动上。

为了对论辩立场做进一步的澄清,让我对罗尔斯与我之间在正义原则适用的那个领域或那些领域这个问题上的争执做一个背景说明。我自己的基本关注点既不是(任何意义上的)社会基本结构,也不是人们的个体选择,而是社会中利益与负担的模式:那既不是一种在其中做出选择的结构,也不是一系列选择,而是类似结构和选择的结果。我感兴趣的是分配正义,我用分配正义通常指个体利益和负担分配中的正义(及其不足)。我的根本信念是,当财物的不平等反映的不是诸如不同的人们的劳动艰苦程度有所不同或者人们关于收入和休闲的不同偏好和选择,而是幸运或者不幸运情况的许多形式时,那么在分配中就存在不正义。这样的利益差别是这个结构**和**人们在这个结构中的选择的一种函数,因此,我感兴趣的第二个问题是,它们**两者**的问题。

现在,罗尔斯可能会说,在特定的意义上,他所感兴趣的也是分配正义,但是对他而言,假使在社会之中利益和负担的分配来自完全遵从一个公正的基本结构的规则的那些行动的结果,那么就能获得分配正义[①]。按照罗尔斯的观点,当遵从一个公正的基本结构的规则得到完全实现时,其结果必然是没有影响**分配**正义的(深层的)个人正义与不正义的问题,而无论它是加

[①] *A Theory of Justice*,第274—275/242—243页:"这些正义原则适用于基本结构……社会制度应当这样设计,以便无论事情变得怎样,作为结果的分配都是公正的。"比较同书的第545/478页:"留下物质手段的分配小心地与纯粹程序正义的观念保持一致。"比较"Constitutional Liberty and the Concept of Justice",第89页注释5,及"*Distributive Justice: Some Addenda*,"第157页。罗尔斯的表述说明,戴维·艾斯特伦德和乔舒亚·科恩如果是罗尔斯主义者的话,那么他们是修正的罗尔斯主义者,因为他们相信,在显示某些种类动机的规则之内,正义是受到选择妨碍的。分别参见他们的"Taking People as They Are"及"Liberalism, Equality, and Fraternity",以及下面的"总附录"第4节。

强还是削弱了分配正义。罗尔斯当然会欣然同意,在一个公正的结构之内,对于影响分配的吝啬和慷慨来说,还是有发挥作用的余地①;但是,尽管慷慨会改变分配,而且可能使分配比反之会有的情况更加平等,但是它不可能使分配比反之会有的情况更加公正,因为这将是在做一件不可能的事情,即增强已经被确定下来作为一种(完全的)公正分配②的东西的正义,而这种分配之所以是公正的,仅仅是因为它所遵从并由之产生的结构是公正的。但是,正如我已指出的那样,我相信,在一种公正结构的范围之内,对于相关的(换句话说,之所以是相关的,是因为它影响到分配中的正义)个人正义和不正义而言,仍然存在发挥作用的空间,而且实际上,通过纯粹的结构手段来实现分配正义并不是可能的。

在对我的主张(参见第 2 节倒数第二段,即社会正义需要一种鼓励非强制的支持平等的选择的社会风尚)的讨论中,罗纳德·德沃金提出③,在差别原则的条件下,罗尔斯式政府可能被认为担负着促进这样一种风尚的职责。德沃金的意见是想要通过减弱罗尔斯的立场与我本人的立场之间的差异并由此缩小我对他批判的范围,从而来支持罗尔斯,并反对我。我不知道罗尔斯如何回应了德沃金的建议,但是有一件事情很清楚:就所指出的促进风尚的政策是失败的而言,罗尔斯不可能说,社会会在结果上比这种政策更成功时更少公正。于是,如果德沃金是正确的,即罗尔斯式正义要求政府去促进一种有利于平等的风尚,那么即使政府会为了使它的分配更加平等,但它这样做也不可能会是为了使社会在分配上更加公正。下面的这个三重合取是罗尔斯的立场的一个不可避免的后果,根据德沃金对其进行的并非不自然的解释,它显然是不协调的:① 差别原则是分配正义的一种平等主义原则;② 它赋予政府一种促进平等主义风尚的职责;③ 差别原则要求政府促进那种风尚并不是为了增强社会中的分配正义。德沃金试图缩小罗尔

---

① 这一观点不同于本节开头时所提到的观点,换言之,在"正义"的"非首要"意义上,一个公正的结构为选择中的正义和不正义留下了余地。

② (附加于 2008 年)或者,无论如何,作为一种完全地摆脱了不正义的分配:"如果从事制度和共同行动的人们要对这些制度和共同行动没有抱怨,那么正义的原则就规定了它们必须满足的限制条件。如果这些限制条件被满足,那么作为结果的分配,无论它是什么,就可以被认为是公正的(或者,至少不是不公正的)。"("Constitutional Liberty and the Concept of Justice",第 77 页)是什么样非正式的思想促使罗尔斯增加这个较弱的插入选择项呢?在我看来,这是对被抑制的平等主义的一种不完全的回归。

③ 在牛津大学 1994 年春季学期举办的一次研讨会上。

斯的立场与我本人的立场之间的差距,但他的这种尝试面临了致使前述不协调的危险。

现在,在我安排我对基本结构异议做出的两个回复之前,需要进行一种概念上的解析,以便澄清公正**社会**与公正**分配**之间的关系,前者是罗尔斯(以及我自己)对那个观念的理解(参见第 121 页),后者是我(非罗尔斯式的)对那个不同观念的理解。在这里,一个公正的社会是这样一种社会,它的公民认可并按照正确的正义原则行动;而分配中的正义,正如这里所定义的,存在于对报酬所做的某种平等主义的概述之中。由此得出结论:一种公正的分配可能在一个自身并不公正的社会中达到。

为了阐明这种可能性,设想这样一种社会,它的风尚尽管不是被一种对平等的信奉所鼓舞,然而却导致了一种平等的分配。这样一种风尚的一个例子可能是一种强烈的新教伦理,那种伦理对(世俗的)平等本身漠不关心,而是强调克己、勤劳和设法对超出需要的资产进行投资(尽管在其中存在禁欲主义),这使处境最不利者的状况得到了尽可能的改善。这样的一种风尚在分配中实现了差别原则的正义,但是受此激励的行为主体并不会把差别原则作为动机,而且因此他们本身在差别原则的条件之下不可能被看作是公正的①。按照这里所介绍的标准,这个新教社会不会是公正的,尽管事实是,它显示了一种公正的分配。我们可能说,这种社会是偶然地公正,而不是在本质上公正。但是,无论我们可能更喜欢什么样的措词,关键的事情是区分"公正"这个谓词的两个备选主词"社会"和"分配"。(另外值得一提的是,在当前的实践中,一种能实现差别原则平等的风尚,几乎会不得不被平等所鼓舞:一种不受平等鼓舞的风尚产生正当的结果属于偶然事件,至少在现时代这一偶然事件不可能发生。至少对我们的时代而言,我在这段中所描述的新教教义是全然不现实的。)

较少引人注意的是相反的情况,在这种情况中,人们努力用公正的原则(实际上所是的东西)来支配他们的行为,但是无知,或者整体外部环境的冷酷无情,或者集体行动的问题,或者德雷克·帕菲特所研究的种种弄巧成拙

---

① 此外,对于所讨论的社会同样真实的是,因为它的传统——控制其公民的动机结构——试图使它的风尚是公正的,与新教相反,那将是徒劳之举;并且,在它们成功的限度之内,它们可能导致在分配中比上面提及的新教教义情况更少的正义。

的事情①，或者我没有想到的其他某种情况，挫败了人们的意图，以致分配仍然是不公正的。称这样的一种社会是**公正的**，可能会很奇怪，而且无论是罗尔斯还是我都不需要这样做：在上文中，公民中的正义被视为公正社会的一个必要条件。

无论我们如何解决在这个枝节上所提出的这些次要的并在很大程度上是字面上的新难题，下述观点仍将成立②：在一个表现出信奉差别原则的社会中，鼓励在公正的规则之内进行选择的风尚是必要的。我对这一结论的论证不依赖于任何容易引起争论的规定，这些规定是关于怎样和在哪里使用"公正"这个词项：它是一个关于这样一种信奉必须包含什么东西的论证，并且尤其是当缺乏上述风尚时，它是否可能存在。基本结构异议对那个特别成绩提出了一种挑战。

4. 基本结构异议：一个初步的回应

现在，我对基本结构异议给出一个初步的回应。它是初步的是因为它先于我在第 5 节中对"基本结构"这个短语指称什么的疑问，而且也因为，与那个疑问之后的基本回应相比，面对这个初步的回应，对于罗尔斯而言，存在着某种摆脱困境的办法。虽然那个摆脱困境的办法对他而言不是没有代价的，但它的确存在。

尽管罗尔斯经常说，正义的这两项原则仅仅支配基本结构之中的正义，但是他也说了不利于那个限制的三件事情。这意味着，在每种情况下，他必须要么支持这种限制并拒绝接受正在讨论的意见，要么坚持正在讨论的意见并放弃这种限制③。

---

① 见其 *Reasons and Persons* 第四章。
② 也就是说，如果我的论证经得住基本结构异议，对这个异议我在第 4 节和第 5 节中回复。
③ 因为罗尔斯理论中的这些紧张之处，人们以两种相反的方式来反对我对其激励提出的批评。那些坚信他的首要关注是基本结构的人，反对我在第 3 节中提出的批判方式。其他人则没有意识到，那个关注对其是何等重要：他们接受了我的如下（在我看来，是反罗尔斯的）观点，即差别原则应该谴责激励，但是他们相信罗尔斯也会接受它，因为他们认为罗尔斯对这个原则的信奉是相当坚决的。因此，他们并不把我关于激励的观点看作是对罗尔斯的一种批评。

以第二种方式回应的那些人似乎没有意识到，如果罗尔斯采纳他们认为给他打开的这条路线，那么他的自由主义就会处于危险之中。那样一来，罗尔斯就会变成一名激进的平等主义的社会主义者，这与罗尔斯作为一名自由主义者主张"深层的不平等"在"任何社会中的基本结构中都不可避免"的观点是格格不入的（*A Theory of Justice*，第 7/7 页）。

第一,罗尔斯说,当差别原则被满足时,社会就在特别强的意义上显示出**博爱**。它的公民不想要:

> 拥有更大的利益,除非这是为了那些状况较差的其他人的利益……一个家庭的成员们通常不愿意获利,除非他们能够以促进家庭其他人利益的方式来获利。现在,准确地说,想要按照差别原则来行动就有这种后果。①

但是,当差别原则传递出的所有正义来自基本结构并因而不论人们在经济交往中的动机是什么时,那种强的种类的博爱就是无法实现的。不想要"获利,除非他们能够以促进家庭其他人利益的方式来获利"与市场利益最大化者的利己动机是不相容的,而在差别原则纯粹的结构解释中,差别原则并不反对市场利益最大化者的利己动机②。

第二,罗尔斯说,在一种由差别原则支配的社会中,处境最不利者能够有尊严地忍受他们的劣势地位,因为他们知道其境况不可能有任何改善,而且知道在更少不平等分配的情况下,他们会受损。然而,如果正义只是单独地与结构有关,那么它就是错误的,由于只是因为处境较有利者的选择倾向于强烈地反对平等,所以对处境最不利者而言,占据他们相对低下的位置就成为必然的。为什么当处境最不利者的地位非常低下,确实是因为处于优势地位者在经济选择中不受限制地追逐私利时,处境最不利者的地位没有在纯粹的结构上得到改善是可能的这个事实,就应该足以保证他们的尊严呢?③ 假设,例如正像现在政治家们惯常主张的那样,为了增进贫穷者的利

---

① (扩展于 2008 年)*A Theory of Justice*,第 105/90 页。比较对一种非常强烈的穆勒式博爱表述的完全赞同(见"Distributive Justice: Some Addenda",第 172 页):"这种精神状态,如果是完美的,就使一个个体'从来没有想到或者渴望对他自己而言任何有利的条件,而在这个得益中他们不被包括在内'。这个个体的自然需要之一是,'在他的感情和目标与他的同类的感情和目标之间应当存在着一致'。他渴望知道,'他的真正目标和他们的真正目标并不冲突;他不是在使自己反对他们真正想要的东西,即他们自己的善,而是与此相反,他是在促进它'。现在,穆勒在这里所描述的渴望是一种按照差别原则行动的渴望……"

② 此外,参见第一章第 77 页及其以后部分:需要指出的是,在这里我并不否认,当高收入者自愿按照由差别原则形成的税收制度纳税时,就比他们坚持**自由放任主义时**有更多的博爱。对我有关博爱与罗尔斯的主张,一个较好的讨论可参见 Michael Titelbaum, "What Would a Rawlsian Ethos of Justice Look Like?"第 28—32 页。

③ 此外,参见第二章第 4 节。

益而提高收入所得税税率可能会起反作用,因为更高的税率会对处境较有利者的生产率起到严重的阻碍作用。就贫穷者而言,意识到这个事实有助于一种尊严感吗?

第三,罗尔斯说,在一个公正的社会中,人们在日常生活中**依照**来自正义原则的一种正义感而行动:他们试图在他们自己的选择中运用这些原则。并且,他们这么做是因为他们

> 有一种表现他们作为自由平等的道德的人的本性的欲望,而他们通过**按照**他们在原初状态会承认的原则去行动就最充分地表现了这种本性。当所有的人努力遵照这些原则去做并且都做到了这一点时,那么他们作为道德的人的本性,就个别地或集体地得到最充分的实现,并且他们的个体的和集体的善也就随之实现。①

但是,如果在一种旨在贯彻那些原则的结构中,他们随心所欲所做的选择就能够满足正义,那么为什么他们不得不**按照**正义原则而行动,并且"正像他们的环境要求的那样"来"运用"②那些原则呢?而且,当他们知道他们在力图获得他们在市场中所能得到的最大利益时,他们怎么可能在不附带伪善味道的情况下,为他们作为道德人的本性的充分实现而唱赞歌呢?

正如我所说过的那样,这些不一致对于反对罗尔斯还不是决定性的。因为在每一种情况中,他都能适当地坚持他把正义限制于基本结构的立场,并放弃或者削弱产生不一致的评论。而且,那确实是他倾向于做的事情,至少对于我所提到的第三种不一致情况是这样的。他说③,《正义论》在某些方面被下面的做法引入歧途,即把这两项原则定义为一个综合性的正义观念④:于是,他现在会放弃高调的说教,那个说教构成了第 31 条注释⑤的正文。但是,这个调整包含着代价:它意味着尊严、博爱与人们的道德本性的

---

① *A Theory of Justice*,第 528/462—463 页,我附加了强调。此外,参见第 12 条注释(中译本第 83 页注释①——译者注)。

② *Justice as Fairness*, p. 199.

③ 对我于 1993 年 3 月在哈佛大学所做的一个讲座的回应,这也就是本书的第二章。

④ 也就是说,这个观念作为一个完整的道德理论(的一部分),它与一种纯粹的政治观念形成对比:关于这个区别的说明,参见 *Political Liberalism* 书中各处,尤其是第 xv—xvii、xliii—xlvii 页。

⑤ 中译本第 120 页注释①。——译者注

充分实现这些理想不再可能被说成是通过罗尔斯式正义来提供的。

5. 基本结构异议：一个更根本的回应

现在，我对基本结构异议提供一个更根本的回应。它之所以更根本，是因为它果断地表明，正义要求一种支配日常选择的风尚，这种选择超越了服从公正规则的那种选择①。这是因为，正像初步的回应中所做的那样，它并没有利用罗尔斯明显矛盾的规定中所说的那些东西，罗尔斯规定正义原则只能运用于社会的基本结构。这个根本的回应质疑并且驳斥了这个规定本身。

在罗尔斯的理论建构中存在一个主要的裂痕，它不仅破坏了基本结构异议，而且对罗尔斯关于正义主题②的看法而言，还产生了一种我料想难以走出的两难困境。当我们询问以下这个明显简单的问题：(准确地说)基本结构是什么？这个裂痕就自己暴露出来了。因为在罗尔斯对基本结构的阐述中，存在着一个致命的模糊性，以及一个相关的不一致之处，即在他关于正义评判对象的标准和他把与结构相符合的个人选择的影响排除在正义评判范围之外的愿望之间的不一致之处。

作为正义首要主题的"基本结构"总是被罗尔斯说成是一系列的制度，并且他因此推论说，正义原则不在(公正的)制度——人们遵守它的规则——的范围之内评判人们的行为。但是，哪些制度被假设有资格作为基本结构的部分，是一个非常含糊的问题。有时候，它似乎指的是所有的(法律意义上的)强制性制度，或者更多的是，只是当这些制度(在法律上)是强制的时候，它们才属于基本结构③。根据罗尔斯通过一个社会的"基本结构"打算做什么的这个宽泛解释，在它的宪法条款中，在这样一些可能需要来执行那些条款的具体法律中，以及在极其重要但与制度本身表述相抵触

---

① 尽管不必然正好是体现这些规则所规定的那些原则的风尚：参见第3节的最后四段。正义将显示出需要一种风尚，而基本结构异议因此将会受到反驳，但是正义所需要的风尚是否能在公正原则的内容中得到辨别，还将是一个依赖于条件的问题。不过，如我在第128页建议的那样，那个问题的答案几乎当然是肯定的。

② 也就是说，正义原则评判的那个主题问题。在此，我遵从罗尔斯的用语[例如，在《政治自由主义》第七讲的标题中："作为主题的基本结构"，同时，与第19条注释(中译本第114页注释②——译者注)比较一下]。

③ 贯穿本章的其余部分，我将使用"强制的"、"强制性"等词来指代"在法律上强制的"等词。

的进一步的法律和政策中,那个结构是清晰可见的①。所以,人们可能会说,基本结构在对它的这个第一种理解中是社会的**粗略的强制性纲领**②,它在(相对于正义原则)立法成为可选项之前,并且不管在这样理解的这个给定的基本结构中,人们所做的选择创造和破坏的限制和机会是什么,基本结构都以一种相对确定和一般的方式决定了人们可以和必须做什么。

然而,非常不清楚的是,在罗尔斯的文本中,基本结构是否总是这样在独有的强制性术语下被理解。因为罗尔斯经常说,基本结构由主要的社会制度构成,但是当他宣布基本结构的那个详细说明时,他对强制性没有提出特别的强调③。在对基本结构是什么的第二种解读中,制度归所属的基本结

---

① 这样一来,正如罗尔斯最后认为的那样,差别原则尽管是通过(强制性维持的)国家政策来贯彻的,但仍无法恰当地内置于一个社会的宪法之中:见 *Political Liberalism*,第 227—230 页。

② (附加于 2008 年)这种解释似乎是被《正义论》(第 236/207 页)中的一个陈述所要求,这一点在我写上文时被忽略掉了:"法律规定所有其他活动发生在其中的基本结构。"

③ 例如,考虑一下《正义论》(第 7—8/6—7 页)中介绍基本结构观念的这段话:"我们的主题是……社会正义的问题。对我们来说,正义的首要主题是社会的基本结构,或者更准确地说,是主要社会制度分配基本权利与义务并决定由社会合作产生的利益的划分方式。所谓主要制度,我的理解是政治结构和主要的经济与社会安排。这样一来,对思想自由和信仰自由、竞争性市场、私有财产权利、一夫一妻制家庭的法律保护就是主要社会制度的实例……我不普遍地考虑制度与社会实践的正义……[正义的两项原则]可能对私人联合体的规则和实践不起作用,或对那些范围较小的社会群体的规则和实践不起作用。它们可能同日常生活中各种非正式的风俗习惯也不相关;它们不能阐明正义,或者可能更好地说,自愿合作的安排或制定契约协议的过程的公平性。"
我无法从以上这些陈述中辨别出,什么会被包括在基本结构之中,什么会被排除在外,更具体地说,也无法辨别强制性是不是包含与否的检验标准。例如,以一夫一妻制家庭为例。对它的"法律保护"——是一种主要的社会制度——只是符合基本结构的强制性定义吗(如果不符合,也许符合相关句子的句法结构)? 或者一夫一妻制家庭本身就是那个结构的组成部分吗? 在那种情况中,它的有代表性的习俗是那个结构部分吗? 它们无疑构成一种"主要的社会安排",然而它们也可以被视为"私人交往的实践或……范围较小的社会群体的实践",它们深受"日常生活的风俗习惯"的影响。(在他的作品"The Idea of Public Reason Revisited"第 5 节中,罗尔斯将家庭解释为基本结构的组成部分,这十分令人关注。然而,它没有明确地说明下面的问题,即家庭属于基本结构是否仅仅因为由于那些支配它的强制性规则:但是我认为,总体而言,它倾向于在否定的意思上回答那个问题。
关于对基本结构边界的疑惑,无法通过对《政治自由主义》相关内容(即第 11、68、201—202、229、258、268、271—272、282—283、301 页)的考察得以缓解。那些页码中的内容,有的倾向于对基本结构做一种强制性的说明,而其他的则不是。(这个注脚的剩余部分是在 2008 年附加的。)同时,我无法理解,罗尔斯在"The Idea of Public Reason Revisited"的文本中所说的基本结构是什么:参Susan Okin, "Justice and Gender: An Unfinished Debate",第 1563 - 1567 页,论它的信息的模糊性和不一致性。(转下页)

构在结构上更多地依赖于惯例、习俗和期望,而较少依赖于法律:一个明显的例子是家庭,罗尔斯有时把家庭包括在基本结构之中,而有时却不这样做①。但是,一旦逾越了界限,即从强制性秩序到由约定俗成的规则和惯例所组成的非强制性社会秩序时,那么正义的范围就不再可能把被选择的行为排除在外。这是因为,至少在某些情况中,构成非正式结构的规定(再考虑一下家庭)与人们习惯性地做出的选择有着密切的联系。

"有密切的联系"是含糊不清的,所以让我来解释一下我在这里表示的意思是什么。人们当然可以谈到家庭结构,它与人们通常在家庭结构中所做出的选择是不相同的;但是,仍然不可能声称适用于家庭结构的那些正义原则不适用于在其中做出的日常选择。这是因为考虑到下面的对比。让我们暂时接受以下这一点②,即强制性结构的产生不依赖于人们的日常选择:它由那些制定国家法律的特殊选择所形成。但是,家庭的非强制性结构之所以拥有这样的特点,仅仅是因为家庭成员惯常所做出的那些选择。维持非强制性结构的那些限制和压力存在于行为主体的倾向之中,等到那些主体选择以一种限制或者施压的方式行动的时候,这种倾向就实现了。至于强制性结构,人们可能③相当乐意把建立和维持一个结构的选择与在其中发生的选择区别开来。但是,关于非正式的结构,尽管那个区别在概念上是明白易懂的,但是它在外延上却妥协了:当 A 选择去遵从通行惯例时,迫使 B 这样去做就得到了加强,当不遵从这些惯例时,这样的压力就不存在,那些惯例本身也就不存在。结构和选择虽然是可辨别的,但从正义原则对于它们的可适用性角度来看,它们之间的区别就不是可辨别的(正如**根据假设**这里所出现的情况,无论如何,当它们由于那种重大的结果而被认为适用它们所适用的东西的时候:你无法在正义的界限之内促成非正式的规范,因为以下这个原因:即使没有在它的界限之内,也可以促成提供规范内容的行

(接上页) 戈-佐·丹的信心("Justice and Personal Pursuits",第 346 页),即社会的基本结构方面是它的法律上的强制性方面,似乎对我而言并不是与罗尔斯所说的所有事情都是可调和的。丹的结论,即在罗尔斯对基本结构的说明中没有"致命的模糊性",忽视了罗尔斯文本中的细微差别,并且无论如何仍未解决更为重要的主张,即每一次消除歧义都不是令人满意的。对于罗尔斯所说的而言,即使如丹认为的那样,它在强制性方面是含义明确的,也同样如此。

① 参见第 1 节的最后一段。
② 我在第 7 节中严格地限定这种接受,并且我因此加强了对基本结构的这个当前回应。
③ 我在第 7 节中进一步探讨这个问题。

动以及对它的许多——如果不是绝大多数——影响的说明①)。正如当立法者创造了某种强制性结构时,你可以询问他们是否行事公道,因此,你可以把他们的正义评定为非正式结构的从容不迫的日常持续的行为,这个非正式结构的参与者参与到了这些行为之中。

现在,既然如此,既然适当的服从行为至少在非正式结构的情况中受制于适用于那个结构本身的相同的正义判断,那么可以得出结论说,维护基本结构异议并反对我主张差别原则谴责利益最大化的经济行为(并且,更一般地说,坚持把正义限制在基本结构之中,从而反对个人的也就是政治的这个主张)的唯一方式就是牢固地坚守对基本结构的一种纯粹的强制性说明。但是,由于罗尔斯对基本结构提供了一个进一步的描述,所以摆脱困境的那个办法并不适用于他:这就是在本节第二段中所言及的那个不一致出现的地方。因为罗尔斯说:"社会基本结构是正义的首要主题,因为它的影响如此深刻并且从开始就呈现出来。"②对基本结构的进一步描述并不是可取的:有必要解释,为什么就正义而言社会基本结构是首要的。然而,只有强制性结构才会产生深远影响的看法是错误的,这正如家庭的例子再次提醒我们的那样③:如果这些"支配社会生活基本(政治的)框架的价值观"因而支配"我们存在的那个基础"④,那么那些支配我们在家庭中的教养和行为的价值观也会如此。于是,如果罗尔斯退回到强制性结构,那么就与他自己关于正义判断什么的标准相矛盾,而且他使自己背上了任意狭隘地解释他的主题的包袱。所以,他必须让其他结构被包括进来,而那意味着,正如我们已经看到的那样,让被选择的行为被包括进来。更为重要的是,即使行为没有像我所主张的那样是非强制性结构的构成部分,那么它也会通过直接诉诸那个影响深远的有关正义支配什么的标准而被包括进来。所以,例如,我们不必决定在提供高等教育的问题上重男轻女的习惯做法是否构成了家

---

① (附加于2008年)关于一种规范本身的影响与遵从它进行的行动的影响之间的差别,有些出色的评论,可参见 Joshua Flaherty, *The Autonomy of the Political*,第5页及以下各页。

② *A Theory of Justice*,第7/7页。"从开始就呈现出来"在这里指的是"从诞生时就呈现出来",参见同书第96/82页。但是无疑的是,所声称的影响的深远性才是关键所在,而不论它是否"从诞生时就呈现出来"。

③ 或者考虑一下达到基本善的路径,罗尔斯将之称为"自尊的社会基础"。尽管在确保易受种族主义攻击的人获得这种善的方面,法律扮演了重大角色,但是种族主义者的态度(这在法律上是不可控制的),也会对他们获得多少基本的善,产生重大的负面影响。

④ *Political Liberalism*, p.139.

庭结构的一部分,从而根据那个标准来谴责它为不公正的①。

于是,就他专门针对基本结构所论述的基本原理②——称其为正义的**首要**主题,还可能存在什么其他的基本原理吗?——来说,罗尔斯处在一个两难困境之中。因为他要么必须承认正义原则适用于(法律上可选择的)社会惯例,而且确实适用于没有在法律上规定的个人选择的模式,这既是因为他们是那些惯例的实质内容,也是因为它们的影响同样深远,在此情况下,将正义限制于结构就在任何意义上都失败了;要么,如果他把自己的关注点仅仅限于强制性结构,那么他就强迫自己承担起一种对他的主题问题进行纯粹任意描述的责任。现在,我通过引用已经在本章中被提及的两个事项——家庭和市场经济——来说明这个两难困境。

家庭结构对于增加不同的人们尤其是不同性别的人们的利益和负担是有重大影响的,这里的"家庭结构"包括加在丈夫与妻子身上的社会方面的建构期望。例如,如果这样的期望会指引那些夫妻二人均在外工作的家庭中的主妇承担一种更多的家务负担,那么这样的期望就是性别歧视的和不公正的。然而,对他们而言,这样的期望不必通过法律支持就具有非正式的强制力:性别歧视的家庭结构与性别中立的家庭法律是相容的。于是,在基本结构之外就有一种环境,正如那会被在强制性意义上定义的那样,它深刻地影响着人们的生活机会,方式是**通过人们为回应上述期望而做出的选择,上述期望转而由这些选择来维持**③。然而,罗尔斯必须说,由于(法律上非强制的)家庭结构和行为不是正式的强制秩序的一种结果,因而它们在"正义"的意义上(在这个意义上,基本结构对正义有影响)对正义没有影响,否则就要以放弃基本结构异议为代价。但是,上述立场的那个影响是完全难以令人置信的:无法在含义上做出这样的区分。

约翰·斯图亚特·穆勒告诫我们要认识到,非正式的社会压力能够像

---

① 需要注意的是,我们可以谴责所说的这个做法,而不谴责那些实施这个做法的人。因为这里可能存在一个集体行为问题,在贫困家庭中这种情况尤其严重。如果在教育歧视之外,还存在就业歧视,那么贫困家庭在子女的所有教育资源上都要做到性别公平的话,就可能会付出重大的牺牲。这说明,在谴责不正义与谴责其行为使不正义持久化的那些人之间存在重大的差异:进一步的论述参见第 6 节。

② 参见前面第 45 条注释(中译本第 124 页注释②——译者注)的正文。

③ 雨果·亚当·贝道(Hugo Adam Bedau)注意到,在罗尔斯常常赞同的对基本结构的强制性说明下,家庭超出了基本结构的范围,尽管贝多没有注意到非强制性结构与我在上面句子中所强调的选择之间的联系。见其"Social Justice and Social Institutions",第 171 页。

正式的强制性法律所做的那样限制自由。家庭的例子表明,非正式的压力就像与自由的关系那样,与分配正义也是有关的。为什么基本结构的规则(当它在强制性意义上被定义时)自身并不能决定分配结果的正义,一个原因就是,凭借独立于强制性规则的相关环境,有些人比其余人拥有更多的权力去决定在这些规则的范围内发生什么。

关于强制性结构要求什么和什么深刻地影响着利益与负担的分配之间的不一致,我所做的第二点说明是我自己关于激励的观点。最大最小化立法(Maximinizing legislation)①和因此在差别原则范围内是公正的一种强制性基本结构,与一种贯穿社会的最大化风尚相一致,而在许多情况下,这一社会将会产生严重的不平等和对处境最不利者的一种供应不足。然而,如果罗尔斯对正义评判什么继续坚持一种强制性观念,那么他就不得不宣称这两者都是公正的。那么,这种含义无疑是完全难以令人置信的。

罗尔斯无法否认,在强制性定义的基本结构与那种产生主要分配后果的基本结构之间存在差别:强制性定义的基本结构仅仅是后者的一个实例。然而,为了在正义和个人选择上保持他的立场,罗尔斯必须把正义的范围限制在一种强制性基本结构所能产生的东西上。但是,我曾经如此(含蓄地)发问:当我们关注强制性基本结构的主要原因是它对人们的生活产生了影响,而这个原因也是关注非正式结构和个人选择模式的原因时,为什么我们应该对强制性基本结构有如此不相称的关注呢? 就我们关注强制性结构是因为它对于利益与负担有着重大的影响而言,我们必须平等地关注维持性别不平等的风尚和不均等主义激励的风尚。并且,我们关注这些对立问题的原因的相似性将使如下说法缺乏说服力:啊,在某种可区分的意义上,只有关注强制性结构才是对正义的一种关注。我承认,这个观点不能得到一致性的阐述②。

* * * * * * * * * *

---

① 也就是说,将处境最不利的人们所拥有的基本善程度最大化的立法,而假定无论什么都被正确地期望成经济主体在其中进行选择的模式。

② (附加于 2008 年)如利亚姆·墨菲在他的"Institutions and the Demands of Justice"中指出的那样,在制度不公正的情况下,罗尔斯在制度上聚焦于结构看起来就完全没有道理。按照罗尔斯在制度上的聚焦方法,那么落在个人身上的唯一的正义责任是促进公正的制度(而不是遵从这些制度,因为他们得不到公正的制度)。但是,在一个不公正的社会中,通过直接的慈善援助,而不是通过一种可能徒劳或者降低生产率的尝试来促进制度的正义,处境最不利者可能会得到更好的对待。

现在，我对基本结构异议的回应已经充分展示出来，但是在进入剩余几节提出的问题之前，有必要以浓缩形式对本章中已经展开过的论证做一个复述。

简而言之，我对激励论证的最初批判展开如下：

（1）一个公正社会中的公民遵循它的正义原则。

但是

（2）如果他们在日常生活中贪婪地追求利益最大化，那么他们就不会遵循差别原则。

因此

（3）在一个受差别原则支配的社会中，公民缺少激励论证归因于他们的那种贪婪性。

由基本结构异议提供的对这个批判的回应是下面的这个形式：

（4）正义原则仅仅支配一个公正社会中的基本结构。

因此

（5）在一个公正社会中，公民可以遵循差别原则，无论他们在该原则决定的结构之内的选择是什么，即使他们的经济选择完全是贪婪的。

因此

（6）命题（2）缺乏正当性理由。

我对基本结构异议的初步回应表明：

（7）命题（5）与罗尔斯关于一个公正社会中的公民与正义原则之间关系上的诸多陈述是不一致的。

并且，我对基本结构异议的根本回应表明：

（8）命题（4）是不能成立的。

让我来强调一下，我对基本结构异议的反驳不会自身确立以下一点，即差别原则不但恰当地评估了国家政策，而且恰当地评估了日常的经济选择。对这个结论的论证在第一章中给出，并且在第一章第2节中进行了总结。我并不是说，**因为**日常的选择像基本结构异议所说的那样，不可能超出正义的范围（仅仅因为它**是**日常的选择），因此得出结论说，日常的经济选择确实在正义的范围之内：这会是一个不合逻辑的推论。我宁愿说，对我主张正义评估日常经济选择的论证，并没有异议地认为日常选择（一般而言）超出了正义的范围，因为它并未超出。

关于我的论证结构这一点很容易被误解，因此让我用一种不同的方式来解释它。我并没有设法表明，一个坚实的结构/选择区分在经济的情况中不可能成立，这个观点也是错误的。我主张的是，不能根据正义的首要范围之内的唯一(相当一般的)东西是结构,而把经济结构中的选择置于正义的首要范围之外。家庭的例子驳斥了那个论证。我会同意,那个驳斥并不排斥把经济选择看作像一名游戏参与者所做出的选择,这个游戏参与者遵守规则(因此并非不公正地玩游戏),同时在努力地获得他尽可能高的分数①。能够排除并且推翻这个类比的是在前面第2节中概述的论证。

6. 谁应当被指责?

因此,个人的确实就是政治的:法律条文所漠不关心的个人选择对于社会正义来说有着重大的影响。

但是,这引出一个有关归责(blame)的重大问题。在一个公正的强制性结构中,在反映个人选择的分配中的不正义不能简单地被归责于那个结构本身,因此也不能简单地归责于立法制定那个结构的任何人。于是,在我们的两个例子中,它就必须分别归责于男人②和贪婪的人们吗?

我将马上提出并回答关于归责的问题,但是在我这样做之前,我想要解释一下为什么我在面对它时能够保持沉默,也就是说,为什么在对罗尔斯限制正义原则适用范围的批判中,我的论证不需要在指责个体选择者方面做出评判?我的论证的结论是,正义原则不仅适用于强制性规则,而且适用于人们的(在法律上的)非强制性选择中的模式。现在,如果我们判断某套规则公正还是不公正,我们不必补充说——作为对那个评判的补充——那些制定所论及的规则并因此产生某种正义或不正义的人们,应该为他们的所作所为受到称赞或者指责③。并且,当我们能够领会到在一个社会中正义的

---

① 参见第2节末尾括号内的评论。
② 在这里,我们可以不理会如下事实:女人常常同意并且谆谆劝导男人做主的习惯。
③ 我们可以区别下面的两种情况:过去的习惯(如奴隶制)是如何的不公正,那些保护并从这些不公正的习惯中获益的人是如何的不公正。(公正地说)我们中的大多数人不会像强烈地谴责在2008年做同样事情的政治家那样,去强烈地谴责林肯,因为他愿意(有条件地)宽容奴隶制。但是我相信,奴隶制本身在林肯时代和在当代一样都是不公正的。

那些使奴隶制在一个时期如古希腊时期成为不公正的东西,也正是那些使奴隶制(当然,就那些相同的附属规则而言)在当代成为不公正的东西,即它的规则的内容。但是,关于人们是否正义地正确判断则更加需要结合语境:它们必须考虑他们生活所依据的制度、通行的智力水平和道德发展水平,以及诸如第48条注释(中译本第125页注释①——译者注)中所描述的集体行动问题等。在道德上最好的奴隶主也许值得钦佩。在道德上最好的奴隶制形式则不值得钦佩。(与这里相关的讨论是对下面这个问题的著名讨论:"我们在多大程度上拒斥[古代奴隶制]……取决于在古代世界中无法获得的现代观念。"(第106页)Bernard Williams 的 *Shame and Necessity* 一书第5章。)

范围包含日常的选择模式时,类似的某种情况同样适用。当持有我所坚持的以下观点时,关于人们对他们的选择如何需要负责任和/或需要受惩罚,我们能够相信我们所倾向的任何事情,并且包括相信,他们根本不需要对它们负责任和/或受处罚:这些选择中的模式和一个社会公正与否是相关的。

即便如此,让我现在来面对个体该如何被指责的问题。如果我确实在意志自由的哲学问题上有一种立场的话,那么在这里通过首次声明我的立场来回答上述问题就会是不恰当的。相反地,我将按照前哲学假设来回答关于归责的问题,这些假设贯穿于我们对如下问题的日常判断之中:何时归责以及归责多少是适宜的。按照这些假设,关于大男子主义者与追逐私利的投机者该受怎样的处罚,我们应该避免两个相反的错误。一个错误是这样说的:没有理由去指责这些**作为**个体的人们,因为他们只不过参加一种被接受的社会实践,无论那种实践可能是如何地俗气或者糟糕。这是一个错误,因为人们确实做出了选择:确实地,只有他们的选择才生产了社会实践;此外,有些人选择反对环境因素、习惯、社会压力和自私自利。但是,人们也不可说:请看这些人们中的每一个人都多么可耻地决定去这么坏地行事。这样做也是不平衡的,因为尽管存在个人选择,但是在选择的背后有巨大的社会条件作用,因而在偏离所规定和/或被允许的方式时个体会付出很大的代价。如果我们关心社会正义,那么我们不得不考虑四种东西:强制性结构、其他结构、社会风尚和个体的选择,对其中最后一项的评判必须贯穿地意识到其他几项的影响力。因此,例如,对这些问题的一种适当敏锐的评判允许人们认为一种贪婪的风尚在其中发挥作用是极度的不公正,而不认为那些对这种风尚感兴趣的人们是同等的不公正。把正义原则适用于社会行为中的主导模式是非常重要的——这也可以说是行动所在的地方——但是,这推不出我们应该对从事那种行为的人持一种迫害的态度。我们可能有良好的理由免除不正义实施者的责任,但是我们不应该否认不正义本身或者为它表示歉意①。

从一种我不接受但不必拒斥的极端观点来看,在一个完全的男性至上主义社会中,这个社会中绝大多数的家庭显示出一种在家务劳动上的不公正分配,一个有代表性的丈夫确实没有能力修正他的行为,或者只有以无人

---

① 参见上一个脚注,同时参见 Joshua Flaherty,第 217 页及以下各页。

得益的破裂为代价才有能力修正它。但是,即使那对于有代表性的丈夫真实的情况,我们知道它对于一般的丈夫来说也是虚假的情况。一个简单的经验事实是,有些丈夫有能力修正他们的行为,因为为了回应女权主义的批评,有些丈夫已经这样做了。我们可以说,这些丈夫是道德上的先锋。他们开辟了一条道路,随着越来越多的人走上这条道路,走上这条道路也就越来越容易,直到社会压力被改变到坚持男权至上主义的方式比放弃它们更加困难。这就是一种社会风尚得以改变的主要方式。或者,再举一个例子,考虑一下近期兴起的生态意识。起初,只有那些这样做看起来显得奇怪的人们费心地节约和重复使用他们的纸张、塑料等。然后,更多的人这样做,最后,它不仅变得难以不这样做,而且容易这么做。由于它变成了每个人周围生活的一部分,所以很容易就卸下负担。期望决定行为,行为也决定期望,期望再决定行为,如此等等。

至于经济行为,也有一个发生类似的渐进化过程的环境吗?我不知道。但是我确实知道,普遍的利益最大化绝不是市场经济的一种必然特征。虽然从 1945 年到 1951 年英国的许多工业都是国有的,英国却是一种市场经济。但是,工资差距丝毫不像它们后来变得那么大,也不像当时美国的那么大。然而,我冒昧地说,当薪酬 5 倍于其工人的英国经理遇到薪酬 15 倍于其(不管有多么更丰厚薪酬的)工人的美国经理时,许多英国经理不会觉得:**我们**应该迫切要求更多的薪酬。这是因为,英国存在着一种战后重建的社会风尚,一种公共事业的风尚,它限制了追逐私利的欲望。对于一个哲学家而言,这不是要界定条件,在那样的条件之下,这样的风尚甚至更加平等主义的风尚能够流行。但是,一个哲学家能够说,一种追求利益最大化的风尚并不是社会甚或一个市场社会的一种必然特征;还能够说,到了这样一种风尚盛行的程度,差别原则的满足就受到损害。

1988 年,西德最高层管理人员的薪酬与生产工人的工资之间的比率是 6.5∶1,而在美国是 17.5∶1①。由于下面的观点似乎并不合理:认为德国较低的不平等对生产力是一种阻碍,由于下面的观点是合理的:认为一种相

---

① 参见 Mishel and Frankel, *The State of Working America*, 第 122 页。现在的对比可能要大得多。

对友好的社会风尚①在相对少的物质激励面前保护了德国的生产力,所以我们可以得出结论说,所说的风尚使最贫穷者所获得的优于他们在一种不同的报酬文化下所获得的。根据我对这个问题的看法,由此可以推出,与如果它的报酬文化更接近于美国的报酬文化时会有的结果相比,差别原则在1988年的德国得到了更好的实现②。但是,罗尔斯不可能说,这是由于在德国有益于处境较不利者的较小的不平等不是一个法律问题,而是一个风尚问题。我认为,罗尔斯没能把德国认作曾在差别原则上做得相对更好,是他的分配正义场所观念中的一个严重缺失。

7. 强制性社会结构和非强制性社会结构

我现在想限定一下第5节中所描述的关于强制性社会结构与其他的社会结构之间的区分,来增强我反对基本结构异议的论证。

法律上的强制性社会结构在两个方面起作用。它通过建立不可逾越的障碍(围墙、警戒线、狱墙等)来预防人们做一些事情,以及通过使某些难以预防的行为受到一种惩罚(的可预见的风险)来阻止人们做一些事情③。根据那些选择被禁止行为的人会做什么或者可能做什么而言,强制性结构的第二个(威慑的)方面可以被反事实地描述:相关的反事实的真理知识促成了遵从的公民选择。

在非正式的社会结构中,几乎没有纯粹的预防在进行:不是完全没有,而是不多。(把误入歧途的青少年锁在他们的房间里会代表纯粹预防的一个实例,如果可预测确定的行为,那么那会被算作社会非正式结构的一部分:依照社会运转的规律,这可能成为一条规则。)将此放在一旁,非正式的结构在可预见的制裁诸如批评、反对、发怒、对未来合作的拒绝、排斥、殴打

---

① 那种风尚不必是一种(相对的)平等主义风尚。为了当前的目的,这可能是一种不赞成如此贪婪的风尚[参见第35条注释(中译本第121页注释①——译者注),以及第三节末尾的枝节问题],而不是代表处境最不利者的利益。[我在这里已经假设,所述的薪酬比例上的差距并不是因为(或者不全因为)德国有提高工人工资的社会立法,以及/或者德国强制性基本结构的其他特征。如果那个假设是错误的,那么这个例子可以被看作是虚构的:它仍然会说明所需要的论点。]

② 并且,需要注意的是,说德国(相对而言)的平等友好的风尚减少了德国处境较有利者的自由,那会是多么的令人难以置信。我在对这个异议的反驳中指出,我将差别原则扩展适用于日常生活违反了罗尔斯正义的第一项原则。

③ 上面所给的区分对应于行动困难与行动成本之间的区分,这在我的《如果你是一个平等主义者,为何你如此富有?》第258—259页上得到了详细阐述。

（例如,殴打拒绝过性生活的配偶）等之中显露自身。

最后,为完成对这个观念的考察,一个社会的风尚就是一套情感和态度,借助于它们,这个社会的普通习惯才成为普通习惯,非正式压力才成为非正式压力。

现在,除了存在一种遵守他们实施的规则的通常习惯以外,维持非正式结构的压力缺乏强制力。尤其真实的是,那些压力绝大多数（殴打不属于这个绝大多数）都具有一种道德的色彩:当批评和反对出自那些要求其他人不要去做他们自身所能做的事情时,批评和反对就是无效的。诚然,这不是一个概念性的真相,而是一个社会心理的真相。虽然如此,它仍使我们能够说,人们通常所做的事情支持社会的非正式结构,它是以这样的一种方式进行的,即当不对支持这种结构的行为做正义评判时,对那个结构做正义评判就是没有意义的:这个观点对于第134页上反罗尔斯式推断具有决定性①。非正式的结构不是一种行为模式,而是一套规则。然而,正如人们可能说的那样,这两者的关联是如此密切以至于它们仅仅是范畴上的不同。因此,我主张,把非正式结构包括在基本结构之内就是支持把行为也作为正义评判的一个首要主题。

现在,关于法律上的强制性结构的两个真相可能被认为质疑了我在第5节中对它与非正式结构之间所做的那个对比。首先,尽管在社会的宪法和法律的法令之中,法律上的强制性社会结构的确是可识别的,但是,只有当那些法令具备一种广泛的服从措施时,它们才有用②。其次,法律上的强制性结构只有通过以其规则建立服从的行动才能取得它预期的社会效果。

根据那些真相,就可能认为我提给罗尔斯的那个两难困境（参见第137页）——凭借这个困境我寻求驳倒他的主张（正义评判结构,而不是行为主体的行动）——是错误构造的。因为为反对罗尔斯的主张,我曾说过,在结构与行为之间要求的对立仅效力于强制性结构,关于这一点,一个相关的重要区分能够在支撑结构的行动与顺从结构的行动之间拉开,但是强制性结构不能合理地被认为完全囊括了涉及正义范围之内的所有结构:因此,我

---

① 参见那一页（中译本第117页——译者注）上以"但是,一旦"开头的那个句子。
② 由此推不出,除非它们享有那样的遵从,否则它们就不是法律:也许,如果它们"满足了一种哈特的承认规则中所陈述的测试,即便它们本身既没有被遵从,也没有被接受",它们却仍然是法律（乔舒亚·科恩,私人交流）。但是,这样的法律（或者"法律"）似乎并不真的表现为社会基本结构的部分,所以正文中的陈述可以维持不变。

得出结论,正义必须也评判(至少某些)日常行为。

前两段详述的真相挑战了对强制性结构与其中行为之间区分的清晰度。它们因此也挑战了在第5节中提出的以下两对关系之间的对比:强制性结构与行动之间的关系,以及非正式性结构与行动之间的关系。而且,就第一种关系非常像第二种关系而言,我提给罗尔斯的两难困境的第一项就比它原来更加尖锐:它之所以尖锐,不仅是因为我所给出的理由,即关于"深远的影响"的考虑,而且由于相同的原因,两难困境的第二项也是严厉的,即日常行为对于强制性结构的那个存在来说关系太密切,以至于无法不受那些适用于强制性结构的正义原则的影响。

据我判断,同行为相比,强制性结构与非正式结构之间的区分比第5节允许的更加模糊。当然,这不是因为非正式结构比我最初主张的更能从行动中分离出来,而是因为强制性结构比我最初承认的更难从行动中分离出来。因此,即使第137页上所构建的两难困境因为上述原因而是错误构造的,那么这个结果对罗尔斯的立场——正义评判结构而不是行动——来说几乎不可能会是适宜的,但是在一定程度上,对于我本人对那个立场的拒斥却是适宜的。但是,我想强调,这个假定存在的强化对我的论证不是非常重要的:在我看来,它已经足够有力了。

附录I:关于强制和基本结构的补充说明(2008年附加语)

我们在第5节中认识到,罗尔斯对于以下问题没有提供单一的答案,即基本结构(罗尔斯把它看作是正义的领域)是否可以根据它的强制性特征被如此这样的定义。这个摇摆不定充当了他的理论的结局:作为一个自由主义者,罗尔斯倾向于为正义的边界制定一个强制标准,结果,一旦国家尽其所责,并且人们遵从国家的法律,那么市民社会中的个体就摆脱了对正义的需求;但是,他也想声称,由于这里所发生的"深刻的影响"的缘故,他就如他所做的那样来安置正义:那就是被期望证明把正义范围限制到基本结构的正当性的东西。我主张,这两个命题不能一起站得住脚:那些超过强制性领域的问题也产生了一种深刻的影响,并因此从正义观点来看是非常重要的。

现在,我想辨别一个深层的方面,在其中罗尔斯把一种中心性(centrality)分派给(在考虑他所说的其他事情的条件下)最终不可能被支持的强制。考虑一下强制在那个一般问题中所占据的中心位置,而政治自由主义被假设为那个一般问题的答案,那个问题对于《政治自由主义》这本书来说是如此的最重要以至于这个问题出现在它的书皮上：

> 我们假定,在民主社会中,多种多样合理的宗教的、哲学的和道德上的学说是一种公共文化中的永久性特征,不只是很快就会过去的历史条件。假定了这一切,我们就会问:当十分重要的问题处于危险时,何时公民们可以通过他们的投票来正确地施加他们的强制性政治力量予彼此呢？

现在,罗尔斯说,在一个良序社会中,"每个人都接受并知道别人接受相同的正义原则"①,而且在这里"接受"暗示出一种倾向,每个人都知道每个人拥有并按照那些原则来行动。那么,为什么强制是必须的呢？可能是因为一些偶然发生的原因:引自《正义论》的这个陈述是一种理想化,因为在真实世界中注定有少许精神病患者和其他需要棍棒的不正常者。但是,这种现实主义的考虑似乎不会证明,在《政治自由主义》的显要陈述中把中心位置分派给强制是正当的。当投票者批准法律(他们中的大部分人因为与法律所具有的任何强制性支撑没有任何关系的原因而遵守法律)时,他们通常不会"施加……强制性政治力量**予彼此**"(附加了强调)。不可否认,一个人能够想象这样的一伙公民,他们中的所有人都愿意没有强制地遵守法律,如果其他人这么做的话,但是他们需要强制的背景来担保其他人也会遵守法律。但是,正像罗尔斯所说的那样,如果他的公正社会的公民们都知道每个人被正义所激发,那么为什么强制甚至对于那种次级的担保原因来说也应该是必需的呢？

但是,有人可能会说,一种完全服从的描述(这种描述的唯一缺点是有少许不正常的人)仍是太理想化了。人们知道他们通常不是圣人,所以他们可以不与完全顺从相矛盾地接受以下一点,即棍棒不仅仅是与使十足的歹徒走上正路有关。罗尔斯写道：

> 下述假设是合理的:即使在一个良序社会中,为了社会合作的稳定性,政府的强制性权力在某种程度上也是必需的。因为,尽管人们知道他们分享着一种共同的正义感,并且每个人都想要维持现存的安排,但他们可能还是缺乏完全的相互信任。他们可以怀疑有些人没有在尽

---

① *A Theory of Justice*, pp.4/4.

职,并因此他们也可能被诱惑而不尽职。仅为这一点,一种强制性主权大概也总是必需的,尽管在一个良序社会中,制裁是不严厉的甚至从不必是强加的。我们宁愿说,有效的刑罚机制的存在是为人们相互之间的安全性服务的。①

所有人都知道,所有人都确实是被正义所激发的,但是,他们也知道,所有人都受制于诱惑。这确实使强制变得更加重要,但是对我来说,它仍然似乎不会使合理强制的前景对于正义是什么来说是绝对必要的。有人也许认为,无论正义是什么,如果必要的话,它可能不得不被加强,但是,如果强制仅仅因为不正常行为或者担保上的原因而是必要的话,那么我们无法通过聚焦于什么被许可去强制来认识正义在本质上是什么。或许,有人可能主张,强制什么才可能是正当的这个问题,如果必要的话,就是在决定正义是什么中所询问的恰当问题,即使在一个正义已经实现的社会中,没有什么要么因为歹徒的原因要么因为担保的原因而需要被强制。我们可能说,正义就是在为了使正义被看得见而需要强制的地方保证强制性接受的东西。这对于把强制放在问题的中心而言会是一个更强有力并且原则性更强的理由,并且或许它就在《政治自由主义》的封面构图背后的思想中起作用。

最后,我注意到在《政治自由主义》这本书第 xviii 页上对**政治自由主义**问题的描述:"怎么可能存在一种长治久安的由自由而平等的公民们——他们因各种合理但不协调的宗教的、哲学的和道德上的学说而被深刻分化——所组成的稳定而公正的社会呢?"在这里对强制没有特别的强调,而这似乎对我来说明显地更加适当②。

然而,所引述的问题并不真是一个有关正义的问题,而是一个有关合法性的问题③。并且,罗尔斯式的回答是,公民们可以在一种重叠共识所赞同的原则下努力活动。但是,再一次地,这样一种共识不但可以保证稳定性,而且使强制成为不必要的:上面所援引的考虑也影响了强制与合法性之间

---

① *A Theory of Justice*,第 240/211 页比较第 268—269/237、315/277 页,以及第 336/296 页。

② 因为罗尔斯的一个令人信服的解释,在其中,什么原则能够被强制性地强加这个问题,被什么原则是民主的这个问题所替换,后者是在它们对于每个人都可接受的意义上说的:参见保罗·弗莱厄蒂(Paul Flaherty)对查尔斯·拉莫尔(Charles Larmore)关于相关议题以强制为中心的处理方式的出色批评,见 Flaherty 的 *The Autonomy of the Political* 一书第 188—194 页。

③ 此外,参见第七章第 3 节(3)中的讨论。

的关系,后者是一种重叠共识所应该提供的。

附录Ⅱ:基本结构是一种结构(2008年附加语)

在这里,我对一种常见的错误描述我对罗尔斯把正义限制在基本结构的批判发表一下看法。那种错误描述的一个显著事例是由安德鲁·威廉姆斯对我回应基本结构异议的(作为结果的)错误描述来提供①。

威廉姆斯引用我的一个陈述来支持那个我将马上叙述的错误描述:

> 正如科恩解释的那样:"一旦逾越了界限,即从强制性秩序到由约定俗成的规则和惯例所组成的非强制性社会秩序时,那么正义的范围就不再可能把被选择的行为排除在外。这是因为,构成非正式结构的惯例(再考虑一下家庭)与人们的习惯性行动有着密切的联系。"②

根据这一段,威廉姆斯把下面的结论归属给我,即人们的习惯性行动是"(基本)结构……的一个非正式的部分"③。但是,我的结论是一个不同的结论,即尽管所说的行动**不是社会基本结构的一部分**,但是,通过相同的原则(无论它们可能是什么)——正义参照这些原则来判断那个基本结构,这些行动在正义的面前就仍然是可评估的。

一般而言,所说的行动不是基本结构的一部分,因为一个结构,从这个词汇的目前意义上来说,就是一组规则④,而所说的行动不是规则集合的构

---

① 由于在他对那个回应的批评中,基本结构概念没有起到实质的作用,所以就我们的争论而言,错误描述是无关紧要的:参见第八章第2节。

② Williams, "Incentives, Inequality, and Publicity",第231页注释19,援引自"Where the Action Is",第20页,它重现在本章第134页上。

③ 同上书,第231页。相同的错误归属出现在第229页和第241页上。这种错误归属有点奇怪,因为威廉姆斯援引了他书中第23页第17条注释中所引文章的一段话,那一段证明这是一种错误归属。

另一方面,在威廉姆斯所批评的这篇文章中存在一个构想,它鼓励这个我正在考察的错误归属。因为我在第20页上说,"行为是非强制性结构**的构成**",并且对这个陈述的最自然解读与围绕它的正文分开时,它就支持威廉姆斯的错误归属。因此,我修改了那个错误的句子:参见第135页第2段的第一个句子。

④ 罗尔斯把基本结构描述成一组制度(到处可见),并且他说,他将"通过一种制度""理解""一种公共的规则体系"(*A Theory of Justice*,第55/47—48页)。我偏爱那些规定,但是,罗尔斯在其中做出第二个规定的那个段落也转向尽可能地识别制度或者("通过一种规则体系来表达的")实际的行为模式:这个深层规定倾向于威廉姆斯对制度结构的理解,但我更喜欢该段最初的并且是更为简单直接的那个特征描述。

成部分。所以,即使习惯性行动(如我主张的那样)服从于和它们所支持的规则相同的正义判断(参见前面第 5 节),它们自身仍然不是一组规则。我的观点不是,包括"个体市场行为"(第 229 页)的日常行为是基本结构的一部分,而是,它是如此紧密地关系到什么必须被包括在基本结构即正义所要求的非正式结构之中,否则就是任意的,以至于日常行为也是如此,也就是说,它们受那种判断结构社会属性的相同的正义原则所支配[1]。这个结论,即正义适用于被选择的行为,会蕴涵以下观点:仅仅在无论正义适用于什么都是基本结构的一部分这样的前提下,行为(因此)才是基本结构的一部分。但是,正如我对我的事例概念化的那样,那正是我所否定的。

---

[1] 参见第 134 页及其以后部分。

第四章　差别原则

1. 引言

在本章中，我更加深入罗尔斯式范式本身的领域中来开展我对它的反对活动。第 2 节（**重新考虑差别原则**）提出，在前几章中引证的某些考虑对差别原则本身不利，而不只是对其松散的罗尔斯式运用不利。第 3 节坚持，**对于差别原则而言的道德任意性情形与它的内容相矛盾**。它描述了差别原则的罗尔斯式情形与差别原则的内容之间的一种根本张力，前者包括对关系平等主义的一种肯定，也就是说，一种对于人与人之间的比较在根本上敏感的平等主义，后者则使那个原则在相关的意义上无视人与人之间的比较。第 4 节处理一种新近的类似于帕累托的论证，这应归于托马斯·内格尔，这种论证描述了一种罗尔斯式过程，从"消极的机会平等"到"公平的机会平等"到作为始终显示"那个相同的推理"的差别原则。我表明，那个相关的推理不是"相同的"，而是，像在第二章中仔细分析过的帕累托论证那样，即使不是精确地用相同的方式，内格尔对罗尔斯式论证的重述也是一分为二的。我也有机会在这里就一个相关联的罗尔斯式的不清晰发表一下看法，这个不清晰正是关于公平的机会平等在词典顺序上的优先性应当如何优先于差别原则。第 5 节处理一个具体的**对于差别原则的一个契约主义论证**。在第 6 节（**天资差异的道德任意性应该表明什么？**）中，我面临一种异议，这种异议否定我的主张，即罗尔斯坚持认为天资差异的任意性证明从平等开始是正当的。在异议者的对立解释中，罗尔斯仅仅坚持，由于那种任意性，天资差异不能证明不平等是正当的。第 7 节（**张伯伦和帕累托**）把对不平等的帕累托论证与对不平等的罗伯特·诺齐克的著名论证和所谓的威尔特·张伯伦论证进行比较和对照。我主张，尽管在这些论证之间存在差异，但是对诺齐克论证的一种熟悉的批判，一种罗尔斯主义者倾向于肯定的批判，也适用于反对罗尔斯式帕累托论证。并且，在第 8 节（**"不能"还是"不会"**）中，我对照不同的原因，即为什么那些真诚地承认差别原则而且赞成国家遵守差别原则的公民仍然不会靠差别原则生活。随后,讨论进入对詹姆斯·米德和卡尔·马克思的思想中的核心观点发表看法。最后,在第 9 节中,我就罗尔斯的思想中对**人性与建构主义之间**的关系发表看法。

2. 重新考虑差别原则

在本章之前那重版的几章中,我尽力强调,我对罗尔斯的批评是针对我所认为的他对差别原则没有正当理由的(对政府行动的)限制性运用,而并非针对差别原则本身。然而,不管那几个如此显著的异议①,也不管我的论证的实际形式是什么,人们对我所说的通常会做如下的回应:他们说在其中他们正在致力于"科恩对差别原则(本身)的批判"。很长一段时间以来,我把那归于纯粹的粗心大意,或者一种不关注表达形式的松散性。但是,我现在终于明白,正在谈论的那种描述,虽然严格来说是不正确的,但也存在某种正当性理由。批判差别原则本身的材料存在于那相关的几章中②:我只是没有特意地为此目的而组织展开它们。

这个观点可以通过参照我在第二章中对帕累托论证的批判而得出,回忆一下,这个论证在辩解中——准确地说——不是对差别原则本身的一个论证,而是对激励性不平等的一个论证,而差别原则常常证明激励性不平等的正当性。我对帕累托论证的主要异议是,帕累托论证之所以支持不平等的原因可能会是,并且在规范上是,通过在道德上任意的才能差异条件下的有才能者的剥削,这些人在道德上的任意性特征在该论证开始时导致了对平等的暂时确证。因此,如我声称的那样,我在此声称这个论证是一分为二的。类似地,在第一章中,我声称,任何肯定差别原则的人应该判定生成激励的不平等是不公正的,由于它有益于处境最不利者仅仅是因为处境较有利者不尊重差别原则,而差别原则本该证明那种不平等的正当性。

第一章和第二章的论证为否认不平等化激励被差别原则证明是正当的提供了理由,但显然没有为否认差别原则本身提供理由。这些论证依赖于一种事实主张,即那些需要或者接受不平等化激励的人们,尽管他们自己公开声称信奉差别原则,但他们完全有能力在没有那些激励的条件下提供高

---

① 例如,参见第一章某处和第三章某处。
② 尤其参见第二章的以下部分:第 3 节中"挑战"帕累托论证的第一部分;第 4 节中最后一段中,向帕累托论证提出的两难困境,即表现为存在"特殊负担"和缺乏"特殊负担"的两个端项;以及大体上以某种可能方式解读的第 9 节。

质量的(并且不是特别难以忍受的)劳动。这就是为什么我遭到塞缪尔·谢弗勒关于对他们才能评估的怀疑①,而且我通过论证他们不可能消除我的论证的全部效力来应对那些怀疑。但是,我始终承认,如果上层人士在没有高额薪酬的情况下真的不可能像严格的差别原则会要求的那样努力工作,那么对必然产生的社会就不可能有随之产生的对正义的限制。我接受大前提,即不可逾越的无能力不可能是不正义的一个原因。

因此,我并没有注意到,即使谢弗勒是正确的,并且处境较有利者不可能在没有不平等化激励的情况下大量地生产,以至于他们不可能由于激励带来的不平等而被指责,那种不平等,虽然根据差别原则现在确实被证明是正当的,仍然会是不公正的,因为它源于在道德上的任意性原因。有才能者的无能力会解释激励性不平等,但是对激励性不平等则不会提供一种在道德上非任意性的正当性辩解。而且,那玷污了差别原则本身:差别原则允许那种在道德上任意的不平等。

总而言之,我没有注意到,最终的不平等之所以是不公正的,只不过是因为它是由某些任意的东西引起的②,并且因此,无论相关的行为主体是否经得起被指责由于故意利用一种在道德上的任意性优势而违反了他们所承认的原则。相应地,所以我现在相信,我过去的立场是太妥协了。假定我们倾向于认为,工资应当对于劳动负担是敏感的,而不应当对于生产率是敏感的,因为这个安排表明免于道德上任意性的影响。并且,由于由此被罗尔斯最基本的思想所感动,所以我们倾向于严格的差别原则,但是我们现在可能会中止去决定人们是否能够履行这个原则,或者相反地,期待他们那样做是

---

① 参见第一章第 51 页及其以后部分。为了避免误解,回忆一下谢弗勒的"无能力"主张,它不是我所承认的那种主张,即不受限制的严格的差别原则与一种谢弗勒式的"个人特权"是不相符合的。无能力主张与个人特权主张之间的差别很容易被忽视,因为它们能够用类似的词汇来表达。例如,每个主张都可能措词如下:"你要求得过于多了。"但是,在无能力说法中,"过于多了"意思是"超过了我所**能够**给予的",而在特权说法中,它意味着"超过了我能够合理地被要求给予的"。

我对詹姆斯·格里芬试图减少上述对照的重要性感到遗憾。这个做法出现在他的《价值判断》(*Value Judgment*, Oxford: Oxford University Press, 1996, 第87—92页)的一部分中,这部分被(错误地)称作"意志的限制"。这个标题取名不当,因为超出我所合理被要求去做的范围并没有违反那样的限制,除非有人把意志的限制与对意志加以限制加以对比,而那是格里芬试图模糊化的对比:他把不愿意看作是对一个人所能愿意的一种限制。

② 在那里,由那种道德上的任意性所造成的不平等不会通过罕见的巧合碰巧与通过选择本会产生的东西相符合,如果道德上的任意性原因没有超过选择可能有的任何影响的话:这个和同源的资格将总是被理解成在接下来的东西中来获得。

否会"尽量利用他们"对那个极限点的"承诺"。如果存在每一个其他的理由来认为正义应该回避道德上的任意性，那么相对于我们自己道德品质上的平等，为什么我们无能力靠那个知觉对象去生活应该使我们开始怀疑它呢？

让我来尽量讲清楚这一点。再次假定我们倾向于相信，除非不平等对于使处境最不利者受益是绝对必要的，不平等才是正当的。但是，使我们沮丧的是，我们发现，如果没有不平等化激励，我们就不可能努力地工作。如果并且因为我们变得更加能够在较少的不平等化报酬下努力工作（让我们假设，无论为了什么原因，我们都应当变成这样），并且因此对于处境最不利者有更大的利益，那么我们不会认为这种分配正变得越来越公正吗？如果是这样的话，那么我们不可能认为，满足差别原则就足以满足分配正义，纯粹并且只不过是因为它在较前面的阶段**是**满足的，然而现在事情已经变得**更加**公正。我们也不能认为，如谢弗勒和我正在假设的那样，可能性的界限包含正义的界限①。

假定与迄今不同的是，有效地运转一种经济是不可能的，因此，如果不给占据有利位置者高额报酬，也就不可能增进处境最不利者的利益。但是，现在是因为纯粹的信息/组织的原因②，而不是因为那已经支配我们至今的动机原因。于是，这样的不平等对于使处境最不利者受益就是绝对必要的。但是，那个假定的不可能性不会导致那种使公正显得可取的不平等，因为那种不平等会再次拥有一种道德上的任意性原因：他们站在不平等化过程的接受端可能仅仅是其受益者的一种幸运。按照反道德任意性的正义观念，上述的不可能性主张支持如下结论：不正义对处境最不利者是有益的。因为即使是一种不可避免的不平等，也仍然是不公平的，这是由于按照罗尔斯式理由，不平等的标准原因是道德上的任意性，所以这就证明平等作为起始点是正当的。

由于写好了构成本书头三章的那些文章，所以我就走向下面的看法，即无论是否能够实现正义，正义就是正义；并且，让我们的正义观念与可实现

---

① 此外，参见第六章第13节中对"'应当'蕴涵'能够'"的讨论，以及在第七章第8节倒数第二段中，我对罗尔斯如下主张的评论，即如果人类无法实践一种正义观念，那么这种正义观念就是不可接受的。

② 诸如那些由菲利普·范·帕里斯所规定的和第七章第6节(2)中所描述的。

性保持一致①就在我们的思想和实践中造成了扭曲。但是,一如往常的是,深层的区分是恰当的。因为,即使我考虑一个社会不公正到道德任意性在其中甚至不可避免地占据主导地位的程度,不可避免的约束条件的因果源头的本质也必定影响我们在社会中对人们正义的判断。如果像不久之前我所推测的那样,不平等因为纯粹的组织原因因而是不可避免的,那么就没有不正义的污点与公民们相关。然而,如果那种不可避免性是由于无法克服的贪婪,那么我们可以说,尽管他们不可能因为这个而被指责,但是他们的这个天性是不公正的:他们不得不是不公平的②。但是,无论是否由于人性中的缺陷使然,正义的不可能性对于可能的正义而言都是不充足的。

总之,有三种情形罗尔斯认为可说明正义,但在我看来,这三种情形显示了一种不正义。第一,这是一种在先前的章节中占据支配地位的情形,即存在生成激励性不平等的情形,那种不平等并非是绝对必要的,因为生产者有能力在缺少一种不平等化激励的条件下提供相同的劳动。罗尔斯认为,差别原则赞同那种作为公正的情形,而我相反地主张,差别原则谴责它作为公正的情形。第二,存在这样一种情形,在其中,生产者绝对需要不平等化激励:这种情形在差别原则之下确实是公正的,但是我认为它蕴涵以下结论,即这个第二种情形正像是拒斥差别原则的一个理由。最后,还有一种情形,我在不久之前考虑过,在这种情形中,不平等又是必要的,但不是因为激励的原因,并且罗尔斯/科恩对那种情形的判断表明,他们像在第二种情形那样有同样的分歧。

3. 差别原则的道德任意性情形与它的内容相矛盾

回忆一下在"导言"第 6 节中提出的观点,即在我们自由民主的政治文化中相冲突的价值在整套罗尔斯式命题的范围之内③发现了它们处于张力中的表述。其中一个显著的例证是:罗尔斯一方面肯定,这个道德的任意性主张关联了一个后中世纪的原则,即没有人应该比其他人活得更糟糕,由于他们自身没有过错以及关于人们如何活着的实际原因的现代社会学上的

---

① 相对于我们可实现的正义观念!
② 对提出关于"'应当'蕴涵'能够'"的问题,再次参见第六章第 13 节。
③ 对本节中某些观点的一种不同范围,参见德里克·帕菲特的"Equality and Priority"的附录,那个附录先于某些这里所说的东西,但对那个附录我不是完全同意。其中的一个分歧,参见第 5 节。

复杂性:就正义而言,道德的任意性主张把偶然造成的不平等置于怀疑之下。但是,另一方面,罗尔斯感觉到并运用起帕累托法则的力量,帕累托法则乐意接受使每个人受益的不平等,而不管导致不平等的原因是什么,包括纯粹偶然的情况。

最后,我们就有了奇怪的结果,当差别原则如罗尔斯当然设想的那样,被设想成一种(无限制条件的)正义原则时,道德上的任意性主张(对于差别原则而言,这个主张在直观的情形下显得更为突出)就正与差别原则的内容相矛盾。这个激发罗尔斯式平等出发点的理念(这个出发点随后让步于差别原则,后者谴责帕累托次优的平等),即正义反对人与人之间由于道德任意性的原因而在财富上的差异,因为它们是不公平的,就预设或者蕴涵了正义已经(至少部分地)注意到在不同的人们所得之间的关系。但是,差别原则在相关的和基本的意义上对人与人之间的比较视而不见,并因此毫不耽搁地容许了那种不公平。

差别原则的特定词典式和权威的版本①把分配 5 和 10 描绘成明显优于分配 5 和 8:相对于以前的分配,它显示了更大的不平等,但这甚至不是一个要点。按照权威版本的观点,关于平等,不存在任何享有特权的东西:面对评判一种分配这个任务,一个词典式原则的支持者完全不关心它是不是表现出一种不平等,以及不平等的话有多么不平等。但是,一种平等评价本身以罗尔斯和罗尔斯式的重复倾向来非正式地坚持以一种非权威的形式表达差别原则,在其中它说,除非不平等使处境最不利者境况更好,否则不平等就被禁止。即使严格说来,它是不正确的,他们也以那种方式来说它,因为表达形式所具有的特别的规范性力量②,这是由于一种完全与词典式差别原则无关的相关直觉③。此外,词典式差别原则与以下主张不一致:"想要

---

① 见 *A Theory of Justice*,第 83/72 页。
② 有些人可能会提出,他们那样说是因为他们相信,"链式连接"(chain connection)和"紧密连接"(close-knitness)的条件始终可达到:在那些条件下,满足非权威原则的东西也满足词典式原则(见 *A Theory of Justice*,第 80—83/69—72 页)。但是,这个可替代的解释既固不可信又与非权威说法的细致轮廓不相符合。
③ 由于在介绍差别原则的词典式变体之前,罗尔斯谈论了差别原则,并且参考了这个原则,因此在其常见的、非权威的形式中,罗尔斯本人说(*A Theory of Justice*,第 80/69 页),平等在差别原则的运用中没有起非常重要的作用。但是,关于以下一点他是错误的:在差别原则的非权威形式中,平等是该原则得以满足的一个充分条件。倘若罗尔斯把上述评论应用到词典式差别原则,那么罗尔斯就会是正确的。

按照差别原则来行动"蕴涵"不想要更大的优势,除非这是为了那些处境较不佳的其他人的利益"①。那个愿望只是被按照非权威的差别原则来行动所支持,并因而拒绝那没有损害但也不有助于处境最不利者的收益。

差别原则的这两种表述,即常见的表述和权威的/词典式的表述,有不同的基本原理。隐藏在坚持差别原则的常见形式——不平等必须确实有益于处境最不利者——背后的思想②是,不平等(至少在表面看起来)是不公平的,特别是对那些处于不平等底部的人们来说更是如此,但是荒唐的是,对那些人的关心却要求反对他们受益于其中的那种不平等。这个思想是,在正义的法庭上,不平等显出一个污点,这个污点要么被清除(如果它确实能被认为只是一种表面看似的污点),要么被帕累托改进所完全抵消。

但是,对支持改善处境较有利者而言,则不存在类似的情形,即这种改善没有危害处境最不利者,并且被词典式差别原则所规定。词典式差别原则所容许和要求的深层不平等不会补偿或者消除不正义的污点:根据一种不同的基础,即如果某物对一些人有益并且不损害任何人,那么它应当被赞同,它被证明是正当的③。由任意性造成的不平等这种不公平是以肯定词典式差别原则为终点的一连串推理的出发点,但那个原则丝毫没有表现出对证明那个出发点正当性的公平的承诺④。

需要注意的是,在它的权威形式中,差别原则意味着**平等**是不公正的,除非它们使处境最不利者的境况更好⑤。但是,罗尔斯从来没有明确地做出这样的结论,而且他不情愿以那种方式做出结论表明了对被压抑的平等主义的坚持,这种平等主义在那里显然是以差别原则常见的、非权威的陈述来

---

① *A Theory of Justice*, pp. 105/90.

② 例如,参见《作为公平的正义》第135页上的陈述,它很难与差别原则的词典式版本相调和:"只有当有理由相信,联系不平等的实践或者引起不平等的实践将为参与其中的**每一方**的利益而工作时,一种不平等才被允许。在这里,强调**每一方**都必须从这种不平等中获益是非常重要的。"(强调为原文中所有)

③ 那是强帕累托原则,它支配所有的弱帕累托改进,这一点在第二章第4条注释(中译本第79页注释④——译者注)中被介绍过。

④ 正如罗伯特·诺齐克指出的那样:"这样的一种交错原则没有体现出一种支持罗尔斯所使用的那种平等的假设。"(*Anarchy, State, and Utopia*, 第229—230页)

⑤ 在它的非权威形式中,差别原则对于平等保持沉默,因为它的表述预设了罗尔斯所相信的,即各种不平等是不可避免的:"社会的和经济的不平等应当这样安排,以使他们……适合于最少受惠者的最大期望利益。"(见 *A Theory of Justice*,第83/72页)但是,与权威的差别原则不同,它因此没有谴责次优的平等:并且,它经常以下述方式被陈述,即这种方式意味着就正义而言,任何的平等,甚至一个帕累托次优于另一个平等的平等,都是适宜的。

表达的。如果罗尔斯高兴地说,不平等是不公正的,除非它没有损害贫穷者,不管后者的陈述也被词典式差别原则所蕴涵这个事实,那么那只能是因为不平等面临一种平等所没有面临的要回答的情形。并且,那与把分配正义等同于词典式差别原则的分配正义理论是不一致的。

为什么一个人会认为,不平等是不公正的,除非它们有益于(或者,事实上,没有损害)处境最不利者?想必是因为无法满足上述限制性条款的不平等是不公平的。但是,为什么改善处境最不利者的运气这个事实应该致使一种不平等成为**公平的**呢?为什么即使处境最不利者从 5 到 6 的改善**补偿了**那种扩大差距的不公平,10 和 6,无论在其他方面多么优于 5 和 5,仍然比 5 和 5 更公平呢?如果我们仔细地考虑一种 10 和 6 的分配,并且因为关于各方没有任何东西证明他们之间差异的正当性,所以我们认为它是不公正的,那么我们的思想不是:不平等致使处境最不利者比她所需要成为的更加境况不利。因此,当我们发现 10 和 6 实际上有益于处境最不利者时,无论我们是否愿意把它作为一种有利的不正义来支持它,我们认为 10 和 6 是不公正的理由依然站得住脚。

诚然,有人可能坚持认为,当不平等总是不公平的并且达到不公正的程度时,在综合考虑各个方面的情况下,对它的弱帕累托改进就总是更可取的①,甚至从正义的观点来看也是如此。但是,没有这样一种立场是与罗尔斯对词典式差别原则的完全赞同是一致的。上述立场注意到在不平等中对不公平的坚持:词典式差别原则,被认为是关于分配正义的整体的朴素真理,却没有坚持不公平。

对于差别原则而言,道德的任意性主张在直观的情形(也就是说,不是原初状态情形)②中起着一种主要作用。但是,作为选择原则的一种策略,道德的任意性主张也是原初状态本身权威的衬垫物的一部分③,因为原初状态的权威预设了对应得和资格的原则的一种拒绝,那些原则被道德的任意性主张所推翻。于是,罗伯特·诺齐克正确地反对,没有任何一个相信资格的人需要尊重原初状态作为公正原则的一种标准,恰恰是因为它有预见性

---

① 见 Parfit, *Equality and Priority?*, 第 29—33 页。
② 见 Barry, *Theories of Justice*, 第 213—216 页, 有我在这里援引的区分。
③ 原初状态的动机的另一部分是作为"自由而平等"的人们或者公民们的地位。这一点据推测由"无知之幕"所塑成。

地排除了资格观点①。但是,原初状态也排除了关心一个人与其他某人相比得到多少的问题:在那个状态中没有发现与其他人相比我得到多少的描述,并且,相信关系平等的正义的人们因此应该像诺齐克一样对作为一种正义标准的原初状态保持警惕。原初状态不关心激发的关系平等主义思想,这种思想认为超出他们的控制范围之外的人与人之间的运气差别代表了"道德上的任意性"的胜利。由于它的公民们缺乏那个正义观念,所以只有那些公民们有了嫉妒或居心不良这类心理,相比而言的报酬才能在原初状态中起作用:由于依其身份对正义不敏感,所以只是从这样一种糟糕的观点来看,他们才能在根本上关心其他人的命运。然而,实际上,**根据假定**,他们相互之间是不关心的:没有人在乎其他人依其身份得到了什么。正义的人际公平方面——它激励了整个事业——因而是被放在前门,而且没有后门,通过这个后门由公平所支持的平等可能被再次引入②。我们所拥有的是一个显著的差异,它发生在先于推荐原初状态的关于正义的激励思想与该状态的特征之间。并且,因为原初状态的居民们对不平等本身完全不敏感,所以他们挑选那种权威形式的差别原则,这种差别原则容许不增益处境最不利者的不平等增长(只要它们不损害他们),并且正如我们已看到的那样,这种差别原则根本没有加强平等。

也许看起来,关系方面的正义在原初状态的输出之内有一些适当的表现,其实,不是在差别原则之中,而是在平等自由原则和公平的机会平等原则之中。但是,自由原则只是在表面上是平等主义的:它所赋予的自由是应归于每一个人的某种东西,无论其他人是否拥有它。相比之下,公平的机会平等原则确实是人际的,但是部分地因为这个原因,它是不适当地衍生出来的:难以明白为什么原初状态的居民们会被激发来选择它。从根本上而言③,为什么关心其他的同伴有多少机会?④(当然,我不承认,相比之下,第一个原则是适当地衍生出来的:在这里没有引起它是否适当地衍生出来的这个问题,因为就其内容而言,它在本质上不是平等主义的。)

---

① *Anarchy, State, and Utopia*, pp. 198–204, 207–209.

② 对照常见的"后门"功利主义的平等起源,派生自如下假设:随着资源上升,边际效用递减。功利主义在本质上是不相关的,但它由此产生了一种平等主义结果。

③ 也就是说,相对于因为它影响了我有多少机会。

④ 对于在罗尔斯式原则结构中公平的机会平等这个有问题的立场的深层讨论,参见本节的最后一段。

4. 关于差别原则的一个新近论证

在差别原则情形的构建中,双重景象的安排以一种复杂的方式在对差别原则的下述论证中表达了自身:

>……消极的机会平等原则排除了故意的歧视,它依赖于下面的信念:社会制度不应该单单以人们无法为之负责并且无故应得的差异为基础来分配获益或者不利。
>
>然而,一种仅仅保证消极的机会平等的制度允许阶级不平等[它们是平等地不应得的]去发展……它[因此]必须通过积极的资源供应来补充,这种供应将允许每一个潜在的竞争者去发展他的天生能力,并因此能够得到一个位置来利用他的机会。这就是罗尔斯通过公平的机会平等所表达的。
>
>**同样的推理**导致他走向深处。甚至在一种公平的机会平等的政治制度之下,不应得的不平等会继续出现……人们在天生能力上不是平等的,并且他们天生的或者基因的差异将继续影响他们从与社会秩序和经济秩序的互动中所获得的利益。然而,这个也是道德上的任意性,因为人们无法为他们的遗传禀赋负责,也同样无法为他们的种族或他们父母的经济地位负责。结果是,一个公正的社会将反对那些在利益上不应得的差异,并且达到它能够在不损害如下人们的前提下这样做的程度:对这些人的任意判罚正是最需要纠正的,即那些在社会经济学的竞赛中最后到达的人们。因此,就有了差别原则。①

我要问:内格尔把导向差别原则的推理描述成与支配这个论证更前步骤的那种推理"同样的推理",他是正确的吗?我觉察到一种在处理上的显著不一致:当社会的不利之处,以消除在道德上的任意性不平等的名义,被完全抵消或者尽可能抵消时,那些归因于天生能力差异的不利之处没有同样地被抵消,而是受不平等化的差别原则所调节。

以什么来解释这种处理上的不一致呢?天赋资产当然是无法转移的,并且,对天赋资产不足的补偿因此不能通过直接的重新分配来进行。但是,

---

① Thomas Nagel,"Rawls and Liberalism",载 Samuel Freeman(ed.),*The Cambridge Companion to Rawls*,第 78—79 页,添加了括号内的段落和强调字体。

诸如一个有教养的家庭背景这样的许多社会资产也是无法转移的,然而,在衍生出公平的机会平等的那个论证阶段中,这一点没有扑灭对平等的追求志向。相反,对社会不利之处的补偿通过代用资源得以进行。至于天生的不利之处,为什么在论证的结尾之处不能同样进行呢?无论一个人是否应该这样做,难道那个过程不会确实独有地拥有一个更好的被称作"相同的推理"的标题吗?

可能有人会说,在内格尔的辩护中,对于这种处理上的不一致而言,充足的理由是被"达到它能够在不损害那些人们的前提下这样做的程度"这个从句所指出:差别原则的推理过程是和以前相同的,但是深层则是由确实切合实际的帕累托考虑所支配。但是,对于辩护"相同推理"这个命名的回答则是,对于更早前的考虑而言,有相同的情形,在那里它仍然是不受重视的。为什么一个相似的从句不应该被附加于所展现话语的段落中间的句子中间呢?为什么为了选择公平的机会平等,我们就被允许去"损害那些人们"——他们在道德上的任意性困境正是我们所愿意纠正的——呢?

让我就接下来的《正义论》段落补充一些评论,它的要点与我正在批评的内格尔论证有关联:

> 在一个社会中,没有一个人应得他的较高天生才能,也不应获得一个较有利的出发点。但是,当然地,没有理由忽略、更不必说消除这些差别。相反地,基本结构可以被安排得以至于这些偶然因素来为最不幸运者谋利。①

再重复一遍,我的第一个评论是,相关的平等主义对策不是去"消除"或者"忽略"这个区别,而是去补偿他们,否则在那里它们会引起不应得的不平等②。

我的第二个评论是,这个段落缺乏对自然和社会的不平等在处理上的差异性,后者正是我批评内格尔的。但是,根据我所能明白的,那是因为为

---

① *A Theory of Justice*, 1999,第 87 页。在最初的 1971 年版本中,第 102 页上对应的文句缺乏所摘录的中间句子,取而代之的有这样两句话:"但是,不能由此推出,人们应该消除这些区分。存在处理它们的另一种办法。"

② 那是大冢 *Libertarianism Without Inequality* 的宏伟战略:尤其参见该书的第一章。

了赞成一种更加综合的最大最小化态度这个段落①与**公正的机会平等**相矛盾。因为倘若在结果上处境最不利者得益,罗尔斯在这里就允许社会之中的不平等起点。因为这个和其他的原因,有人就怀疑罗尔斯对公平的机会平等的词典式优先性承诺的力量②。(古斯塔夫·阿列纽斯[Gustav Arrhenius]指出③,系统地引发社会中不平等起点的资本主义与罗尔斯式公平的机会平等是不一致的。假如公平的机会平等在词典顺序上优先于差别原则,那么差别原则怎么能够像罗尔斯主张的那样在资本主义与社会主义之间中立呢?在正式所述的词典式顺序的条件下,对于被允许的资本主义而言,差别原则来得太晚了。但是,当然,它是被允许的。)

5. 对于差别原则的一个契约主义论证

帕菲特写道:

> ……我已经建议,对自然的不平等的一种异议是罗尔斯理论的一种基础。并且罗尔斯本人主张,在一种对正义的说明之中,平等的分配是自然的第一步,并且提供了一种基准,参照这个基准我们能为我们的最终原则辩护。
>
> 正如巴里注意到的那样,这建议了一种为罗尔斯的差异原则辩护的不同方法。首先,我们通过诉诸自然运气的任意性为平等而辩。然后,倘若这些对于那些处境最不利者不是更不利的话,那么我们允许偏离平等。这就解释了为什么,用罗尔斯的话来说,处境最不利者具有否决权,以便于给予他们的利益应该具有绝对的优先权。④

---

① 也就是说,正如它在《正义论》的两个版本中出现的那样。

② 比较一下《作为公平的正义》第163页第44条注释:"有人认为,公平的机会平等对差别原则的词典式优先性太强了,一种更弱的优先性或者机会原则的一种更弱形式会更好,而且也会更符合作为公平的正义本身的基本理念。目前,我不知道在这里什么是最好的,只好简单地记录下我的不确定。如何规定和权衡机会原则是一个更困难的问题,或许某种这样的选择可能会更好。"也比较一下《正义论》第74/64页,它似乎在说,实现公平的机会平等是不可能的。也参见阿尼森,"Against Rawlsian Equality of Opportunity",第77—112页,一种有说服力的情形来反对罗尔斯式公平的机会平等的词典式优先性。正如阿尼森所评论的那样:"根据罗尔斯的正义原则,天赋的拥有赋予一个人特殊的优势,而无才能者没有被赋予这个优势,在某种环境下,这个优势限制了正义对帮助无优势者的承诺。"(p.85)

③ 私人交流。

④ "Equality or Priority",第39页,援引自巴里《正义诸理论》第六章。

用罗尔斯自己的话说:"因为他们从平等的份额开始,所以那些获益最少的人们(把平等的分配当作基准)可以说是拥有一种否决权①。并且因此,各方达成差异原则。"②这里的想法是:正义没有给一个人超过其他任何人的权利。所以,我们从平等开始,并且每个人都有权利坚持平等。但是,当一种不平等会有益于所有人时,坚持平等就会是不理性的:没有人有理由去否决那种不平等。从那时起,差别原则就适用了。

对于调和差别原则与它的平等主义背景的这个深层尝试,我有两个回应。第一个回应用了下述两段③,揭示为什么处境最不利者拥有一种否决权的原因与他们所选的原则的内容之间的不一致,据说他们的否决权引导他们选择那些原则。这种不一致在词典式差别原则的情形中更大,我就从那里开始。假设初始的平等是 5,5,5。于是,在那种次序中的第一个人 A,能禁止移向 4,6,6。但是,为什么他不能也禁止移向 5,6,6 呢?为什么否决权应该采用这个特殊的形式,在其中 A 能否决全部和仅有的那些变化,那些变化会使他比在平等条件下会有的情况按绝对值计算更加境况不利?换句话说,为什么他不可以也否决那些并不有益于他的弱帕累托改进(并由此阻碍了词典式差别原则的出现)呢?如果平等的情形直接地赞成人们处在他们在平等的条件下会处在的那个特定绝对水平,那么准许人们有一个明确反对降至那个绝对水平之下的否决权可能就是合情合理的。但是,平等的情形不仅仅是——除了非直接的之外——一种处在平等得以实现的特定绝对水平的情形。宁愿说,平等情形的专门关注点是相对贫困的坏处(不公平之处)——比其他人的处境更加糟糕,不管按绝对值计算一个人是富裕还是贫困。一个仅仅反对降至绝对的平等水平之下的否决权对相关平等的坏处是不敏感的。这样的一种否决权,对于弱帕累托改进带给处境最不利者的

---

① 这是否应该意味着那些获益更多的人们没有这样的否决权?但是为什么不应该每个人,包括那些预期的更大获利者,应该拥有一种否决权呢?可以肯定的是,罗尔斯假设,没有理由去期待更大获利者去使用他们的否决权,但是如果这个论证有效,那么这对于较少获利者也成立。

② *Political Liberalism*,第 282 页。讨论中作为"各方"的人们的特征可能表明,这里介绍的否决权是原初状态的机构的一部分。但是,它不是。罗尔斯在这里写出与下面问题有关的《直觉上的考虑》("Intuitive Considerations")评论文章(同上书,第 282 页),"自由而平等的道德的人们能够通过什么原则来接受下面的事实,即社会和经济的不平等被社会运气、自然和历史的偶然事件所深刻影响?"(同上书,第 281 页)。比较一下《正义论》1999 年版,第 131 页,在那里,同样的否决权是在原初状态之内。(相关的段落没有出现在《正义论》1971 年的版本中。)

③ 并且,这是与迈克尔·大冢讨论的结果。

不公平,没有提供任何的补偿。

现在考虑一下常见的非权威的差别原则,它仅仅允许那些有益于处境最不利者的对平等的帕累托改进。这个受大众欢迎的原则对于落在那些最终成为处境最不利者的人们身上的不公平提供了一些补偿,由于他们的处境按绝对值计算比在平等条件下会有的情况更好。但是,那种补偿仍然对弱帕累托改进所引起的不公平幅度不敏感。帕累托改进在处境最不利者与那些处境较有利者之间打开的差距大小,没有对处境最不利者就可接受的差距而言必须受益的程度产生影响:对于处境最不利者的无论什么样的改进总会是这样的。

在进一步的回应中:无论谁拥有一种否决权,之所以拥有它,是因为初始的分配是由正义所支持的。由此不能得出结论说,一个在那种分配中一致同意的变化不可能因此也由正义所支持,但是说它是如此的原因会是什么呢?一个人可能认为,全体一致无可争论地所做的导致了它合法支持的不平等,但是为什么是公正的呢?① 考虑到使初始分配变成一种正义要求的正义标准,这个在这里据说全体一致赞同的原则怎么可能非常简单地被宣称是公正的呢?

如果它完全是合法的,那么全体一致就使得它所赞同的任何东西合法化②。为什么全体一致不会导致甚至如下一种分配的合法性,在那种分配之下,处境最不利者比任何人可能所处的情况更加不利?但是,没有人会认为,这样的一种分配因此是彻底公正的。在对没有否决权可使用的处境最不利者的态度的一种明白易懂(反罗尔斯式的)的表述中,他们说:"这种不平等的分配对于我们是不公平的:没有正当的理由来解释为什么我们应该比其他人拥有的更少。但是,由于我们在这种分配中得到的比在平等的条件下所能得到的更多(或者不管怎样,不是更少),所以我们不会反对它。"

6. 天资差异的道德任意性应该表明什么?

有些人说,把以下观点归于罗尔斯是对他的一种误解:分配不应当对在生产力上所解释的天资差异敏感。他们认为,那些好像这样说的文本实

---

① 关于对相关区分更多的讨论,参见第七章第3节(3)。
② 见我的"Fairness and Legitimacy in Justice"。

际上仅仅是在否认,分配应当对天资敏感①。于是他们推出,正如第二章主张的那样,D2 的不平等分配不与罗尔斯的基础平等主义观念发生矛盾。在上述的反向解释中,罗尔斯是在说,它没有证明给予那些生产得更多的有才能者更多是正当的(由于他们在道德上任意的较好才能),但是他不是在说,造成他们生产得更多的道德任意性特征是他们比其他人得到更多产品的一个原因。

我对这个反向解释的第一个回应是,罗尔斯的文本有时直截了当地与它相矛盾(并且确实从没有明确地肯定这一点)。考虑一下,例如,他对"对两个正义原则的自由主义解释"的批判:

> 虽然自由主义的观念看起来显然要比天赋自由的制度更可取,但在直觉上,它仍然显示出缺陷。首先,即使它尽善尽美地排除了社会偶然因素的影响,它还是**允许**财富和收入的分配由能力和天资的自然分配决定。②

这意味着,收入分配不应该由天资的分配决定,而且不只是如下事实没有证明它的正当性,即收入分配反映了天资的分配。

我对这个反向解释的第二个回应没有拘泥于文本上的细微差别。这个回应如下,如果罗尔斯不坚持认为天资差异不应该决定分配,那么他就不会有对下面命题的论证:我们应当从平等的分配 D1 开始。因为他没有证明从平等开始是正当的,天资差异就没有证明不平等是正当的。正如德里克·帕菲特指出的那样,如果天资差异没有证明不平等是正当的,那么人们不妨像从平等开始那样从效用最大值开始③。

让我们更仔细地考虑一下对如下主张(从此以后,"道德的任意性主张")的重要性的两个对抗性解释:贡献的差异是由道德上任意的天资差异引起的。据我所知,既不是我的解释,也不是我的批评者的解释,提出了需要用来导致差别原则前后一致那种情形的东西。

先考虑批评者的解释。正如我所说过的那样,他们的解释没有证明从

---

① 参见例如 Samuel Scheffler 的"What Is Egalitarianism?",特别是第 25—26 页。
② A Theory of Justice,第 73—74/63—64 页,添加了强调。
③ "Equality or Priority?" p. 12.

平等开始的正当性（或者，实际上，从任何特别的东西开始的正当性）。按照批评者的解释，罗尔斯是说，对不平等而言，并不存在应得或者资格的正当性理由，但是由此不能得出结论说，不平等面临一种要回答的情形，而帕累托论证的第二个阶段提供了那个回答。那么，这个假定的第二个阶段仅仅是对基于帕累托论证的不平等的一种论证，不是推翻一种平等预设的某种东西，并且因此不是我称为"对不平等的**那个**帕累托论证"的东西①。按照我的批评者关于道德任意性主张的重要性那个观点，并不存在初始的平等预设。

按照我的不同观点，那个主张实际上是作为从平等开始的一个原因被给出的。但是，为什么仅仅是作为从平等**开始**的一个原因呢？怎么会因为帕累托考量提供了**一个**反对平等的原因，不平等的道德任意性就不再是平等的**一个**原因呢？

总之：我的批评者说，罗尔斯把平等的出发点建立在下面这个命题的基础之上，①天资差异**没有**证明不平等的正当性，**而不是**建立在下面命题的基础之上；②天资差异的任意性在某种程度上证明了一种初始平等的正当性——并且①与到 D2 的步骤是一致的。我的回应是，①确实与到一种不平等化 D2 的步骤相一致，但是出于同样的原因，①没有诱发从平等开始，也就是说，从 D1 开始。因此，要么帕累托论证的出发点的情形是不充足的，要么它的出发点的情形危害它的推论。

按照我对道德任意性主张的重要性的观点，帕累托论证的两阶段结构是无正当理由的，而且如果一个人被道德任意性主张所触动，那么他可以有理由地说的话如下："让我们看看可以说些什么来支持和反对一种有益于处境最不利者的激励性不平等。它在公平的审视下进展得如何？不好，由于道德上的任意性。它在帕累托论证的审视下进展得如何？很好。所以，存在一个支持的考虑和一个反对的考虑。"盲目相信公平者于是将排除不平等，而像我一样明智的人将在断定它是不公平时容许它②。

帕累托论证从它的两阶段结构中获得信任，但是，对道德任意性主张的重要性的任一种解释，并不存在先后顺序的正当性理由。真正发生的是，当

---

① 参见第二章第 1 节倒数第二段中所提及的对不平等的一个"更加简单"的论证：那是关于批评者对道德任意性主张的效力的解释方面我们所面对的不同论证。

② 参看第七章第 6 节(1)的最后一段。

我们聚焦于道德任意性时,帕累托论证被搁置,并且,当我们聚焦于帕累托论证时,道德任意性被搁置。在我们的政治文化中,有冲突的考虑被曲解成适合于一个论证的不同阶段。当我们不把我们所想的分成这两个短视的阶段时,当我们立刻正确地审视这两个要考虑的事情时,那么在不平等的正当性理由方面,基于在这里所展现的主张,我们最能够说的就是我在前面段落中所说过的,那不意味着一种对不平等的没有限制条件的正义说明。

之所以出现罗尔斯中的不一致,是因为它们处在规范文化之中,即处在我们的自由民主和社会民主的规范文化之中,在这种文化中,他的思想表现得淋漓尽致。**当然**,有一种情形对平等而言。但是,**当然**,对于偏离使所有人受益的平等来说,也存在一种情形,而不论是什么(可能是"松散的")原因。问题是怎样去调和那两个"当然"之间的不一致。我不认为,在论证中分派一个阶段到平等并分派另一个阶段到帕累托就处理了这个不一致问题。我们以平等开始的理由是,不平等的标准原因的道德任意性。于是,我们被告知,如果可能使得每个人的境况都更好,那么没有理由坚持平等。但是,存在一个(不确凿的)坚持平等的理由,也就是我们不得不以平等开始的理由①。

7. 张伯伦和帕累托

熟悉的读者可能已经猜中,我在第二章(D1 和 D2)中用来指示平等分配和不平等分配的名称是从罗伯特·诺齐克关于威尔特·张伯伦论证的阐述中借鉴来的②。诺齐克的 D1 满足由一个虚构的反对者选出的一种平等原则③:因此,**根据假说**(即**根据**诺齐克的反对者的**假说**),D1 是公正的。在帕累托论证中,D1 不是**根据假说**而是表面看起来是公正的:它的正义是被这个论证的反对者肯定的,而不管限定条件"表面看起来"应该表示什么意思④。所以,这是两种建构之间的一个重大区别。但是,也存在有关的相似之处。于是,在每种情形中,D2 应当被认同,因为据称它是从作为出发点的

---

① 关于罗尔斯的道德任意性主张的效力的一个有趣讨论,见 Nozick, *Anarchy, State, and Utopia*,第 213—227 页,这个讨论基本不影响我自己的讨论。
② *Anarchy, State, and Utopia*, pp. 160ff.
③ 或者,实际上,某种其他的非历史资格原则,但是我们在这里可能忽视诺齐克 D1 的更大一般性。
④ 关于那一点的困惑,参见第二章第 112 页(中译本第 99—100 页——译者注)。

D1 的无可指责的步骤中得到的:尽管 D2 在这两种情形中用了不同的方式,但是 D2 应该**继承或者维持** D1 的正义。并且,正如我将建议的那样,另一个相似之处是,这两种论证都易于遭受相似种类的异议。

在诺齐克那里,D1 向 D2 的转变依赖于自由和/或者①正义的观念,而罗尔斯式论证只是援引帕累托法则来使 D1 变成 D2,有人可能认为这是两种建构之间的一个巨大分歧。但那确实只是外在的表现,有一些不太明显的举动减弱了上述对比。因为当诺齐克极力主张威尔特和他的追随者们选择像他们所做的那样处理事务时,诺齐克暗示了转向 D2 行动步骤的一种帕累托式②正当性理由,并因此从他们的处理中获得利益,而且,第三方没有从中失去什么,因此可能仅仅由于(丢脸的)妒忌来反对它。并且,在 D2 中,罗尔斯的处境最不利者"会"同样"只有当他因赤裸裸地知道或者感觉到其他人的处境更好而沮丧时,才犹豫地同意这些分歧;而我已经假定各方做出决定时似乎不受妒忌的影响"③。

同时,正像在诺齐克的建构中存在着比首次呈现在眼前的更多的帕累托论证,所以在(表面上)更纯粹的帕累托式罗尔斯论证中存在着一种潜在要求自由的倾向。我相信,我已经推翻了明显的罗尔斯式论证,这种论证由于不平等化转变的原因仅仅依赖于帕累托论证,但是,正如我们将在第五章中看到的那样,存在一种翻新帕累托论证的方法,这通过给职业选择的自由增加一个前提来实现,而且,一旦增加了这个前提,帕累托式罗尔斯论证就更加接近诺齐克的 D1/D2 论证。

现在,可以就诺齐克的论证做一些评论,但是在文献中常见的一个评论④,并且是罗尔斯主义者倾向于肯定的一个评论,认为他未能明白,禁止 D1 的原则也禁止转向 D2 的行动步骤:诺齐克把 D1 看成是确定的,而且他

---

① "和/或"因为在他的张伯伦情节中,关于自由和正义的各自作用,诺齐克是有点儿不清楚的。见我的"Robert Nozick and Wilt Chamberlain," *Self-Ownership*, 第 19—20 页。

② 不管他(在我看来,从他的观点来看完全被误导了)对阿马蒂亚·森对于帕累托法则(在我看来,是错误的)批评的认可:见 *Anarchy, State, and Utopia*, 第 164—166 页。关于为什么我认为阿马蒂亚·森是错误的,见第五章第 187—188 页。

③ *A Theory of Justice*, 第 151/131 页。我在这里介绍的引文是 1971 年版和 1990 年版论述的混合物。1971 年版有"规律性"(regularities)这个词,它在 1990 年版中被修改成"分歧",但是"犹豫地"这个词在 1990 年版本中被错误地抛弃了,结果与罗尔斯打算说的相矛盾。

④ 例如,参见 Thomas Nagel, "Libertarianism without Foundations," 载 J. Paul 编: *Reading Nozick*, 第 201—202 页; G. A. Cohen, *Self-Ownership*, 第 28 页。

之所以成功废除了 D1,仅仅是因为他忽视了是什么确证了 D1。并且,这个异议在形式上与我在第二章提出的反对帕累托论证的那个异议是相似的。你不可能以平等开始,因为所有的不平等在起源上都是道德上任意的,并因此是不公正的,于是把一种不平等化帕累托改进看成是缺乏不正义的所有污点。即使与第二章的论证相反,没有帕累托最优的平等是可行的,但帕累托考量仍没有使下面的理由无效,即把它所证实的不平等看作是对反对(至少一种形式的)正义的一种妥协。

8. "不能"还是"不会"

当有人公开表明一个她似乎不去实践的原则时,两个明显不同但很容易混淆彼此的问题就出现了①。一个问题是询问,①是否看起来与原则不相符合的实践真的与之不相符。并且,如果这个问题的答案是肯定的,那么一个人于是无疑地可以询问②是否这个人对该原则的公开表明是真诚的,是否她确实赞成这个原则。如果对①的回应是肯定的,那么这个人对该原则的坚持在一种朴素的意义上就不是全心全意的,但是,她仍然能够全心全意地肯定这个原则吗?换句话说,她仍然可能真的相信这个原则吗?

更具体地说,我们能够区分问题①和②的这些具体形式:③有人会声称相信差别原则,但为了得到不平等的薪酬,因而与她所声称的原则相反地行动吗?④如果是这样,那么她能真的相信差别原则吗?

你将知道我对问题③的回答是肯定的:最大化行为与最大最小化原则相矛盾。但是,我没有明确提出④,并且④应获得单独的考虑。如果像理查德·黑尔(Richard Hare)这样的哲学家是正确的,即适当遵从的行为是有原则确信的一个必要条件,那么它不会应获得那么多,但是我拒斥那个观点②。黑尔可能反对①类问题并支持相应的②类问题的唯一方法是,通过把未能按照她声称的原则而行动归咎于相关的行为主体。这应用于问题③和④,

---

① 这些问题之间的区分与 *If You're an Egalitarian, How Come You're So Rich?* 第 155—158 页上所提出的观点有关。正像我打算的那样,这本书的标题所标示的问题承认其受众对平等主义的公开信奉是真诚的,并且询问:"**鉴于你的真诚信仰,你怎么证明你明显不一致的行为是正当的呢?**"在这里,我是换个方式询问,你的平等主义信仰怎么可能是真诚的呢?这相当于:你怎么能真正坚持你所声称的平等主义信仰呢?(不管有关言论的表面结构是什么,真诚不是信仰的一种属性——不存在作为一种不真诚的信仰这样的东西——而是其表述的一种属性。)

② 见 *If You're an Egalitarian, How Come You're So Rich?*, 第 155—156 页。

就可能意味着采取一种极端的谢弗勒式立场的形式①,并且主张,谈及的人们不能在一种普通薪水的条件下工作,无论如何,这不是当一种非同寻常的薪水处于可及范围之内时。他们能够完全真诚地赞成政府政策,因为它遵从差别原则,然而不在他们自己的生活中遵从这个原则,因为他们不能。

按照切合实际的非黑尔式假设,对④的另一个回答就是可能的,根据它,最大化者承认她能在其他方面守规矩,但同时表达了遗憾,她不会这样做。她仍然高兴的是,政府尽其所能地推进差别原则。她没有发现难以②赞成经济的再分配,在那种方式中她会发现难以为普通薪水高效地工作。她想通过强制性税收来控制自私,包括她自己的自私,这种想法是完全真诚的。这样的市场最大者宣称:"我们确实赞同差别原则,但是我们知道我们缺乏不理会我们面前的激励而努力工作的意志。所以,我们要求国家去做它所能做的事情。"

至于他们倾向于选择去做的事情,这些说话者承认他们在道德品质上存在一个缺点。而且正因为如此,对问题④的非黑尔式非谢弗勒式的答复,即"我们能够但是不会在我们的日常生活中运用差别原则"这个答复,尽管它的现实主义,并且由于它的现实主义,在综合的正当性理由的审视之下,就在表明没有澄清激励论证的期望方面不同于谢弗勒:相对于诉诸一种靠之谋生的无能力,那个"不会"的假设使有才能者承认那种违反严格差别原则的动机。

按照关于人类的能力和行为要么是谢弗勒式要么是非谢弗勒式的假设,期望严格的差别原则去支配社会就是不切实际的。但是,严格的差别原则的不恰当性是(按谢弗勒的方式)反映有缺陷的人类能力还是反映有缺陷的人类意志则是有区别的。如果我们以后一方式并且在我看来也是更可信的方式来理解它,那就是说,如果他们相信但不倾向于实践一种尊重原点的正义观念,这个原点是,当结果是其他人得到的更少时,一个人不应该从那些在道德上任意的东西中获益,那么在正义的法庭上评判时,对他们(或者对于我们)而言就更加糟糕,而不是对正义憎恶道德上的任意性这个直观性理念(因为所有我在这里所说的,基于除了人们不会靠之谋生的虚假陈述以

---

① 参见第一章第51页及其以后部分。
② 对代价和困难的相关评论,参见 *If You're an Egalitarian, How Come You're So Rich?* 第171—174页,以及第五章第203—204页。

外的理由,它当然也许是可质疑的)①而言。在前面(参见第154页)我提出,如果存在其他所有的理由来认为正义憎恶道德上的任意性,那么我们无能力依靠这个陈述生活就不能使它为假。现在,我相应地建议,如果存在其他所有的理由来认为正义憎恶道德上的任意性,那么我们不愿意去践履这个陈述就不能使它为假。

173 为了避免被认为正在进行非常严肃的道德说教,让我来强调一下,我不是说,任何特定的总体指责都应该牵连到那些有抱负者②。我意识到在"不能"和"不会"的意义上力不从心,并且由于力不从心,对于人们来说,追求他们所能得到的就是平常普通的事情。引起我的批评的不是人性的弱点,而是一种论证策略——激励论证——试图证明追逐私利的行为是正当的或者试图把它放在超出正当性辩护的范围之外。虽然可以力不从心,但是一个人不应该使一个原则超出那个范围。

当那些因为谢弗勒式或非谢弗勒式原因知道并且后悔他们自己的选择必定不适合差别原则的人们,寻求在政治层面贯彻他们的原则以达到法律和政策能够实现那些原则(必要地被限制)的程度时,他们就把他们自己的虚弱考虑在内。像丹尼尔·温斯托克(Daniel Weinstock)(基本上)适当评论的那样:

> 许多自由主义者已经认识到,需要制度来限制个人选择的一个原因是个体们在关于社会正义方面确实是冲突的。粗略地说,他们应该想要帮助,但是他们经常发现他们自己想要的不是帮助。那些对人们而言使得按照他们应该想要的东西为基础来行动变得更容易的制度,而不是按照他们经常以一种过于人性的方式想要的东西来行动的制度……是一个摆脱这个困境的方法……于是,通过从我们的公正社会描述中放弃罗尔斯的良序要求,我们也许有能力抵制科恩的非常雄心勃勃的主张,即只有那种在其中人们公正地选择的社会能够有希望是

---

① 这会作为一条调节规则而成为对它的异议。对于这样的规则,"应当"蕴涵的不仅有"能够",而且(至少典型地)有"将要"。如果没有人能够遵循它是不采取一条规则的一个理由,那么没有人将要遵循它也是不采取一条规则的一个理由。这些考虑揭示了调节规则的完全规范性的非终极性。(对于当前观点的一个更全面的阐述,参见第六章第13节第253—254页)。

② 此外,参见第三章第6节。

真正公正的。①

不难同意,如果一个公正的社会能够包含不公正的人们,如果这个社会不需要良序就是真正公正的,那么即使它不是良序的,它也可能被当作真正公正的。但是,这几乎没有表明,能够存在一种"真正公正的"社会,在其中人们在他们的日常生活中回避正义;这至多表明,放弃对有键盘的钢琴的需求也许能够使我们去说存在无键的钢琴。正如温斯托克认识到的那样,他正在描述的社会按照**罗尔斯**的观点是不公正的,因为它违背了一个公正社会的一种罗尔斯式要求,即良序。但是,那绝不是对"公正社会"的一种任意要求,一种在没有放弃满足谓语"是一个公正社会"本身的条件下我们能够"放弃"的要求。我怀疑以下观念,一个社会能够被描述为"真正公正的",仅仅是因为它的不公正的人们通过立法全心全意地约束他们本人去反对他们自己对不正义倾向的(一些)后果,鉴于并且为了反对那种不正义,按照假说,这是一种继续需要立法来加以反对的品质状态。请注意"(一些)":如果温斯托克的公民们想要他们应该想要的东西,那么这种状态不可能给出像可能实现的那么多的正义。

虽然温斯托克称他的社会为"真正公正的",但是他认识到在那个社会中有一个重大的缺陷。詹姆斯·米德不是这样的,他提出一种类似的结构,但是把它描绘成一种"理想的"社会,在其中"每个公民"发展了一种真正的分裂人格,在市场场合表现自私,而在投票箱前表现无私:米德由此制造出一种双重正义感的理想(或者更确切地说,双重情感),这种双重正义感会促使其他人对自由道德的劳动分工提出怀疑的问题。

我同意米德的观点,"对于一个富裕的……人而言,完全可能"自私地"安排他的事务",却"可以通过政治过程来敦促一种在法律上的变化,那个变化将伴随着[他自己的]不利之处";他能够"为一种税收制度……或者……为一种立法的变化而在政治上运作,这种税收制度将对所有的富人带来不好的影响,并且在结果上将导致一种更加平等的财富分配,这种立法的变化将把一项新费用强加给在一些导致污染问题的竞争性产业中的所有的公司(包括他自己的公司)"②。但是,将其描述为一种"理想的"安排给我

---

① 《〈如果你是一个平等主义者,你为什么会如此富有?〉书评》,第407页。
② *Theory of Economic Eternalities*, p.52.

一种草率的印象。这是因为米德没有能够注意到税收情形与污染情形之间的一种相关差异。在污染情形中，至少预期立法的部分影响是要去克服一种囚徒困境。如果单个公司停止污染，就其本身而言，它可能会破产，因为它不得不提高它的产品价格。它的更加污染的竞争对手于是会恢复它的习惯，并且污染不会被减少。但是，如果一个市场利益最大化者宁愿不去市场利益最大化，那么他不会始终面对来自不情愿的污染者所面对的单独行动的那种危险。当一个个别的有才能的人放弃市场力量会给予他的东西时，或者当他在一种社会的责任精神中乐意支付高额赋税时，对于境况不好的人们而言，当没有任何随之而来的灾难，甚或对于这个人本人而言没有任何独立的和深层的不利之处时，就能够有很大的获益。为什么值得被称作"社会理想"的东西应该缺乏这样的非利益最大化的行为呢？

175　　我反对米德为了一个拥有不同爱好和才能的人们所组成的现实社会，而在一种利他主义设计的结构之内把自私行为描述为一种社会理想。但是，当这样的差别不存在时，我对米德的反对可以收回。让我来解释一下。假如所有的公民拥有同样的爱好与才能，或者无论如何在他们的爱好与才能之间不存在差异，这都会阻止一种初始的国家强制的资源平等在随后的市场最大化行为的条件下复制自身①。在这里，从一个纯粹的平等主义观点来看（相对于从被一种共同体原则充实的平等主义观点来看），米德的处方会是明智的②。但是，所需的条件将从来不会达到。在任何真实并因此混杂的社会中，自私的市场行为将引起薪酬的不平等，国家干预可能缓和但无法（与效率相一致地）逆转那个趋势。按当前的情况，一个理想的平等主义社会就不是米德式的，而是那种在其中公民们在投票箱前利他主义地行动**并且**在日常生活中能够有些自我克制的社会，例如，当他们面对诱发他们撤回劳动的高额税收时：那里需要一种在市民社会范围之内的平等主义风尚，因为国家不可能消除像国家和公民一起行动所能消除的那样多的不利于处境最不利者的不平等。

---

① 按照上述假设，自私的市场行为对于维持初始的平等可能是必要的（参见第三章第 2 节最后一段）：在大冢的 Liberty, Equality, Envy and Abstraction 一书中，这个事实构成迈克尔·大冢批判罗纳德·德沃金的资源平等方案的一部分。在正确的环境之下，从纯粹的物理学中得到正义也是可能的：参见第五章第 3 节最后一段中所讨论的排队例子。

② 见我的"Why Not Socialism?"第 2 部分，第 60—67 页。

我们的主题不是不管其他人做什么,一个个体可能被期待做些什么①,而是一个公正社会的性质。当私立教育可行时,即使我相信它的可行性与教育的正义相矛盾,我仍然可能发现不送我的孩子到一个良好的私立学校是难以忍受的。所以,我可能投票完全相信私立教育为不合法,却仍然对于在私立学校里教育我自己的孩子有可辩护的理由②。但是,如果我的观点是不应该存在私立教育,那么我应该如何对待一个在其中它的风尚对那几乎没有人采纳的私人选择持有敌意的社会呢?我不必认为这样的一种风尚对正义有贡献吗?并且,如果因为一些不可能的原因而单单通过立法来禁止私人教育,难道我不必得出结论说这样的一种风尚对于存在一种关于教育供给的正义是必要的吗?

请允许我通过提供一个简短的补记来结束这一节,这个补记是关于两种悲观主义之间的同源关系的。这两种悲观主义是:由对真诚问题的谢弗勒式"不能"回答和非谢弗勒式"不会"回答所提供的关于人性的悲观主义,以及那种位于卡尔·马克思的历史唯物主义之中心的关于人性的(受历史条件限制)悲观主义③。第二种悲观主义解释了他的主张,只有资本主义并且因此只有一个不公正的社会才能把它的生产力发展到一个高水平④,这意味着,他们不可能通过合作的生产关系发展到那个水平——在某种高水平的生产能力之下,所以马克思确信,合作关系、共产主义不会是稳定的⑤。

马克思主义者的悲观主义既与对于为什么人类必须经历资本主义尘世的"不会"解释又与对于它的"不能"的解释相一致。马克思主义的论题,即

---

① 那是我的《如果你是一个平等主义者,你为什么会如此富有?》第十章的主题。
② 关于这个问题的精彩讨论,参见 Adam Swift 的 *How Not to Be a Hypocrite*。
③ 在我看来,这是"因为马克思对达不到无限丰裕状态所产生的社会后果持不必要的悲观态度,所以他对那个丰裕的可能性是如此的乐观。一种关于社会可能性的悲观主义有助于生成一种关于物质可能性的乐观主义"(*Self-Ownership*,第 132 页)。并且,马克思关于社会可能性的特定悲观主义可能仅仅基于关于人性的悲观主义。
④ 有的人认为,上述主张把马克思主义者放在他们必须赞同资本主义剥削的尴尬位置上,因为只有它才能创造出使共产主义成为可能的资源:例如,参见 Peter Mew, "G. A. Cohen on Freedom, Justice, and Capitalism," 第 311—312 页。我对以下两种承诺之间的张力提出了一种解决办法:马克思主义者对推进生产能力的承诺,以及马克思主义者对出现在《彼得·缪论正义和资本主义》("Peter Mew on Justice and Capitalism")第五节中的推进(该内容使用了在《历史、劳动和自由》第 303—304 页中汇集的材料)的成本的承诺。
⑤ 参见我的"Marxism after the Collapse of the Soviet Union", *Karl Marx's Theory of History* 第十五章。

匮乏致使一种不公正社会成为不可避免的,也确实没有为了一种对"自由意志问题"的回答而预设一种强决定论,或弱决定论,或它们的析取,或别的任何东西①。历史唯物主义是一种关于什么解释历史中的东西的理论,而不是一种关于它**怎样**在"自由意志问题"——在其中对它的一种全面回答需要对一个深刻的形而上学问题有一种立场——的意义上解释历史的理论。我们都能够同意,如果埃特纳火山喷发,那么必然的是人们将会跑开,即使我们中有些人认为必然性纯粹是因果关系的,而我们中的其他人认为它显示出可预报但"反因果关系的"人类**选择**,同时我们中有些人还认为是其他的事情②。因此,同样地,历史唯物主义论题,即一种高产的合作性结构在丰裕之前是不可行的,能够在个人动机的水平上,或者按照谢弗勒式,或者按照其他的方式(当然,或者接近既像谢弗勒式又像非谢弗勒式的考虑),也可与任何可接受的意志形而上学合在一起,来加以阐明。

9. 人性和建构主义

我愿意通过在其他方面本质上相同的两个文本,就罗尔斯阐述方式的变化发表评论,这是一种对涉及我们有关激励的分歧有些重要的变化。

在1958年首次出版的《作为公平的正义》中,罗尔斯写道:

> 如果像非常可能的那样,这些不平等能起到激励作用,从而引发更好的努力,**这个社会的成员就可以将这些不平等看作对人性的让步**:与我们一样,他们可以认为,人们从理想上来说应该想要相互服务。但是,由于自私是他们的共有特点,他们接受这些不平等仅仅是接受他们实际参与的各种关系,以及对导致他们参与共同活动的动机的一种认可。③

在我看来,这段话中有许多费解与不当之处,并且在这段话所出自的那

---

① 我在这里反对以赛亚·伯林的 *Historical Inevitability* 教义。此外,参见我的 *History, Labour, and Freedom* 第 81 页。

② 参见 *History, Labour, and Freedom* 第 72—75 页,关于在历史必然性论题与有关人类选择的机会能力的乐观主张之间的调和。

③ "Justice as Fairness",第 140 页(添加了强调)。

一段之中有进一步的问题①。可是,现在我只关注对这个有趣事实的评论,当 13 年之后,罗尔斯在《正义论》中发表这个相关段落的一个改编版本时,罗尔斯删除了那个我已经强调过的 1958 年的从句。尤其需要注意与上述段落中第一句相对应的《正义论》文句中第一句这两者之间的差异:

> 如果,举例来说,这些不平等建立起各种激励,这些激励成功地引发更有成效的努力,一个处在原初状态中的人就可能把这些不平等看作对抵消培训费用和鼓励有效表现是**必要的**。人们可能认为,从理想上来说个体们应该想要互相服务。但是,由于各方被假定是不关心彼此利益的,他们对这些不平等的接受就只是对人们在正义环境中所处于的关系的接受。②

在 1971 年的版本中,关于为什么激励对于上述目的是必要的,没有给予任何解释,但是,它是从我的反对罗尔斯有关激励的立场的论证中得出的,即如果从贫困者利益的观点出发不平等的激励③是真正必要的,那么它们是必要的仅仅是由于人性中的一种弱点,即某种不公正的自私自利,这种自私自利在《作为公平的正义》的文句中是大体上被承认的,但是在相应的

---

① 参见前面第一章第 16 节。

② 《正义论》1971 年,第 151 页(添加了强调)/第 131 页(部分):在《正义论》1999 年版中,关于为什么不平等可能是有益的没有给出任何理由。在 1975 年版本第 131 页的段落中,那段几乎复制了 1971 年版第 151 页的相关段落,上面引自 1971 年版的那句旨在说明不平等如何有益的句子被删除了,而且没有用任何句子代替(更不用说,在 1999 年版中对 1958 年《作为公平的正义》中关于"对于人性的让步"的评论没有任何的复原)。

我不知道罗尔斯何时做出了所指出的 1958/1971 变化。"作为互惠的正义"(Justice as Reciprocity)像《正义论》一样在 1971 年出现,它保留了 1958 年"对于人性的让步"的表述。它作为一个合集(Samuel Gorovitz, ed. , *John Stuart Mill*)的一部分出版,而合集往往有很长的酝酿期。因此我推测,它是在《正义论》文本定稿之前完成的。

③ 需要注意的是,与鼓励有效表现的激励不同,要求"支付培训费用"的金钱不仅仅是行为主体的动机问题:在我看来,从平等主义的正义观点出发,罗尔斯在这里归为一类的这两个考虑因素(他甚至更随意地在他的《论文集》第 82 页上把这两个考虑因素并列)是一个非常不同的次序:参见第七章第 6 节(2)中关于它们之间差异的讨论。

《正义论》的文句中,这些话本身却没有被提及①。

1958年的罗尔斯和1971年的罗尔斯好像都同意伯纳德·曼德维尔的观点(并且同意亚当·斯密的观点),即曼德维尔所称的"私人之恶"有利于他所称的"公共之益"②,换句话说,人类的自私性能被利用去有益于每个人,但是1971年的罗尔斯不愿意承认那被谈论的其实正是这些恶。我同意曼德维尔而反对《正义论》,即这就是它们实际的样子。

对于社会民主主义立场而言,它推荐了一种伴随着强大福利国家的资本主义市场,这是一种放弃了被共产主义者所要求的更严格平等的立场,对于这个立场有两个相反的基本原理的路线,沿着这两条路线,罗尔斯1958年的立场与他1971年的立场截然不同。这两个观点产生两种相反的描述方式,描述作为一种有益于处境最不利者的手段把不平等的激励提供给处境较有利者的假定必要性。第一种观点非常类似于1958年的罗尔斯,这个观点宣称,准许激励的社会尽管是不完全公正的,但鉴于根深蒂固的人类道德弱点,它是所能实现的最好的社会;第二种观点接近于1971年的罗尔斯,这个观点宣称,激励在道德上是得到担保的,因为有才能者在没有激励时拥有拒绝高效工作的权利。按照前一种观点来说,共产主义会是空想的,但它不只是人性的生面团能够被上升到什么程度的问题。按照另一种观点,共产主义不会是空想的,因为它代表了人性的公正要求。看起来,随着时间的流逝,罗尔斯从大体上的第一种观点转向大体上的第二种观点。

为什么罗尔斯做出了这个重大的变化?我推测,这个变化可能会被认为由那种建构主义证明是正当的,罗尔斯自认为那种建构主义包含在《正义论》中,但在《作为公平的正义》中就没有那么明显③。根据那种建构主义,尤其鉴于(被当作既定的东西的)人性的事实,正义就由我们在一种特许选

---

① 我绝不同意,(特权过度的)不平等化激励是必要的。我相信,这种自私自利以及他们对它的安之若素是资本主义文明的数百年沉淀。(首先,资本主义破坏了共同体。然后,它的辩护者说,物质激励之所以是必要的,是因为共同体的激励不是足够有力的。)但是,那些主张在这里不在讨论之中。并且,罗尔斯可能更周到地把相关的让步描述为不是向人性本身的让步,而是正像他总是坚持的观点那样,是对在发达的市场社会中显示自身的人性的让步。人们不必强迫他承认以下命题:甚至在小规模的由狩猎者组成的社会中的人们也显示出一种对相互服务的不情愿。

② "私人之恶,公共之益"是曼德维尔《蜜蜂寓言》的副标题。

③ 需要注意的是,例如在1971年版本中对人们无法满足"理想"这个事实的重要性有建构主义的重写,这在1958年版本中也提到过。从作为一个对人们"动机"的评论来看,它成为一个关于各方的"假设"。

择的情景中会同意的规则构成。既然正义是用作为假设的人性事实所建构的,这些假设是寻求正义所预设的;既然"基本的心理原则……被处于原初状态中的人们所熟知,并且被他们赖以做出他们的决定"①,所以对于建构主义来说,把任何这样的事实看作显示出人性中的一种非正义"恶"似乎是不可能的②。这样一来,或许1958年的句子被删掉是因为它在罗尔斯的建构主义范围内毫无意义,根据罗尔斯的建构主义,正义不过**是**一组理想的选择程序用以说明我们应该靠之生活的规则,如果全面地考虑,就包括人们生活得怎么样的考虑。在这样一种建构主义的视角之内,很难承认像自私这样的一种(假定的)③人性事实就表明人们是不公正的。并且,在后期罗尔斯的意义上,当建构主义得以从特定的政治意义上来理解时,那个承认就变得更加困难,在一段大体上确证我对他的思想发展的理解的话语中,正像罗尔斯本人建议的那样:

> 一种政治观念必须是务实的,归入可能性艺术的范畴。这可以与一种非政治的道德观念相对比:一种道德观念可以谴责世界和人性,说它们过于腐败而无法通过其准则和理想来加以消除。④

在某种意义上,我和罗尔斯对他的思想轨迹拥有同样的画面,但是我相信,罗尔斯为达到他的严格的政治正义观念所强加的限制却把正义观念丢在了一边:这就是本书第七章所要论证的东西的一个结论。

---

① *A Theory of Justice*, pp.456/399.
② 这并不是说,罗尔斯必须认为以下是不可能的,即人类就其本质而言是没有能力达到正义的:他可能会说,如果他们没有能力遵循来自一种适当的建构性程序的任何原则,那么他们就其本质而言没有能力达到正义。并且,罗尔斯认为他们可能确实没有能力做到那样。见 *Political Liberalism*,第 lxii 页。但是,那不同于说人们就其本质而言可能是不公正的,更不用说,人们就其本质而言可能是不公正的是由于罗尔斯在 1958 年时几近接受。
③ 人们就其本质而言是否确实是自私的在这里不切正题。参见第 71 条注释(中译本第 164 页注释①——译者注)。
④ "Justice as Fairness",第 185 页。需要注意的是,"道德观念"在前面第二次出现时必须被解释为"并非政治上的道德观念",这是为了与罗尔斯的看法相一致,即作为公平的正义本身就是一种道德观念,但是那种并非不是政治上的道德观念。见 Rawls, "Reply to Habermas",第 406 页。

第五章 自 由 异 议 *

1. 引言

像我这样的平等主义者认为,只有在对合理的个人特权的约束之内,人们能够平等地达至满足需要的生命条件时,正义才被完全实现,**下面的整个讨论都将遵从这一点**。我们的立场的一个后果是如下的思想,即关于人们的劳动——这种劳动会确证他们为之得到的收入①中的差异性的正义——的唯一事情是那种劳动负担中的一种差异,这种劳动负担是在广义的解释之下(以便它包含获取所需的执行它的技能的负担[若有的话])。如果因为更有才能并且很轻易地就获得了她的才能,A 就比 B 在相当令人厌恶的(或者不令人厌恶的)苦工上每小时生产更多的小器具,那么正义禁止按照一个更高的小时工资率向 A 支付工资。于是,如果 A 使用她的能力去控制她努力工作的程度,通过除了在那种高工资率下以外拒绝去每小时生产像她所能(不比 B 工作得更辛苦)生产的一样多的小器具来保证获得一个更高的工资率,那么她就表达了这样一种姿态,即她反对公正的平等主义原则。(并且,即使她的拒绝不是至关重要的,即使她真正宁愿做的是比她能够做到的生产更加少量的小器具:除非任何事情都被说成是相反的,否则在已经提出的全部情况中,我谈的就是标准情形,而不是糟糕情形②。)

在上述段落中所勾勒的平等主义立场的含义比我必须现在提出的另外一个含义更能被很快地认同。上面所提出的含义相比较而言更能被认可,是因为通过假设,A 与 B 之间的唯一差别是**在相同的行业内 A 比 B 生产得更多**。不同类型的工作不会进入上述例子中,并且不存在让 A 提供一种她不愿意在普通工资率的水平上所提供的工作(相对于一些成果和产品来说)

---

* 自由异议(the freedom objection),即对自由的反对意见。——译者注
① 那种收入排除的不是在劳动耗费补偿费中得到的收入,而是在依赖之物、特殊需要等补偿费中得到的收入。
② 参见第一章第 57 页及其以后部分,以及第二章第 122 页及其以后部分。

这样的问题：我们只是要求她在普通的工资率时比其他人提供更多的产品，因为与其他人相比，她更有能力，并且（甚至）如果她这样做的话，在结果上她将与他们一样富裕。

伴随着职业选择的自由，个人不仅能选择怎样努力工作，正像 A 在小器具例子中会考虑的那样，而且能够在既定的工资率下选择在什么行业中工作。并且，期待人们以一种平等的方式使用他们的选择自由似乎在工作类型的情形中更加苛刻：毕竟，人们可以因为没有更高的工资而极其不情愿去做平等主义政策分派给他们的工作。在小器具例子中仅有一种类型的工作，这种工作对于每个人而言同等地是一种障碍或者一种乐趣，但是一旦我们仔细考虑人们关于工作的偏好，那么许多人就会说，要求平等是一种过分的要求：在面对各种样式的偏好时要求一种平等主义政策，比在仅仅面对人们的不同生产力时要求一种平等主义政策看起来更加彻底，在后一情况下，他们的偏好并非不同。

本章致力于讨论平等主义的要求实际上有多么彻底，但是，在我继续讨论在第二章中研究过的不平等报酬的帕累托辩解之前，我想记录以下一点，即如果它在根本上起作用，那么它在数量上（每单位时间劳动强度的选择）和在性质上（工作类型的选择）的情形就差不多。帕累托论证在它的前提上是如此薄弱以至于它会适用于一种领域，在其中仅有一种类型的工作并且在其中区别人们的所有东西就是他们在那一种类型的工作中生产的能力。所以，在没有增强的薪酬情况下，要求人们选择他们所不喜欢的一类工作或许多工作时间的问题就不能在完全一般的形式中证明帕累托论证的有效性，在完全一般的形式中，它实际上被显示出来，即它暗示帕累托论证在一种更受限制的形式中即在不同类型的工作面前是有说服力的。（那当然是现实世界，但是帕累托辩解推荐它所做的是对于不真实的并且更简单的单一工作类型的世界，这就仍然阐明并怀疑了它。）

在本章第 2 节中，我论述"三难困境主张"，即平等、自由选择（freedom of choice）和帕累托论证不可一起实现。我的答复是，如果人们信奉平等，那么它们确实可一起实现，并且，我为我的答复辩护，反对各种各样的异议，包括如下异议：这样一种信念本身限制了自由选择，也包括如下异议：上述答复的特点是治标不治本。第 3 节对那个三难困境论证提出了一个具体的罗尔斯式表述形式，并且我辩护如下命题，即我对那个论证的答复——它在本质上类似于我在第 1 节中对它的非具体的罗尔斯式变体的论证——与我在

第二章中对基本结构论证的答复是一致的。我进而把当前和罗尔斯主义者的分歧与对排除福利主义考虑的那种基本善尺度的罗尔斯式偏好联系起来,并且,我一方面比较罗尔斯式最大最小化立法对减少自由的可能性,另一方面比较科恩类型的道德鼓舞。

第4节提出了一个新的三难困境,其中职业选择的自由被自由即在一种职业之内的自我实现所替代。我使得这种新的三难困境论证服从于一种两难困境,这种困境如下:要么自我实现是一种可与其他善相比较的善,在这种情况下,它容易进入平等主义计算之中;要么它无法与其他的善相比较,并且对它们享有某种词典式优先性,在这种情况下,把它的牺牲当作主张额外收入的一种基础来使用是很奇特的。本节以揭示在如下观念中一种重要的模糊性来收尾,即让一个人从事她不喜爱的工作是压迫性的。第5节批判"不平等收入推理",这个推理从前提即不允许强迫一个人选择一个不喜爱的工作,推出结论即她可以要求一种不平等化薪水去从事那个工作。最后一节考察出卖一个人的劳动与卖血、卖肾和卖淫之间的相似之处。

2. 平等、帕累托和职业选择的自由

让我现在来总结一下。对不平等的帕累托论证宣称,正义要求(或者至少允许)从一种正当支持的初始平等状态 D1 转移到一种不平等状态 D2①,在 D2 中,每个人的境况都比在 D1 中更好。我的答复是,当 D2 是可能的时候,那么在标准上因此 D3 也是可能的,D3 是一种帕累托最优的平等状态,它是帕累托更优于 D1 并且与 D2 是帕累托不可比,但是,如果支持初始状态 D1 的基础是站得住脚的,那么 D3 应当比 D2 更受欢迎。

现在,对不平等的帕累托论证的一个必然结果是,严格的平等主义者必须要么放弃他对平等的承诺,要么禁止帕累托改进。如果这个论证是正确的,那么帕累托法则指示放弃平等(正像帕累托论证也主张的那样,无论这种放弃是否被正义要求或允许)。但是,如果我在第二章中对帕累托论证的回应是正确的,那么这个论证就失败了,并且这个推论出的两难困境就能被避免:我们不必在平等与帕累托论证之间做出选择。

但是,即使平等主义者没有面对一种两难困境,他仍然可能面对一种三

---

① 它的不平等程度超过了那种会被一种可辩护的个人特权证明为正当的不平等程度:参见本章的第一句。

难困境,这是本节的主题。平等也许与帕累托论证是一致的,但是当我们把职业选择的自由加入平等和帕累托论证中时,不一致也许就会爆发:人们普遍认为,这三者不可能被同时实现。并且,三难困境的支持者实际上主张,尽管①平等、②帕累托最优状态和③职业选择的自由这三者中的任意两个可能同时实现,即使平等的组成部分采取以下这种弱的形式,我们也不能同时拥有这三者。这个弱的形式是:相关的平等也许只是,没有人**在实质上**比其他人的境况更好(相对于收入和职业满意度**两者**),即在超过一种个人特权可能证明的范围这样一个程度上。相关的帕累托要求是这样的一个(弱的)要求①,它谴责维持如下这种情形,在这种情形中,每个人都能处境更好。并且,自由的要求是,人们不应被强制进入特别的工作,无论是通过直接的国家命令还是通过其他的应当被称作"强制的"东西。

为了明白①至③的明显不一致,考虑一个有才能的人:医生园丁(the doctor-gardener),她有能力做每种工作,并且相对于年薪 20 000 英镑的医疗工作,她更喜欢年薪 20 000 英镑的园艺工作。只有当医疗工作的薪酬上升到年薪 50 000 英镑时,她才会相对于(年薪 20 000 英镑的)园艺工作更喜欢医疗工作。现在,与她年薪 20 000 英镑的园艺工作不同的是,年薪20 000 英镑的医疗工作会非常有益于处境不利的人们;并且,如果她以年薪 20 000 英镑从事医疗工作,她会比大多数人拥有一个好得多的生活(即使与她在那种年薪下从事园艺工作会有的生活相比,她过着一种不那么好的生活:关于她,独特的并不是她多么厌恶医疗工作,因为她一点儿也不厌恶医疗工作,而是她多么喜爱园艺工作)②。于是,按照平等主义的观点,只有在适中的年薪 20 000 英镑上她会为了医疗工作而坚决放弃园艺工作时,并因此在面对她的超常有吸引力的替代性园艺工作选项时,她拿起了比导致她实际上去从事医疗工作更少的薪酬时,她才遵从了一项正确的原则。

接下来是 A 对进入我们考虑中三种相关的工作-收入组合的偏好次序:

  a. 一个医生年薪 50 000 英镑:她比大多数人在工作满足感和收入这两个方面的情况好得多。

  b. 一个园丁年薪 20 000 英镑:她比大多数人在工作满足感方面

---

① 参见第二章第 4 条注释(中译本第 79 页注释④——译者注)。
② 从这些规定中可以推出,这个医生园丁阐明了"标准情形"。参见本章第一段的末尾部分。

的情况好得多（甚至超过了她在一个不比大多数人收入更好的情况下的工作满足感），但是在收入方面，她的情况不是更好。

c. 一个医生年薪20 000英镑：她仍然比大多数人在工作满足感方面的情况好得多，但是在收入方面，她的情况不是更好。

此外，我规定，对于所展示的选项，共同体的偏好次序是c、a、b：对于医生园丁为医疗工作而放弃园丁工作来说，共同体至少值年薪30 000英镑。

据说平等主义所面临的三难困境展开如下。如果在不遵从平等和自由的情况下，我们定格年薪20 000英镑的薪水，并且允许医生园丁去选择她的工作，那么她将会从事园艺工作，于是，她和共同体的其他人将比他们能够有的处境更加不利：帕累托将被违反。伴随着薪酬平等和职业选择的自由，我们遭到帕累托论证的彻底失败，即消费者对于生产什么没有发言权（在这个事例中，就是某套园艺和医疗服务）。但是，如果遵从自由和帕累托，我们提供给这位医生园丁年薪50 000英镑来从事医疗工作，那么平等就实现了。并且，如果最后遵从了平等和帕累托，她被迫以年薪20 000英镑从事医疗工作的话，那么职业选择的自由就丧失了。

让我在不使用医生/园丁比喻的情况下谈谈一般的观点。除非消费者偏好决定生产什么，否则帕累托最优就被破坏。但是，只有当劳动力为了对消费者偏好做出反应而转换工作时，消费者偏好才能占优势。并且，除了通过命令分配劳动并因而违反自由之外，引起所想要的转换的唯一办法是通过过高标价（有关薪酬平等）那些否则会成为无法占满的工作，并因而违背平等。

与三难困境相关的论证——**三难困境论证**——宣称，平等是不可被接受的，因为，现实地说①，只有在损失人类福利和人类自由至少其一的情况下，它才能被获得。并且，如果从①到③组成了一种三难困境是真的话，如果所说的这三个必要条件中的一个确实必须被放弃，那么只有并且因为它克服了职业选择的自由，我在第二章中对原初两难困境（一个人必须在平等与帕累托之间选择）的解决办法才能产生效果。如果三难困境成立，那么达到D3的唯一方法（参见第二章第3节最后一段）是通过拒绝给予有才能者自由。

尽管三难困境论题承认，从①到③这三种状态中的每一对结合在一起

---

① 参见下面第189页对这个限制性条件的力量的一些解释。

都是相容的状态,但是不必认为这蕴涵着每一对状态都是可能的,因为单独地来看,一对给定状态的一个或者两个构件也许是不可能的。(永动是不可能的,但是在我打算的"相容的"可行的意义上,它是与永久幸福完全相容的,不论它是否也是不可能的。)所以,三难困境论题不要求以下情况是可能的:例如,通过禁止人们雇佣她为园丁来强迫这位医生园丁违背她的意愿地以年薪 20 000 英镑从事医疗工作。也许这样的强制是可能的,因为对于强迫的一种逃避反应也许不可能被发现。但是,在当前对三难困境主张的理解中,以及我对它的反应之中,为了恰当地处理三难困境的问题,我将好像这三种事态的每一对都是可能的一样继续下去①。

平等主义者应该怎么做?他不可能在不放弃他的平等主义的情况下牺牲平等。所以,他的选择似乎在拒斥自由或者声明反对帕累托之间。

老式的斯大林主义倾向的平等主义者也许会通过让他们直面职业选择的自由来做出反应。他们可能咬紧了牙关(他们毕竟忍受了许多类似的困难),同时宣称,如果人们不得不被强制进入平等,那么也就只能如此。但是,我自己的倾向是更自由的,所以那个摆脱困境的办法并不是对我而言。(在第 4 节中,我研究所说的那个反斯大林主义的自由主义的含义。)

可能有某些平等主义者会愿意拒斥帕累托,但是再次强调,那不是我。因此,让我来评论一下阿马蒂亚·森(Amartya Sen)的主张,他认为帕累托无论如何都应该被拒斥(完全撇开它是否与平等相冲突),因为他说它与最纯粹的自由主义是不一致的。

森的主张尤其体现在他对他的著名的装正经者/淫荡者例子的评论之中②。存在一种色情书籍,这种书籍可能被装正经者和淫荡者中的一个或另一个阅读,或者两者都不阅读(但不会两者都阅读)。淫荡者有两个相关的渴望:他喜欢阅读色情书籍,并且他会像装正经者那样阅读一本色情书籍,

---

① 如果我们用最大最小(maximin)来代替平等,那么三难困境的结构就不被复制:不存在完全相似的三难困境,即④最大最小/②帕累托/③职业选择的自由。因为当确实有人可能主张④、②和③形成一个不协调的集合时,这一点不可能被那些也相信它们中间的任意两个相协调的人所主张(用如下方式,即在原初的三难困境论证中从①、②和③取出的每一对组合都被看作是相容的)。因为如果④和③是相容的,那么因此这三者全部也是相容的,这是因为一个简单的原因,即④需要②。[严格来说,极大极小(当不被解释为词典式最小时)需要弱帕累托最优,而词典式最小需要强帕累托最优。但是,不管我们如何解释最大最小和帕累托法则,在①/②/③与④/②/③之间就得到了所指出的结构差异。]

② 参见其 Collective Choice and Social Welfare,第 79—81、87—88 页。

因为他认为那样做会使装正经者堕落成喜欢色情书籍。那种愿望如此强烈以至于淫荡者宁愿装正经者阅读那本淫秽书,胜过他自己阅读它:他想要使他人堕落的渴望超过了他对享受自身堕落的渴望。对他来说,装正经者不喜欢阅读色情书籍,并且他也不喜欢淫荡者去阅读它们:他希望没有人阅读它们,但是他宁愿他自己阅读色情书而不是淫荡者阅读它:他认为,那个方式危险更少。按照他们的偏好强度,装正经者和淫荡者同意(只有)装正经者将阅读色情书。那是他们共同的第一选择,并且因此它被帕累托法则所要求。森主张,帕累托法则由此赞同一种狭隘的结果。

但是,那是一个对结果严重错误的描述。虽然森的结果无疑是有趣的,但我不认为它具有他所主张的特别趣味:我不认为它说明了"一个帕累托自由主义者的不可能性"。让我在森的装正经者/淫荡者例子的条款中表达我的不同意见。当那些角色签署他们的帕累托最优化合同时,他们没有牺牲甚或宣布放弃他们关于决定是否阅读色情书籍的自由权利:他们以一种意想不到的方式简单地使用他们的权利,是因为环境相当特别。自由主义不要求你依据你的其他条件相同的第一选择来行使它所承认的主权,并且不考虑当其他情况不相同时,你通过那样做可能会失去什么。在考虑我这样做的全部后果之前,那决定阅读什么的自由权利不要求我去阅读我最初更喜欢读的东西。在对自由权利的通常理解中,不存在那样的限制条件。装正经者/淫荡者问题的帕累托解决办法反映了对自由权利的具体行使,而不是对它们的违反;并且,在"自由主义"的意义上——约翰·罗尔斯和罗纳德·德沃金(以及我)在这种意义上都是自由主义者,帕累托并非与自由主义不一致,而是与某种相当独特的自治论的完美主义者的价值不一致①。森真正表明的是,在自由权利所创造的可能性结构之内,你不可能既忠于某些价值又得到你会特别喜欢的东西,(这并非全面地考虑各种因素,而是)如果你不考虑那些特别价值的话。

于是,森的结果没有证明对帕累托法则的拒绝是正当的,并且我因此也

---

① 在其"Liberty, Unanimity and Rights"第 217 页上,森阐述那个自由主义原则如下:"对个人自由的接受:存在某些个人私事,在这些私事中,每个人应该自由地决定什么应该发生,在关于这些事情的选择中,无论他或她认为什么对作为一个整体的社会更好而最好必须被考虑到,不论其他人怎么想。"但是,当装正经者和淫荡者达成他们的协议时,与当人们用契约约束自己的时候他们通常所做的相比,他们没有牺牲他们的"决定什么应该发生的自由"。并且因此,装正经者与淫荡者之间的协议没有违反自由主义。每个人都"认为最好"装正经者读那本书。

没有看到有其他理由可以拒绝帕累托政策:如果它使我们都变成失败者(除了关于获得平等价值以外),那么我是一个平等主义者,那种会担忧制度化平等的平等主义者(即使我仍会把它看作是正义的一种要求①)。但是,由于我也不愿意拒绝职业选择的自由,所以看起来我正被迫在政策层面上放弃平等。但是,我不会放弃平等。我反而会努力表明,这个三难困境是被错误建构的,因为在它的自由因素的描述中缺乏澄清。

如果这个假定的三难困境真的是三难的,那么我们将会在许多类似的语境中面对各种三难困境。例如,也会存在我所称的蒂特马斯三难困境(Titmuss trilemma)。让我来介绍这个三难困境,以及一个明显的解决办法,这个解决办法暗示了如何解决本节主题这个三难困境。

理查德·蒂特马斯支持无偿献血的献血制度,并且支持不强迫任何人去献血。同时,他也支持充足的血液供应。所以,蒂特马斯想要三样东西:④无偿献血;⑤充足的血液供应;以及⑥选择是否献血的自由。④、⑤和⑥分别相当于在职业选择的自由那个三难困境陈述中(参见前面第184页)的①、②和③。

现在,一个三难困境式的对蒂特马斯的评论也许会说:如果有足够数量的人们不愿意去无偿献血,但愿意去有偿献血,那怎么办?于是,这三个想望得到之物不可能同时得以满足。那么,你必须付钱(至少一些)给献血者,或者在你原本可拥有充足的血液供应时忍受一种不充足的血液供应,或者拉壮丁式献血。

蒂特马斯对这个三难困境应该会如何反应呢?通过表达相信有足够多的人也许会被感动(并且,当蒂特马斯在英国写作时,他事实上被感动了)而去献血,那是通过原则性承诺和同情的某种结合来实现的。除非因为以上这些原因来献血的一个人被看成是不自愿的,否则这个三难困境就被消解了——并且,似乎不能说自愿献血者是不自愿的。我将称之为对蒂特马斯三难困境的"伦理的解决办法",但这仅仅是一个名称。就同情在献血者动机的解释中起到了一定的作用来说,那些愿意狭义地使用"伦理的"这个词的人可能认为"伦理的"是给上述解决办法贴了一个不恰当的标签,而我不必和他们争论。

---

① 我并非必须放弃正义要求平等这个主张,在那里这意味着,因为存在着正义,所以必须存在平等,而不是由于(不可否决的并且总是可实现的)正义的要求,所以必须(无条件地)存在平等。

不同的三难困境主张不应该彼此相混淆。我所关注的三难困境主张认为，**在现实条件下**，不可能同时拥有职业选择自由、平等和帕累托这三者。（它并没有说在**所有的**条件之下，不可能同时具有这三者：例如，它并没有排除所有这三者也许通过在很大程度上不大可能的侥幸而同时发生。）一种较弱的三难困境主张，即并非始终可能同时拥有三者，与我不相干。蒂特马斯不必主张，如果例如美国——美国在他写作时是付钱给献血者的——立即转向一种英国制度，那么就会立刻有充足的血液；并且，平等主义者们不必主张，不论所继承的政治文化如何，你都能够始终同时拥有自由和帕累托来支持平等。

我建议，一种相似的伦理的解决办法消除了这个平等主义三难困境。在这种三难困境中，如果正像在蒂特马斯的解决办法中那样，医生-园丁由于原则性承诺和同情的某种结合违背自己对园艺工作的偏好而选择医疗工作，那么我们可以同时得到平等、自由和帕累托这三者。

190 在他的《平等、道德激励和市场》中，约瑟夫·卡伦斯试图描述这样一种伦理的解决办法的具体细节，即在制度上的实现。卡伦斯描述了一种社会，在其中，那种看起来像一种标准的资本主义市场的东西组织着经济活动，但是税收制度通过重新分配收入来实现平等，取消了那种市场的不平等结果。这里有税前利润最大化的资本家和不拥有资本的工人，但是人们承认一种为他人服务的义务，并且他们因此服从于那引起一种完全平等主义的税后收入分配的税制。生产者在一种直接的意义上以现款结果为目标，但是他们不保留这些积累起来的金钱，他们出于一种有助于社会的愿望来追求它。

在卡伦斯的方案中，每个人最后都得到了相同的收入，而不管他或她的自身劳动贡献如何，但是人们仍然被吸引到那些公益的投资机会和工作中去。他们之所以知道哪些机会和工作是公益的，是由于那些与之相关的金钱"报酬"，根据消费者准备从他们的税后平等收入中支付给货物和服务的东西来看，那是市场安排的。税前收入像垄断资本，因为它们都要被政府征税，然后由政府提供给每个人一种同等的津贴。人们之所以参与这个游戏，是因为他们信奉平等①。

---

① 我不是在赞同卡伦斯办法。它有它的缺点［参见本章第38条注释（中译本第152页注释②——译者注），以及第八章第369页］，但是它值得作为伦理办法的一个开创性例子去思考。

在卡伦斯的伦理办法的实现中,人们都信奉平等,因此有才能者尤其不相信任何东西——包括他们幸运的生产性天赋——使他们有权得到更好的报酬或者更好的生活条件。A 作为他们当中的一员,为此接受了(税后)年薪 20 000 英镑的医疗工作:因此,这个三难困境中一个关键预设正如我在第 184—186 页上阐述的那样被歪曲了——以下一点不是必然真实的,即在构成医生-园丁例子的那些条件之下,医生将会(简单地)选择年薪 20 000 英镑并且放弃医疗工作,除非她得到年薪 50 000 英镑。如果我们不理会她想要满足平等主义原则的愿望和/或她对其他人的责任感,那么如果她选择以年薪 20 000 英镑从事医疗工作而不是坚持 50 000 年薪的话,那么她无疑处境更加不利。但是,暂不理会相应的情况,相比于如果他不献血他可能所处的情况,定期选择献血的人也是如此:我们可以想象得到,献血是一件麻烦事。然而,我们推不出,蒂特马斯的献血者是在不自愿地献血。那么,为什么这个结论在卡伦斯的有才能的平等主义者这个事例中应该吸引我们呢?

这个三难困境说,平等不可能在保持与帕累托一致的前提下实现,除非人们行动不自由。但是,如果医生-园丁以一种平等主义方式行动,是因为如果她认为那样做是正当的,即使在其他条件同等的情况下(由于她的平等主义信仰,它们不会是同等的),她可能更喜欢以其他方式来做,那么她并非行动不自由;或者,不同的是,如果她做平等主义的事情是因为她本身就喜欢做平等主义的事情,那么即使以她喜欢做的其他事情(诸如园艺)为代价也在所不辞。并且,这两种动机的结构似乎都是可能的。

需要注意的是,在伦理的解决办法中,帕累托视为被维护的原因不是 A 在平等之下不是处境更不利的:我不必否认,A 的平等主义选择使得**她**处境更不利。伦理办法维护帕累托的原因是,对于 A 本人在这种办法中是处境更加有利还是更加不利(它取决于我们应当如何权衡在境况有利的算计之下去做你所认为正当的事情,这是一件所建议的伦理办法并不要求我讨论的事情),无论我们想说些什么,当 A 选择以年薪 20 000 英镑从事医疗工作时,那么**其他人**的处境更加有利。

有人可能怀疑卡伦斯方案的组织可行性,也就是说,它是否能够充足有效地使平等和帕累托得到合理严密的满足:卡伦斯书中的大量内容是用来论证这个方案的逻辑和经验的预设确实能够被满足,并且卡伦斯本人和马丁·威尔金森(Martin Wilkinson)和斯图亚特·怀特已经对这样的方案做了更深层的工作①。如果这样的方案不可行,那么三难困境异议就占据优势②。但是,我正考察的问题是一个优先的问题,即一个凭借(某种类似于)道德激励(的东西)起作用的成功方案会是否被**当作**正在消除那个三难困境。**如果**伦理办法可行的话,它真的能够调和那个三难困境的三个想望之物吗?

卡伦斯方案是,当并且如果由于伦理的原因,有才能的人们在仅有利己主义偏好才会使他们回避的那种(税后)税率条件下行使他们从事工作的自由,那么这三个想望之物就都被满足。但是,称之为一种行使他们自由的方式仅仅是修辞学的吗?我们应该说他们因为被他们自己的道德承诺限制而事实上行动不自由吗?或者,也许我们应该说如果我们认为道德包括有争议的平等主义责任,那么他们会被道德本身所限制吗?但是,对此有异议的提问者仍然在继续论述,我们确实不想让道德来**限制**人们,因此我们不可能认为道德施加了这样一种责任。

让我先来回应后一提议。正如在后一提议中所出现的那样,这个回应是通过使它屈从于一种两难困境来实现的,这种两难困境由"限制"这个语词的多种可解释性而得以可能。要么对于谋杀的道德禁令被看成限制,要么它不被看成限制。如果它被看成限制,那么以下一点就是错误的,即我们不想要一种其法令是限制的道德。但是,如果无谋杀行为的道德约束没有限制,那么为什么无不平等的道德约束应该被认为有限制呢?因此,要么道德没有限制③,

---

① 见 Joseph Carens, "Rights and Duties in an Egalitarian Society"; T. M. Wilkinson, *Freedom, Efficiency, and Equality*, 特别是第 10 章和第 11 章;以及 Stuart White, *The Civic Minimum*, 特别是第 4 章和第 5 章。

② 诺齐克主张,自由推翻了一种平等主义模式,除非下面的三个条件被满足:"① 所有人都将最想坚持这个(平等主义)模式;② 每个人都能收集足够的有关他自己的行动和其他人正在进行的活动的信息,以便发现他的哪一个行动将推翻这个模式;③ 遍布各地的各种各样的人们都能够调节他们的行为以与这个模式相吻合。"(《无政府、国家和乌托邦》第 63 页,对这一观点的讨论,参见我的《自我所有、自由与平等》第 29 页及其以后部分)。他认为这些条件不可同时被满足,但是他承认如果他们都被满足,那么自由就是完整无缺的。这似乎得出,他会在原则上接受伦理的解决办法,但是他既怀疑人们能够被如此激发,又怀疑如果他们能这样的话他们会知道应当做什么。卡伦斯、威尔金森和其他人提出了后面的问题。

③ 这个观念,即道德本身也许有限制,像谢利·卡根(Shelly Kagan)已经令人信服地论证的那样,表现了一种范畴错误,一种对道德是什么的盲目迷恋:那些依道德行动的人们所受的道德原则的限制并不比那些依算计清楚来行动的人们所受的算术法则的限制更多(*The Limits of Morality*, 第 137—138 页)。对于卡根这些文本的透彻批判,参见希娜·史弗林(Seana Shiffrin),"Moral Autonomy and Agent-Centered Conceptions",第 248—254 页。我没有因为以下一点而被说服,即她的评论——也许在其他方面是成功的——可能触及我在这里对卡根论证的特殊使用。

要么如果职业的义务是道德的一部分,那么道德在某种意义上就会有限制,但这一点不反对职业义务是道德的一部分。在"限制"的相关意义上,从道德的反谋杀"限制"中不能得出,当我凭良心避免谋杀时我行动不自由。

第一个建议——即一个人可能(不是受到道德本身,而是)受到自己的道德承诺的约束——可能值得更多的考虑。然而,我们通常不认为任何一个根据道德激励行动的人是行动不自由的。那么,我们为什么应该认为如果某人的职业选择反映了一种社会义务感,那么他就是行动不自由呢?

在我们的市场社会中,有许多非常富裕的人们,这些人特别不爱好工作并且他们在根本不工作的情况下也能够过日子,但是这些人出于一种社会义务感的确选择了去工作。我们不会判定他们的决定——尊敬他们所视作一种社会义务的东西——为一种不自由的选择。那么,为什么我们应该这样来考虑医生/园丁——出于一种社会义务感选择了标准工资下的医疗工作——的决定呢?

要么这个三难困境反映了一种更普遍的真理,要么存在某种被假设使之站得住脚的关于尤其受到平等主义原则激发的某种东西。这个更普遍的真理会是,只有当人们要么他们自身从这样做中获益要么他们被迫这样做时,人们才做有益于其他人的事情:这会使伦理办法失去资格。但是,这个所讨论的普遍真理之所以是错误的,是因为它要么导致下面的错误,即在相关的外在意义上,在没有利益期望的情况下,人们从未出于善良或者良心的鼓舞而行动,要么导致下面的错误,即这样的行动是一种被迫的行动。如果我们规定,当且仅当他做他会最喜欢去做的事情时,一个人才是行动自由的,同时不考虑他的慷慨,不顾他所支持的规范,那么这个三难困境问题不仅是解决不了的,而且是无趣的。按照上述规定,如果一个受道德激发的 A 同意以年薪 20 000 英镑从事医疗工作,那么她的确是行动不自由的。但是,为道德原因而做事情总是意味着不自由地做事情,并且这个最初有趣的三难困境变成了道德动机特征的一种特殊叙述的一个纯粹结果。

在另一方面,如果受道德激发的行动不是在本质上受限制的行动,那么就难以明白为什么伦理办法不能有效地消解这个三难困境。当我们把受原则和/或同情的鼓舞加入这个三重关系之中时,自由、帕累托和平等也就连接成一种没有困难的四重关系。

我认为,医生之所以愿意成为一个普通薪水的医生,是因为她相信正义要求那种选择,因而这个医生没有**因为**她是被迫的①而用从事医疗工作来应对压力,因此她不是不自由的。但是其他人认为以下一点仍然是拒绝伦理办法的一个理由,即任何认为自身在道德上为了平等有义务放弃个人利益的人都是错误的。他们说,既然相关的义务并不存在,所以当人们出于对这样一种义务的(假定的)认识而去行动时,他们就并非行动自由。当你使你自身服从于算术法则时,可能你在自由地运算;但是,当你服从于(实际上是)错误的算术法则时,你就不是在自由地运算。根据这条批判路径,卡伦斯的医生园丁之所以采取一种对她自身选择的限制,是因为她对正义要求什么拥有一种错误的观念,这种观念与她选择其职业的无阻碍权利相矛盾。如果一个人选择以取悦他人的方式来选择吃、穿和粉刷房子,是因为她认为正义要求**那样**,那么她会是在一种可比较和类似的自我限制的误解之下劳动。(如果她出于对其他人的感情而做这些事情,她就不会是错误的,或者至少,没有以同样的方式犯错误。)医生园丁在没有允许她自身选择不去满足其他人利益的过程中,错误地约束了自身,牺牲了她的自由。

这种异议可能有些问题,但是它之所以不能像它原本那样起作用,是因为它的前提(不存在平等主义义务)和它的结论(因此那些放弃高薪而自由行动的人们就错了)在这里都是不可接受的。无论是否确实存在一种平等主义义务,乞求在这里否认它作为一个前提都是成问题的,因为这个三难困境的要点是要产生一种反对平等主义规范的论证,而当前的步骤在一开始就帮助它自身去得到那个论证想要得到的结论。所以,这个有争议的步骤在这里是不可接受的:它在这个辩论中会乞求这个问题去说,一个有社会责任心的园丁医生是错误的。同时,撇开这个事实即它的前提乞求于这个问题不说,该论证的结论是奇怪的。这是因为我们普遍不会认为,信念上的错误使遵从那个信念的行动不自由。相反地,这样的行动如果不是因为其他原因被判断成不自由,那么它就可界定为对某人自由的错误使用。

这个伦理的解决办法认为,自由是由法律义务的不在场来保证的,并

---

① 比较一下 Rawls, *A Theory of Justice*, 第 515/452 页:"一个人的正义感不是由那些当权者为确保他坚定地服从于为发展他们的利益而设计的规则从而精巧安置起来的一种强制性心理机制。"在已经实现公正的社会中,"我们能够说,通过按照这些原则去行动,人就是在自律地行动:他们是在按照这些原则来行动,这些原则是他们在最好地表达他们作为自由平等的理性存在物的本性的条件下将会承认的"(同上)。真正的问题是,一种不去利用人们优秀才能的责任是否在一个公正社会的那些原则之中。正像我在讨论之中那样,一个人不可能否认它是鉴于责任限制自由:在相关的(无关的)意义上,所有的责任都限制自由。

且,平等与帕累托相一致是通过道德的和/或类似道德的承诺来保证的。但是,有人可能会说,虽然严格说来,并且如我所坚持的那样,自由确实是通过法律义务的不在场来保证,并且道德义务不损害自由,但是,如果 a 仅仅是在道德上被允许,那么一种在 a 与 b 之间选择的自由就仍然是毫无意义和价值的。因此,如果我们用"有价值的自由"替代"自由",那么这个三难困境就使它自身得以重生。

但是,以下一点不是真实的:当仅仅 a 是在道德上被允许时,在 a 与 b 之间选择的自由是毫无意义的。假定 b 让某人去死,而 a 以对我而言微小的代价救了她;或者,假设 a 正在帮助一个老妇人过马路,而 b 并不帮助她。那么,即使 b 在道德上是被禁止的,我在这样的可选项之间进行选择的自由也关系重大:这个尺度即相关的自由关涉多少,正像现在提出的这个异议可能拥有的那样,不是相关的责任有多么微弱,而是对于把我引进这些任务之中的这个状态而言,它会是多么地不道德。自由的价值在于强制本身的不在场,而不在于因为合法而无法在场的合法道德律令的不在场。

然而,又有一种异议可能会被提出来反对这个伦理办法,也就是说,它太容易了。当然,有人也许会说,如果人们决定把优先性给予一种对平等的道德信念,那么自由、帕累托和平等就共同存在。但是,无论什么作为第三种想望之物(与自由和帕累托中的每一个都两两保持一致的一种想望之物)被加入自由和帕累托的组合之中,那都会成立。

我对这个异议有两点回应。

首先,如果这个办法确实没有价值,那么它为什么没有显示出该问题存在某些错误呢?换句话说,为什么没有显示出它总是很容易被解决?并且,能仅仅因为微小的错误——诸如一种对伦理鼓舞而言的错误观念——而以其他方式来思考吗?为什么一个对于这个三难困境的可接受办法必须推出该三难困境所形成的问题很难解决?

但是,无论如何,以下是我对"这个伦理办法没有价值"异议的第二个回应,它实际上要求做一些论证去解决这个三难困境。需要论证的是,在面对各种异议时,伦理办法实际上起作用。(并且,从本书的观点来看,它应该起作用是极端重要的,因为本书在政治哲学的关注范围之内促进了风尚的中心主义。)

至少作为一种区分和怀疑那些被误认为增加力量的主张的方式,讨论这个三难困境是有益的。我们也许能总结我们已达到的立场如下。要么一个社会中的人们信奉平等,要么他们不信奉平等。如果他们信奉平等,那么寻找一种调和它与自由和帕累托的方式的前景看起来是光明的。如果他们不信奉平等,那么平等很可能仅仅是通过(例如,由聪明的经济学家所提出)某种不可接受的力量和操作的组合来建立。无论如何,以下不可能是人们**不**信奉平等的一个原因,即平等要求他们至少拒斥自由和帕累托中的一个:平等没有这样要求。三难主义者说:"我们不应该是平等主义者,因为平等要求要么牺牲帕累托,要么牺牲自由。"对此,我的回应是:"并不是这样,因为如果我们是平等主义者,那么我们就不应该牺牲其中任何一个。"并且,这个回应不是没有价值的。它需要那个我已经尽力提供的辩护。

3. 平等、帕累托和罗尔斯式自由

到目前为止,我一直在直观上谈论自由,而不是在这个术语的某种具体的罗尔斯式意义上谈论它。现在,我想仔细考察第二章中对我的主张的一个罗尔斯式异议,即差别原则选择支持 D3 而反对 D2,这两者在那里分别是一种帕累托最优的平等和一种帕累托最优的不平等。在这个罗尔斯式异议中,正像在下文中明确阐述的那样,"自由"应当被理解为由罗尔斯的第一个并且在词典式次序上优先的正义原则所授权的自由。

罗尔斯的挑战展开如下:

1. 自由原则在词典式次序上优先于差别原则:在违背自由原则的情况下,提高处境最不利者的物质条件①是被禁止的。
2. 自由原则授权职业选择的自由。
3. 从 D1 到 D3 的步骤拒绝职业选择的自由。
4. 到 D3 的步骤不可能在罗尔斯的差别原则基础上被证明是正当的。

该论证的第二个前提可被质疑。自由原则在《正义论》中最初被设想为一种公民的和政治的自由原则,并且它对于以下一点是十分不清楚的,即职业选择的自由能够被看成是公民的或政治的自由的一个例子。此外,职业

---

① 不只是他们的条件,因为当社会超越严重匮乏的条件时,把自由放在首位被认为有利于处境最不利者。在"正义的一般观念"之下,没有什么被允许领先于只是提升处境最不利者的条件。

选择的自由在自由原则的权威陈述中，没有被罗尔斯本人提到①，并且，虽然在其他地方存在一种对职业选择自由的肯定②，但它没有在任何地方被称为自由原则本身的一部分③。

一般来说，罗尔斯从自由原则中排除了职业选择的自由，并且正是因为这个原因④，人们可能想要知道，确切地说，在原初状态的体系之内它的正当理由是什么。但是，虽然有一些制度规范的消耗，前提 2 本身仍可能弱化地授权职业选择的自由，也就是说，在某种程度上，就 D2 自身而言。然而，在该论证中真正成问题的前提是 3。因为伦理办法符合在词典式次序上优先于不同人们的职业选择自由，由于对罗尔斯而言，那种自由是法律上的职业选择自由，而没有一种选择特定职业的法律责任是在伦理办法中被确认的。于是，上面那个论证的前提 3 的步骤，即从 D1 到 D3 的步骤，在相关的意义上与职业选择的自由不相矛盾。

以下一点是真实的，在所展示的文句中，罗尔斯明确提到只有社会提供的激励作为这里的激励因素，却没有也提到在伦理办法中起作用的道德信念和同情，而是他不可能通过排除那些激励来反对这种办法。既然他不可能，那么他们就不反驳他的自由原则。除了那个观念的内在不成立性（参见第192页）——一种以平等主义方式来行动的道德义务本身就是自由的约束性——以外，在罗尔斯式基本结构的意义上不存在这样的义务限制自由。罗尔斯是在反对被迫的劳动，而不是反对平等主义鼓舞。它不可能似乎合理地被认为是一种对他们的罗尔斯式自由的违反，这种自由被人们所拥有并且非强制性地按照一种帮助老妇人过马路的义务来行动。如果他们拥有并且非强制性地按照一种限制他们市场逐利行为的平等主义义务来行动，

---

① 见例如 *A Theory of Justice*，第 61/53 页，以及 "The Basic Liberties and Their Priority"，第 5 页（= *Political Liberalism*，第 291 页）。

② 见 *A Theory of Justice*，第 272/241 页，在类似的题材中，参见 "Social Unity and Primary Goods" 中的清单，载 *Collected Papers*，第 362，366 页，"Kantian Constructivism,"第 526 页（= *Collected Papers*，第 313 页），以及 "The Basic Liberties and Their Priority"，第 22—23 页（= *Political Liberalism*，第 308 页）。

③ 关于例外情况，参见 *Justice as Fairness*，第 64 页以及 *Political Liberalism*，第 232、335 页。在 *Political Liberalism*，第 228 页上，罗尔斯似乎把职业选择的自由同机会的完全平等联系在一起，而不是同自由原则联系在一起；在 *A Theory of Justice*，第 241—241 页上，它似乎在某种混合物中与那两个原则结合在一起。（在这里，我非常感激来自塞缪尔·弗里曼的私人通信。）

④ 并且，也因为不确定性，至于这个不确定性应该得自哪个原则，参见前面的注释。

那么这为什么会是对他们自由的一种违反呢?①

我对本节第二段所展开的论证的答复的实质是,罗尔斯式职业选择自由原则排除了强制,但没有排除道德鼓舞的激励。但是,有人也许现在要质疑在我的这个答复与我在第三章中对基本结构异议的答复之间的一致性。因为如果我说把自由原则和被看成自由原则一部分的职业选择自由仅仅恰当地适用于国家所做的事情,那么我怎么能够坚持差别原则适用的范围超出国家所做的事情呢?②

然而,这个异议被放错位置了。自由原则的适用也超出了国家的范围:它瞄准不可接受的强制本身,不仅仅是国家强制。所以,例如,它禁止公民妨碍其他人说话;例如通过在联合广场以喊叫声压倒他们,或通过拒绝他们以防止他们轻易地进入大厅。关于第一个原则,人们当然必须做国家所做的事情:允许和促进相关的自由。因此,我也以更可能引起争议的方式说,关于差别原则所提议的方面,它们必须做国家所做的事情:增进处境最不利者的利益。(并且,是在可辩护的个人特权的限制范围之内的各种情形中。)③

也需要考虑一下"公平的机会平等"原则,这个原则是罗尔斯式公民们寻求通过立法来实现的原则。他们立法支持那个原则,然后在法律的范围之内做他们所能做的去阻止那个原则。当如可能的那样他们处于这样做的状态时,对他们而言这不会是不一致的吗? 种族主义者的态度与公平的机

---

① 弗兰克·范登布鲁克(Frank Vandenbroucke)对事实上什么是伦理的解决办法提供了一种强有力的对人不对事的辩护(以反对罗尔斯主义者):

在出于**道德承诺**的行动与被迫以某种方式行动之间存在着一个关键的区别。考虑一下接下来的例子:作为"**个体的原则**"之一,罗尔斯规定:作为一个理性的公民或立法者,似乎一个人应该支持那个最能遵从这两个正义原则的政党。这意味着他应该做相应的投票、督促其他人做同样的事情,等等。(罗尔斯,1971年版,第335页)

这个大胆的规定——正确地——没有被视作与政治自由相矛盾。罗尔斯可以同时地既断言政治自由属于基本自由,又断言正义要求它们被仅仅用来支持一个(他的)观念。类似地,对于一个契约论者来肯定以下情况则不是不一致的:理智的人们既一致同意作为一项基本自由的职业选择自由,又一致同意在有关他们对那个自由的使用上的道德准则……如果我们为了道德论证的缘故假设对正义目标的全部道德承诺在日常选择中占优势,那么在平等、帕累托效率与职业选择的自由之间就不存在三难困境(*Social Justice and Individual Ethics in an Open Society*,第171—172页)。

② 在一条未发表的1996年的注释中,我称这个为一种"策略矛盾"(strategic contradiction)。关于是否的确存在这样一种矛盾的一个有趣讨论,参见 Paula Casal,"Mill, Rawls, Cohen"。

③ 提特尔鲍姆的论文(参见"导言",第23页)对当前段落中所述内容构成了一个强有力的挑战。很遗憾我仍没有时间来讨论它。

会平等相矛盾①,但是立法(幸亏)不可能深入人们的态度之中,或者如果可能的话,它不应该以自由为理由。对人们而言,以下情况仍然是不一致的:在人们所能做的范围之内立法反对种族主义,然后在法律不能禁止他们这样做的任何地方他们都实践种族主义的选择。如果你同意这些是不一致的,那么为什么对于公民们而言,使用国家来追求平等或者差别原则,但是在生活中的其他方面把这些事情撇在一边,这不是不一致的呢?

自由的本质是,自由对选择不作结论,并且因此,自由原则的本质是,它应该仅仅适用于选择的结构,而对选择的内容漠不关心。但分配正义的本质不是分配正义应该在合适的结构之内对选择的内容保持沉默。相应地,正像阿诺德·朱波夫(Arnold Zuboff)所说的那样:

> 可能真实的是,你应当自由地(在相关的意义上:即没有国家强制)去做那些人们(仍然)应当在道德上责备你所做的事情。所以,自由原则可能说,你确实应该是自由的,虽然差别原则说我们应该强迫你。②

在我对这些问题研究的早期阶段中,我询问一个在政治上进步的学术型外科医生,他是否认为那些坚持要求他们有能力配得高薪的外科医生是混蛋,或者是否相反地他认为他们有权利坚持要求它们。他的似有道理而精练的答复是:"当然他们有权利坚持要求它们,并且当然他们这样做是混蛋。"他由此合适地拒绝了轻率的假设,这个假设支配了我已经问他的那个问题,也就是说,一个人不可以有权利去做错事③。我不怀疑有才能者有权利决定(也就是说,关于如下方面他们不被强制的权利)他们在不同的报酬率时工作多或少。我怀疑假如有才能者以一种标准的追逐私利的方式拥有这个权利,按照那激励整个罗尔斯主义事业的假设,对他们而言,行使这样一种权利是否是可辩护的。

---

① 并且,也是对尊重的社会基础的一种公正分配:参见第三章第46条注释(中译本第124页注释③——译者注)。

② 私下交流:比较一下前面第21条注释(中译本第182页注释①——译者注)中的范登布鲁克文句。

③ 见Jeremy Waldron, "A Right to Do Wrong"以及David Enoch, "A Right to Violate One's Duty"。

回想一下本章导引性的平等主义思想(参见本章第 1 段),即金钱和工作经验的质量这两者对人们都是重要的,并且那两者因此都应该进入平等主义的账单。正如个体在对他们可得的工作/金钱组合的内心比较中,使这两个想望之物彼此交易,所以平等主义者应该在基本原则的层面上把工作的形式、数量以及收入带入他们的平等和不平等的观念之中。诚然,在这种办法中存在一定的模糊或不确定性①,但是它在其所证明的有说服力的粗略判断中表明了它的实质,诸如,"的确他不是待遇优厚的,但是当你考虑他的工作是多么令人愉快时,那似乎并非是多么地不公平"。

现在,对于罗尔斯而言,在正义的估算中,把收入和工作质量设想成彼此权衡的东西是不可能的。罗尔斯支持对一种不平等产生的职业选择自由的运用,这反映出没有偏见或者疏忽:考虑到罗尔斯式正义对除了社会基本善以外的所有事情都视而不见,所以它是不可避免的。根据定义,这些社会基本善是:① **通用的手段**,也就是一个人需要用来追求他的生活计划的东西,而无论那可能是什么;② 至于谈到不同的生活计划,要具有**中立的意**义。并且,它们也正是罗尔斯所坚持认为的,③ **在客观上**可衡量②。罗尔斯主张,收入具备所有这些特征,并且在那一点上反驳他需要一些独创性③。相比之下,我们必须同意,工作经验的质量显然没有以上任何一点。它不是一种通用的手段,至少对许多人来说,与其说它是任何一种手段,不如说它是一种结果:即使其他人主要把工作看作是一种获得金钱的手段,

---

① 第八章为以下主张辩护:模糊和不确定性可能栖居于正义原则之中。

② 参见 A Theory of Justice,第 95 页和 Justice as Fairness,第 83 页对关于大量基本善的判断客观性的强调,并且参见第二章第 5 节和第 6 节一个有关劳动负担地位作为结果的问题。罗尔斯对正义的**分配**(distribuenda)的客观可测量性的坚持与正义原则是否被满足这个要求必须在公共性上是可确定的相一致。第八章是对这个要求的一个扩展批评。

这不是怀疑罗尔斯的社会基本善的清单上的所有项目(权利和自由、机会、收入和财富,以及自我价值感的社会基础:参见 A Theory of Justice, pp. 92/79)是否确实拥有上面所列举的一般特征。与标准相称的清单已经被挑战:例如,参见反对在效用与基本善之间的强罗尔斯式对比的有力情形被阿伦·布坎南在"A Critical Introduction to Rawls's Theory of Justice"第 29 页中提出。(在罗尔斯的后期作品中,基本善不再是简单地中立意义上的万能手段,而是人们依据他们的更高阶兴趣即作为拥有"两种道德能力"的存在物所需要的东西。这个改进没有影响到我在这里所提出的问题。)

③ 我的母亲过去经常说:"无论你是富裕还是贫穷,有钱总是好的。"尽管如此,对罗尔斯式基本善所宣称的中立性仍然有许多有用的异议:见 Adina Schwartz, "Moral Neutrality and Primary Goods",以及 Thomas Nagel, "Rawls on Justice"。威·金里卡在他的"Liberal Individualism and Liberal Neutrality",第 886—893 页回应了施瓦茨(Schwartz),罗尔斯在 Political Liberalism,第 196 页及以下各页中回应了内格尔。

许多人仍然对他们工作的质量抱以极大的兴趣。而与一个人的收入不同，他的工作、生活的质量是非常难以衡量的①。

现在，只要罗尔斯把工作经验的质量排除在正义的尺度之外，**为了防止差别原则奴役有才能者，他就需要把工作选择放在超出平等主义原则所及的范围之外**。因为如果在一种资源尺度的框架之内允许差别原则来支配工作选择，那么有才能者（并且不仅仅是有才能者）一定会尽他们所能地在他们最具生产力的职位上工作，并且不管工作对于他们来说是多么的令人厌恶，只要他们的工作以最小的总量增加那些可达到的善的总量②。

我不认为，不考虑人们工作经验的质量这一点在平等主义正义的审视下是可辩护的，无论在实践中充分考虑它可能存在着什么样的障碍③。罗尔斯相信他有充足的独立（于奴隶制问题的）理由去拒绝非资源（nonresources）、福利和尺度。我认为，忽视社会正义问题中的福利问题是荒唐可笑的，并且罗尔斯关于思考其他方面的理由也被放错了地方。当前讨论的教训是，下面的立场形成一个不一致的三元组：① 罗尔斯式的自由主义中立性（它在人与人之间比较善或者资源的总量，并忽视人们的偏好被满足的尺度）；② 最优化处境最不利者的条件；③ 禁止奴役有才能者。罗尔斯和我都肯定③。我拒绝①。罗尔斯事实上拒绝②：他赞同按照任何尺度来说作为②的可选项的收入不平等都会使处境最不利者的境况变得好起来④。

让我们按照自由的价值，来进一步比较工作选择上的罗尔斯式观念和平等主义观念。假设只有 A 能做工作 j——它需要特殊的才能——而且工作 j 是 A 所能做的工作中最少不合意的工作。（A 可能是一个四肢瘫痪者，

---

① 当然，也许同样可以把这样的东西说成是某人自我价值感的社会基础，但是追求这个想法可能会耽于第 28 条注释（中译本第 184 页注释③——译者注）中对不守誓言者的怀疑。

② 约翰·罗默（J. Roemer）和罗杰·豪（R. Howe）把这个后果归因于差别原则，因为他们没有注意到罗尔斯通过把这个原则归入一种词典式次序上的其次位置来避免这个后果。参见他们的"Rawlsian Justice as the Core of a Game"第 4 节。

③ 对利益尺度中包含工作经验质量的一种辩护在第二章第 5 节和第 6 节中被给出。测量人们工作经验质量的困难这个问题在第八章中被论述。

④ 一个用**社会基本善的平等**（例如，平等的工资率）代替②但在其他方面等同的三元组是一致的，但是当增加帕累托最优作为第四个必要条件时则是不一致的。因此，罗尔斯式自由的中立性加强了对平等、帕累托和奴役禁令的三元组的一种拒斥。

并且这份工作正像史蒂芬·霍金的工作那样可能基本上只涉及大脑的使用。)那么,就不需要任何特别的激励来诱使 A 去做 j。但是,假设 A 讨厌做工作 j。罗尔斯式的回应是:这是一个难题。平等主义者的回应是:A 应该得到额外补偿。所以,再次强调,不是平等主义,而是罗尔斯主义,通过对其福利尺度的贬低,而威胁到有才能者的一种奴隶身份。诚然,它只在相当特殊的情形中才是这样,但这个原则观点是站得住脚的。这个观点是,罗尔斯主义者无法指责一种包括风尚的内在受压迫的平等主义,因为同样的压迫情形可能也适用于反对一种罗尔斯式的征税市场,并且,无论如何,与罗尔斯主义不同的是,面对有才能者或者其他任何人将结束一份她发觉有压迫的工作这个危险时,平等主义者无法表现得安之若素。

在一个相关的意义即关于他们的选项菜单有多么广泛和讨人喜欢方面,罗尔斯授权它自身的最大最小化立法减少了有才能者的选择自由。如果税收上升而他的支出义务不降低,那么一个人去选择"多么努力"工作① 的自由就降低了,并且,在具体的环境中,那种自由通过罗尔斯式立法减少到什么程度,则是一个完全依情况而定的问题。在有些环境中,不伴随科恩式风尚的最大最小化立法对人们的限制将比在其他环境中伴随一种科恩式风尚的最大最小化立法会对人们的限制更大。并且,被强制执行的立法将在"限制"的一种较强意义上始终限制他们,无论是更多还是更少。据我看来,在这里并不存在关于自由(在选择的范围这个意义上)的相关普遍真理。

在这里,我们不考虑政府要求人们去从事哪种工作的这种情形:那是被法律上的职业选择自由所排除的情形。但是,自由实际上被遵循罗尔斯式正义的法律所限制。因此,罗尔斯主义者怎么能够主张,一种超出服从法律之外的平等主义风尚**因为它减少了自由而不被正义所要求呢?**② **在相关的意义上**,只有当一项政策侵犯了基本自由时,罗尔斯才把它看作是妨碍自由。正因为这个原因,他没有直截了当地谴责一次性总缴的人头税,因为它与自由相对立。对于罗尔斯而言,"通过税收来影响闲暇与收入之间

---

① *Justice as Fairness*, p. 64.

② 比较一下 Murphy, *Moral Demands in Nonideal Theory*, 第 48、50 页,关于与他所称的"被动的"要求和"主动的"要求的命令相关的内容。

的平衡"①,在本质上并不是要妨碍自由。那么更不用说,一种具有类似影响的风尚怎么能被当作对自由的一种妨碍呢?如果通过遵循正义的法律来限制自由是正确的,那么为什么自由不可以也由一种遵循正义的风尚所限制(并且,在"限制"的一种较弱的意义上,的确如此)呢?假设聪明的经济学家们能够如此评估选择的自由,以至于一个人的最好选择总是社会的最优化。这会被算作对正当自由的一种侵犯吗?为什么正当自由应该依赖于经济学家所能操纵的东西呢?无论如何,罗尔斯主义者没有理由去谴责那种操纵。但是,如果这样的操纵没有危害到自由,那么为什么认真的信念应该被认为是这样做的呢?

因此,这个问题继续存在:当最大最小化立法不被认为是不可接受的要求时,为什么一种平等主义风尚会被认为是不可接受的要求呢?这难道是因为遵从那种风尚就不得不**决定去做**平等主义的事情是特别的令人难以忍受吗?在这里,对这种意志存在着一种不合理的负担吗?对这个论证的一个完整答复可以仿照我在《如果你是一个平等主义者,为何你如此富有?》第10个演讲第11节中的讨论来阐述,在那里我回答了一个类似的关于由托马斯·内格尔提出的税收的论证。但是,让我在这里对关于"意志的负担"论证说上几句。

首先,如果事实上这种风尚放置了一种令人难以忍受的负担在意志之上,而立法没有强加这样的负担,那么那正是因为当风尚而不是强制性立法做出这样的诱导时,人们才是自由地(在相关的无可争辩的意义上)决定做什么。内格尔的例子是一种反对自由强加负担的例子,因此对我反对指责风尚减少了自由而通过风尚来进行的动因辩护,它没有做出回答。

此外,我不承认,因为通过风尚的诱导是难以令人忍受的,所以它应当被拒绝。考虑一下接下来的这个类比。假设我们同意,在其他条件不变的情况下,先到先得是用来分配某些善的正确原则:我们称之为"排队原则"。在正常情况下,该原则是通过队列的清晰度来执行的:通过立即谴责和/或例如由保安所提供的强制来阻止插队。或者,同样为了当前的目的,我们可以想象一个不寻常的排队强制执行机制,这种机制使得在物理上不可能插

---

① "Reply to Alexander and Musgrave",第253页。然而,在 *Justice as Fairness* 第157—158页,罗尔斯**确实**说过"一种人头税会妨碍自由的优先性",但是,他没有解释为什么他在那里抛弃了他在该文中所采取的更慎重的立场。

队：为了排队,你进入一个单人厢亭,而你在物理上除了(到了规定时间)进入最后的厢亭外,不可能进入任何其他的厢亭。

我们可以把一种制度与所有这些情况相比较,在这种制度中,你通过取号机的号票来排队,但是机器运作中的某些缺陷使无法觉察的作弊成为可能。在那种不寻常的(古阿斯类型①)情形中,在正常情况下通过外生规则所达到的能够只通过道德激励的自我约束来实现,并且这样的自我约束确实可能是一种负担。但是,无论它强加的"意志的负担"中的代价是什么,有人能够怀疑自我约束是合乎程序的吗?没有人会怀疑,并且没有人会怀疑的原因是每个人都认识到了排队原则的正义性。

因此,我猜想,人们之所以在工作选择的情况中用别的方法来进行判断,是因为他们事实上不相信一种平等主义原则,或者一种严格的差别原则,并因此发现遵从这样一种原则的前景是特别令人难以忍受的。这会得出结论,对意志负担的考量不可能是一种反对要求人们遵循那个原则的论证。

4. 平等、帕累托和工作中的自由

有人可能会说,第 2 节未能处理平等/帕累托/自由这个三难困境的最强可能版本。当这个三难困境以它的最强形式表述出来时,她可能会说,自由迫切需要的东西不是职业选择的自由,而是在某种程度上,**在自己职业之中**的自由,是对一种没有使一个人的生活难以忍受和受约束,而是允许她的力量以一种自然方式蓬勃发展的职业的追求。当在良心上受到鼓舞的医生选择从事医疗工作时,所失去的自由并不是她选择去做什么的自由——目前的批判者可能承认第二章的伦理办法驳斥了**这个**指责——而是作为她随后生活的一个特征的自由。医生可以选择放弃园艺工作,就像捐赠者选择献血那样自由,但医生由此所放弃的是如此关系重大以至于她随后过着一种不自由的生活:有才能者的奴隶地位不属于她的选择行为,而属于她正在选择的东西②。蒂特马斯意义上的捐赠者之所以不是同样不自由的,只不过因为她没有放弃任何可比较的时刻。至于她的自由,如果蒂

---

① 参见柏拉图的 *Republic*,斯特方版本(Stephanus),第 359—360 页。
② 像这样的事情实际上是穆恩对卡伦斯的抗议。参见穆恩(Moon)的 *Review of Carens*,第 146—150 页),关于卡伦斯的修正性回应,参见他的 "Rights and Duties in an Egalitarian Society"。我在前面第 189 页及其以后部分中描述了卡伦斯提议,我注意到了那个修正并改进了回应。

特马斯意义上的捐献者每天花费三个小时献血,那么考虑一下我们会怎么看。

在这个新提议中,这个三难困境中的第三个要素不是在(职业)选择的自由这个意义上的自由,而是作为一个人工作活动的一种特征的自由,即我将说的**自我实现**的自由。需要注意的是,这些自由中的任何一种自由都不蕴涵另外一种自由。一个人可能自由地选择一个高薪工作,而不要一个她会觉得并且实际上也是更自由的工作;并且,一个人可能违背她的意志而被放置在某种从事和发展她的力量的工作之中。用马丁·威尔金森的话来表述第 2 节的要点,它就是说,"如果人们想要按照他们当作一种道德责任的东西来行动,那就是对他们的"自由"的一种使用","而不是对它的否定"①。但是,在这个新的三难困境中,所声称的不自由不是在对所选择的东西的选择之中,而是在所选择的东西本身之中:正是选项这个意义上的选择,而不是选择意义上的选择,被说成不自由的。

现在,并且在这里,我开始对这个新的三难困境主张进行我的回应,自我实现意义上的自由有不同的程度。相应地,在一般的情形中,一个人不可能说,自我实现意义上的自由被平等和帕累托的合取所牺牲:非常可能的情况是,在平等和帕累托之下,有些公民失去了一些自由(因为与他们可能会的情况相比,他们更少自我实现),而有些公民获得一些那种自由。于是,这个三难困境消解了。(有人可能主张,选择的自由也有不同的程度,并且选择的自由对于有才能者可能会被减弱,并由此对于无才能者会被增强,但我本人没有做出这样的主张。我用第 2 节的三难困境论证所采纳的二元表达方式处理并且驳斥了这个三难困境,即把职业选择的自由简单地看作要么存在,要么不存在:但是,当所讨论的自由不是选择的自由,而是作为自我实现的自由时,二元阐释就没有成功的希望。)

平等主义者能够毫无疑虑地承认,当一个有才能的人处在或者靠近一个不平等社会的上层时,她在一个平等社会中的生活与此时相比就更少吸引力。并且,被削弱的工作经验可能会是一个重要方面,在这个方面,一个人的生活比它在一个更少平等的社会中可能会有的情况更少令人满意。但是,在医生的生活中,限制善的要点是改善较少幸运的其他人的生活:在一个平等主义社会中,与其他人不得不接受的相比,医生使他自己所忍受的

---

① *Freedom, Efficiency, and Equality*, p.147.

(**按照假说**)不是更糟糕的①。并且,当她忍受(**按照假说**)其他人获益,以及在一些情况中谈到他们的自我实现时,也是如此。因此,一个人不可能说,自我实现意义上的自由是与平等和帕累托的合取不相容的。

一个平等主义者能够同意,对于其服务要求高薪的大多数人所承担的负担而言,它在一个平等主义社会中会更大,这是因为他们——我们——通过这种不平等获益很大②。但是,这不意味着平等把奴隶身份强加给了有才能者。如果他们忍受奴隶身份,那么有人可能认为,其他的每个人也得忍受:**按照假说**,有才能者毕竟不比其他任何人的处境更不利。但是事实上,他们中没有人能够说得上是忍受奴隶身份:他们都平等地分享着生活的利益**和**负担,这是公正的;并且,在当前的意义上,许多人并不像假使他们生活在一个不平等社会中并处于或接近这个社会的上层时那样自由。我们不应该谈及"有才能者的奴隶身份",**仅仅**因为,为了对普通人的运气有所改善,有才能者被要求接受一种生活,这种生活与他们现在所享有的相比更近似于这种运气。(我们关于什么构成和什么不构成奴隶身份的判断,显示出对我们的正义判断的某种依赖。我们会说,强迫奴隶主去解放他们的奴隶的一种法律,影响奴隶主的一种奴隶身份吗?)

重要的是需要注意到,平等主义要求的严格性不是无限制的。有才能的人没有被要求去满足一种在综合考虑之下使她比其他人处境更较不利的工作/报酬方案:如果她是一个奴隶,那么她是一个特殊的奴隶,因为她不处在一个尤其不利的地位。她也没有仅仅因为她具有更多的生产能力而被要求比其他人生产更多的东西。并且,她也没有被要求去做那些无论多大价格她都不想做的事情。例如,医生园丁有她自己的价格,即年薪50 000英镑,她因此不像那下面这样的人:相比于任何薪酬下的医疗工作,更喜欢年薪20 000英镑的园艺工作。如果我们的医生园丁说,期待她以年薪49 000英镑做一个医生是很苛刻的,因为园艺工作是她内心的愿望,那么我们知道她的内心有一个更大的愿望,也就是说,以年薪50 000英镑做一个医生。如

---

① 对这里所述立场的强烈支持由理查德·阿尼森在"Property Rights in Persons",第213—214页中提供。

② 在一个(对我来说)有趣的段落中,简·纳维森提到"我们……所珍视的不平等,即财富的不平等"。"我们"是否珍惜它们,在一定程度上取决于我们是谁和我们有什么样的财富规模。但是,如果纳维森指的是他的(或者我的)代表性读者,那么他所说的是可容许的。(参见"A Puzzle About Economic Justice in Rawls' Theory",第2页。)

果我们打算强迫她通过放弃她的低于年薪（比如）8 000 英镑的园艺薪酬而以年薪 49 000 英镑做一个脑外科医生，那么以年薪 20 000 英镑做一个园丁就不是她的最强烈愿望，如果是的话，我们会由此使她受挫。

如果医生园丁的请求听起来是强有力的，那么这可能是由于一个混淆。一个人也能轻而易举地从她的偏好次序中推出，对她而言做医生会是很糟糕的，但是这个结论在这里不得不是错误的，因为那时她会不再说明标准情况：如果对于她而言做一个医生是很糟糕的，那么她作为一个高收入的医生**不会**比大多数人的处境更有利。在这里，**按照假说**，医生园丁作为一个年薪 20 000 英镑的外科医生比大多数人的处境更有利。她之所以相比于医疗工作更喜欢园丁工作，不是因为医疗工作对她而言是很糟糕的，而是因为园丁工作对她而言是非常适合的。为了保持例子的切题，对她而言无论采取什么标准医疗工作都必须是非常好的。她之所以说明标准情况，仅仅是因为对她而言做一个园丁是超级棒的。

如果她作为一个医生来工作，那么她当然会承受她不是园丁的遗憾。有人可能会说，这样的遗憾不应该进入平等主义的估算之中。但是，即使从平等主义观点来看她拥有这样的身份，那么也要注意，我们不可能想象她的遗憾等于一种生命消耗的疾病，因为**按照假说**，她没有被要求去忍受一种比基准更低的生活条件。她只不过被要求放弃高于基准的一帆风顺，而与她的（相对）罕见才能有关的谈判能力使她能够实现一帆风顺。

因此，当她表达出她的遗憾时，我们能够说："我们中的许多其他人也遗憾我们的生活不具有另外一种形态。但是，不论你的遗憾是什么，即使把你的遗憾考虑在内，你仍然是一个处境好的人，并且，我们只是要求你应当满足于比其他人的处境有利得多，而不是比处境有利得多的人们的处境更加有利。"医生园丁的例子看起来再次强有力地反对了我对标准情形的态度，仅仅是因为我们用不一致的方式考虑了这个例子：作为对标准情形的真正实例化，并且还作为这样一种情形，即在其中对这个女人而言做医生是一件特别可怕的事情，这是一个无法适用于标准情形的描述。

平等主义者要求有才能者提供更多产品或服务，而不是更多的牺牲。以下是更大才能的一个方面，即通常地与其他人提供的相比，对于他们而言，生产更多的产品或服务并不意味着比其他人承受更多的牺牲。这里的关键点不是从有才能的人那里得到尽可能多的东西，而是从他们那里得到来自通常程度的努力和牺牲的产品或服务的数量（这比正常情况要大得多)。结果是,有才能者将比他们在我们所熟悉的不平等社会中的处境更少有利。但是,可以预料到的是,在更平等的情况下,那些处在一个不平等社会顶层的人们将更少有利。这不能证明对"奴隶制"的一种呼吁是正当的,并且我有时认为,那些信奉对平等的信奉的哲学家们错误地称之为"奴隶制",只是因为一想到他们自身在一个更加平等社会中的命运他们就退缩。(我也是这样的:拥有一份满意工作的合理富有的人不会这样做吗?)

那个旧的共产主义口号,"各尽所能,各取所需",充其量是被拙劣地表述的,因为它暗示,更有能力者应该把他们自身更多的东西给出来,而不顾由此可能被满足或不被满足的需要。为了避免对于有才能者的不公平负担,或者就这件事而言对于其他任何人的不公平负担,这个口号的第一部分应该相反地受到其第二部分的限制:考虑到她为过一种满意的生活所需要拥有的东西,没有人应该被期望以一种相比于其他人过度压低她的立场的方式来服务。

现在,有人可能会主张,我过于粗糙地处理了这个改进过的三难困境,在我的处理中,我把自我实现的善仅仅看作是其他善之中的一个善,并因而作为可权衡物来反对其他的善,且反对其他人的自我实现。相反地,有人可能会主张,自我实现的善是不能与其他的善相比的。真实的情况是,这本身没有禁止为了增强另一个的自我实现而减少某个人的自我实现。但是,反对者可能会补充说,上述的不可比性与自我实现在价值次序上所享有的一种词典式次序上的优先性相关联,人们不可能为了其他人的利益而有义务放弃**任何的**自我实现。不可能指望他们满足于得到比他们可能会得到的更少的东西。

这个改良的三难困境的支持者现在面临一个两难选择。**要么**我们把自我实现和苦工仅仅看作是有功用和无功用的来源,以至于完成一个不喜欢的工作将因此被看作是生活中可与其他的负担和利益相比较的一种负担,得到足够补偿的负面事物可能会创造价值:**要么**正如紧邻的前一段中建议的那样,自我实现和因此作为其主要手段的劳动,具有某种享有优先权的地位。并且,对这个三难困境论证的支持者来说,每一个选择项都导致了困难的出现。

首先,假设对可取劳动(desirable labor)的价值的交易说明是正确的。那么,正如上面解释的那样,我们在一种普遍的福利平衡中用其他的东西简单地权衡了那种价值以及为做这项工作要求更多金钱的那个有才能的人，**仅仅**因为她更喜欢别人坚持那一种让她比其他人得到更多利益的组合：从一种平等主义观点来看，她只不过是不公正的不平等主义者。如果我们屈从于她，那么我们确实就失去了平等，但是我们没有获得自我实现意义上的自由或者帕累托。在作为自我实现的自由本质中，什么也不存在，这意味着只有当它是被不平等地分配时才存在；并且，当我们维持一种不平等的帕累托最优优先于一种平等的帕累托最优时，就不存在帕累托效益。

毋庸否认，帕累托最优的平等可能是达不到的，因为医生园丁拒绝以少于 50 000 英镑的年薪从事医疗工作。但是，通常的情况是，只有人们在道德上被允许拥有不正当利益时，帕累托才被实现。如果孩子的父母拒绝支付赎金给绑匪，而那是救回孩子的唯一途径，那么它就阻止了帕累托——每个人都是输家。只有当绑匪拿到了他在道德上不正当的赎金时，帕累托才被实现。因此，同样地，我们可能会认为，正义要求 A 以 20 000 英镑的年薪从事医疗工作，但是事实上，如果她会选择不这样做的话，那么，由于对她使用强力会是无耻的，我们就应该必须放弃对帕累托而言的平等，支付给她 50 000 英镑的年薪。于是，在面对我们的平等主义信念时，我们在政策层面上满足于不平等。

在对自我实现与生活的其他善之间关系的取舍解释方面，对于在本节中到目前为止使用的交易推理而言存在着障碍：存在这样一个点，在这点上①工作的价值相比于其他善的价值获得了某种词典式次序上的优先性。因此，如果她成为一名医生，那么医生园丁的生活会在某种难以接受的程度上被摧残。但是，如果一个人的工作的重要性如此巨大以至于以它的价值做交易来反对收入都有些不适当，那么怎么能由此推出，正确的做法是通过提供一种补偿金来吸引园丁从事医疗工作，以便于帕累托被实现呢？如果解决三难困境的平等主义办法威胁到了自我实现，那么这种相反的态度也会如此。我们不可能要求自我实现去证明医生园丁选择从事园艺工作的道德权利，然后使用这个要求去证明付给她更多的钱去从事一个违反她的自我实现的职业是正当的。

如果我们关于避免不喜欢的工作肯定了一种有条件的词典式次序上的特权（有条件的，例如，像刚才所建议的，达到一种覆盖基本需求的收入）是

---

① 比方说，在某处超过，但并没有大大超过覆盖基本需求的一种收入得以实现的那个点。

因为它不利于自我实现,那么我们也无法赞同医生园丁的话,即如果做医生会被支付足够多的薪酬,那么她会做医生①。这个公开承认会与她的断言相矛盾,她的断言是,她对有意义的工作的兴趣是无价的。她会像一个信基督的蔬菜水果商,抗议在礼拜天被迫开张,但是她声明,**因为**礼拜天是一个对她而言在那一天做生意会非常令人反感的日子,只有她可以索要双倍价格时她才会营业。这样一个杂货商不可能可信地说:"由于对我而言礼拜天不营业是这样一件反商业原则的事情,所以只有当我这样做时我被授权索要两倍价格,我才会这样做。"(如果她的宗教信仰是虔诚的,她应该被允许索要更多吗?)②

但是,有人可能提出异议,说我忽略了某种策略可能性,换句话说,尽管(有报酬的)劳动是自我实现的一种手段,但它不是唯一的手段。西尔维亚(Sylvia)渴望写诗,并且对她而言这会是自我实现的一个最重要手段。但是,无法获得写诗的工作,只有园艺或者广告的工作。西尔维亚选择了广告工作,以对自我实现比园艺工作会强加的更大损害为代价,因为只有广告工作的薪水才能买来她写诗所需要的闲暇时间和空间。她作为一个广告从业者,基于广告违背了自我实现和自我实现是一种在词典式次序上优先的价值这样的理由来要求高薪,这并不荒谬:在实例的这种范围之内,反对者从这个两难困境的第二个端项滑落下来③。

如果你现在倾向于询问,"当我们不付给她更多以至于她碰钉子时,为什么我们应该付给她更多以便她能写诗?"那么,这是一个问题,你必须把这个问题摆在词典式次序优先的自我实现/平等/帕累托这个三难困境的支持者面前。我没有承诺在这里区分"更高的"和"更低的"善。用它的修辞方式问这个问题的任何人只不过是把我们带回到这个反三难困境的两难困境的**第一个端项**(参见第 209—210 页)。我没有论战性的理由去喜欢其中的一个端项超过另一个端项。

总而言之,要么我们仅仅把劳动中的自我实现当作在福利计算中的另

---

① 正像在许多犹太笑话中那样,它们的妙语是"你说的对!"的变种。

② 比较一下 T·M·威尔金森 *Freedom, Efficiency, and Equality* 第 154 页:"那些放弃自我实现的选择不可能通过诉诸自我实现的价值来支持,而无论可得到其他什么样的正当性理由。自我实现也没有支持激励。激励的要点当然是要改变人们的偏好,以便他们选择不同的工作。当激励的作用是引导人们为了金钱放弃自我实现时,自我实现不支持激励的报偿。"

③ 这当然不是说,这个反平等主义的情形即为做一个不喜欢的工作而付给这样一个人很多是合理的,而只不过是承认它不涉及那个被这个两难困境第二个端项所打乱的具体不一致。

一个因素,在这种情况下,它缺乏作为某种东西的一个特殊地位,即作为任何人都不能被要求牺牲的某种东西。要么,由于词典式次序上的优先性,劳动中的自我实现无法进入这样的一种福利计算中,并且人们拥有某种自我实现的权利,他们可以行使这样的权利去抵抗那些为了社会公益服务而要求他们所做的事。然而,如果他们牺牲这种权利,那么他们没有被赋予激励性报酬,除非他们被用来为特殊的高价值追求提供资金,因为自我实现的权利的关键点是保护自我实现,而不是以他们的自我实现为代价使人们富裕起来。

接下来是一个融贯的立场,在其中我们得到了平等的和词典式次序的自我实现思想的合力。(我不是在赞同这个立场,而只不过是由于它的内在重要性来展示这个立场。)医生园丁拥有职业选择的权利,这种权利是基于自我实现的词典式次序上的优先性,她可以使用这种权利要么作为园丁去达到自我实现,要么作为医生从事值得称赞的社会服务:道德性并没有禁止她把社会目标放在个人目标之前。她不可以凭良心做的事情是,使用她的职业选择权利在一种否定她的自我实现(并且没有通过为一些高质量的闲暇追求提供资金来间接地促进自我实现)的工作中使自己富裕起来。她可以从事一种阻碍她自我实现的工作,但不是仅仅为了一种高额收入。我们在这里所假定的工作质量具有对收入在词典式次序上的优先性,并且,由于不存在收入上的增长能够补偿它,所以我们不可能要求或者期待医生园丁去从事一种减少她的工作经验质量的工作。但是,从道德上来说①,我们能够轻易地否定她同时拥有牺牲她自身的自我实现**和**阻止平等的选择权,因此,我们能够批评她**为了**最大化她的收入而利用她的权利拒绝从事医疗工作。(如果她说:"不要指望我[以年薪 20 000 英镑]从事医疗工作:医疗工作阻止了我的自我实现。"那么,我们应该说:"好吧。"但是,如果她改变意见并且商谈进入一个年薪 50 000 英镑的医疗岗位,那么我们就可能愤愤不平。)

这种想法的更一般形式是:你没有被要求牺牲某种价值,但是**如果**你这样做,那么因为有一定限制的原因,你必须以某种方式这样做,例如,为了另一种重大价值起见。不能要求任何人拿她的生命冒险进入一幢着火的建筑物,但是,如果你进入了一幢着火的建筑物,那么去拯救一只遭受危险的

---

① 在这里强制排除这种选择是没有问题的。

鹦鹉而不是去拯救一个遭受危险的婴儿对你而言则是不允许的①。(你并非不得不从事医疗工作,但是如果你从事医疗工作,你必须以年薪 20 000 英镑从事医疗工作服务社会,而不是以年薪 50 000 英镑使你自己富裕起来。)

有些人可能会采取一种不同的路径(我在这里没有提供任何一个,是因为我本人不赞同自我实现在词典式次序上的优先性)。他们可能会说,应该对以下情况存在一种限制,即仅仅为了无才能者的利益,有才能者应该公平地**考虑**牺牲多少自我实现。至少在某些范围之内,只有由此所增强的不是收入而是无才能者的自我实现,也许这样的牺牲才是可接受的。深层的问题由此被提出,但是我认为对用被理解为自我实现的自由来挫败改进形式的三难困境,我已经说得足够多了。

我们的问题已经是:期望医生园丁在未增长的薪水条件下做一名医生是否是对他渴望自由的一种压迫性否定。但是,对这种压迫指责存在两个对比强烈的解释。如果一个人发现下面的观念是令人厌恶的,即由于平等主义的支持就期待某人做他或她不喜欢的工作,那么对于为什么一个人可能发现那种令人厌恶就有两种不同的原因。

在它的第一种解释中,这个压迫主张(the oppression claim)认为,之所以说要求人们去做她不喜欢的工作是对一个人的生命的摧残,有时是部分因为,像医生园丁这样的人,会由于没有额外补偿而放弃一个更喜欢的工作而后悔,并为这种后悔所压迫。但是,在那种情况的地方,在不喜欢的工作所施加的那种严重剥夺具有吸引力的地方,对平等主义而言则没有什么问题,因为当期望或者不期望一个人做一种工作时,平等主义者考虑的是对那个人而言那样做的全部代价(包括,如果这被判断为可接受的,那么就不管在不做某个可选择的工作中存在什么样的后悔或者被放弃的价值。)平等主义不可能要求医生园丁过一种(相对于其他人的生活)特别凄凉的生活。

在与此相对的第二种解释中,这个压迫主张的基础是,人们拥有一种不受束缚的道德**权利**去选择她的职业:**因此**,期望她在没有增长的薪水条件下从事医疗工作就是压迫性的,而不管相比于其他人的享有和负担,那些不同的职业为她提供的利益水平是怎样的。在压迫性主张的第一种解释中,医生园丁之所以拥有一种成为园丁或者成为一个高薪医生的道德权利,是

---

① 谢利·卡根的例子:参见 *The Limits of Morality*,第 16、240 页。

因为对她而言以一种普通薪水做一个医生可能是压迫性的：所宣称的压迫危险是所述权利的基础。在压迫主张的第二种解释中，某种相反的推论被支持：这是**因为**她拥有成为园丁的权利，以至于期望她成为医生就会是（或者更好地说，**被看作**）压迫性的。平等主义者能够支持第一个论证，在那里它确实被运用，并且他们能够坚持认为：在缺乏进一步论证的情况下，第二个论证通过肯定平等的拥护者几乎明确否定的一种自我所有来反对平等①，从而回避问题的实质。他们可能推测，只有当它的两种解释被合并时，压迫性主张似乎才能提出反对平等主义的独立重要性。

我不知道，当人们说否定一个人有权选择她想要的工作是压迫性的时候，有多少人倾向于混淆我已经努力区分的这两个论证。不考虑据说她所拥有的任何权利，那么他们是指她的生活变成了一种受压迫的生活吗？或者，他们只不过是指不选择她不喜欢的工作是她的**权利**？对这两个问题的混淆使我们难以集中关注唯一重大的问题，即第二个问题。因为正如我已经解释过的那样，如果不受偏爱的工作在一种非权利预设（non-rights-presupposing）的意义上是压迫性的，也就是说，在一种不依赖（而是相反，应该支持）他们有权利选择他们更喜欢的工作这个观念的意义上是压迫性的，那么这个例子对平等主义者之所以没有提出任何问题，是因为他们谴责这样的压迫。

有人已经向我提出，我使用了令人费解的对比方式来处理自由对平等的挑战以及自我所有对平等的挑战。我明确认为对前一个挑战的处理保证了整章的合理性，我在这里对后一个挑战简单总结之后就不再考虑。但是，除了这个——在这里附带的——事实即我把一本书（即《自我所有、自由和平等》）的大半个部分致力于对后一个挑战的非概括性驳回之外，这个差异在接下来被证明是正当的。自由是一种普世价值，平等主义者必须通过提供一种与他们的观点相一致的对于自由的可信解释来使他们与这种普世价值相调和。但是，平等主义者没有同样地被要求去与自我所有这个非常有争议的主题相调和。

5. 不平等收入推理

现在，让我回顾一下前面论述中的一些要素。在第 2 节中，我阐述了平

---

① 只要所宣称的权利超出了平等应该被其所约束的那种个人特权的限制。

等/帕累托/自由三难困境,在那里,自由被理解为选择自己职业的自由,并且我对关于这个三难困境的我所称的"伦理的解决办法"进行了辩护。第3节保留了对这个三难困境的第一种理解以及所说的解决办法,以对抗特定的罗尔斯式表述。在第4节中,我对这个三难困境中的自由要素做了不同的解释,我把自由解释为工作中的自我实现,并且,通过向这一要素提出一个两难困境,从而击败了那个新的三难困境:无论他用"自我实现"表示什么,要么"自我实现"能在没有总体损失的情况下被用来与收入相交易,要么不可能这么做。如果自我实现的确只是很多善中的一种善,如果它能够被交易,那么它只不过是进入总的平等主义计算之中:在平等主义的方案中,有些人得到更多的(所理解的)自由,有些人得到的自由少于他们在较少平等化安排的条件下会得到的;但是,为平等而牺牲的既不(**简单地**)是自由,也不是帕累托。恰恰相反,如果自我实现不可能被交易,因为它拥有某种词典式次序上优先的特殊地位,那么这的确会赋予医生从事园艺工作的权利,但是它不会证明在收入增长的前景下吸引她从事医疗工作是正当的,因为那会不利于在论证中被给予特殊地位的那个价值。最后,在第4节的末尾,我揭示了在下面的主张中有一个重要的模棱两可,即要求某人选择一个更不喜欢的职业是压迫性的。

我在第186页上评论说,一种可供选择的并且比我自己对三难困境类型的论证更强硬的平等主义回应可能会同意,平等主义意味着医生园丁应该被迫从事医疗工作,但是强调作为结果的平等证明了那种强迫的正当性。我没有采取斯大林主义的路线,并且我也没有被它所诱惑。但是,我们现在已经明白,从否定医生园丁应该被迫从事医疗工作出发不能得出结论,为了她同意从事医疗工作无论她得到什么样的能得到的薪水都是没有错的。这个"不平等收入的推理",即从前提:A 不应该被迫作为一个医生来工作,推出结论:从道德上来说对她为成为一个医生所设置的条件的任何处理,是无效的①。

不仅上述推理是无效的,而且肯定它的"非被迫的职业选择"(no-

---

① 关于对这个推理更一般形式的一个非常好的批判式处理,参见理查德·阿尼森的"Liberalism, Freedom, and Community",那是对乔尔·范伯格的 *Harmless Wrongdoing* 的一个长篇评论。在它的更一般形式中,这个推理展开是这样的:因为 X 应该是自由地决定是否去做 A,所以在 X 为做 A 无论他能索要到什么之中是没有错误的。刑法违背这个推理,因为就个人有权隐瞒或者泄露信息而言,刑法禁止敲诈(为不泄露信息收费)。阿尼森在这个方面为刑法的一致性辩护。

forced-occupational-choice)前提的一些理由也是拒绝其结论的理由:自我实现的特殊重要性(称之为理由①)是这种情况的一个例子。当工作对人们而言所具有的深层意义被作为前提——一个人不可被迫进入某一具体行业——的理由而提出时,那么该论证前提的这个基础就与它的结论不相一致。按照词典式次序的自我实现解释,我们在第3节中看到,一个要求额外费用的医生在滥用她所要求我们准许给她的自由:对她而言使用下面这种自由是错误的,即根据相关的高尚理由来正当地商谈财富的自由。词典式次序上的自我实现者,即肯定不平等收入推理的结论的人,是搬起石头砸了自己的脚。

这个非强制前提(the no-forcing premise)的四个深层的假定理由将在这里被考虑:② 自我所有原则;③ 机会平等;④ 帮助社会的权利;以及⑤我自己的理由。有趣的是,我们无论如何没有找到一个理由,即尤其一个罗尔斯主义者能够为同样允许肯定那个推理结论的非强制前提使用的理由。罗尔斯主义者不可能使用②,因为他们不相信它;他们不可能使用③,因为它实际上对于前提而言不是一个好理由;并且他们不可能使用④,因为无论它对于非强制前提是否是一个好理由,正像①那样,它胡说了从那个前提出发的不平等收入推理。并且,我自己的理由(⑤)由于回避强制也未能证明罗尔斯式结论是正当的。

(2)对于自由主义者来说,非强制前提的理由是自我所有原则,这个原则说,作为一种自然权利,每个人对其自身拥有全部的权利,那是对一个客体完全自由的所有者对那个客体所拥有的全部权利①。当这个原则为不平等收入推理的前提提供基础时,那么它非但不反驳这个推理的结论,反而这个前提的根基代表了一个比那个前提自身更加直接的基础。这是因为在完全自由的所有权之中,那些不仅是保留和不出售自己服务的权利,而且可以以一个人所能得到的任何价格来出售它们。但是,罗尔斯主义者不可能使用非强制前提的这个理由,因为他们不承认这样的权利。

(3)职业选择自由的第三个候选理由是关于职业的机会平等。但是,假设(以某种方式)自由被平等地拒绝给予(可能是通过允许和禁止给予每

---

① 参见我在《自我所有、自由和平等》第213页及其以后部分中对"自我所有"的定义,同时现在参见一个对我的定义改进之后的定义,载 Vallentyne, Steiner, and Otsuka, "Why Left-Libertarianism Is Not Incoherent, Indeterminate, or Irrelevant",第204页。

个人相同的工作)的话,以下这一点是可能的,在没有职业选择自由的情况下,机会平等地获得可得的工作。(附带说一下,需要注意的是,获得可得工作的机会平等不会**自身**——即不是作为一种对职业选择自由的[假设的]正当性证明——证明不平等报酬的正当性。)

(4)接下来,考虑一下约翰·罗尔斯的"开放职位原则"。

> 它表达了下面的信念:如果有些职位不是按照一种对所有人都公平的基础开放,那么那些被排除在外的人们觉得自己受到了不公正待遇的感觉就会是对的,即使他们从那些被允许占据这些职位的人们的较大努力中获利。他们的抱怨还是有道理的,这**不仅**因为他们得不到职位的某些外在奖赏,而且因为他们被禁止体验因忠诚娴熟地履行社会责任而产生的自我实现感。他们被剥夺了一种主要形式的人类善。①

现在,抱怨反对一种否定"开放职位原则"的制度的人在这里据说被激起了两种不满:得不到职位的外在奖赏,"诸如财富和特权"②,以及得不到对来自"忠诚地履行社会责任"的一种自我实现感的体验。但是,第一种不满似乎放错了位置:除了当一种制度结构是合适的并且一个人已经恰当地占据一个与某些奖赏权利相关的职位时,一个罗尔斯主义者不可能声称一种对职位奖赏的权利。当关于怎样建构制度的一种基础性讨论(像当前的讨论一样)是合适的时候,任何这样的权利就都是后制度的,并且因此是无关的③。

罗尔斯在段落中所描述的第二种并且更高尚的考量是一种真正前制

---

① 《正义论》,第84/73页,附加了强调字体。关于对这个段落的睿智批判(它服务于一种与我本人意图不同的意图),参见理查德·阿尼森的"Against Rawlsian Equality of Opportunity",第98—100页。

② 在《正义论》的第一版中,短语"诸如财富和特权"紧接在"职位"之后;尽管罗尔斯省略了它,但是在这里我使用它来说明罗尔斯用"外在奖赏"(甚至当完成《正义论》第二版时)所想到的,因为在外在奖赏中一定(至少)保留着他所想到的。

③ 罗尔斯像现在这样重写了这个段落[参见第52条注释(中译本第200页注释②——译者注)]但保留了"不仅",这个事实强烈地暗示出,当他在1971年版本和1990年版本中写下"不仅"时,他没有在"不单纯为了……的原因"的意义上意指"不只是因为":对后一个短语没有解释,因而罗尔斯不会像他的实际语言使他所做的那样宣称,被谈及的人们对被拒绝外在奖赏——正像我所怀疑的那样——有着明显的抱怨。当我读到1971年版的文本,我希望当罗尔斯写到"只有"(only)时,他只不过意味"只不过"(merely),但是对1990年版文本的考查打碎了我的这个希望。

度的考量。但是,当职业选择自由的要点是这个第二种高尚的考量时,那么利用它去赚取更多的钱就是对那个自由的一种歪曲。在这里,所说的职业选择自由的目的是使人们对社会有所贡献:然而,**至此为止**,一个人所得的越多,这个人贡献的就越少,一个人正在保留其(同样)所能够贡献的也就越多。因此,为保护劳动力免受兵役的这个罗尔斯式理由就错在付给不情愿的医生一笔奖金来诱使她从事医疗工作。

(5)为什么我本人不会冒险尝试斯大林主义并强迫医生从事医疗工作?我关于这个问题的想法还没有达到一种完成的形式,但是我会公布它们,因为它们值得,就像它们现在站得住脚那样,即使我不满足于此,并且我知道它们将会遭受到批评①。对于不(设法)强迫医生园丁从事医疗工作,我提出了四个理由。这些理由各自地并且完全连同起来与下面的命题相一致:相信不愿合作的医生园丁是不公正地行动的。这四个理由涉及(ⅰ)防止反作用;(ⅱ)信息不足;(ⅲ)以正确的态度做事情;以及(ⅳ)不把人当作工具来使用。

有很多事情,我们认为人们不得不去做,尤其是为了正义起见,对于这些事情我们不会强迫人们去做。例如,信守(非常)重要诺言的义务。我们不应该强制执行非营利性诺言的一个原因是,因不履行而受惩罚的可能性——对立约者和受约者的损害——可能会阻止人们做出承诺。因此,类似地,(ⅰ)被征来从事医疗工作的可能性也许会阻止人们去获得和发展那会使得他们易于被征召的知识和技能,这一过程伴随着医生数量的不利后果。例如,某人不想成为一个医生但着迷于生物学,如果生物学学位会使他易于被征召为一个医生,那么这可能阻止他去攻读大学生物学学位,而选择他的第二个选择,即在社会上用途较少的园艺学学位。有人也许会认为,为了绕开这个阻止问题,在人们没有终止讨厌(超过人们一般所讨厌的)为了谋生而做事情这个约束之内,国家能够征召人们去从事那会使他们最大效用地做贡献的教育和训练。但是,为了公平地执行这样一个征募计划,而去假设国家能知道关于人们的能力以及人们所倾向喜欢和不喜欢的工作这些需要知道的信息,则是非常荒谬的。并且,这就是反对斯大林主义的强制的第二个理由,这一理由是认识上的理由,即理由(ⅱ)。虽然很容易知晓谁向

---

① 至少来自迈克尔·大冢,他在杂志 *Ratio* 的一期文章中提出挑战它们,那一期专门刊登关于本书的文章,并且临时安排在 2008 年 12 月出版。

谁承诺了什么,但我们不可能知晓人们的整体状况到底是什么,并且,如果我们拥有一些我们不可能拥有的关于他们的一些知识,那么在结果上就存在一种强制那些我们原本不会强制他们进入一种具体工作的人的危险(即使有人**有时**应该被强制从事一种工作)。我相信那种粗略的"每个人必须尽到他(她)的本分"原则,这个盛行于第二次世界大战中英国的原则是一个正义原则,尽管对于它称赞谁和谴责谁有一种不可避免的不确定性①,但是设法强制执行它则是荒唐的,因为对一个人来说是容易的本分,对另一个人来说则是困难的,并且,弄清楚何事对于谁而言是困难的是一个无法实施的任务。类似地,我们无法说出医生园丁有多么不喜欢医疗工作,或者多么不喜欢一种侵入性器械。(不能因此推出,就知晓那种不喜欢的程度而言,她有着和我们同样多的困惑,并因此对于她的薪水要求从平等主义正义的观点来看是否是可辩护的也一样困惑②。)

  这些反对强迫政策的理由分别宣称,对实现目标而言,它可能起反作用,并且因为适当的消息灵通,从而就不可能以一种公平的方式来实施它。但是,假设我们正好能有效地强迫这个合适的医生园丁从事医疗工作,则对于不这样做,仍会有两个强有力的理由。

  为了明白第一个理由,再考虑一下承诺的例子,并且注意到,当一个诺言被自愿遵守时,那么周围就会有更多的满意。一个人想要遵守,并且想要知道,他是因为高尚的理由而遵守他的诺言;当不管用什么方法使一个人被迫遵守他的诺言时,就很难达到这样的一种精神状态。并且,那个要考虑的因素(iii),即行为主体和人们一般说来都有理由更喜欢为了正当理由做正当事情,这也同样适用于医生园丁的选择。

  (iv)第四个要考虑的因素是,我们不应该把人当作工具来使用(这不是说,他在一定程度上不应该为了正义起见而把他自身当作一种工具来使用)。至于指责他被当作一种工具来使用,罗尔斯式经济政策——会使医生园丁由于政策加诸其选择上的限制而选择医疗工作——和有助于轻微推进医生园丁朝向医疗工作的科恩式风尚,都与迫使他进入那个职业形成鲜明的对比。

---

① 参见第八章第 353 页。
② 比较一下 T. M. Wilkinson, *Freedom, Efficiency, and Equality*, 第 172 页。

最后三个考虑因素都与个人特权有关,由于纳格尔式理由①,人们必须树立起他们的社会义务感来反对个人特权。这种特权不符合彻底的道德特权,按照罗尔斯式观点,即在差别原则约束的市场中作为一种纯粹程序正义的市场结果承担着正义的标记,所以彻底的道德特权被授权于个人的经济决定。我们可以肯定一种受限制的特权,而且因为一些理由也相信它,但我们无法说这个特权的界限在哪里:关于这一点,每个人必须做出她(或者他)自己的原则性决定。

但是,这意味着相比于**更多的**医生选择医疗工作,伴随着他们中(至少)有些人是被迫这样做,我们应该更喜欢较少的医生**自由地**选择以一种普通薪水从事医疗工作吗?谈到**按照假说**一种正义要求是什么,为什么我们应该更喜欢后一种事态情况呢?因为出于我已经在陈述的理由,不去强迫人们做他们为了正义起见而被迫自由地选择去做的事情有时是正确的。第二次世界大战的"尽你自己的本分"例子表明以下一点是错误的:如果它是正义的,那么通过强制使它产生就是可以的。

上述援引的考虑因素支持一种对罗尔斯式立场的拒斥,即在没有对我们这些拒绝那种观点的人承诺支持被迫劳动的情况下,那些遵循罗尔斯式法则的经济行为者的选择超出了正义判断的范围。并且,值得注意的是,一种罗尔斯式自由不可能鉴于人们应该因为正当理由做正当事情,而从容地拒绝强迫医生园丁去从事医疗工作,因为他那时会不得不放弃他的信念,即通过提供他额外的金钱来使他从事医疗工作是合适的。我既拒绝斯大林主义的强力,又拒绝罗尔斯式的诱导,而支持一种正义的风尚。

对于我没有应用强制于职业选择的理由的上述说明,有人已经提出异议说,它表明对于行为主体的一种我不会在强迫的所得税情况下运用的温和处理。但是,难道反对强制的非实践性考虑因素,即理由(ⅲ)和理由(ⅳ),没有同样地反对所得税吗?

让我们在理想的理论(ideal theory)与非理想的理论(nonideal theory)之间做出区分,前者谈论发生在理想社会中的事情,后者适用于以下场景,在其中除了别的事情,公民们还没有肯定和奉行正确的正义原则。为了确定观念,就要让非理想的环境变成一种下面的环境,在其中,一个全心全意的平等主义政府统治着那些投票拥护政府的半热心的平等主义选民,这是因

---

① 参见本书导言第4节。

为唯一的可替代项是一个追求推进自由至上主义的政党。

在一个真正公正的社会中，在完全遵从的条件下，代表平等的税制不会需要被强制。但是，或许还有一种政府，也就是说，一种中央管理结构，它提出一种平等主义鼓舞的税制，在其中人们会在它周围自愿配合。信息问题会阻止政府同样（非强制地）对工作分配进行立法。但是，如果它能够在一种适当的基于特权的平等主义原则之下这么做，那么我会理解这样做没有什么错。并且鉴于第3节中介绍的所有理由，所以那种立法不可能被看作是特别压迫性的。值得注意的是，我们认为以下一点是合理的，即去强制或者与这里相关类似的是，当威胁足够紧迫时，社会要求人们去服兵役，否则会造成社会不满。因此，类似地，社会需求越急迫，在工作选择方面反对个人偏好的权重就越大。

在非理想理论的情形中，我确实毫不怀疑地允许强制征税。由于认识和威慑的原因，被迫劳动仍然会是不可接受的，但是，纵然对它没有实际的或认识的障碍，它就会是可被接受的吗？我认为不会：即便按照那个过分的假设（这个假设如此过分以至于它甚至歪曲了我自己对极端反事实假定的极度宽容），税收/被迫劳动的对比还会存在。收入所得税根据有关你的收入的（相当）容易确定的信息强制你缴纳税款。它并不主张对你的下列行为有一种控制：实践一种与你的个性密切的知识，即什么使你高兴，什么使你厌烦，等等。那种控制意味着对人的大规模操纵，对那种情况，只有疯狂的自由主义者才可能认为收入所得税是可比的。即使（一个更加过分的假设）人们不介意他们的整个内在经济状况被官员们所知晓，但与不介意使用知识告诉他们应当做什么的人们相比，他们会不得不更为顺从。

从我所介绍的情况没有推出，我所支持的大致的福利主义的平等主义原则证明了没有强制是正当的。强制累进税制能够根据平等主义的福利主义理由——即*平均*福利越高一个人所拥有的财富就越多——被证明是正当的：在福利主义基础上征税，我们只需要信任平均数，我们不需要侵入个体的精神。

假设有人想要人们更努力地工作，或者想要他们比当前去工作更多的时间。那么，斯大林主义的做法可能会是命令他们去这样做。但是，那是在欺凌人们的偏好，并且，如果为了避免那种情况，即为了提供一种对人与人之间的重要变化敏感的政策，每个人要各自审查这些偏好的话，那么"侵入内在经济状况"异议就重新浮出水面。对比一下这两种政策，因此构建人们的选择——归结起来将有更多的生产性工作——是对自由更少的破坏。

累进税制的情况依靠以下假设,即福利是资源的单调函数。但是,与具体的目标点相对的同类一般能够在资源-福利函数更加混乱的情况中做出。设想一个不收任何费用的图书馆,或者不论他们借的书籍价格是多少,对所有人收取同样的费用①。这种政策背后的一种思想是一种与平等主义公平有关的思想。我们猜想,相比于他们在单独定价条件下会有的情况,在相同收费的安排下,在真正要紧的货币制度中,人们最终更加平等。这个政策强制性地运转:那些廉价藏书品味的图书馆被迫补贴那些昂贵藏书品味的图书馆。但是,那种强制,正如它是在一种结构上而不是分别在每个个体身上起作用那样,在一种与他的心理学密切相关的知识条件下,显然是更少令人厌恶。而事实上,从自由的价值这个视角出发,我会主张一种完全不令人厌恶的情况,在这种情况下,非斯大林主义的平等主义者必须达成协议,并且他们能像任何人所能够的那样去履行。

6. 血、肾和性

不平等收入推理之所以不成立,是因为凭借一种善或服务本身的情况,即使 X 没有被赋予权利对那种善或服务要求一种价格或者超过某一具体(合理)的价格,强制 X 放弃那种善或服务仍可能是错误的:因此,如果 X 不应该被迫在一个特定职位上工作,那么不能由此得出,对 X 而言,为做这项工作而仅仅要求任意数额的金钱就是合适的。并且,我们看到,更强烈的观点是,禁止强制服务的一些合理性根据也对使用随之产生的自由从那种服务中赚钱是不利的。当一个人选择他所做的那种类型的工作的深层原因被认为是重要的时候,不可能补充说他有权使用那只不过被要求用来丰富他自己的那种自由。事实上,偏爱工作 j 的原因越是深层的,需要更多的金钱来做更不喜欢的工作 k 就越少道德的意义。甚至可能存在这样的情况,在其中,人们做工作 k 的意愿是 k 的报酬有多好的一个反函数:人们将出于责任去牺牲工作 j 并做 k,但不是因为货币的原因。对照一个献血者的情形,他说:"我会得到 10 英镑。这弥补了我的不便之处。但是,我觉得获得

---

① 关于这个例子的更多内容以及它对讨论平等通货的重要性,参见我的"Expensive Taste Rides Again",第 11 页。

500英镑是极坏的。"

我继续来深入说明这个基本观点。当他们了解到贫困的第三世界人民为了肾移植而在出售他们的肾(也就是说,每一个卖方)时,许多人感到震惊。他们**不仅仅**是震惊于导致卖肾者这么做的贫穷,因为他们没有同等地震惊于由相同的贫困导致他们去做的其他事情,诸如危险地坐在摇晃的火车车厢顶部。现在,不用说,这些震惊的人们会对某人的肾是通过强制性威胁来取得的更加震惊。因此,再次强调,你能够认为下列情况是不被许可的:去强制来自某人的一种服务,而没有思考买卖那种被当作买卖对象的服务是没有问题的。并且,对**禁止**其强制转移的某些原因也是**阻碍**这个对象的市场的原因(即使不是相同的强度)。同理,你可能会认为征集血液是不道德的,并且**因为相关的原因**,你可能会阻止它的市场。

这些震惊的人们不需要认为,当有人让出一个肾时,总是令人震惊的。如果有人无偿捐一个肾给朋友或亲戚甚至一个匿名的肾缺乏患者,他们可能不会感到震惊。他们可能会说:"让出一个肾是如此重大的一件事情,以至于如果谁这样做,那么这样做的原因应该是相应地重大。"肾的卖主的财务状况也许是非常危险以至于这是他的最好求助对象,并且是不应该被禁止的求助对象,但仍然存在理由强烈反对求助对象的性质。于是,那些不认为买卖血液是令人不快的美国人可能仍然会认为买卖肾是令人不快的,尽管事实是,让出一个肾失去的更多。他们可能会说,那正是因为它意味着失去了比一品脱可再生血液重要得多的东西,以至于肾不应该因为金钱而被交换。

现在,考虑一下卖淫。在卖淫与卖肾情况之间有不同之处和相似之处。有一个区别是,让出一个肾在任何情况下**在一定程度上**都是令人遗憾的,而卖淫在有些情况下却是令人愉快的。然而,也有相似之处,我们可以因为与我们为什么认为强奸(被迫给予性)是很坏的有关的原因而认为卖淫(有偿给予性)是很坏的。我们可以认为,在强奸和卖淫这两个情况的每一个之中,正像在被迫取肾和卖肾这两个情况的每一个之中那样,被要的东西因为错误的理由而产生。

人们可能会谴责强奸,仅仅因为它是一种侵犯。如果是那样的话,对强奸的谴责就与对卖淫的漠不关心是一致的。的确,如果一个人谴责侵犯只不过是因为它是对自我所有的一种破坏,并且自我所有原则耗尽了其伦理资源,那么,与不平等收入推理的自我所有证明[参见第216页(2)]的推论同理,正是谴责强奸的基本原理同样授予无条件的执照给卖淫。但是,如果一个人谴责强奸是因为它在强迫那些仅仅应该在爱中被给予或者至少在欲望中被给予的东西,那么谴责强奸的这个理由也是不赞成卖淫的一个理由。(所谓制度化是一个深层的问题,如果有的话,不赞成卖淫会有助于证明其正当性:它不会推出卖淫应该是非法的。它也不能推出妓女或嫖客应该受到谴责。但是它会推出,在一个社会中存在卖淫是关于这个社会的一个可悲事实。)

很少有人以大多数人考虑妓女劳动的方式来考虑一般劳动:相信人们从不应该为性交易收费,比相信人们从不应该为一般服务收费,要普遍得多。以普遍的观点来看,出卖你的劳动是没有问题的,尽管可能不完全是为了你所能得到的东西。

但是,我属于上述的少数人①。我对"各尽所能,按需分配"这个共产主义口号有一些同情。这个口号将劳动、能力的运用和收入分开,这个口号宣称收入应该严格符合需要。在共产主义的理想中,劳动就像非营利的爱一样(虽然不因此出自爱)被自由地给予。但是,这个口号是不周到的,因为"各尽所能"对服务的期望没有限制(此外,参见第 208—209 页)。这确实是对有才能者的奴役,并且它有待按比例递减。相应地,我们反而需要说,从共产主义观点来看,劳动,像爱一样,如果被给予的话,应该被自由地给予②。禁止强奸不能证明卖淫的正当性。

共产主义的观点在人们熟悉的家庭规范之中有它的位置。一个为了生计做房屋维修的亲戚有一个堂兄弟,后者有一些东西需要修理。他们每一个人都相当富裕。亲戚很忙,只能在星期日做这个修理工作。我们可以假设,按照标准的家庭规范,这个亲戚没有义务放弃星期日的休息而去做这个工作,他的堂兄弟劝他这样做会是不合理的。但是,这同一套规范也可以宣称,如果这个亲戚确实主动提出做这个工作,那么他不应该索要报酬。然而,如果这个亲戚选择不主动提出,那么这可能会被判断为帕累托次优,因

---

① 注意这个我用来结束本章的强势立场,它没有被不平等收入推理所要求,或者被要求用来拒绝不平等收入推理。

② 比照一下卡尔·马克思的《经济学哲学手稿》第 156 页:"卖淫不过是工人**普遍**卖淫的一个**特殊**表现,因为卖淫是一种关系,它不仅包括卖淫者,并且包括逼人卖淫者(后者的下流无耻尤为严重),因此,资本家等等,也包括在卖淫这一范畴中。"(参见《马克思恩格斯全集》第三卷,人民出版社 2002 年版,第 301 页——译者注)

为他可能会为了一份那个堂兄弟会热情支付的报酬而热衷于做这个工作。但是,在一个共产主义社会中,这不是你如何对待亲人的问题,也不是你如何对待同胞的问题。

第二编　从……拯救正义

第六章 事 实

1. 陈述我的命题

本章关注事实（facts）与规范性原则（或者正如我将称呼它们的那样，简称为"原则"）之间的关系。在这里，规范性原则指的是告诉行为主体（他们应当或不应当）做什么的一般指示；事实指的是人们可以有理由地认为支持了一个原则的任何一类真理（truth），或者与之相符合的任何一类真理，**而不是（即使原则是真理）一个原则**。对原则是否以事实为根据这一问题提供答案的大多数哲学家，认为（站得住脚的）规范性原则依其身份（并且因此，它们全部都）是（至少**尤其地**）以人性和人类的处境为根据。当约翰·罗尔斯说"正义观念必须由我们的生活条件来证明其正当性，这一点我们可能了解，也可能完全不了解"时，他就表达了这种信念，因为他并不由此打算来对比正义原则和那些没有被有关我们状况的事实来证明正当性的其他原则。

本章的中心命题（在第 4 节中阐明它）否定上述信念。我主张，一个原则能够对一个事实做出反应（也就是说，根据一个事实）只不过是因为它也是对一个根本原则的反应，而后者不是对一个事实的反应：相应地，如果原则对事实做出反应，那么我们的最高信念原则无论如何都不根据于任何事实。

请注意，上面第一段中所提供的规定并不排除规范性原则本身可能在一种不同于这里所规定的"事实"的意义上也是事实。也就是说，原则也许在更广义的"事实"中是真理。在更广义的"事实"中，所有的真理，因此也包括真正的原则（如果有的话），都表述事实。我本人相信存在真正的规范性原则，但是这里所要辩护的关于原则和事实的命题，正如我将在第 17 节中解释的那样，在有关是否任何规范性原则都是真理方面是客观中立的。

2. 事实和一些元伦理学问题

在第 17 节中，我还将解释为什么我刚才就什么构成事实所说的几句话

(几乎没说什么)能满足我的证明目的。在这场辩论中,无论我的反对者把事实(合理地)理解成什么——他们的立场我将在第 3 节中描述,我都感到高兴:我的论证,正如我相信的那样,在"事实"含义可允许的变化中是稳固的,并且在对比鲜明的事实与价值之间关系的观念上也是客观中立的。我关于事实与原则的看法——正如我在第 12 节中主张的那样——也不要求我在著名的"应该"是否能够从"是"推出的问题上采取一个立场。它强调,在关于原则的客观性、事实与价值之间的关系、"是-应该"问题的争议方面,让我补充一下,并且在实在论/反实在论/准实在论/此处稍微有一点儿实在论-彼处有不那么多的实在论(a-little-bit-of-realism-here-not-so-much-realism-there)的争议方面,我的命题所回答的那个问题都是中立的。这里所探究的问题区别于那些在元伦理学文献中占主导地位的问题,并且就我所知,它在那样的文献中几乎没有被讨论过。如果把我将要陈述的命题类同于在那些熟悉的争议中的命题,那么你将不可避免地会误解我。

这里所考察的议题与长期存在的争论有关。这个议题所具有的独立地位不仅使当下的讨论少了一些它原本可有的吸引力,因为对那些流行的哲学争议而言,它的影响有限;而且在某种程度上使它比原本更有吸引力,因为它提出一个比较新颖并且我认为重大的问题。哲学家们对这个问题谈论不多,而大多数哲学家要么自发地要么被适时激发而对它发表强烈的反对或未经论证的看法,在这个问题上,每一方都发现**显然是真的**:这样的境况表明,这里大概存在一个哲学问题,大多数哲学家对它的看法至少是部分错误的(因为如果相当多的反思性思想家认为一个看法是显然错的话,那么这个看法不可能是显然真的)①。

3. 大多数哲学家关于事实和原则考虑哪些问题

这里所要辩护的命题与许多人(并且,我相信是大多数的道德和政治哲

---

① 许多哲学在我们倾向于断言的两个或所有的冲突命题之间寻找协商取得一致的路径。例如,我们倾向于**既**断言我们对我们的选择负责,**又**断言科学表明我们不是这样的;**既**断言我们知道许多不可否定的真理,**又**断言我们几乎不知道什么;**既**断言道德判断是客观的,因为反之它们就没有强制力,又断言道德判断仅仅是主观的,因为没有办法表明它们是真的。这些对立双方的看法都有一定的道理,这无疑部分地说明哲学的争议很难解决。同时,在每个事例中,当各方的支持者认为他们的看法不仅具有一定的明显性并且毫无疑问地为真的时候,他们就都是错的。

学家)所愿意认为的相反,也就是说,我们关于规范性原则问题的信念,包括我们关于最深最一般原则问题的信念,应该反映(reflect)或者对关于事实问题的真理做出反应(respond to):它们应该——**这也是我如何使用"反映"与"反应"的问题**——在证明它们的根据中包括事实问题。因此,举例来说,很多人发现这是不言自明的,即:我们关于原则的信念应该反映关于人性的事实,诸如人类易受痛苦的事实,或者他们能够彼此同情的事实,以及关于人类社会组织的事实,例如人们对集体行为问题的倾向,或者由兴趣相异及观点冲突的个体组成社会的倾向。这些人相信,所有站得住脚的原则都——如我将要说的那样——是敏于事实的(fact-sensitive)。所谓"敏于事实的",我的意思恰恰是说,事实至少是证明它们的部分根据①。关于正义的建构主义者②相信这一点③,并且,引导我去思考和研究这里所讨论之问题的也是我对那种建构主义的兴趣。在这里,我在一般的意义上探讨以事实为根据的原则与以事实为根据的事实之间的关系。并且,我把它运用到在第七章中导致建构主义的东西之中。(在第18节和19节中已经存在这样的运用。)

---

① 原则在一种不同于我的引语的用法中可能被认为是"敏于事实的",因为如果缺少了一定的事实,原则就缺乏了一种清晰的意思。我相信,终极原则不仅在本文所规定的意义上对事实不敏感,而且在本注脚刚才所规定的深层意义上对事实也不敏感,但是,在本书中我只对前者做出辩护。

② 在这里,我使用"关于 X 的建构主义"短语是指:X 所证实的原则通过作为一种具有优先权的选择程序的产物而获得它们的有效性。有人认为这是建构主义的一个定义性特征,即把一个原则的有效性等同于它是这样一种程序的产物。我刚才所规定的建构主义,既与这个特征的存在相一致,也与这个特征的缺乏相一致。此外,参见第七章第1节。

③ 罗尔斯这样写道:"正义观念必须由我们的生活条件来证明其正当性,这一点我们可能了解,也可能完全不了解",同时,他并不由此打算为那些比正义原则更为根本的原则留下被证实的空间,后者不依靠如此的条件来证明它们的正当性(*A Theory of Justice*,第454/398页)。

但是,不仅仅是建构主义者肯定终极原则的根据在事实之中。一些非建构主义者也有这样的表示:约翰·杜普雷(John Dupré)说,"一个常识是,如果不做出一些关于人是什么的假设,那么任何的规范性政治哲学就都无法产生"(*Human Nature and the Limits of Science*,第86页)。如果我对杜普雷的理解是正确的,那么我在下面第4节中反对了他所肯定的这个常识。(如果他同意我的如下观点:一旦政治哲学产生,那么它就抛开了事实根据,那么我就错误地理解他了。)或者考虑一下查尔斯·泰勒(Charles Taylor)的说法:"确实,任何的规范性理论都连接着某种或某些解释理论……"("Neutrality in Political Science",第32页)或者,换一句艾伦·吉伯德的话来说,"当寻找伦理中广泛的反思性均衡时,似乎人性就必须是我们应该考虑的事情之一"(*Wise Choice, Apt Feeling*,第25页)。的确,这些陈述都需要阐释,而罗尔斯独自明确地肯定了我所否定的。但是,我评判了这些非罗尔斯的陈述,它们在精神上与那种激励我在这里保证把它们展示出来的精神完全对立。

4. 我的命题：终极原则是不敏于事实的；以及心灵清晰性要求

那种认为所有统治人性的原则都对关于人性的事实具有敏感性的看法听起来似乎是有道理的，并且似乎对许多人而言是显然正确的，但是，我相信它确然是错误的。我相信，**所有**原则都对事实敏感不可能是真的，**一些**原则如此则是真的，仅仅是因为对其他**不敏于事实**的原则而言是虚假的，这也解释了为什么某些事实是那些**敏于**事实的原则的根据。在我看来——这也是我的命题——**一个原则能够反映或者对一个事实有反应，只是因为它也对一个不对事实反应的原则有反应**。换句话说，为了反映事实，反映事实的原则必须反映那些不反映事实的原则①。

我的命题依赖于使原则成之为原则的东西，更具体地说，依赖于使事实成为原则之根据的东西。这个命题不局限于在某种意义上正确的原则的范围之内。它适用于任何人的原则，无论它们正确与否，**只要她对她的原则是什么和她为什么持有这些原则有一个清楚的理解**②。("理解为什么她持有这些原则"是对"知道她认为何者是这些原则的根据"而不是对"什么导致她持有这些原则"的缩写。)(在一个适当的重述下)这也是任何构成**正确的**原则集合的东西(无论是什么)所具有的特征。

---

① 根据阿马蒂亚·森，我们称那不反映事实的原则为**基本**原则。参见他的 *Collective Choice and Social Welfare*，该书把"基本价值判断"定义为一个在任何及所有关于事实的假设之下对判断者而言保持不变的价值判断。我的看法(我已惊奇地发现，那是有争议的)是，存在基本价值判断，并且我也相信所有不是基本价值判断的价值判断都派生自基本价值判断以及事实陈述。在原则问题上，一种仿照这里所提供的类型而形成的论证，会证明那些关于价值判断的主张。

我应该说，我并不同意森在**集体选择**中讨论基本及非基本价值判断时所说的一切。例如，我相信他的陈述"**没有**[具体的][某人所做的]**价值判断可被证明**[对那个人]**是基本的**"(第63页)依赖于证明标准，而这个标准在当前语境中具有不相称的严格性。依据那个严格的(我猜测，受到波普尔的过度影响)标准，如森承认的那样，**没有**"**事实性假设**"能够曾经被证明是真的：关于所述的承认，参见森的"Nature and Classes of Prescriptive Judgment"，第53页。我还认为，森在**集体选择**(第59页)中的评论："在这里并没有宣称两个范畴[即：基本的和非基本的价值判断——G·A·科恩]必须都是非空的"，显露出不必要的谨慎，因为我认为基本价值判断的存在是能够被证明的。

② 这个用特殊字体所强调的要求限制了在这里对有关个体原则所谈论的东西，但是它也作为一种探索性策略，聚焦于如下问题的真值：在一种规范性原则的体系之内，并且独立于任何人的信念，规范性原则如何证明以及被证明呢？在谈到某个完全清楚她的原则承诺的人所持有的原则体系时，准确地说，我不仅仅在谈论这一点，而且在谈论这样一个融贯的原则集合的体系本身，并因此，更具体地说，谈论构成客观规范性真理的那些原则的体系，**如果有这样一种东西的话**。

5. 该命题的一个例证

现在让我来展开这个命题。首先，我抽象地展开它，但是我希望随后给出的是一个有帮助的例证。

假设命题 F 陈述一个事实性断言，然后根据并基于她对命题 F 的信仰，一个人就证实了原则 P。接着，我们就可以问她**为什么**她把 F 看作是证实 P 的一个理由。并且，如果她能够回答这个问题，那么我相信她的回答将表明或蕴涵对一个更为根本的原则的肯定（称之为 P1）。即使否定了 P，原则 P1 仍然会有效，而且决定着 F 是否成立，解释了**为什么** F 是证实 P 的一个理由：总是那个更深层的原则赋予了一个事实作为原则根据和提供理由的能力。所说的原则 P1 不受 F 是否成立的影响，即使 P1 也许如我们将看到的那样对其他事实是敏感的：我还没有主张初始原则 P 预设了一个对**所有**事实不敏感的原则，也就是说，这个原则不仅对 F 不敏感，而且**完全地**是不敏于事实的。

让我来说明我在主张中要说的东西。如果我是正确的，那么我对前述例子的谈论就为我的命题提供了一个论证，因为我相信我所谈论的东西既明显地为真又明显地可归纳。

假设有人肯定了如下原则：**我们应该遵守承诺（称之为 P）**，因为**只有遵守承诺才能顺利地实现守诺者的计划（称之为 F）**。（我不是说这是可能肯定 P 的唯一根据：即它是唯一足以实现我意图的合理根据。）那么，她必定会同意，她相信 F 支持 P 是因为它肯定了 P1，大致来说，P1 是指**我们应该帮助人们实现他们的计划**。在这里，正是 P1 使 F 具有重要的意义，使 F 支持了 P；但是，对 P1 的肯定，与这个肯定是否导致她肯定 P 本身相反，在根本上与她是否相信 F 无关。即使她不相信事实性陈述 F，她都会断言 P1：在她的信念体系中，P1 不受 F 是否为真的影响。如果她认为直面违背承诺能陶冶品性，并由此有助于使人们转化为更加有效的计划从事者，并且那个 F 也由此是假的，那么她就有理由抛弃或调整她的断言 P，但是没有理由抛弃 P1。

6. 该命题的更多例证

尽管以上述方式使一个事实有意义的原则并不受**那个**事实是否成立的影响，但是它还可以是对（其他）事实是敏感性的。为了说明这一点，返回到前面的那个事例，在其中 P1 说我们应该帮助人们去执行他们的计划。我们

235 现在可以问,是什么支持 P1 呢？一个可能的回答是,一个新的事实性断言（称之为 F1）认为,只有人们能够执行他们自己的计划,他们才能得到幸福。但是,很显然,只有根据一个更加根本的原则 P2,那么 F1 才支持 P1,P2 是说,如果没有其他的考虑①,那么人们的幸福就应该得到促进；也可能的是,并不存在作为原则 P2 之根据的事实。

尽管上述仅仅是"可能的",只不过是因为有人也许把 P2 建立在下面的（假设的）事实基础之上：促进人们的幸福表达了我们对他们的尊重。但是,因此他们必须支持原则 P3,即：我们应当表达我们对人们的尊重。如果 P3 本身以事实为基础,那么它以下事实为基础：人们具备被认为值得尊重的特征。因此,与事实无关的相关的基本原则 P4 就会是：人们应当尊重具备有关特征的生物,无论他们是人还是其他的生物。需要注意的是,P4 不受否认人类或其他生物具备有关特征的影响。诚然,如果没有生物具备那些特征,那么 P4 是不适用的；但是,某种生物**确实**具备那些特征却也没有为肯定 P4 提供根据。

许多人会认为,**只有遵守承诺才能顺利地实现他们的计划**这个考虑（F）,对我们应该遵守我们的承诺这个原则而言,并不是正确的根据,或者无论如何不是唯一的根据。许多人（比如我）认为违背承诺是错误的,因为那样的话就构成了对信任的一种亵渎。现在,承诺原则的那个根据可能被认为是一个不同于事实的东西,在这里,我不需要多做解释：原则的非事实性根据不在我的命题的范围之内。但是,如果有人的确想要把承诺违背信任这个断言说成一个事实的话,那么我会指出,使那个（假定的）事实成

236 为承诺原则的根据的东西是一个更加根本的原则,即人不应该亵渎信任。并且,那个更根本的原则本身,或者是不敏于事实的,或者如果它确实是敏于事实的,那么你现在就会知道我是如何使之进一步成为一个不敏于事实的原则。

---

① 要求"没有其他的考虑"是因为,如果陈述所述原则时没有这个附加条款,那么其他的原则就可能推翻它。为减少使读者感到不舒服的危险,我不会在下文显然需要的地方总是插入这个短语。正如罗尔斯所说："短语'在其他条件相同的情况下'和'在考虑所有条件的情况下'（以及其他的有关表述）表明一个判断依赖于整个原则体系的程度。一个被单独采纳的原则不表达一个普遍陈述,即在满足先前的条件时总是足以确定我们应当如何行动的陈述。倒不如说,首批原则从道德境况中挑选出相关的特征,以便通过解释这些特征而给予某个确定的伦理判断以支持,并提供做出这一判断的一个理由。"(*A Theory of Justice*,第 341/300 页)

7. 对该命题的论证

我的论证有三个前提。第一个前提是,只要事实 F 支持原则 P,那么就有一个**为什么 F 支持 P 的解释**,也就是说,解释 F 如何表达一个赞同 P 的理由。这第一个前提依赖于更一般的断言,即对为什么任何根据基于一个它所基于的根据总是有一个解释。我对那个更一般的断言没有论证——在一个合适的没有限制对何者有资格作为这样一种解释的理解下,它给我的感觉就是自明为真。

需要注意的是,这第一个前提对如何回答为什么一个根据基于一个它所基于的根据,在必须采取的形式上没有限制。因此,例如,这里就允许用它们是同一个命题来解释(即使格外地不令人满意)**为什么** p 支持 p(如果它确实如此的话)。对相关的为什么-问题(why-question)的回答,在我们的具体事例中有形式上的限制,即事实支持着原则,不是被第一个前提所证实而是被我的论证的第二个前提所证实。

第二个前提是,被第一个前提所证实之解释的存在引起或蕴涵了一个更加根本的原则。即使否定了 F,这个原则还成立。这个更加根本的原则用上面所述方式解释**为什么 F 支持 P**。对这第二个前提,我的辩护只不过是挑战任何不同意提供下面这种事例的人:在其中对为什么某个 F 支持某个 P 没有引起或蕴涵那更根本的原则有一个可靠而令人满意的解释。

(需要注意的是,第二个前提不是说,那个恰当的**更加**根本的原则或者是(**简单地**)根本的或者是不敏于事实的——不同于对具体事实 F 不敏感。这个较强的断言是该论证将要达成的结论。另外,还要注意的是,我所说的第二个前提预设了第一个前提的真。但是,对那些喜欢论证的前提之间要相互独立的人来说,可以通过以条件形式重述第二个前提来放弃这个预设。这也就是说,**如果**对为什么事实 F 支持原则 P 有一个解释,那么它就引起一个不敏于 F 的更加根本的原则。)

有了这些前提,我们就可以问任何一个在事实基础上断言原则的人,进一步更为根本的能够解释为什么事实为那个原则立基的原则是什么,同时,一旦那个更根本的原则已被陈述,就该问,它是否根基于任何事实,等等,如此反复地进行必要的许多次后,直到她根基于一个不反映事实的原则,否则这个询问序列会无限地进行下去。但是,我的论证的第三个前提只简单地是对这样进行的一个否定。那个前提的事例是三重的。首先，一个可靠的那种形式的询问可以无限制地进行下去似乎不可信：如果你不同意，那么试着举个事例，比如超过五个原则的询问。其次，这样一个无限制持续的序列会要求某种类似无限制原则嵌套（an infinite nesting of principles）的东西，然后，就很少有人认为存在一个相关的无限数量的原则。最后，一个无休止的理由序列会违背断言 P 的人对她的原则是什么以及为什么持有这些原则有一个清晰的理解这样的要求（在第 4 节中展开）：我们可以肯定地说，一个不能完成指定序列的人无法知道她为什么要持有那些她所持有的原则，因为她必须永远地进行下去。概括一下这个情形，形成第三个前提：那种追问序列不能无限制地进行下去，因为我们的信条资源是有限的，即使它们不是有限的，无限制继续下去也会违背自我理解的规定。

从上述前提可得出，如我所主张的那样，每一个敏于事实的原则都反映了一个不敏于事实的原则：只要某个人明白她所相信的和为什么相信，那么上述结论在她的原则性信仰体系内就是真的；并且，如果存在关于诸原则的客观真理，那么按照某种我没有在这里展开的推理部分，上述结论在这个关于诸原则的客观真理体系之内，也是真的①。但是，如同我在第 2 节中指出的那样，我的关于原则性信念的命题，或者"信念"，是成立的，即使没有关于原则的客观真理，即使我们关于诸原则的所谓"信念"实际上是认同的表达形式，或者普遍命令，或者其他某种与非真理有关的东西：更多的论述，参见第 17 节。

现在，我开始对上述三个前提各自展开进一步的评论。

7.1 对该论证的第一个前提的一个辩护

第一个前提不是说，任何事情或任何原则都必须有它立基于其上的根据：我在这个断言上是客观中立的。毋宁说，这个前提是坚持，总有一个解释来说明为什么一个根据成其为根据。之所以启动原则序列，不是因为对正当性证明的需要——我们可以假设，那已经被引述的事实所满足——而是对解释（为什么一个所述的正当性证明是正

---

① 比较一下第 6 条注释（中译本第 214 页注释②——译者注）中指派给"心灵清晰性"这个规定的探索性作用。

当的)的需要①。

也许有人认为,我的命题所蕴涵的思想是,终极原则本身无法得到正当性证明,这既不是对我的命题的一个有效异议,也不是一个有关它的真理:我的观点没有上述蕴涵。确切地说,从中得出的结论是,终极原则不能通过事实来证明是正当的。我的观点在它们是否能通过某种其他方式实现正当性证明这个问题上是客观中立的。就我的论证意图而言,不受事实约束的原则可能是自明为真②,或者它们可能因为某种其他原因而不需要根据,或者它们可能需要根据并拥有一些非事实类型的根据(例如,它们可能通过某种方法论原则来证明是正当的,而该原则本身不是规范性原则,而是一种叙述如何生成规范性原则的原则③),或者它们可能需要根据可是缺乏根据,或者如我们将在第 17 节中读到的那样,它们可能被认为在根据的范围之外,因为如某些非认知主义者所想的那样,它们可能根本不是信念的客体。

让我通过解释为什么第一个前提不是在说某种类似刘易斯·卡罗尔的乌龟对阿喀琉斯所说的东西④,来详述对我的第一个前提已有的澄清。那只被误导的乌龟说,只有使一个推理有效的原则被作为该推理的一个深层前提时,该推理才是有效的。一个无法处理的无限倒退随之发生,并且,言外之意就是,尽管推理上有效的原则使各种论证成立,但它们无法充当那些论证的前提。

刘易斯·卡罗尔的教导没有对我的第一个前提构成挑战,因为那个前提关心的不是推理以及是什么使它们有效,而是正当化根据以及是什么使它们得到正当性证明。乌龟对阿喀琉斯说的是,"q"不是单独地由"如果 p

---

① 让我来澄清这种序列的结构。它既不是解释的结构,也不是正当性证明的结构,而是交替出现那些语内表现行为(illocutions)的结构:这使我的论证比最初可能出现的更为复杂。我们从"F 使 P 正当化"开始。接着,我们问:"**为什么 F 使 P 正当化?**"然后,回答的形式是这样的:"因为 P1 使 F 成为 P 的正当理由。"接着,我们问:"那什么使 P1 **正当化**呢?"然后,答复会是:"事实 F1"或者"没有事实,但是……"(在上述文本之后的那段话中,最后的长句指出了各种可以填充那些省略符号处的方式。)

参见第 8 节中关于疼痛的事例给出了一个不同的序列,它在适当的时候敛聚于序列的某一点,但是在其中,最初的时候,其他事实解释了为什么一个特定事实证明了一个特定原则的正当性。

② 如一些反休谟主义者所想:参见第 12 节。

③ 需要注意的是,在这些括号内被承认的可能性并不意味着,这样一种方法论原则也许能解释为什么在缺乏任何深层规范性原则的情况下特定事实支持特定原则。那个深层假设的可能性与我的第二个前提相冲突:参见第 7.2 节。

④ 见"What the Tortoise Said to Achilles",载 Lewis Carroll, *Symbolic Logic*,第 431—434 页。

那么 q"和"p"的合取推出的：他说那个推理是失败的，除非你增加"如果'如果 p 那么 q'并且'p'，那么'q'"作为一个更深层的前提。但是，在我的论证过程中，没有推理始终被认为是无效的并因此必需一个更深层的前提。当有人声称一个事实为一个原则**提供了根据**时，那她就肯定了一种**根据**关系(a grounding relation)，而不是一种演绎推理的关系。我不是说：不，那个事实不为那个原则提供根据，除非我们增加……我不是在咬文嚼字，只不过是问：为什么事实支持原则；并且，我的主张是，一个令人满意的回答总会包含一个更深层的原则 P1：准确地说，那是一个（正确的！）主张，而不是被逻辑所要求一个步骤。并且，与乌龟生成的序列不同，我的主张所生成的序列是有限的：它以一个不敏于事实的原则的陈述为结束，因而我的那个序列生成的问题（"为什么这个事实支持这个原则？"）不适用于它。

7.2 对该论证的第二个前提的一个辩护

我的第二个前提肯定了不敏于事实的原则具有必不可少的解释性作用，我通过挑战提供替代项来发挥那个作用的人从而为我的第二个前提辩护。一个反对者可能会引起这种挑战。她可能会赞同（我的第一个前提）对为什么事实 F 支持原则 P 必须有一个解释，但是否认那唯一可达类型的解释提出了一个深层的规范性原则，也就因此否定了我的第二个前提。对为什么 P 被 F 支持的一个替代性解释也许是一些方法论原则，例如，反对者说①，方法论原则内置于一种建构主义机制的设计之中，那个机制是早期罗尔斯的原初状态，或者晚期罗尔斯的"重叠共识"，或者斯坎伦的合理性拒绝测试(reasonable rejection test)。在这样的机制运作之中，根据一个确实是深层原则的原则，事实支持了原则，但是，那个深层原则不是像我的论证的第二个前提所要求的那样是一个规范性原则。这个所涉及的深层方法论原则没有（直接地）告诉你做什么，也就是说，采取什么行动；它在一定程度上告诉你怎样选择那些告诉你做什么的原则。为了对我的论证的第二个前提构成损伤，这个异议是这样展开的：这个方法论原则，或者元原则，解释了为什么既定事实证明了敏于事实的规范性原则的正当性，而那些原则是建构主义程序的结果。

考虑一下自然科学中事实、规律与方法论原则之间的关系，就能说明这

---

① 我增加那个插入语，是因为我不愿意暗指罗尔斯把原初状态设计看作方法论的而不是规范性的。

个异议,并有助于增强它的说服力。自然规律根基于事实的观察,即使关于这个基础的本质有激烈的争议,一端是波普尔的纯粹不可证伪性(nonfalsification)理论,另一端是卡尔纳普的确证(confirmation)理论。但是,如果我们问为什么既定的事实证明了一个既定的规律陈述(law-statement),那么我们无法得到不敏于事实的规律陈述(因为没有这样的东西),但是能得到一些方法论原则,某种归纳(或波普尔的)原则。确实需要一个隐秘的一般原则来解释为什么某些事实支持了某些关于自然规律的断言,但是那个隐秘的一般原则本身不是一条自然规律。同时,我的第二个前提的反驳者断言,**如做必要的修正**,在事实与自然规律之间有辩护作用的关系上成立的主张,在事实与规范性原则之间有辩护作用的关系上也成立。反驳者说:是的,比原则更一般的某种事物为一个事实所支持解释了为什么那个事实支持那个原则,但是,那所要求的更一般原则可能是某种不同于一个规范性原则本身的事物。

如果这个异议参照罗尔斯的原初状态而得到支持,那么对这个异议我有两个答复,这里的回应可以作为我在其他情况下如何处理异议的一个标本。

第一个答复:当原初状态机制根据一组事实性真理选择 P 的时候,那是因为如果那些事实性真理都是有疑问的,那么它会如我所断言的那样选择一个与事实无关的规范性原则 P1:并且,那些赋予原初状态以方法论①并因此根据事实选择 P 的人不可能否定 P1 或者它的辩护性作用②。

第二个答复:也是更有争议的,我们必须认真考虑的不仅有通过原初状态程序得以正当化的原则,而且有使那个程序正当化的原则。程序不是终极的:如罗尔斯说的那样,不是任何事物都是被建构的③。简单地说,关于为什么建构性程序被认为是适当的,理由是,它反映了作为自由而平等的人的"观念"。但是,构思它们的那种方式要么体现要么预设了一个不敏于事实的规范性原则(可以说,这损害了罗尔斯的断言——深层的讨论参见第19、20 节——甚至最基本的原则都根基于事实:在那个断言与罗尔斯的承认[并非任何东西都是被建构的]之间有一种张力,因为似乎在不被建构的

---

① 也就是说,不是那些在本体论意义受到质疑的原初状态的人们本身,但是,我们假设了那种原则生成机制的赞同者。

② 此外,参见第 19、20 节中对罗尔斯关于原则对事实全面依赖的论证的讨论。

③ *Political liberalism*, p.103(reply to "a second question")。

东西之中存在规范性原则,并且我不明白那些特殊的原则怎么能被认为根基于事实之上)。

第二个答复是可被挑战的:"作为自由而平等的人"这个观念的含义是什么不是清晰的。但是,第一个答复仍足以回答那个异议。

对我的论证的第二个前提的一种独特异议,即对为什么一个事实会支持一个原则的竞争性解释中有一种独特的提议,是通过某种风格的信仰上帝来说明。这个相当特别的异议在本章的附录中得以处理。

7.3 对该论证的第三个前提的一个辩护

有人可能会提出异议来反对我的论证的第三个前提,认为它预设了一种关于正当性证明的有争议的基础主义观点。按照关于正当性证明的有对比性的"整体论"或"融贯主义"的观点,我在这里所构想的这个异议是成立的。我的第三个前提寻求排除的无限的辩护性追问序列能够无害地出现,因为对每一个陈述而言,都有一组证明其正当性的陈述:从整体的角度来看,正当性证明不是位于一个有始有终的路线之上,而是位于一个有限的、无始无终(分分合合)的证明路线的网络之中。这个网络贯穿在一个信念体系中,并且一个人只要愿意就可以遵从之。因此,那个异议继续存在,融贯主义观点就驳倒了我为支持我的论证的第三个前提所提供的考虑:如果规范缺少过度的增加,一种整体主义的起辩护作用的交谈就**能够**无限地进行下去;并且,这依赖于一种整体主义的结构化证明,与对以下问题的理解相一致:一个人的原则是什么?以及为什么持有这些原则?简而言之,你**能够**用有限的信念资源永远地证明下去,并且你能够在对自我认识不带偏见的情况下那样做。

我既反对整体主义异议的前提,也反对其结论,但是我对其前提的反驳和这里没有关系。

现在我来解释一下。整体主义异议的前提是整体主义本身,我的反驳的根据由乔纳森·本尼特首先提出,并由杰罗德·卡茨进一步充分地发展①。在这里,没有必要对这些问题组织展开一个扩展的解释,我也不会这样做:在这里,只要简明扼要地说一下对我而言是关键的东西即可。对我而言,关键的东西似乎是:在我们的整组陈述之中,决定我们的陈述之间相互影响的是它们的真值,但这些真值本身不能用整体主义观点来看待,否则

---

① 见 Bennett, "Analytic-Synthetic",第163—188页; Katz, *Realistic Rationalism*,第3章。

就会无限倒退①。

现在考虑一个立场,即遵从本尼特/卡茨的异议来修改整体主义,它允许在一个信念体系中出现一组漫长**且不可修改的**陈述,而这些陈述分离了那些在一个本来完全是整体主义信念体系中可能(作为对完全对抗性证据的回应)出现的策略。我们称那个立场为**准整体主义**。那么,准整体主义正好发现了(不论好坏)对我的论证的第三个前提存在着与整体主义一样的异议。这就是为什么我说我对整体主义的反驳和这里没有关系。

但是,我对整体主义异议的实质性答复是,即使整体主义是真的,它(以及准整体主义)也威胁不了我的论证进程。因为考虑到:在一个整体主义的框架之内,一些陈述对(某种)其他的陈述是敏感的,但只是非常间接的敏感以至于实际上是独立于后者。因此,例如,即使整体主义是真的,人类心理学的事实对一个遥远的星系与另外一个星系之间的距离这样的事实在实际上也是不敏感的。它会要求阐释一个把它们连接起来的巨大网络:没有整体主义者会说:"好吧,这种心理学理论有一定的可取之处,但是我们最好看看它是否适合于某种是天文学事实的东西。"甚至对一个整体主义者而言,以下问题都总是一个合情合理的问题:对于被挑选出来的陈述来说,某类陈述是否对另一类陈述有任何实质性的影响?而有时候答案是否定的。

因而,我乐于承认,如果整体主义是正确的,那么通过许多真正的关联,事实可能影响终极原则(正如从整体主义的观点看,天文学能影响心理学)。但是,在这样一种基础上没有人肯定我所反对的观点:认为事实支持终极原则的人并不认为他们这样想仅仅是根据可能非常微小的相互支持关系,这个关系能在任意几组被接受的陈述中达到。我的反对者相信,从事实到基本原则的论证不依赖于成片的整个信念网络。他们相信原则对于事实的一个更加"局域的"(local)的敏感性,相应地,他们必须提出一个更加局域的而非一般的整体主义来反对我。因此,为提出一个整体主义的异议,他们就必须主张被讨论的局域背景,**他们所支持的事实和原则的背景,本身**是整体主义的。如此一来,倘若某组不敏于事实的特权原则没有优先性,那么我就没有理由否定不

---

① 比较 Thomas Nagel, *The Last Word*,第65页:"不是任何事情都能被修正,因为有些事情必须被用来决定一个修正是否有保证——即使被讨论的命题是一个非常基本的命题。"

敏于事实的原则本身形成一个整体①。但是,只有当所假设的反对者能够为以下问题提供一个说明:在一个人改变了对一个原则的看法时,这种改变如何能够改变他们对自己认为支持了原则的那类事实的信念呢?我才会发现如下观点具有挑战性:不敏于事实的原则属于一个也包含事实在内更完全的整体。我担保他们提不出那个描述的有效例子,也就是,一个与当前讨论相关而不会被它的特别特征所击败的例子②。同时,那意味着,不管他们的整体主义修辞学如何,在这里他们都不能支持一个从整体主义引发的异议③。

8. 对该命题更深层的例证和辩护

为了巩固我的结论,现在我为它提供深层的例证和辩护。(那些已经确

---

① 我也不必否认,使用杰弗里·塞耶-麦考德(Geoffrey Sayre-McCord)对"反思性均衡的方法"的描述,就是"发展一种可接受的道德理论的过程,在人们最初倾向于做出的各种道德判断与人们正在考察和试图发展的多少有些抽象的理论原则之间来回转换,改变原则集以更好地适应判断,同时竭力调整判断以使它们符合于合理的原则"("Coherentist Epistemology and Moral Theory",第141页)。我要否定的是一种扩展的描述,它在那种混合物中加入了事实性信念:见同上书,第142页。

② 因此,例如可以说,哈利是一个正义的人这个事实性断言以及哈利遵循某种正义原则这个事实都根基于这种正义原则。但是,无论那个例子是否应该因为其他原因而不被理会,哈利的事实都根本不是我的反对者当作支撑原则的那种事实。在"我们的生活条件"[参见注释4(中译本第213页注释③——译者注)]这个短语的相关含义上,这样的"事实"并不是它的一部分。
也要考虑下面这个挑战,认为我的原则中的变化可能会导致我放弃如下事实性信念:某个人精神错乱。正如在前面的事例中那样,关于谁是谁不是精神错乱的事实在这里都不属于这里的事实。

③ 莎拉·莫斯(Sarah Moss)提供了一种特别形式的整体主义异议。考虑下面这个序列,它是按照我发展我的第三个前提的询问程序而形成的:

P:人不应当诉诸战争。
F:战争导致混乱。
P1:人不应当导致混乱。
F1:混乱导致战争。
P:
F:
等等。

这个序列满足了那个论证的前两个前提,但不满足第三个,因为它**能够**永远地进行下去。是的,那显然是荒谬的:混乱和战争不能像那样成为彼此的标准洗衣房,而相互的洗涤就容易产生一个传销式指控,即使循环是扩展性的。但是,莫斯的建构仍然是要说明,主张敏于事实的终极原则在**逻辑**上并不是矛盾的。或者,也许,不是确切的终极原则,而是没有比其更终极的原则:这个例子提出需要区分强形式的与弱形式的终极。

信的人，无论是否因为他们会认为我已进行的论证过程显然地为真，他们都可以跳到第 9 节。）

假设 F 是事实性陈述：宗教至少在某些人的生活中是重要的；而 P 指代宗教活动的自由；那么，凡是相信 F 支持 P 的人就会相信一个更一般的原则 P1：如果在人们的生活中某事是重要的，那么他们就应该有自由去追求它；接着，无疑地她相信 P1 是因为她相信 P2：人们生活中重要的事情值得尊重；接着，很有可能，她相信 P2 是因为她相信继续推下去的某处（Pn）：**所有具有使人们值得尊重之特征的对象都值得尊重**。然后，非常可能地，没有事实作为最后那个规范性断言 Pn 的根据①。

到目前为止，一个与已有论述稍微不同形式的例证就形成了：假设 F 表示人类有神经系统，P 表示他们的身体——如果没有其他的考虑②——应被谨慎对待。然后，在 F 基础上相信 P 的人几乎当然地相信更深层的事实性断言 G，即有神经系统的生物都易受疼痛和其他障碍的影响③：我们可以说，G 使 F 成为 P 的一个理由。但是，问题是：谁赋予 G 那样的能力？答案显然是，有一个更深层的原则 P1，它表示——如果没有其他的考虑——**人应该避免导致疼痛**。在这里，P1 可能是链条末端的独立于事实的原则（fact-independent principle）。它等同于：**如果一个生物易受疼痛的影响，那么你不应当致使它疼痛**；显然地，肯定那个原则并不是特别地基于相信存在对疼痛敏感的生物。（如果存在一个断定那个所述原则的根据的话，那么它也会是断定**如果一个生物易受快乐的影响，那么你不应当致使它快乐**的一个根据，而存在对快乐敏感的生物。）哪些其他的事实性信念可能会给它提供根据呢？④

9. 心灵清晰性要求

我应该观察到，心灵清晰性要求（参见第 233 页）绝没有在原则的肯定

---

① 我也坚持认为，Pn 将继续值得肯定（如果它值得首先肯定的话），即使实际上没有任何东西曾对任何生物是重要的，或者无论如何，对任何拥有相关值得尊重的特征的生物而言是重要的，或者，的确，如果没有人被确定为拥有值得尊重的特征；尽管某个有那样事实性信念的人可能已没有机会考虑上述序列的原则是否保证了那种肯定；但是，所述的补充性断言仍需要注释 2（中译本第 213 页注释①——译者注）中所阐述的那个深层命题，如我所说，我不会在这里为之辩护。

② 考虑到在某些环境中命令中止谨慎地对待身体，其他的原则可能会推翻上述原则。

③ 为了陈述的简便性，我在下文中省略了对非疼痛障碍的考虑。

④ 至于有些人如何考虑那个问题的答案，参见第 17 节的最后一段。

者那里得到普遍的满足：关于为什么他们肯定他们所肯定的原则，人们表现出相反程度的确定性。因此，例如，一个人可能会自信地说，她之所以肯定"如果一个生物容易受伤，那么——如果没有其他的考虑——它就应该被保护免受伤害"的理由（只不过）是，那个生物应该被保护免受伤害：对她而言，免受伤害的保护是相关的终极规范。但是，对肯定所述原则的另一个人而言，她未必正好知道那个原则对她是否像对第一个人那样（完全地）是不敏于事实的，或者她是否肯定它，例如，（至少也）既以如下事实为基础：伤害干扰了计划（和非常多的其他计划，包括避免伤害本身这个计划），也以如下原则为基础：如果没有其他的考虑，人们的计划应该得到帮助。接着，如果她为了那个更深层的以计划为核心的理由而肯定最初的反伤害原则（anti-suffering principle），那么就会提出新的问题，她未必知道她是否由此打算赋予人类从事如此计划的自由，或者她是否会不为诸如自由这样的理由而为诸如福利这样的理由来肯定这个尊重计划的原则，而一个人本人（通常地）比其他人更能辨明带给她福利的道路。

　　一个进一步的奇特想法值得展开。有时候，当一个人怀疑**非 F** 可能支持那些不同于她在一个事实 F 基础上所支持的原则时，她就会不确定哪些原则是尤其为**非 F** 所可能支持的。例如，试图谈论我们会为在其他方面都类似我们的成年状态而实际的正常寿命只有 24 小时的人断定哪些原则是令人费解的，虽然这种人因为只存在于哲学家的头脑中而经常受到贬低，但是那也许会在这个千年之内而产生于生物学家的实验室里。我们会认为对这些稍纵即逝的人而言，那与福利相比较的自由对他们的意义与对我们自己的意义是一样的吗？或者，我们会认为他们的自由没有它们的福利更重要吗？这是一个难题，但是，再一次地，它的困难并不减弱如下这个论证的力量，即只要一个原则 P 根据一定的事实被肯定，那么我们就能够找到一个与事实无关的原则来解释为什么 P 根据那些事实而被肯定。然而，我们得到的解释在可考虑的情况中也许会是不完备的：如果我们不知道我们会为只有一天寿命的人肯定哪些原则，那么我们就没有彻底地理解为什么我们相信我们为那有几十年寿命的人所肯定的原则，因为我们不知道正是几十年的寿命使他们的规范的重要性不同于那些只有 24 小时寿命的人的规范的重要性。

　　另外一个事例。事实上，当受精卵/胎儿接近出生时就日益变得像婴儿一样。但是，假设事情是另外一回事。例如，假设他们最初就像婴儿一样，然后倒退越来越少地像婴儿一样,直到他们出生前的那一天,他们才经历一个壮观的人类化过程。于是,出生前两天因胎儿已具有人形而不堕胎就无法是一个理由。我认为,那也许会使我们陷入规范性混乱。我们的规范在如下事实的限制之下形成:胎龄随着胎儿的成长水平而增长。但是,因为我们的规范确实是这样形成的,所以当被问及它们的终极保证是什么时,我们不知道该说什么。

出于实践的意图,我们确实不需要知道那个保证是什么,但是(在我看来),哲学的作用不是告诉我们需要知道什么,而是告诉我们:(为了非实践的理性)我们想要或应该知道什么。不是所有人都会同意这个观点。有的人也许会以"诡辩家"来攻击我的哲学预设。本着这种精神,他们可能会接受我的论证的三个前提,但是否定心灵清晰性要求的适当性。

10. 不敏于事实的原则具有纯粹逻辑上的优先性

我已经论证,对不敏于事实的原则的肯定在逻辑上优先于在事实性信息产生时所做的对原则的肯定。但是,不敏于事实的原则所享有的优先性是纯粹逻辑上的,而不是时间上或认识论上的,或者在那个词的至少一个含义上它无论如何不是认识论上的。不敏于事实的原则的优先性是原则地说出使一个人信奉了什么的问题,而不是说出它们时怎样相信它们或知道所说是什么的问题。这也是为什么我不否定(实际上,我会肯定)询问我们认为我们应该做什么——假定了这些或那些事实境况——是一个决定我们的原则是什么的富有成效的方式;而且,有时候,对实际事实做出的反应比我们对假设的事实做出的反应更好地揭示了我们的原则,因为实际事实更加生动地向我们展现了它们自身,并且它们也更有利于心灵的集中,因为它们要求实际的而非仅仅是假设的决策。但是,这些考虑中没有一个与如下问题相关:对敏于事实的原则的承诺是否包含着对不敏于事实的原则的承诺?

11. 该命题的条件特征

我的命题是条件性的:即**如果**事实支持原则,那么就有阐释那个支持关系的不敏于事实的原则(同理,**如果**①我们从根本上有任何原则,那么我

---

① 这个"如果"在上述强调的那个**如果**的范围之内。

们就有不敏于事实的原则)。只要我相信这些条件句的前件,那么我也就相信它们的后件,并因此我也相信**有不敏于事实的原则**,但是我没有为这个被强调的非条件性命题进行如此的论证。

我的命题的条件特征致使它与一个观点相一致,该观点(与当前文本的主张无关,我也不同意它)认为存在这样的事例:在其中,一个事实证明一个行为是正当的时候,并不要求一般的原则。我的命题也与一个更强有力的观点相一致:非常普遍的是,行为的理由并不预设原则。这个观点得到了不同的思想家按照不同的理由所给予的辩护①。之所以能获得上述的一致性,是因为我的命题关注的是:倘若事实是原则的根据,那么会发生什么,而不关注行为能否只有通过原则才能被事实证明是正当的。大多数人认为,我也这么认为,事实确实是原则的根据,并且,我的命题主张它们因此承认了不敏于事实的原则的存在。但是,我的命题不依赖于如下这一点:当人们断言有对事实做出反应的原则或事实只是通过原则使行为正当的时候,他们是正确的。确切地说,如果那些断言是错误的,那么我的命题就减少了趣味性,但是它不因为那个原因而减少真实性。

12. 论"是"与"应当"

有些人认为人们能够——正如这一思想经常被表达的那样——"从'是''得出''应该'",例如,哈利是痛苦的这一陈述推出哈利应该得到帮助,哈利是无罪的这一陈述推出惩罚哈利是不正义的(这里"p 推出 q"意味着肯定 p 且否定 q 就会是矛盾的,这是因为"p"和"q"的含义)。大卫·休谟(被普遍认为)拒绝这个看法。并且,如果首先接触了我关于事实与原则的命题,许多人会把它理解成对休谟的翻版(如果休谟被如此理解:那么从此以后我放弃那个限制条件)②。但是,对我的命题那样理解是错的。我不是说,**因为**(如休谟所说)不能从"是"得出"应该",所以一个在 F 基础上肯定 P 的人就也必须肯定某个独立于事实的规范性陈述的真值。如此的休谟

---

① 见例如 Jonathan Dancy, *Moral Reasons*, 第 4—6 章, 以及 John McDowell, "Virtue and Reason", 载其 *Mind, Value and Reality*, 第 57 页及以下各页。

② 没有文献表明,休谟本人的观点对我的意图是重要的。如果他被认为说过某种不同甚至对我的目的有疑问的东西,那么要紧的正是那个不同的东西(并且我会欢迎它被争论),而不是因为休谟谈过它。

式前提不是我的论证的部分。我的结论也不支持休谟的观点①。我相信,我已经证明了我的结论,但是我不能声称我已经取得了证明不能从"是"得出"应该"这个非凡成绩。

为了明白我的论证没有预设否认**能够**从"是"得出"应该",就应该注意到,因为不拒绝我的命题,某个认为能够从"是"得出"应该"的人就不必否认我的命题,并且她必须肯定它,**如果**——即如我现在要假设的那样——她相信事实从根本上支持了原则②。因此,假设某个人确实相信事实支持原则,也认为**能够**通过基于语义上的蕴涵关系从"是"得出"应该"。像许多的其他人一样,她肯定受伤者应该被帮助这个原则,并且,当被问到为什么时,她和其他人做的一样,根据受伤者遭受痛苦和/或其他伤残这个事实来进行辩护:为简单起见,我将使用痛苦这个词。但是,那她就必须相信更深层的原则:**处在痛苦中的人应该得到帮助**,并且,如果被问到为什么她相信那个原则,她会说出类似下面这样的话,这也就把她的看法和其他人包括大卫·休谟的看法区别开来:痛苦中的人应该得到帮助是一个概念性真理。如果一个人不这样想,那么她就不能理解单词"痛苦"和/或"帮助"和/或"应该被"(等等)**意味**什么。但是,如果这个反休谟的观点是正确的,那么她的原则,**如果 X 处在痛苦中,那么 X 应当得到帮助**,就对事实不敏感,因为它是一个推导,而推导是**先验的**(a priori),是对事实不敏感的。在她关于事实的信念中,没有任何变化会导致她怀疑前面那个被强调的原则。

因此,我的观点——所有敏于事实的原则都预设了不敏于事实的原则——要求"应该"不能从"是"推出。就那个辩论而言,我的立场是中立的,并且只要它的辩论者被关注,那就不是休谟主义者而是反休谟主义者(即"'是'到'应该'"之旅)必须同意我的观点③。

有个批判者不被前面的论述所说服,她主张必须抛弃反休谟主义的立场,因为在她看来,对反休谟主义者而言,正是一组事实推出了每个有效的道德原则。但是,这个评论错误地描述了反休谟主义的立场。反休谟主义者通常相信(和我们大多数人所做的一样),人应当努力减轻痛苦是一个有

---

① 没有过去常被使用的"从是到应该"这个前提,这怎么可能呢? 有人可能要问:如果你在前提中不包括禁止从"是"得出"应该",那么你在结论中就不会发现这一点。
② 这个"如果"从句被第 11 节中所阐述的关于我的命题的条件性这一点所加强。
③ 我当然认为休谟主义者也应该采取我的立场,但只是因为它是正确的立场,而不是因为它显然来自休谟主义的立场。我的立场显然仅仅来自反休谟主义的立场。

效的道德原则,**并且**他们相信(正如也许大多数哲学家不相信)所说的原则真的是由于用来陈述它的语词的意义。因此,他们的如下观点恰恰是错误的:正是因为被事实所蕴涵,有效的道德原则才是有效的。反休谟主义者认为,事实性陈述(诸如"哈利处在痛苦中")推出单个的应当-陈述(诸如"哈利应当得到帮助"),是因为那些依据意义而为真的有效的道德原则①(诸如"人们应当帮助处在痛苦中的人"):原则必须是真的,因为就像反休谟主义者所归因的那样,那些词语的意义把蕴涵"应当"的能力赋予了事实性陈述②。

13. 论"应当"与"能够"

哲学家们在是否能够从"是"得到"应该"的问题上被实质性地分划开来,但是他们在从"应当"总能得到"能够"问题上的意见几近一致。然而,因为在"'应当'蕴涵'能够'"命题上无疑有若干真理,所以被质疑的真理在通常所主张的规范性本质方面缺乏重要的推论:简言之,正如我现在将要论证的那样,"应当"蕴涵"能够"之中的真实性并不表明基本的规范性真理被人们能够做的事情所限制。

通过回应一个由"'应当'蕴涵'能够'"所引发的对我的主张——终极原则并不以事实为根据——的异议来间接地开始我的论证是合适的。那个异议展开如下:事实常常使一个有争议的终极原则不可能被遵循,并且,因为"应当"蕴涵"能够",所以事实取消了那个有争议的原则的资格:事实构成了抛弃那个原则的根据。

我将在考察相关的问题之后,在本节的倒数第二段中完成我对那个异议的回复。但是,为回应那个异议首先要说的是,无论其论证的前提与结论是否为真,他们都没有对我的如下命题提出质疑:事实为原则提供根据只是由于那些更深层的原则,那些更深层的原则并不根基于事实,并且它们能够解释为什么所述事实为所述原则提供了根据。这个异议缺乏对那个命题的应用,因为排除一个原则(因为事实是它不可能被遵守)并不等于为任何

---

① 第30条脚注(中译本第229页注释②——译者注)文本中的规定仍然有效。
② 需要注意的是,上述部分没有处理事实/价值问题。有的人把它与"是"/"应当"问题相混淆了,并且我还没有论述下面的主张,即:我相信价值根基于事实这个观点在标准的事实/价值争议中还没有那么紧要。如果你希望我发给你一个未出版的关于事实/价值与"是"/"应当"之间关系的论述,那么请与我联系。

原则提供了根据。

但是,当对"'应当'蕴涵'能够'"异议的初步回应挽救了我的命题的字面意思时,它也承认了那个未得到清晰阐释的命题在范围上有一个限制:如前所述,那个命题允许事实驳倒——即提供结论性的根据来反驳——(假定的)终极原则。在这里,我没有为更强的命题辩护,更强的命题禁止较弱的命题所容许的东西,但是现在我转而来做这件事。

如果在这里讨论的该种类的一个事实,即一个关于人类障碍的事实,被认为不包括一个原则在内,因为该原则无法被遵守,那么我们会问在其**可能**被遵守的反事实假设下我们对假定被排除在外的原则应该谈论些什么。并且,在我看来,只有当我们这样弄清了关于能力的事实情况并获得关于反事实问题的回答之后,我们才能达至规范的终点。凡是依靠"不可能做 A"这个唯一根据来拒绝"人们应当做 A"的人,也就是说,任何反之则断定那个原则的人,就承认了如下这个不敏于事实的原则:"人们应当做 A,如果做 A 是可能的。"

如果我是正确的,那么当"'应当'蕴涵'能够'"信条构成对以下情况的一种尝试的一部分时,它就是被误用了:表明限制终极规范性判断的内容的可行性。下面的论证,或者某种类似的东西,对许多读者而言是熟悉的:

    1. 规范性判断都是"应当"陈述。
    2. "应当"陈述蕴涵相应的"能够"陈述。
∴ 3. 规范性判断蕴涵"能够"陈述。

考虑一下在两段之前我所介绍的陈述形式,也就是说,"人们应当做 A,如果做 A 是可能的"。可称之为 4。现在,要么 4 是一个"应当"陈述,要么 4 不是一个"应当"陈述。假设 4 是一个"应当"陈述,那么,前提 2 就是假的,因为 4 推不出相关的"能够"陈述。但是,正如有人所做的那样,做一个相反的假设,即假设 4 不是一个"应当"陈述。那么,前提 1 就是假的,因为形式 4 这样的条件句说了一些关于规范的实质性(其实,是整个的实质性真理)①东西。

把前面的观点运用到正义的德性上,关于这一点就必须区分两种考察。

---

① 需要注意的是,我不需要为了排斥已展示的论证而做出另外的更强有力的断言。

如果我们对遵守体现正义权威的指令感兴趣,并且我们有一大堆冲突的指令在我们面前,那么通常地①在满足所述的实际利益的过程中,删除任何一个没有通过"'应当'蕴涵'能够'"测试的指令就是明智的。但是,那个程序的结果没有为我们提供一个关于正义自身本质的完整图像。我们的图像是不完整的,除非我们能就被排斥的指令说,它们是否被排斥**仅仅因为**它们的不可行性。并且,在这确实是排斥它们的唯一理由的地方,那么,再一次,我们就在下面形式的主张中发现了基本正义:如果做 A 是可能的,那么你就应当做 A。如果我是正确的,那么正义的**所有**基本原则,无论我们是否称它们为"应当"陈述,就都是条件形式。当现实情况被插入时,我们就从它们得出无条件的"应当"陈述。但是,可以说,现实情况主要影响陈述的"可能"部分,因而只是陈述的"应当"部分。

如果存在一种适用于正义的东西,无论理性应用于正义与理性应用于其他价值之间是什么关系,那么适用于正义的东西也适用于所有生成指令的价值,甚至适用于实践理性的"应当"。因为我会主张理性的终极判决采取的形式是:"如果做 A 是可能的,那么你就应当(即理性要求你)做 A。"我们容易说类似这样的话,"即使那种情况是可能的,它也是不合理的"。这意味着我们做出"如果那种情况是可能的,那么它是合理的"形式的判断,虽然只是含蓄地做出这样的判断。同时,我主张,如果我们的判断是基本的,那么我们对实践理性做出判断,就如同我们对正义和一般的规范做出判断一样,都独立于事实可能性,并因此我们至少含蓄地断言了前面所提出的"条件可能"形式的原则。"我们应当尽可能地消除尽量多的不正义"具有完美的意义。这个陈述与"你应当做 A 蕴涵着你能够做 A"这个断言相一致,但是与"可行性为正义划界"这个观点不一致。如果正义是像东罗马帝国皇帝所说的那样:每个人得到她应得的,那么正义就是她的应得,而不必理会那些限制也许会使正义无法给予她。

这个信条——可行性限制了规范的终极性——是对一个几乎无例外情况的真理的一种误用,那个真理是分别发向个体的指令,或者在如我所称的**调节规则**中,那个真理指向终极规范的本质这个截然不同的主题。(对基本的规范性原则与调节规则之间的区别的深层讨论,参见第 19、20 节和第七章第 1 节。)它当然是一个标准和一个几乎总是决定性的理由来反对采取一

---

① 为什么不总是呢?这个解释在本节的倒数第二段中。

条规则：指示去做人们都没有能力去做的 A。（我说"**几乎**总是决定性的"，是因为该规则基于非标准的原因仍然可能会被采纳，诸如使人们羞愧，或者提供惩罚他们的一个借口等。）并且，这样一条规则之所以不被采取的一个理由是，采取它会是无意义的：规则的标准点就是使社会现实符合于它们的要求，而当人们不可能遵守这些规则时，那它就是不可能的。但是，需要注意的是，当人们不会遵守一个规则时，那这个规则也同样是无意义的；即使他们会遵守，但当那是或成为案例后，人们也经常会明智地废除或抛弃那些规则。这的确是不采取一条规则的一个理由，因为没有人能遵守它这个事实使它失去了意义。但是，当无效性反映没人**会**遵守它这个不同的事实时，即使有人能遵守，它也同样是不采取一条规则的一个理由。但是，人们永远不会说，赋予这个陈述以形成以下通常宣称的那种重要性："应当"蕴涵了"能够"，"应当"蕴涵了"愿意"。并且，这也表明调节规则在规范上的非终极性，正如我们将在第七章中全面看到的那样，罗尔斯主义者和其他的人按照它识别错了基本正义。我们不应该采取一条**不可能**被遵守的规则这个事实并不表明，"应当"蕴涵"能够"这个原则控制了规范的终极性。我们**不应该**采取一条**不会**被遵守的规则这个事实，也同样没有表明——可能是荒谬的——规范的终极性被"'应当'蕴涵'愿意'"所调节（这可能意味着，没有人做不到她所应当做的）①。

关于行为主体无能为力的事实（常常）是有关调节规则最终要谈的问题，而不是有关终极原则最终要谈的问题。采取一条无人能遵守的规则是无意义的，但是，说同意采取某个基本原则是无意义的则是一种分类错误：与制定一条规则不同，同意采取一个原则不是一个行为，而是持有一个信念或一个态度，并且，既然不是一个行为，那么这样的采取就不能是无意义的（尽管它当然可能是被误导的）。相应地，转回到本节第二段中的异议，接着完成我对它的回答：有关能力的事实无法使这里所争论的原则即基本原则失去资格。它们至多使调节规则失去资格。

结束语。相信人性的局限和人类活动影响正义内容的罗尔斯主义者倾向于把我看作是不切实际的和/或乌托邦的，因为我相信正义不受那些世俗

---

① 需要注意的是，上述论证没有根据一个错误的断言：不采取一条不被遵守的规则的唯一理由是它的无效性。这里的关键点是，它表明"应当"蕴涵"能够"这个命题在哲学上被遮蔽的意义：无法被遵守的规则的无效性是主张这个命题的**一个**理由。这也通过以下事实提出来：能被遵守但实际上不会被遵守的可遵守的规则同样是无意义的。

的影响。但是,必须指出的是,他们运用了一种比我更加**乌托邦**的方式。因为相信正义必须被构思设计成具有最低的可行性,所以他们相信实现正义是可能的,而我没有这么乐观。从我的立场得出,正义是一个难以实现的(尽管仍是一个可控制的)理想。

14. 对该命题的可能误解

我主张所有反映事实的原则反映事实,只是因为它们也反映那些不反映事实的原则,并且后者构成所有原则包括反映事实的原则的终极基础。我的命题容易被误解,因此在这里我将指出它不是如下三个命题①:⑮ 它不是一个因果联系的命题;⑯ 它不是一个心理学的命题;⑰ 尽管它是一个元伦理学的命题,但对于何者可被合理地看作元伦理学的核心问题,它不做承诺。

15. 该命题不是一个因果联系的命题

我的命题是一个关于原则信念结构的命题,而不是关于是什么**导致**人们相信原则:它不是一个关于人们怎样能持有他们所持有的那些原则的命题。至少一般而言,人们**确实**从他们的生活经验中得到了他们所坚持的**全部**原则。可以说,那是一种事实经验,并且是他们对那种经验进行深思的经验。我的主张是,他们由此所相信的东西包括并依赖于对原则的信仰,后者独立于它们所相信的任何事物或事实。

考虑一个这样的儿童。他不知道三加六等于九,但是他知道(至少大概地)数字是什么,那么他因此也就知道怎么计算。他把三个弹子放在左边,同时把六个弹子放在右边,他计算,然后得出九。他推断三加六得出九,但是他想检验一下他的实验结果的普遍性。因此,他用另外几组弹子来试验。他在通过经验探索一个正确的算术信念,然而他将要形成的信念并不依赖于任何有关他的经验形式的真理,不管他有多么认为这展示了那样一种依赖。不论世界上的物体是什么样子,三加六都会得出九。**只要那个儿童正确地进行了这个实验**,那么他的实验(或者假性实验)结果就被一个**先验的**算术真理所预先决定。(注意,如果他使用的不是弹子而是可融合在一起的

---

① 我已经指出,我的命题在"认识论的"这个词的至少一个含义上不是一个认识论命题:参见第10节。

一滴滴水银,那么他可能无法正确地进行那个实验。)

人们以一个部分相似的方式(一个仅仅部分的相似性足以满足当前的目的),通常是在经验之中并通过经验来形成和调整自己的原则,但是经验事实与他们的终极原则却是不相干的。假设某个人,观察到了她的一些朋友所遭受到的意外怀孕的苦累,由此她相信堕胎在道德上是可接受的,至少在胎儿发育的早期是可接受的。接着,她自己怀孕了并开始以另外一种方式思考,并由此改变了她的原则。她开始相信,无论一个胎儿多么小,弄死一个活着的人类胎儿都是错误的。这样一来,她已开始相信夺去人的生命是错误的。并且,她已开始相信这是她本人对不能夺去(或下令夺去)一个人的生命的体验结果。但是,如果她是(可能不经常)好深思的,那么她将认识到她已开始相信一个原则(不能夺去具有人类特征的生物的生命),这个原则对她而言的权威性不依赖于她或其他人学到的任何经验事实。无论她是否曾有过导致她产生**尤其**不应该夺去人的生命这个信念的任何经验,她都必须相信接受那个原则对她来说是正确的;这正如一个儿童相信三加六等于九是正确的一样,无论他是否玩过弹子并由此发现所说的算术真理可通过相关的弹子交换活动得以非常好的说明。

我的命题是一个关于规范性信念的结构的断言:它不是一个关于它们的成因的断言。它是关于如下问题的一个断言:一个人必须怎样理性而清晰地构思她自己的规范性信念,而不论她可能是如何获得它们的。但是,上文所做的有关信念的因果联系的观点,与第 10 节中所做的有关认识论/逻辑的区分,两者合在一起有助于分析反对我的断言的倾向。人们被下面的真理所误导:正是(当然)随着我们的生活经验,我们采纳了原则。我们转而用这个真理来否定我的断言:无论何时我们根据事实并由此敏于事实而采纳了一个原则,那么我们就都承诺了某种不敏于事实的原则。但是,我的断言与所说的那个真理是一致的。

16. 该命题不是一个心理学的命题

假设你问某人,为什么她认为在不影响任何人的利益而只影响她自己利益的前提下限制她的自由也是错误的? 我的命题认为,如果你因为有必要就继续那个追问,并且,**如果**这个人知道她的原则是什么以及为什么持有这些原则,那么这里就有一个不受事实影响的终极原则(或者若干个这样的原则)将被揭示出来。在该命题这个陈述之中的"**如果**"从句致使它成为一个非心理学的问题。正如我在第9节中评论的那样,一个人可能不知道,她是否赞同那样的自由;或者,有所不同,是否她赞同自由是因为她赞同促进福利并且对自由是达致福利之路持有事实性信念;或者,有所不同,是其他的东西。那个人也许不知道是否她对自由的认可是基于事实还是不基于事实,**也许对那个问题甚至不曾有过一个回答**,因为那个人自己也许根本不清楚。这样的现象都没有涉及我的命题。作为一个哲学命题,它不受心理事实的影响。

在某个核心的方面,我对有关规范性承诺的结构这个命题的理解,至少与我对有关理性的本质属性那些命题的理解是一样的。在我看来,我们是在探索理性的本质属性**先验地**是什么。例如,下面的问题就是一个**先验**问题:理性是否要求(与满意度相对立的)最大化?我们也可以问,不管用**什么样**的正确标准,人类实际上**有多么理性**?当然,这个问题是**后验的**。人们能说出多少个为他们的所有原则提供根据的不受事实影响的终极原则?这个问题同样是**后验的**。但是,我的命题是**先验**命题。如果事实为原则提供根据,那么不受事实影响的原则就是那些清楚自己相信什么以及为什么相信的人的信念结构的基础,正如以下情况是**先验的**一样:任何一个理性的人都在追求最大化或者满意度或者无论其他什么东西①。

17. 该命题对于最重要的元伦理学争议是中立的

最后,尽管我的命题无疑是元伦理学的,但是在关于何者可合理地被认为是元伦理学的中心问题上它是客观中立的。我的命题是元伦理学的,因为它是一个关于原则的命题。该原则不谈哪个原则应该被接受哪个原则应该被排斥:它对元伦理学的对立者、有时被称为的实质伦理学没有贡献。但是,我的命题在那个元伦理学的中心问题即关注规范性原则的客观性或主观性方面是中立的,并且,会在"地位"的意义上问"规范性原则的地位是怎样的?"对那个问题,客观主义者、实在论者、认知主义者、主观主义者、强制主义者、情感主义者、表达主义者、谬误理论家(error theorists)等提供了各种各样对立的以及交叠的回答。我的主张是,任何一个完全明白她的原则是什么以及她为什么持有这些原则的人都持有与她的事实性信念无关的原

---

① 我不认为它损害了关于理性本质的那些断言的**先验**地位。如果它产生了大多数人在大多数时间都是非常不理性的这样一种后果,那么我们会倾向于拒绝这样一种对理性的描述。

则,无论(她)对于不敏于事实的原则的肯定是否被理解成一个关于无时间限制的规范性现实情况的主张,或者被理解成喜好的表现,或者被理解成情感上的承诺,或者被理解成普遍规定的指令①。

不可否认,为了适合于对元伦理学中心问题的某些回答,我的命题将不得不被改述。例如,按照情感主义,它将不得不回避被写成诸如"相信原则P是真的"这样的短语。在对"人们应当守诺"这个原则的一种"肯定"的情感主义解释之下,说话者的确会说(或者有意地说,或者发出声音):"嘘!可别食言!"既然"嘘!"无疑地反映她的事实性信念,那么举例来说,可能这个信念就是:食言会损害人们的计划。不过,非常清楚的是,她倾向于说(或者喊)"嘘! 可别损害人们的计划!"如果我是正确的,她是致力于一个终极的不依赖于任何事实性信念的"嘘!"也许一个更长的"嘘……!"(有的人可能会说,情感主义者必须否认人们持有——严格地来说——什么**原则**,并且/或者否认人们援引来解释他们"对原则的肯定"的那些事实构成了那些原则的**根据**。如果他们是正确的,那么对我的命题没有威胁,因为我的命题——我提醒一下[参见第 11 节]——是一个**条件性**命题:**如果**事实支持原则,那么就有不被任何事实支持的原则。另一方面,如果情感主义者**确实**赞成原则和根据,那么在情感主义立场内对我的命题的解读,就如本段的前面说明部分中所给出的论述那样。)

为了更深层地揭示出元伦理学的中立性,让我指出如下情况:对我而言,没有必要说事实**是**什么②,或者举例来说,能否得到不受价值影响的事实性陈述。无论一个人能够怎样合理地考虑一个**本身**不是原则的事实,终极原则都不会依赖于这个事实。因此,举例来说,假设某人坚持"疼痛是不好的"是一个**事实**,而且是一个为以下原则提供根据的事实:反对导致疼痛。于是,我就能容易地主张,我的命题意味着,这个人几乎必然地承诺了一个更加根本的并且不敏于事实的原则,这个原则的大意是:我们不应当致使坏的事情发生。(当然,那些说所有的原则依赖于事实的人用"事实"表示一般的普通事实,而不是像"疼痛是坏的"这样有想象力的事实。然而,值得指出的是,在面对关于事实边界的各种不同寻常的理解时,我的论证似乎是

---

① 关于这些问题,我个人是相信道德的客观性的。但是,需要注意的是,只有(≠当且仅当)对我否认事实控制道德**增加**了某种类似道德客观性命题的东西,一个人才能够假设我的论证已经是一个唯理主义的论证,即一个谈论道德规范从**原因**变成**先验**的论证。

② 也就是说,关于"事实"的外延方面,在前面第 1 节所规定的限制之内。

坚实的。)

18. 一些拒绝我的命题的坏的罗尔斯式论证

我在第 2 节中评论说,元伦理的文献几乎没有讨论过本章所谈论的问题。但是,一个值得注意的例外是约翰·罗尔斯的工作,他主张正义的基本原则和事实上一般的"首要原则"是对人类境况那些事实的一个反应。(这也就回答了为什么原初状态中选择原则的居民们被提供了广泛的事实性信息。)罗尔斯对这个观点的替代性观点的称谓是"理性的直觉主义",并且他轻视那个替代性观点①。

根据罗尔斯的看法,"没有任何人反对首要原则的选择是基于经济学和心理学的一般事实"。在举例证明他的主张中,罗尔斯补充说,差别原则"**依赖于一种观念,即在具有开放阶级体系(有或者没有私有制)的竞争经济中,极端的不平等将不是常见的事**"②。

在这里,这个例证应该能够表明首要原则对事实的依赖的无辜性,但是它并不胜任这个任务。因为从罗尔斯所说的话(注意"**依赖**")可以得出,如果他有区别地评估事实,那么他将舍弃差别原则,**因为差别原则允许过分的不平等**。不过,按照我的论证的第二个前提(参见第 7 节第 2 段),这将进一步推出,**存在**一个(在"正义原则是什么"那个公认的陈述中)未曾清楚阐明的平等原则(大意是:"人们不应该造成过分的不平等")背景,后者解释了为什么关于竞争经济的所述事实支持差别原则;并且,尽管如此,罗尔斯表明,**那个深层原则要么**它本身不依赖于任何事实,**要么**它指出了它背后的一个不依赖于事实的更为根本的原则③。罗尔斯需要否定我当作明显真理的东西,后者在我的论证的第二个并且关键的前提中被肯定,这个前提是:一个事实支持一个原则仅仅是由于一个更深层的原则。然而,罗尔斯在前面那个例子中所使用的那个短语"极端的不平等"确认了那个前提,因为它混淆了参考一个事实与参考一个致使那个事实有关联性的原则:只是根据一

---

① 见 *A Theory of Justice*,第 158—61/137—139 页;"Kantian Constructivism in Moral Theory",第 343—346 页;以及"Themes in Kant's Moral Philosophy",载同上书,第 510 页及以下各页。

② *A Theory of Justice*,第 158/137 页,我附加了强调。

③ "尽管如此,罗尔斯表明"把这个事例说得比较婉转:我相信,不需要太多的反思就能注意到,"不要造成过分的不平等"要么本身是不敏于事实的,要么直接依赖于一个紧密相关的不敏于事实的原则。相应地,罗尔斯对以下东西的例证:依赖于事实的"首要原则"具有假定的无可争议性,就不仅未能例证这个无可争议性,而且例证了与罗尔斯所寻求例证的东西恰好相反的东西。

个谈论"多少才是**过分**"的原则,极端才有资格成为**极端**①。

但是,我想证明一个迫切需要在这里证明的深层观点,即使它与当前的争议关联并不大。这个观点是,那正式的两个正义原则并没有真正地详尽讨论罗尔斯有关正义是什么的观点。因为根据它们,以及在他的思想中的相等地位,罗尔斯的例证表明,存在一个独立的原则:禁止超过一定量的不平等②,并且反对(无论如何)差别原则必须被权衡的那些断言③。在一个更加明白易懂的关于罗尔斯实际在想什么④的表述中,"促进平等"与"改善处境最不利者的条件"这两个都会是与事实无关的指令,他的这些断言在相互的反对中被加以平衡⑤。

尽管罗尔斯为他的立场提供了奇怪的、处理不当的例证,罗尔斯却说,

---

① 此外,参见 *A Theory of Justice*,第 536/470 页;*Justice as Fairness*,第 67 页。
罗尔斯**通过**充满希望的事实性假设来使差别原则与一种平等原则相调和。对罗尔斯这种调和的一个部分类似的批判,参见布莱恩·巴里的 *Liberal Theory of Justice* 第 10 章,特别是跨越第 111 页和第 112 页的那一段。那一段的内容解释了为什么我称巴里的批判与我的批判(只是)**部分地**类似:他把我借以提出我个人对罗尔斯的批判的那种视角(据我所知,这是一个在巴里写出那本被引用的书之前没有得到明确辩护的视角)描述为"滑稽可笑的极端"(第 112 页)。但是,在我看来,如果巴里把那个批判想得更充分些的话,他的批判逻辑将会促使他走向一个与我本人的批判同样的批判。他埋怨罗尔斯没有"一鼓作气干到底",而巴里自己无疑干得较为彻底。但是,彻底得并不够:巴里并没有(完全)成功。

② 在罗尔斯那里,关于把平等等同于正义这一点存在一种张力,而这就是我在本书第一编中所寻求拯救的东西。参见第二章第 9 节:"不平等:一个必要的罪恶?"。

③ 上面所得出的观点削弱了罗尔斯在政治哲学中就他自己的程序与他不乐意优先选择的较宽松的哲学程序之间所做的比较:"在日常生活中,我们经常满足于列举常识性准则和政策目标;除此之外,我们还满足于在具体问题上不得不按照境况的一般事实来权衡它们。虽然这是一种合理的实际建议,但它并不表达一种清晰的正义观。事实上,一个人被告知在这些目标指导的框架内尽自己最大的努力来使用自己的判断。……通过比较可知,差别原则是一个相当精确的观念,因为它按照在提高最弱拥护者前景方面的不同有效程度来评价所有各种组合的目标。"(*A Theory of Justice*,第 317—318/279—280 页)其他观点所表现出来的多元化和不精确性在罗尔斯那里隐藏在幕后:我不认为那是一个优势。对罗尔斯程序的一个辩护(对我而言没有说服力),参见:Samuel Scheffler, "Rawls and Utilitarianism",第 442—443 页。

④ 与他所声称的使自己被认为的那样相反,对识别"首要原则"而言,他追求了一种误入歧途的方法论。

⑤ 见 *Justice as Fairness*,第 68 页注释 36,当一个人不能坦诚地接受自己思想中的那些冲突时,那个注脚的文本就是对要做的限制的一个标志。那个注脚是这样的:"当然,在作为公平的正义之中,我们没有任何进一步的标准来判断[有关较有利者和较不利者的份额的]那个比率是否是不公正的,因为我们所有的原则都得到了保证。只不过实际的比率可能会使我们焦虑并使我们感到困惑,似乎一种反思性均衡状态会有一点儿不安。我们希望这个偏差发生在一个不使我们那么烦恼的范围之内。我感谢罗纳德·德沃金指出了需要使这一点更加清晰。"罗尔斯说,在他写的一段话中不存在"进一步的标准",是因为他认识到存在这样一个标准:平等。我不认为这里所得出的哪一个观点是尤其"清晰的"。

那些像我一样的人肯定了相反的立场,即终极原则不受事实的影响,这就使:

> 道德哲学成为创世伦理学(the ethics of creation)的研究:一种对一个全能神可能考虑决定一个最好的可能世界的思想的考察。即便对一般的自然事实也要做出选择。①

但是,以下观点断然是不真实的:终极原则独立于事实这个观点约束了那些认为这个观点不仅使原则合法化而且也使事实合法化的人。那可能会仅仅由于一个与我们所肯定的东西**相反**的假设:与我们所肯定的相反,这个假设认为所有的原则必须根据事实来选择(既然决定无视实际的事实,那结果就是我们必须通过**使**事实**合法化**来弥补那一点)。上面那段的第二个句子最好被当作一个应该被忽视的小失误②。

与事实无关的原则只是对神而言的。对这个主题的一个更恰当的应用出现在罗尔斯的论证中。如果缺乏事实的输入,那么原初状态的参加者将不知道去选择什么:

> 他们怎么可能做出一个决定呢?一个选择问题只有在选择对象被自然法则和其他的约束条件适当地限制以及那些选择者也已经有某些取舍的倾向时,才算是界定好了。没有一种这样类型的确定结构,所提出的问题就是决定不了的。因此,我们需要毫不犹豫地在决定正义原则的选择时预设某种社会制度理论。的确,一个人无法回避关于一般事实的假设……如果这些假设是真实的并且足够一般的,那么一切就都上轨道了。因为如果没有它们,整个理论设计就会是无意义的和空洞的。③

---

① *A Theory of Justice*, pp. 159/137.

② 在其《道德哲学史演讲录》中,罗尔斯把莱布尼茨的"创世伦理学"描绘成一个这样的原则,它"阐明那些存在于上帝的理性之中并指导上帝在所有可能世界中挑选那个最好可能世界的原则"(第108页,并参见第107页)。因此,在所展示的令人奇怪的《正义论》那段话中,罗尔斯的意思可能是,不依赖于事实的原则的**功能**是决定一般的自然事实是什么。在这里,对这个问题的正确回答是:也许对上帝而言,它们具有那个功能;但是对我们而言,它们不需要因此具有那个功能。

③ *A Theory of Justice*,第159—160/138页。在我看来,在所引用的方法论陈述与罗尔斯对"反思性均衡"说明的一个要素之间有一种张力——参见第49/43页。中对"所有可能的描述"的涉及——但是在此我不处理那个难题。

这个论证在第 10 节所做的逻辑优先性与认识论优先性之间的区别面前垮塌了。无论在决定原则上有多么困难，要知道，你所有的规范性信念在缺少事实的情况下都确实是对反映事实的原则的决定，而这一点就带有对基本的、与事实无关的原则的承诺。并且，这就是那些对罗尔斯**称作**①"理性的直觉主义"持肯定态度的人们与对它持拒斥态度的人们之间争论的实质。因为想象力的一种极其普遍的贫困，原初状态的居民们以及我们自己②就会需要事实性信息来激起恰当的反思，但是那个反思的结果并不依赖那种信息③。

我在前面评论（参见第 7.2 节最后一段）到，罗尔斯的"首要原则基于事实"这个命题并不适合下面的情况：从表面看起来，没有以事实为基础的原则证明了对原初状态使用的正当性。后者的正当性是通过社会成员"自由而平等的"身份而得以证明的，但是那个身份反映了与事实无关的原则：这些原则是关于正确地对待他们那种类型人的原则。因此，可能有人会问，"如果罗尔斯不称他的两个原则为'首要原则'，但是保留了证明原初状态机制正当性的那些原则的设计，那么这会产生多大的不同呢？"对这个问题的回答依赖于情景中具体的智力关切。如果我们要评估《正义论》告诉我们要遵守的那些原则的可欲性，那么它可能根本没有意义。但是，它对于事实敏感性这个主题以及本节中尝试对它所进行的论证都明显有重大的意义，因为它可能表示了对它们两者的抛弃；并且，目前在这里处于危险之中的正是这个主题而不是罗尔斯事业的重要性。如果本节中对那个论证的探索是站得住脚的，那么有助于阐明"自由与平等"身份的那些原则就不可能是与事实无关的，因为那个所说的论证否认存在任何与事实无关的原则。

19. 功利主义，以及基本原则与调节规则之间的差异

许多人反对功利主义，是因为它为了奴隶制度会促进总体幸福的条件

---

① 我强调"称作"，是因为"理性的直觉主义"是一个对关于原则的宽泛立场语系的太过具体的名字。它们中的每一种立场，如我所论证的那样（参见第 17 节），都与否定"事实影响终极原则"相一致。

② 关于它们与我们之间的关系，参见第 7.2 节倒数第二段。

③ 如谢利·卡根宣告的那样："理想观察者方法的大多数拥护者都会同意，理想的观察者应该是完全理性的，并完全占有所有相关的事实性信息。"*Normative Ethics*，第 273 页。如果是这样，那么那个理想的观察者也只是在启发方面需要事实，因为他不可能直接看到那些指导他的与事实无关的原则。

而建议实行奴隶制度。许多功利主义者回应说,那样的条件实际上达不到。我通过考察罗尔斯对功利主义者求助于事实这个看法的支持,来结束我对罗尔斯为其命题即首要原则根基于事实这个辩护的批判:

> 人们常常提出反对意见……说功利主义可能容许奴隶制和农奴制,并容许对自由的其他侵犯。这些制度是否被证明是正当的得**依赖**于精确的计算是否显示出它们产生了一个较高的幸福余额。对此,功利主义者的答复是:社会的本质使这些计算一般地①是反对这样否定自由的。
>
> 契约理论[并因此,罗尔斯]同意……功利主义认为正义的基本原则相当地依赖于人类和社会的自然事实。②

在这里,罗尔斯既没有赞同功利主义,也没有赞同功利主义的辩护者对于奴隶制的事实性断言。但是,他赞同援用"人类和社会的自然事实"来为一个基本原则进行辩护的程序,诸如奴隶制不是一个使人类幸福最大化的安排这样假设的自然事实。

我希望接下来对上述引文的讨论将加强我对事实与原则的看法,显示罗尔斯的相反看法是考虑不充分的,解释他为什么犯了他所犯的错误,并揭示当前争论的重要性。

在这个问题上,明智的起始是指明罗尔斯在对功利主义奴隶制的反驳中没有注意到的一个模棱两可之处。在上述引文中,前两句话语确切阐明了两个实际上独立的对功利主义奴隶制的反驳是什么,但是罗尔斯把这两个反驳看成一个单个异议的不同表述。下面的反驳者 A 和反驳者 B 有不同的动机,但是 A 所说的与罗尔斯引文的第一句相一致,B 所说的与第二句相一致:

> A:我反对功利主义,因为如果我们采纳功利主义,那么我们可能就要面对我们应该且不得不建立奴隶制的境况,而我反对**曾经**建立的

---

① 在接下来对这段文章的讨论中,我将不考虑这个(正如我相信它是)不恰当修饰的存在,直到本节的最后一段才考虑它。

② *A Theory of Justice*,第 158—159/137 页,强调为作者所加。

奴隶制。

  B：我反对功利主义，因为这意味着如果情况是只有通过建立奴隶制才能实现功利最大化，那么我们应该那样做，但我不认为那是建立奴隶制的一个好理由。

  为了看到反驳者 A 和 B 有不同的动机，就需要观察到在罗尔斯的第三个句子中对这两个异议（即奴隶制实际上永远不会使幸福最大化）给出的单个答复应该能使 A 沉默，但并没有让 B 满意。A 担心，依照功利主义的指令，我们可能不得不强制实施奴隶制。她得知没有那样的危险，所以她反对功利主义的理由就被克服了。但是，奴隶制实际上不是最佳的，并不能说服 B。B 的异议是，奴隶制是否被证明是正当的不应该被处理成"**依赖于**"一个"**精确的计算**"。那样的一个计算结果将总是令人放心的这个考虑并没有回答那个异议，即无论我们是否建立奴隶制都**不应该依赖于**那样一个计算。（需要注意的是，如果 B 像 A 一样无论如何都要反对奴隶制，那么她的异议就使她失去那样的立场。尽管她可能会认为奴隶制是对严重罪行的一个公正的惩罚，但一想到下面的情况她就非常愤怒：奴隶制如果产生巨大的幸福那么就有权利得到实施，而不顾在无辜奴隶的不幸方面要付出多大的代价。）

  需要观察到的是，我在 A 的异议陈述中使用了"采纳"这个词，而在 B 的陈述中没有使用这个词。而那是因为功利主义原则在两个异议的不同视觉里享有不同的身份。B 不是以之作为我们可能采纳来管理我们事务的规则而来攻击功利主义，而是作为阐明道德真理的一个原则，或者以更加元伦理学的中立性（参见第 17 节）来说，是作为阐明终极信念或承诺的一个原则。但是，A 是以之作为调节规则而来攻击功利主义，也就是作为某种类型的社会工具，一种无论是通过政府本身还是在社会意识和实践之内都应该加以合法化和实施的社会工具。一个调节规则就是"一个产生某些效果的策略"①，我们采纳与否，准确地说，是根据对其可能效果的评估，并因此根据对那些事实的理解。并且，我们评估那些效果，并由此决定采纳哪些受事实约束的原则，我们根据的是这样一些原则：它们不是获取效果的策略，而

---

① Robert Nozick, *The Nature of Rationality*, p. 38.

是对我们更加终极的并且与事实无关的信念的陈述①。

罗尔斯未能在我们决定是否采纳的调节规则与不是用那种方式进行选择的"首要原则"(他的表达)之间做出区分。这就是为什么他能无条件地赞同功利主义的答复程序的原因,也是为什么他能相应地相信甚至首要原则都根基于事实的原因。正如我将在下一章第1节和第2节中将深入阐释的那样,这是《正义论》的一个根本错误,它把正义的首要原则等同于我们为了管理社会而应该采纳的原则。罗尔斯正确地说过"调节任何事物的正确原则都依赖于那个事物的本质"②:事实当然无可替代地成为调节规则的正当理由。但是,调节规则③必定地缺乏终极性:**它们**不可能告诉我们如何来评估各种效果,因为它们本身正是根据那些效果而得以评估的。社会学④告诉我们各种候选规则的效果可能会是怎样的,但是,一种缺乏社会学资源的规范性哲学需要去评估那些效果,并由此结合社会学来决定我们应该采纳哪些规则。(那样一来,举一个极端但有说服力的例子,一个调节规则可能会建议与它的制度所倾向导致的行为相反的行为,因为,举例来说,人们在有关领域倾向于与建议相反地来行为。)

如果A的异议是对采纳功利主义的唯一异议,并且对它的事实性答复是正确的,那么对所有的实践意图而言,功利主义原则就会是良好的。但是,只是对所有的实践意图而言,不是对其他的意图而言,尤其不是对阐明我们的终极信念这个意图而言。这样的信念包括一种对奴隶制度的敌意,但不是对以功利主义为基础的奴隶制度,必须指出的是,它是一种被任何自称为功利主义者所分享的敌意,这些功利主义者认为有必要举出事实来使异议者A沉默。并且,那种对奴隶制度的敌意表达了与事实无关的信念,即把一种生物看作是人不是偶然的,这样的生物不应该在一种奴隶制度的关系之中对待彼此(或者一些更加合格的与事实无关的信念:允许在特殊的

---

① Jeff McMahan 在他所称的"位于深处的战争道德"与他所称的"战争法则"之间做了一个很好的区分,这是关于基本原则与调节规则之间区别的一个具体事例。见"The Ethics of Killing in War",第730—731 页。

② *A Theory of Justice*, pp. 29/25.

③ 我更喜欢"调节规则"(rule of regulation)这个新造的术语,而不喜欢罗尔斯的"规范性原则"(regulative principle),因为后者使人想起康德的"规范性观念"(regulative idea),而调节规则(或原则)与它毫无共同之处:如果有任何原则属于一个规范性观念这个概念,那么它是基本原则,而不是罗尔斯所称的"规范性原则"。

④ 包括不切实际的社会学,它有时满足或者基本满足这里所说的目的。

情况下有奴隶制度,诸如——参见前面第 265 页——作为一种惩罚的手段)。

"我们应该采纳什么原则?"的问题不同于"什么原则阐明了我们的基本信念?"这个问题。并且,对第一个问题的回答预设了对第二个问题的回答:在这里所规定的"采纳"含义上,我们采纳所采纳的原则是依据那些我们没有采纳的原则。这个区别显然是重要的,但是它不仅不被认识到,而且被罗尔斯明确地拒绝了,因为他把正义的基本原则等同于那些特别设计的选择者为了管理社会而采纳的原则。无论那种设计的优势是什么,也无论它是否确保对应该采纳什么原则这个问题有一个靠得住的回答,原初状态的居民们提出并回答**那个**问题这一点就确保了原初状态的产物不是一组正义的首要原则①。

罗尔斯观点的辩护者可能会这样答复:"好的。我接受你在基本原则与调节原则之间所做的区分。但是,为什么我应该关注基本原则呢? 我关注我们应该**做**什么,并且我们依据事实所采纳的调节规则决定了这一点。"这个答复是不能成立的,因为我们必定诉诸基本原则来证明我们所采纳的调节规则的正当性:只有通过反射与事实无关的原则照射于其上的光芒,事实才能发射出规范的光芒。

另一种能做出所需要的区别的方法是,通过揭示下面论证中的错误或局限来达成:

(1) 原则的本质目的是指导实践。
(2) 没有指导实践者能够忽视事实。
∴(3) 原则必须敏于事实。

这里的"原则"要么指称调节规则,而不同时指称根本原则,要么在其指称中包括后者。如果它指称第一个,那么(1)是真的,但是推不出(3):因为可能存在其他原则,它们对事实不敏感。如果它指称第二个,那么(1)是假的。指导实践不是根本原则的**特定**(the)目的,更不要说它是通过有关经验世界的计算真理来达到的算术的**特定**目的。当算术被束缚在关于世界的事实上时,它确实服务于那个目的,但是那个目的并不包含着算术是什么:如

---

① 此外,参见第七章第 1 节和第 2 节。

果世界变得过于混乱而算术无法再应用之①,那么算术可能会准确地保留它现在的样子。并且,(当与事实结合时)根本原则确实服务于如下目的:告诉我们应该做什么。但是,溯源而上,它们的身份也来自它们服务的实际目的。因此,人们不可能说"根本原则的**特定**目的是指导实践",即使它们当然是那样的。

就(但**仅仅**就)实践的视角而言,事实决定了会产生哪些问题。乔舒亚·科恩推断:"我们没有必要拥有正义原则来处理"那些实际上无法实现的情景。因此,举例来说,他继续说,"我们没有必要明确地来说我们**会**做什么,如果[与对基于事实的期望相反]对差别原则的满足会导致"巨大的不平等②。现在,以下情况确实是真实的:对于决定应该做什么,我们没有必要说清楚,并且,实际上根本不需要说清楚。但是,假设你像我一样,也认为政治哲学是哲学的一个分支,它的产物对实践有重大影响,但是它的影响并不局限在对实践的重大影响上。那么,你可以像我这样提出抗议:政治哲学的问题不是我们应该做什么,而是我们应该想什么,即使我们应该想什么不会产生任何实际的意义③。假如断言世界在差别原则与不产生过分的不平等这个原则之间别无选择,那么关于根本原则的某种决定就没有任何实际的意义。但是,即使在这里,根本原则都保留了实际的意义,因为正是通过诉诸它们,并结合事实,最大最小化政策(the maximinizing policy)才被证明是正当的。

到目前为止,我已经假设(参见第 55 个注脚④),功利主义的主张即奴隶制度不是只在一些已知的社会里可能会减少了幸福,而是在人类社会中都是如此。既然假设以下情况是真实的:在有些社会中奴隶制度可能会是结果最佳的,而在其他的社会中不是这样。那么,以上述方式对异议 A 做出回应的人可能会不得不撤销那个回应,并坚持功利主义原则可能对一些社会是正确的而对其他的社会是不正确的。然而,在这样的推论中,以前对 A 的回应者就不会对相对主义做出任何承诺。于是,那再一次表明,A 与他的批判者正在评价的那些原则都不是首要原则:你无法不包含相对主义就能

---

① 为了当前的目的,我不认为这个假定必须是融贯的。
② "Take People as They Are?",第 385 页。比较一下前面第 259—260 页上对差别原则和"极端的不平等"的讨论。
③ 比较一下我在第七章第 306 页及其以后对 Peffer 的回应。
④ 中译本第 242 页注释①。——译者注

够认为一个首要原则对一个社会是正确的,而对另外一个社会是不正确的。

20. 我的命题的重要意义

我的命题:反映事实的原则反映那些不反映事实的原则,如果是正确的话,那么基于以下原因它就具有重要意义。

首先,单从作为一个被忽视的、惯常被否定的元伦理学真理,它本身就具有重要意义;而且,这个真理回答了一个元伦理学的问题:这个问题出人意料地区别于"是"/"应当"问题。

但是,正如我相信的那样,我的命题也具有重要意义,因为隐藏于我们的受事实约束的原则背后的与事实无关的原则,并不总是能够在应当被识别出来的语境中被识别出来,部分地因为忽略了那个我相信我已建立起来的元伦理学真理,这意味着缺乏足够的努力来识别它们。并且,识别我们的与事实无关的原则既对自我澄清也对澄清争议中的要害所在具有价值。确切地说,有的时候,当我们揭示出那未被陈述的、从根基上支撑敏于事实的原则的、不敏于事实的原则时,它引起不了什么惊奇。然而,有时候,它也会出乎意料之外。并且,揭示出这样的原则使它能够被看到总是有价值的。

正如我们在第 19 节中看到的那样,这个命题还有如下优点:它在终极的与事实无关的原则和被采纳的调节规则之间产生了一个区分,我们也看到,这个区分反驳了作为一种正义元理论的罗尔斯式①建构主义。对于罗尔斯式建构主义而言,正义的基本原则,尽管它们都是基本的,也就是说,它们不是源自更加基本的原则,但还是反映事实的。罗尔斯相信这一点,是因为他混淆了"正义是什么?"问题和"我们应该采取什么原则来管理我们的事务?"问题。如果只是因为事实限制了执行原则的可能性与(**在执行层面上**②)决定了众多竞争原则之间可辩护的均衡,那么事实无疑有助于决定应该采纳——即立法和执行——哪些调节规则。但是,那些用事实来解释如下情况的原则并不反映事实:为什么一组给定的原则是要采纳的一组正确

---

① 和其他的建构主义,但是在这里我不想深入讨论,除了指出,斯坎伦给他的道德立法者所设定的任务恰恰是去为"一般的行为调节"发现原则:如果他经过深思才使用了那些词语,并且我相信他是这样的,那么一个与这里所做的对罗尔斯的批判相类似的批判可能适用于反对斯坎伦。我只是说"可能",因为存在一些在这里无法谈起的细微差别:参见第七章第 3 节(2)。

② 对这个短语的一个评论,参见第 272 页。

原则？并且，如果那些更根本的原则没有被揭示出来，那么就意味着未能解释出为什么我们应该采纳那些我们所应该采纳的原则。

未能在调节规则与证明它们正当性的原则之间做出区分，这导致了混淆不同的问题。假设我问，当只使两三个嫌犯受苦就会挽救上万无辜者的生命时，那么应该做的正确的事情是什么？进一步假设，通过答复的形式我被提及给会这样说的哲学家：我们应该采取一条规则，它禁止任何情况下的虐待，但是我们应该在那种极少数的并且有说服力的情况下打破这条规则。

这个回答可能会被认为是愚蠢的或语无伦次的，但是，它不是对碰巧我没有发问的问题的一个不合适的回答。只要我们正在讨论哪些规则值得采纳，那么一个我们有时打破的无例外规则与一个包含例外的规则之间的区分就是完全真实的，因为这两个对照的规则涉及不同的内在化策略和吸引遵守的设置策略，以及有关动机和原则上的包装偏爱，在后面这两者之间，我们要决定哪一个是（至少部分地）通过求助于事实问题尤其是心理学的与社会心理学的事实问题来得以解决的。

但是，我在两个段落之前提的那个问题并没有通过以下方式而得以回答：要么通过所述的规则计划，要么如果那个问题被回答了，那么是通过那些对照的计划所具有的共同之处来非常间接地回答的，也因此没有特别通过其中任何一个。我不想知道应该采纳哪些规则。我不是问在社会中安排这条或那条规则的前景有多好，以及它的效果可能会有多好。当我自己仔细考虑那个问题时，我就被那些相互冲突的考虑所具有的独立的规范性力量所折磨：人们不应该痛苦，并且，人们应该挽救人类的生命。我所遭受的决策痛苦是关于应该做什么，**不是**关于应该采纳的正确规则可能是什么。

我的意思是，如果我们对推荐采纳我们应该不时打破的无例外规则的哲学家所说的话感到困惑，那么那是因为如果以一种方式来理解她所说的话就产生了一种意义，但是如果以另外一种方式来理解就不产生任何意义。在调节规则的领地内，她的计划是一个竞争项。但是，如果进入基本原则的领域，那么她的计划就被放错了地方。

更一般地来说，当我问一个真正的规范性问题时，如果一个自诩的回答者例如说，那个规则是一个应该采纳的明智规则，因为它不是过分的要求；或者说，那个规则不是一个应该采纳的明智规则，因为很难记住它的实施所要求的所有考量，那么她就没有讨论我的问题。那些事实可以证明对于规则进行裁决的正当性，但是我的规范性问题对那些（或者任何其他的）事实不敏感。

我们只好依靠规则来生活：无论何时当我们面对一个决策时，我们都不可能忙于基本的规范性思想。并且，没有对如下一个规则的反思而去行动是良好的：我们知道它属于那个我们寄托信心于其中的规则集合。但是，如果有事物让我们反映，或者甚至我们时不时地偶然反映，那么我们就超出了那个规则：正是因为仅仅作为一个规则，一个规则才应该作为一个规则发挥它的作用。

调节规则与证明它们正当性的原则之间的区别，有助于说明在规范性争议中什么是关键的。当受考察的规范的身份——基本的或调节性的——被清晰界定时，这样的争议才能更好地进行。例如：对"运气均等主义的"正义观的某种最近批判，尽管它无疑包含了一些好的挑战，但却未能区分作为一个被提议的调节规则而对运气均等主义的拒绝与在不敏于事实的根本层面上对运气均等主义的拒绝，而在不敏于事实的根本层面上运气均等主义的看法被正确地表述了出来。如此一来，伊丽莎白·安德森对"运气均等主义"正义观的抨击、反对①很多（不是全部）聚焦在没有妥协地努力执行运气均等主义原则的效果上。但是，执行的困难正如所做的那样没有击败运气均等主义作为一个正义观念，因为无论实际的环境可能是怎么样的，努力实现它总是明智的，这一点并不是对一个站得住脚的正义观念的一种限制②。正义并不是要求（适当均衡地）实现的唯一价值：有时与正义相竞争

---

① Elizabeth S. Anderson, "What Is the Point of Equality?" 比较 Samuel Scheffler, "What Is Egalitarianism?"

② 在理查德·阿尼森对安德森的答复中，当他比较"一组正义原则"与"对公正制度或公正实践的一个阐述"时，他给出了一个相关的观点：见其"Luck Egalitarianism and Prioritarianism"，第345页。

诚然，有人可能主张，安德森提出的执行困难有一个特别的特征能使他们来一个真正的正义测验，以至于不仅仅是她正在要求的"**如此那般的执行困难**"。倘若有人对那个主张给出一个有说服力的事例，我就将对之做出回应。

就正义而论，在评论了约翰·罗尔斯对反映社会运气和基因运气的那些不平等的异议之后，墨菲和内格尔写道："作为一种可能的非独断的不平等资源，这只是留给人们的自由选择权，而罗尔斯怀疑有可行的制度能够查明人们的运气在多大程度上完全取决于他们的选择。那接着就导致他支持差别原则，后者要求只有在下面这一点时才消除所有的不平等：更伟大的平等只有以损害处境最不利者为代价才可能获得。"（第55页）如果墨菲与内格尔是正确的，那可以说罗尔斯本人把正义等同于了运气均等主义原则，但是他支持差别原则是因为正义本身（同样）是不可行的。此外，参见第二章第9条注释（中译本第82页注释①——译者注）以及第七章第3节最后一段中David Lyons和其他人的文献。

的其他原则也必须得到不同程度的追求和尊重。并且,事实有助于遵从竞争性原则来决定应有的均衡:事实构成了可行性集合,这个集合在一组不依赖于事实的无差异曲线①中决定那个(那些)最佳点,曲线的轴表示竞争性原则实现的不同程度。(这就是为什么我在第 269 页上强调"在执行层面上"的原因。交换价值——在这些比率上为了增加另一个原则的实现度而允许减弱一个原则的实现度可能是合适的——是**先验的**②:事实只是确定了哪些执行方案是可行的。换句话说:为了更好地符合原则 Q,在多大程度上偏离原则 P 被证明是正当的? 在不同类型的环境中,这是一个**先验**问题,不是一个敏于事实的问题。但是,实际上我们能在多大程度上执行原则 P 和 Q 则依赖于事实性问题:我们实际上处在什么环境之中?)

在原则那里(在被详细阐明方面)就如同在偏好那里一样。因为反思的不充足和想象力的贫乏等原因,偏好就依据可行性集合而形成,并对可行性集合做出反应。但是,如此形成的偏好预设了独立于可行性的终极偏好:我喜爱的冰淇淋会是香草与草莓的一种混合物,但是哈根达斯的化学家告诉我不可能生产这个。于是,我的终极原则和我的终极偏好一样不受制于事实。

附录:上帝

有一种阐释有神论道德的方式,在其中,它对我的论证的第二个前提(参见第 7 节和第 7.2 节)提供了一个明显的反例。一个信仰者也许会说,"根据——因为事实是——上帝命令这样做,所以我肯定人们应当慈善这个原则"。现在,第二个前提的支持者要求她解释为什么那个事实支持那个原则。除非她是特别古怪,否则她的最初答复将是,"因为凡是上帝所命令的,人们都应该做"。那个所说的前提的支持者现在接着问,那个一般原则的正当理由是**什么**,那么信仰者可能采取的路线有以下两个。

第一个是说,关于上帝,是**什么使他的**命令值得遵循,哪些一般特征——被上帝所具有而不被例如哈利所具有——解释了**他的**命令的权威性。但是,这样一来,具有那些特征的生物的法令就值得遵循——那个信仰

---

① 正如商品的无差异曲线不是依赖于价格的,因此原则组合物的无差异曲线也不是依赖于事实的。

② 也就是说,非经验的:参见前面的第 39 条注释(中译本第 237 页注释①——译者注)。

者信赖这一点——这个一般原则将几乎当然地是不敏于事实的,由此那个反例也就退出了舞台。

对这个反例的提供者而言,更有价值的替代项是回避一种按照上帝的特征来进行的解释,即那些使他与哈利区别开来的特征。并且,应该谈论的不是上帝是**什么**,而是他是**谁**,后者解释了为什么我们应该遵从他。但是,上帝**是**上帝,这是一个事实;并且,我,第二个前提的支持者,就能够提出没有深层的原则有赋予那个事实以证明原则正当性的力量。这种有神论是对我的第二个前提的一个真诚的反例。

有人可能会得出结论说,那个使这种信仰上帝的风格对我论证的第二个前提提供一个反例的事物,也显示出这种信仰风格的深刻不合理性:他们可能会说,因为他是谁,却根本不是因为他是什么,即他的本质,而来崇拜上帝是不理性的。但是,如我已经解释的那样,我放弃那一步只不过是因为我没有把第二个前提看作是一个逻辑真理。相应地,就这里所显示的而言,这些信仰者不受限制地相信它们所相信的并拒绝了我的论证。但是,值得注意的是,这个拒绝我的论证的原因对我的罗尔斯主义对手几乎无法提供鼓励。他们中几乎没有人宁愿接受上帝而不是接受科恩。或者,至少可以说,他们中没有人想为了拒绝科恩而接受上帝。

第七章 建构主义

1. 导言和序要

这一章从一个序要(preliminary overview)开始,在序要中对这里要批判的建构主义进行了界定,并对即将进行的论证给出一个大致的轮廓。第 2 节(**正义的基本原则与建构主义**)提供了那个论证,它揭开了正义的基本原则与最优的社会调节规则之间的区分,而建构主义违反了这个区分。第 3 节处理**新问题**,即由前两节阐述所提出来的问题。第 4 节挑战那**含义广泛而未经审察的罗尔斯断言:正义是社会制度的首要德性**。第 5 节给出第 2 节所致力的那个对比的**两个例证**,接着第 6 节探讨**正义与帕累托法则**之间的关系。第 7 节和第 8 节分别反对以下断言:作为对正义的限制的**公共性和稳定性**,接着第 9 节**极力**主张依其本质"正义的环境"的不相干性。接着是一个简短的结论,然后是一个附录:论证**原则的原初状态证明不是契约主义的**。

本章拒绝了社会正义的建构主义方法。在其最一般的描述中,建构主义认为,一个原则通过作为一种可靠的选择程序的产物而获得它的规范性资格证书。但是,在本书中我不关注彻底的一般形式的建构主义。准确地说,我特别关注的是社会正义的建构主义方法,也就是被理解成具有上面特征的建构主义,但是谈到了社会正义的基本原则,**以及**提出并回答了"要对我们的共同社会生活采纳什么样的治理规则?"这个问题的那个程序。除非以另外的方式指出,所有的都是这里我将用"建构主义"表示的意思。

人们认为,建构主义程序的一个重要例子是罗尔斯运用原初状态来决定正义的本质;并且,那就是我将集中讨论的建构主义。但是,**加以必要的修正后**,我对罗尔斯式建构主义的批判的大致轮廓,也适用于斯坎伦的契约主义、高蒂尔的契约主义以及理想的观察者理论(Ideal Observer theory),其中每一个都可说是识别正义具体是什么的一个程序。

我在下面的论述中主张,社会正义的建构主义方法错误地描述了正义,既因为它把正义处理成对某种事实是敏感的,又因为它未能在正义与其他的德性之间做出区分。这两个错误反映了我致力于从中拯救出正义的那个建构主义的独特缺陷,即在考虑了所有条件的情况下,建构主义把正义的原则等同于生活所依靠的那组最优原则。我对那个"等同"的异议是,只是因为它们**是**考虑了**所有**条件情况下的生活所依靠的最好原则,考虑了所有条件情况下的最优原则因此不必然是单从正义视角考虑的最好原则。本章是对如下断言的延续辩护:社会正义的建构主义方法由于那个特别而简明的原因而被误导。

有特权的原则选择者的问题指出了社会正义的建构主义把正义的原则错误地等同于最优的调节原则。这些选择者不是被要求去说正义是什么:问那个问题的是我们。而建构主义的信条是,对我们问题的回答是对提给建构主义特别设计的选择者的那个问题的回答,即最优的社会调节规则是什么?我对建构主义的生成性批判是,对那个问题的回答不必也不可能等同于对下面这个问题的回答:正义是什么?

在这里,我应该承认一种在哲学上有着首要重要性的区分,但这个区分和我自己的进程没有关系。我的意思是,下面的两个观点之间有不同之处。一个观点是:使一个原则有效的**是**,它是某种有利的建构主义程序的产物;另一个观点是:根据那个建构主义程序只不过使原则有效,但那不是说,它们由那个有利的程序产生就**是**使它们有效的理由①。这个所述的区分是元伦理学的极点,一个我的讨论达不到的极点。我的问题是,它作为为社会存在选择一般规则的一个有利程序的产物是否确立了一个原则是一个正义原则,当那些这样认为的人设计他们有利的程序时,他们是否认为这是因为他们也认为他们正在描述在一个原则里什么是有效性本身的真正属性。

最后,在开始之前让我来指出,作为正义一个领域的基本结构的首要性问题在当前对建构主义的批判中不是特别显著。当前的批判是关于建构主义**怎样**挑选正义原则,而不是关于我认为什么是对它们范围的一个不正当的限制,后者是我在第三章中论证过的。如果建构主义者同意他们的程序所生成的正义原则一样地适用于政府和公民,那么他们可能会欢迎我接下来将提出的挑战。关于基本结构是否是正义适用的唯一领域这个问题,当

---

① 托马斯·斯坎伦在 *What We Owe to Each Other* 第391页第21条注释中给出了所述的区分,并把他自己的理论归为一个谈论"什么决定一个行动是错误的"的理论。

前的挑战在那个程度上①是中立的。

我对建构主义的批判依赖于两个区分。第一个是关于以下两者之间专用的但并非彻底的区分：(a) 基本的规范原则，即不是从**其他**的规范原则派生出来的规范原则；(b) 调节原则，或者如我更喜欢称作的那样②，称作调节**规则**，它们或者是那些通过国家秩序而获得的规则或者是那些在社会规范形成的比较温和的秩序中出现的规则：所得税规则是国家的调节规则，而关于我们对彼此负有什么义务的规则超越了国家强制力的范围，诸如控制（或错误控制）性别之战的规则就是非国家的调节规则。（这个区分不是彻底的，因为存在不是调节规则的派生的规范原则，有些是不敏于事实的，有些不是不敏于事实的。）为了使我们的事务有秩序，我们**创建**、**采纳**调节规则：我们采纳它们是鉴于我们期待采纳它们所产生的效果。但是，我们不是在相同的意义上采纳我们的基本原则，更不用说我们采纳我们关于事实情况的信仰③。我们的基本原则代表我们的信念。它们不是我们**决定**要拥有然后我们就去安装或灌输并保持的东西；我们没有继续以处理调节规则的方式来处理它们。无论是关于事实还是关于价值和原则，我们没有按照我们所期待的相信它的效果是什么来决定应该相信什么。对调节规则的采纳是一个实践任务：对信念和态度的阐明则不是这样。正是我们的原则性信念，证明了我们所做的事情并包括采纳调节规则这个事情是正当的。

"控制社会的调节规则是什么？"这个问题是一个社会学问题，而"应当是什么样的调节规则来控制社会？"这个问题则是一个哲学问题，或者如果你愿意的话，它是一个政治理论领域的问题，因为对第二个问题的回答强烈地依赖于一般的社会事实。"正义是什么？"这个问题是一个哲学问题，并且没有相关形式的问题："正义或正义的原则应当是什么？"这个问题的不融贯性反映了正义的地位：作为某种超越调节规则的东西④。

现在让我来对基本原则与调节规则之间的区分增加一个更加简单的区分，即正义与其他德性之间的区分，也因此，以下两者之间是有区分的：

---

① 这个限制条件是必需的，因为：如果关于正义原则的范围我是正确的，那么把正义错误地等同于调节规则就会产生进一步的错误后果。

② 参见第六章第 13、19、20 节。

③ 或者，的确，我们的意见：我对我们采纳我们的规范原则的否定并不要求一种认知主义的伦理学观点。

④ 它的不融贯性也说明为什么我认为安德鲁·威廉姆斯关于正义的"限制"和"必需之物"概念是不融贯的：参见第八章第 7 节。

(c)表达或服务于正义价值的原则和(d)表达或服务于其他价值的原则,诸如人类福利,或人的自我实现,或对知识的促进。(这里在我即将强调的那些词语的含义上,基本原则**表达**价值,而合理的调节规则通过服务于那些表达它们的原则来**服务于**价值。)

现在,罗尔斯主义者相信,对"正义是什么"这个问题的正确回答与特别设计的选择者即罗尔斯原初状态的居民对"在你们具体的知识以及无知的条件下,你们会选择哪些一般的社会调节规则?"这个问题的回答是同一的。他们对**那个**问题的回答被假定把正义的基本原则给了我们。但是,在这样把正义等同于最优调节规则的方式中,罗尔斯主义者违反了上述的两个区分。

当前的指责不是对特定的设计即原初状态的一个批判,原初状态是罗尔斯用来**回答**下面问题的,也就是说,原初状态的居民要回答:我们应该选择什么规则?我的批判不是对原初状态设计**作为**回答**那个**问题的一个设计的批判。相反地,我反对把对**那个**问题的回答等同于对"正义是什么?"这个问题的回答。所谓的等同代表一个双重的混并(conflation):基本原则与调节规则的混并,以及正义原则与其他原则的混并。这里的正义原则无论它们是表达正义的基本原则还是通过原则(尽量是可能并合理地)服务于实现正义的调节规则,其他原则也无论它们是基本原则还是各自表达与服务于其他价值的调节规则。结果是,非常普遍地把正义的基本原则错误地等同于最优的调节规则。

我对罗尔斯式程序所做的这两个批判,可以在一个简单的2×2矩阵中展示出来:

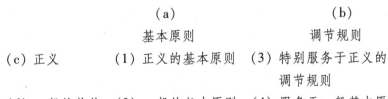

原初状态程序的结果就是识别(1)和(4),并由此把正义既定位在错误的纵列上,也定位在错误的横列上。

我在第六章中论证过,基本原则,即不是从其他原则中派生出来的原则,不依赖于事实性根据。但是,在前面的阐述中,我没有诉诸这个前提。正义不可能等同于最优的调节规则,这个指责并不要求断言正义是完全不敏于事实的:尽管这个指责是站得住脚的,但是正义可能仍然依赖于(我随后将论证它并不是这样的)人性的基本事实这个特征。因此,尽管我的较强观点是可论证的,但我在这里并没有要求你同意它:没有事实支配基本原则;而只是要求你同意我较弱并且无比有力的直观断言:支配正确的调节规则内容的那种关于实践性和可行性的事实,并不影响正义本身的内容。这一点将在接下来得到充足的例证:尤其参见第 5 节中关于财产税和社会保险的例子。

我通过指出本书所进行的这两个拯救之间的关系来结束这个概述:平等构建了分配正义,这个断言在第一章至第五章中进行;正义概念本身则在当前这一章中进行。这两个拯救是有关联的,因为在把正义原则等同于最优调节规则这个罗尔斯式等同中,它的两个错误中的每一个错误都会诱导我们错误地识别正义与平等。第一个错误,把正义放在矩阵的错误纵列里,导致了错误识别,因为难以获得相关信息和其他的实际问题,这使平等成为一个不可行的政策目标:人们只能接近它。但是,在我看来,它——把正义等同于任何可用的规则会最接近平等——不是一个理由,因为它正与我们所努力接近的东西,即平等本身,相对立。接着,第二个错误,把正义放在错误的横列里,就使原则而不是正义原则正好与平等在各种背景下相竞争。因此,对正义**概念**的拯救服务于最终拯救关于分配正义的平等主义命题。

2. 正义的基本原则与建构主义

在这里,正义的**基本**原则被界定为不是正义的应用原则(applied principle of justice)的正义原则。正义的**应用**原则是由正义原则与某种不是正义原则的事物,诸如一组经验事实或一个不是正义的价值或一个不是正义原则的原则等,**一起**派生出来(=据以肯定的)的正义原则。正义的应用原则鉴于那样的非正义(non-justice)的事实性信息或价值或原则而适用于正义①。

---

① 需要注意的是,一个给定的正义原则可能在一个人的思想中是应用性的,但在另一个人的思想中是基本的。我关于如何构建一组正义原则的陈述被当作真的,既包括它们在既定思想中的结构化,也包括它们在无论何者(如果有的话)构成的那组正确的正义原则中的结构化。比较一下第六章中的第 6 条注释(中译本第 214 页注释②——译者注)(关于"心灵的清晰性")。

因此，**作为一个定义问题**，正义的基本原则可能派生自那不是正义原则的原则，无论是单独地还是与其他的非正义前提一起，诸如经验事实等；或者单独地派生自经验事实；或者它们可能是非派生的，或者派生自其他的本身是非派生的正义原则；等等。换句话来描述这个定义的境况，正义的基本原则什么也不反映，而只反映对正义的考虑，或者只反映那些不是对正义考虑的考虑，但是它们可以不反映正义考虑与其他考虑的混合物，因为反映这样一种混合物的原则都是正义的应用原则：也就是正义的应用原则应当是什么。更粗略地来谈这个问题，但也许是更说得通的，正义的应用原则源自正义与其他的事物，而正义的基本原则，**只要关心它们是什么这个纯粹的定义**，则仅仅源自正义或者仅仅源自正义之外的某种事物。如果它们源自正义之外的某种事物，那么它们在某种程度上就不是基本的，因为它们是派生的。但是，因为它们派生出来的不是正义，所以它们**作为**正义的原则仍然是基本的。（正义的基本原则反映的要么仅仅是正义要么仅仅是某种不是正义的事物，这听起来很奇怪。但是，无论奇怪与否，那得自正义"应用"原则的合理定义即反映正义与其他的事物，以及正义"基本"原则的合理定义即作为不是应用原则的正义原则。）

下面这张图阐明了上面清楚表达的定义结构，从下向上读，用箭头表示"可能派生自"。

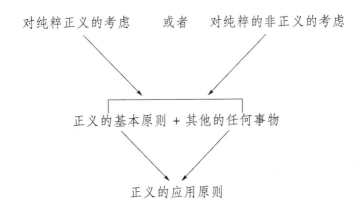

建构主义删除了最上面那行的左边项（以及它的箭头），而我删除了最上面那行的右边项（以及它的箭头）。由此，我们都支持**那些**关于正义基本原则的有对照性的实质**命题**，它们的每一个都与我在这里已为之**辩护**的"正

义的基本原则"这个**定义**相一致。

所有这些都是一个纯粹的定义问题;它应该产生不了争论(这不是断言它不会产生争论)。依靠所述定义的背景,我现在来陈述我不同意建构主义的地方。根据建构主义,正义的基本原则派生自关于生成正义原则的正确程序的判断(它们本身不反映正义原则)以及人性和人类社会的事实。这个观点并不被我给出的"正义的基本原则"那个定义所排斥,但是我相信它是不正确的。当罗尔斯主义者删除图表中最上面那行的左边项及其箭头时,他们就错了。我相信,无论它们的内容可能是什么,正义的基本原则绝不依赖于任何事实的特征,或者,的确,对我的目的同样重要的是,绝不依赖于任何的价值考虑或者那不是对正义考虑的原则:我在脚注的图表中删除了最上面那行的右边项及其箭头。我由此断言,建构主义者不当地指配正义的应用原则起了基本原则的作用。

这个所述的批判打算不考虑正确的正义原则是什么。我的主张是,在有关他们**自己**信念的结构方面,建构主义者是错误的。正如我在前面一章中表明的那样,无论谁肯定了任何原则,并因此,尤其是敏于任何种类事实的任何正义原则,那么就由此承诺了一个不敏于事实的原则,从后者并结合那个或那些相关的事实,就派生出他所肯定的敏于事实的原则(例如,正义原则)。**此外**,在本节的结尾,我将主张,不敏于事实的原则——任何善意的**敏于事实的**正义原则都派生于不敏于事实的原则——**本身**就是正义原则①。也许不明显的是,为不敏于事实的正义原则提供背景的是什么;的确,可能难以识别它。但是,如果我是正确的,即这样的一个原则是被预设的,那么建构主义者就错误地把正义的**应用**原则当作了**基本**原则。并且,当正义被其他的价值所冲淡时,**且做了必要的修正之后**,同样的推理就能适用。正如

---

① 我强调"此外",是因为这个进一步的断言不被第六章中证明的任何东西所蕴涵。如果第六章是正确的,那么反映事实的正义原则反映了不反映事实的原则。但是,第六章中没有东西表明这一点,这表明了后者即基础原则本身就是正义原则。为了表明这一点,一个人可能需要表明,**要么大体上在一组敏于事实的原则背后的基础原则,清楚地表达了它们所起的同样价值**,**要么在具体的正义原则事例和正义价值中是这样**。这个总体的断言无疑是错误的,但是我相信关于正义原则的具体断言是真的;并且,在本节的结尾我会为之辩护。(为了明白那个总体的断言是错误的,需要注意,那些隐藏在美好城镇计划的原则背后的终极原则本身不是城镇计划的原则。因此,举例来说,城镇计划的原则,如商店离住宅不要太远,反映了促进人类福利的基础原则。没有人会把这个基础原则归类为城镇计划的原则。因此,相比之下,我的观点是:那些保证敏于事实的正义原则本身是正义原则的终极原则,不可能被一般的根据即适用于所有原则的根据所证明。)

正义到底如何依赖于事实——当正义是这样的时候——是正义的特征的一个功能,而正义的特征不依赖于事实。因此,正义到底如何屈服于其他价值,部分地是完全独立于那些其他价值的正义特征的一个功能。

如果我是正确的,即建构主义者犯了上述错误,那么就不难洞察他们为什么犯这样的错误。他们犯这样的错误是因为,如我现在将阐释的那样,他们为正义的基本原则指派了一个它们不适于发挥的作用。

按照建构主义的正义观点,正义的基本原则是一个理想化立法程序的产物,这个程序的任务是挑选那些管理我们共同生活的原则。在罗尔斯版本的建构主义中,立法者,即原初状态的居民们,都是可预期的现实世界公民,他们忽视了他们尤其在各种不同的候选原则之下可能会如何过活。在关于正义的一种斯坎伦式版本的建构主义中,立法者有动力依靠那些无人能够合理拒绝的原则来生活。(在很大程度上,在这里我将对罗尔斯式版本的建构主义有兴趣,尽管我对它的一些异议也适用于反对斯坎伦式和其他版本的建构主义①。)但是,无论不同版本的建构主义的社会正义理论有多么的不同,或者在他们授权的选举程序的本质方面或者在作为那个程序之产物的原则方面,但是他们都指派给正义原则相同的作用。那个作用取决于建构主义立法者被要求挑选**那些调节他们共同生活的原则这个事实**:他们得到的这些原则被认为有资格作为正义原则,是因为具体的动机与信息条件,在那些条件下,那些提供了调节他们共同生活这个作用的原则就被采纳了。

但是,在这里,我陈述了我不同意建构主义元理论的一般根据。在任何企事业单位中,单位的目的就是挑选那些我所称作"调节规则"的原则,**但必须注意——要么以明示方式要么在实质上——那些不反映正义本身内容的考虑**:因为正义(无论它可能是什么:当前的观点认为,在正义的**内容**方面,正义不依赖于谁的分歧是正确的)当然必须影响调节性原则的挑选,所以,决定正义怎样被实施或者使正义不可行的事实的偶然性,**以及要求与正义妥协的价值与原则**,也在生成调节社会生活的原则中起着一份作用;并且,立法者——无论是活生生的还是假设的——会误入歧途,除非他们被那些深层的考虑以这种或那种方式(即直接地,或者凭借那个建构主

---

① 对建构主义版本的进一步讨论,参见第 3.2 节,在那里,在其他的内容中,我解释了为什么我称那个慎重考虑的版本为"斯坎伦式的"而不是"斯坎伦的"。

义设计的结构①)影响。由此得出,因为在前者那个独特的实践中的成功,生成调节社会的那组正确原则的任何程序因此就未能识别一组正义的基本原则。其他价值的影响意味着程序输出的原则不是**正义**原则,而事实偶然性的影响则意味着它们不是任何东西的**基本**原则。

那些相关的非正义考虑,的确影响通常有利的建构主义程序的产物。我的指责根本不是说当建构主义标榜能识别正义是什么时,建构主义未能把它们考虑进去,而恰恰是建构主义**确实**考虑了它们,但是以不合适的方式。外在因素对建构主义产物的影响意味着它所产生的不是基本正义,甚至如我们将在第5节中明白的那样,有时候根本不是正义。考虑到建构主义的志向是产生正义的基本原则,那么它就给它的立法者布置了错误的任务,尽管基本正义与一个建构主义程序的产物之间的不符合之处的准确特征与大小当然会随着建构主义的版本而变化。它给其理想的立法者布置了错误的任务,这是我反对建构主义作为基本正义的一种元理论的原则性——并且生成性——指责②。

需要注意的是,尽管在这里我声称要表明,如同我已在第277—278页承认的那样,罗尔斯的原初状态或它的某种其他版本可能是生成调节规则的正确程序。但是我恰巧不相信这一点,这大部分是因为与这里所列举的事例无关的并非古怪的原因,其中的一个原因将在本节的最后重新审视。我也推测,下面的例子可能被提出来反对原初状态作为生成调节规则的一个设计:我们想要那些规则尽可能地公正,并且有理由要求它们是那样的,而如果我们的反思不坚守那只不过被如此期待的正义,那么我们就不可能实现那一点。

因为它布置给其立法者错误的任务,因此,从阐明正义是什么这个观点

---

① 当然,罗尔斯的原初状态的居民们没有在正义的考虑与其他的考虑之间做出清楚的区分。在他们具体的知识与无知综合的条件下,他们只是选择那些他们认为(不是服务于正义而是)能够服务于他们利益的原则。但是,为了他们很好地选择调节原则,他们的选择就必须以某种方式既反映正义的考虑,也反映非正义的考虑。

以部分类似的方式,那些控制无罪与有罪审判的刑事司法规则就必须考虑的绝不是无罪与有罪**是**什么,那就因此无法告诉我们无罪与有罪是什么;相反地,它们依靠关于有罪与无罪是什么的一个前提性理解这个背景而形成。此外,参见第八章第7节中对忠诚的讨论。

② 如果我是正确的,即建构主义者错误指派正义的基本原则发挥社会调节原则的作用,那我就可以被问到,正义的基本原则的那个(相对照的并且)正确的作用是什么?答案是,它们除了阐明正义是什么这个明显的作用,就再没有什么专有的作用。在这个世界上,不是每件东西,甚至不是每种原则,因为它发挥某种作用就有它该有的名声。此外,参见第六章第267页。

来看,它赋予了那些立法者非常丰富的认知资源。在此处这个考验我的建构主义版本中,立法者控制的一件事就是对人性与人类社会事实进行正确的描述,或者无论如何,进行最好的可用的描述:这有助于决定他们对正义原则的挑选,并且,根据建构主义,正确的正义原则也因此依赖于关于人性和人类社会的信息①。当然,当挑选调节原则时,我们确实需要这样的信息。但是,如同我在这里正在论证的那样,在对正义基本原则的决定中,事实是无关的。当然,人性与人类社会的事实:①对正义要求我们在具体事项中要做的事情有意义;它们也②告诉我们,我们能够得到多少正义;并且,它们③对我们应该在多大程度上对正义妥协有影响,但是,如我相信的那样,它们对那个正义本质本身没有任何意义。

　　重要的是,在合适的盘问之下被解蔽出来的不敏于事实的正义原则,有时候被等同于"尽可能地产生必需之物 J(正义的一种形式)":于是,关于事实的假设就决定了能够产生 J 的程度。并且,如果一个事实 F 能够比非 F 产生更多的 J,那么它就证明以下陈述是真的:如果 F 是真的,比起如果非 F 是真的,能够实现更多的正义。F 和非 F 没有决定在不同的情景中公正(直接地)是什么,但是决定了在不同的情景中能够获得**多少**正义。事实由此对什么是正确的社会调节规则有了意义,规则运作的效果可以有理由地偏离正义本身。这个模式将会在本章第 5 节中得到例证。

　　有时候这个指导原则也不会是上面的形式,"尽可能地产生必需之物 J(正义的一种形式)",但是"在多大程度上产生的必需之物(一种形式的)是合理的",因为在既定事实的前提下尽可能实现正义的成本(牺牲其他的价值或原则)也是非常高的。那个计划也将在第 5 节中得到阐明。

　　不过,那正确地影响挑选调节规则的三个原则不是正义原则,而至多是对应用正义原则的限制,这三个原则将在本章中得到讨论:帕累托法则,它指使改进每个人的受益②的现状(参见第 6 节);公共性原则,(大致地)是说表明以下情况应该是可能的:是不是有人正在注意一个原则(参见第 7 节

---

　　① 例如,参见罗尔斯"Kantian Constructivism in Moral Theory",第 351 页:"……在作为公平的正义中,正义的首要原则依赖于那些关于人性以及社会如何运作的普遍信念,这对原初状态中的各方是允许的。在建构主义者看来,首要原则独立于那样的信念,并如一些合理的直觉主义形式所坚持的,在所有的可能世界中它们也不是真的。"请与第六章第 18 节中的讨论相比较。
　　② 布莱恩·巴里阐明原初状态中的选择者比之于正义更喜欢帕累托。然而,他并没有把对帕累托的偏爱与选择者被安排的任务联系起来,而只是与他们天生具有的动机联系起来。见 The Liberal Theory of Justice,第 16 页。

以及整个第 8 节）；稳定性原则，是说那些控制社会的原则应该是自我再生产的（参见第 8 节）。这些原则普遍受到建构主义者的尊敬，并且，当挑选调节规则时，存在一个尊重其中每个原则的事例，但是它们对正义构成方式的侵入扭曲了那个价值的特征。

因此，正义不是那个应该影响那些调控原则内容的唯一德性。它们需要服务于其他的德性，诸如稳定性、对帕累托的正面尊重以及某些形式的公共性。关于全部的德性，更多的将在下面谈到。原初状态既不能定义正义的本质，又不能定义其他任何单个德性的本质，因为立法者并没有被询问（并且没有能力去说）任何一个德性是什么，而只不过是被询问在考虑所有情况的条件下，他们期望建立什么原则。

更一般地来说：如果一种制度可有多个德性，那么你可以正确地注意到，制度的每个德性在对制度的设计中就是有的。但是，对问题"那个制度的正确设计是什么？"的回答，不可能由此独自地告诉你任何一个德性的大体内容，甚至不可能告诉你那个德性对该设计所做的具体的特殊贡献。你必须明白，任何既定德性的内容——独立于知道**那个**设计的规则是什么——是为了识别反映**那个**具体德性①的规则子集。并且，即使正义是社会制度的首要德性［我个人不这么认为（参见第 4 节），但在罗尔斯所说的意义上它是那样的］，这个观点对于正义德性也是成立的。因为那不会意味着，正义是在可接受的设计中会清楚显示的**唯一**德性。无论正义是不是制度的首要德性，制度也都含有或缺乏其他德性。并且，建构主义者的设计，无论它们是否能够正确地获得所有的制度德性所要求的全部原则，都不可能告诉我们哪些原则是正义的原则，哪些原则不是正义的原则。为了在建构性挑选的那组原则中辨别正义的原则，我们需要一个不是被建构的内容丰富的正义观念。

在我对建构主义观点——正义的基本原则是敏于事实的——的强烈反驳中，我既肯定了一个强的命题（a strong thesis）又肯定了一个较弱的命题。那个强的命题是说，建构主义的受到事实侵染的（fact-infested）正义原则预设了建构主义所未能揭示的不敏于事实的**正义**原则。那个较弱的命题，它

---

① 此外，需要注意的是，没有具体子集需要排他性地反映任何具体的德性，这与平衡几个竞争性德性的合力后果相反。

是从第六章所阐述的关于事实与原则的一般信条中得出的,它去掉了所强调的语词("**正义**")。如果连那个较弱命题都是真的,无论它所预设且未能揭示的不敏于事实的原则是不是被正确地称作"正义原则",建构主义就遮蔽了它所挑选的原则是如何获得的,这只不过是因为它没有解蔽那些不敏于事实的原则。

那个强的命题认为,当那些隐藏的不敏于事实的原则被解蔽时,我们会把它们看作某种既定的潜伏的建构主义所肯定的正义的**基本**原则:正是这些原则赋予了建构性挑选的原则以它们所拥有的无论什么样的正义量。

如我所说的那样,那个较弱的命题是对前面一章所证明的事实与原则那个陈述的运用。我对那个强的命题提供不了类似形式的证明。从下一段开始,我为之辩护,反驳一个假设的连通了正义与民主之间关系的反例,并且在第 5 节中我展开了似乎对我而言支持它的那些例证,那些例证来自社会保险和财产税的领域。但是,我没有笼统地证明那个较强的命题。

有人对那个强的命题(它是说,与事实无关的**正义**原则尤其隐藏于依赖事实的正义原则背后)提出了下面的异议。考虑一下言论自由权:赋予那个权利的原则就是一个我们通常可能会视之为一项正义原则的原则。根据异议者的观点,那个权利,就像其所属于的民主权利集合一样,是搭配用来促进人类的繁荣昌盛。鉴于一个不是正义原则的原则,并且这个原则指引了对人类繁荣昌盛的促进,加上那些决定了人类为繁荣昌盛而需要什么的人性与人类社会的事实,言论自由权就被证明是正当的。(与这个异议一致的是,指引人类繁荣昌盛的那个原则是不敏于事实的:这个例子不打算挑战那个弱的命题。)

只有我们能一前一后协调地支持以下这两个观点时,那个异议才是成立的。一个观点是:民主权利是正义的必然要求;另一个观点是:那些权利的基础是它们促进了公共福利(在这里,那个促进没有被反过来看作是正义的要求)。以其一般形式,那个异议的论证展开如下:

1. 所有赋予权利的原则都是正义原则。
2. 有些赋予权利的原则是基于促进公共福利的原则。
3. 公共福利的原则不是一个正义原则。

∴ 4. 那个强的命题是假的。

那么,考虑那个异议者在上述论证所假设的那个例证中关于言论自由所说的话。她说,存在一种言论自由权,即否定某人有那个权利是不公正的,但是,那个正义原则是基于言论自由促进民主、促进公共福利这样的事实,以及基于人们应当为公共福利而尽力这样的原则,而后者不是一个正义原则。

我同意,公共福利原则不是一个正义原则。有的人与我不一样,他们不会同意这个观点,他们因此会通过拒绝上述的第三个前提来拒绝那个论证。但是,我会在不同的根据上拒绝那个论证,即这个论证的第一个前提与第二个前提(实际上)是不一致的。

我们能够区分两类权利。其一是**强有力的个体**权利(strongly individual rights),我用这个词指对这个权利的侵犯会带给被冒犯的主体一种**特有的不满**。因此,举例来说,大多数人可能会同意不被骚扰的权利是强有力的个体性的:我们**大家**可以对骚扰者有**一种**不满,但是无论是否这样,受害者的不满对我们所可能有过的不满而言都是特有而附加的,然而那可以通过一个法律体系和/或用深层的道德语言来阐明。对照一下为了某种一般的目的而授予个人的那些权利,就像艺术品的出售者对销售画作给公共机构的活动有要求减税的权利。那个权利**归于**但不是特别地**为了**艺术品的出售者。那样归于那个权利是为了有更多的艺术品会从私人收藏流向公共收藏,并且,如果一个出售者被妨碍行使其合法的减税要求,那么我们**大家**(他以及我们中其余的人)——如果有的话——就会对之有**一样的**不满,也就是说,它会起到作用反对支持有益的公共收藏。如果一个社会未能,如有些社会做的那样,立法来反对强奸,那么它就侵犯了(至少)女性的权利。如果一个社会未能对所选定的艺术品买卖进行立法减税,那么它侵犯艺术品所有者的权利就如同它侵犯了其他任何人的权利。

现在,对我而言显然的是,任何一个认为促进公共福利不是一项正义原则的人,都必须如我们的异议者必须做的那样,把由那项原则证明为正当的民主权利看作不是强有力的个体性的:如果那个正当理由是公共利益,那么任何有关的不满都不过是一般的并因此不是对不正义的一种不满。准确地说,不是每个人都会同意,公共利益的首要性在那些(正当性证明或不满)概念性领域的任何一处都贬低了正义的地位。但是,异议者同意我的观点,在正当性证明领域是这样的;并且,我无法明白,他怎么能在不满领域把公共利益也看作不是首要的,并因此看作把正义的地位从不满那里移开,也因此从相关的权利那里移开。

如果言论自由是一个正义的规定,那么一个错误沉默的潜在演讲者就在其沉默时有一种**特有的**不满,也就是说,一种超出了以下不满情况的不满:当**一个人**沉默时,他可能会有的任何不满(因为每个人在那种民主带来的繁荣上都有一种近似的兴趣)。这个异议因此揭示了一个困境:要么那个沉默的人有一种**特有的**不满,在这个事例中很难明白那种由民主所服务的这种价值对每个人来说怎么可能解释那种不满;要么他缺乏一种特有的不满,在这个事例中由民主所服务的这种价值可能确实证明了一种言论自由的权利,但不是一种被视作对**正义**的一个必然要求的权利。

简言之,那个异议是不一致的。它的前两个前提是不一致的。

复述如下:要么基本的民主价值**本身**体现正义,要么它们没有体现。如果(难以置信地)它们没有体现正义,如果民主本身与正义无关,那么为什么构成民主的权利应该被看作是一个有关正义的问题呢?如果民主通过公共福利而被证明是正当的,那么它无疑不是一种不正义,而是对这种不同价值的一种破坏,即未能构成一种言论自由的权利。(不可否认的是,如果一种言论自由的权利是合法建立的,那么就会生成对其运用的合法预期;并且,对这些预期的违背将的确是不公正的。同理,当出售艺术品给博物馆时就预期建立一项税收减免权制度。但是,与那个较强命题一致的是,由于一个更终极的正义原则,那将会是一种不正义:违背合法的预期是不公正的。)

现在,对在一些(假设的)非正义的条件下由正义强加的根本权利考虑一个不同的尝试。从下面这个拉兹式观点(the Razian view)开始,即如果一个人的利益是保证其他人处于一种义务之下的一个充足理由,那么这个人就有一项权利①。这暗示着,权利所根据的考虑是它们促进的不是——与前面那个论证的第二个前提一样(参见第 288 页)——公共福利,而是讨论中的无论任何人都有权利拥有的那种福利。因为这些权利都通过了强有力个体权利的"有区别的不满"这个测试,因此我没有主张它们不是正义所要求的权利。但是,对那个论证的深思熟虑的拉兹式重写而言,前景是暗淡的,

---

① *The Morality of Freedom*,第 166 页。我不是在把下面的看法归于约瑟夫·拉兹(Joseph Raz)本人:他比我要少得多地关注什么属于正义以及什么不属于正义。事实上,他对我如此多地关注这个问题表示了困惑不解。

恰恰是因为通过利益的权利正当性证明对这个不同而非综合的观点是如此的直接,以致它可能看起来是在奇怪地说:尊敬那种权利是一个有关正义的问题,但满足那种利益则不是一个有关正义的问题。

我通过重述我对建构主义的独特异议,以及把这个异议与一个对建构主义有比较共同的异议的路径相比较,来结束这一节。根据建构主义,正义原则是由特别设计的选择者所可能会选择的那些原则,这些选择者被要求回答如下问题:我们应该用什么样的基本规则来调节我们的社会生活和政治生活?考虑到他们对所述问题提供一种有权威的回答的能力,对建构主义的一个共同异议路径就是:对选择者的设计是有缺陷的。用一个"有权威的回答",意味着那个回答应该对诸如我们这样的活生生的人类有一种权威。如果为了简单起见,我们把我们的视野限制在约翰·罗尔斯的《正义论》的建构主义范围之内,那么上述路径的批判就会问:为什么一旦无知之幕被解除了,往昔的原初状态居民还应该遵循他们所选择的原则?因此,例如,在这里我列举或改编一个阿及尔·比尔格拉米(Akeel Bilgrami)提出的问题:为什么一个既相信伊斯兰是正教又相信传播穆斯林经典是神圣职责的穆斯林应该由于他或她传播那种经典所使用的手段被限制呢?在考虑到下面情况的条件下:如果她有各种可能的无知,尤其是对她自己作为一个穆斯林这个身份的无知,并因此对她所设想为伊斯兰真理那些东西的无知,那么,她会已经立法确立宗教选择自由这样一个原则以禁止宗教变节(proselytizing)的某些形式吗?①

我支持上述对于建构主义的批判路径,并且,确实是对于我刚才所阐明的那个特别派生的比尔格拉米问题。但是,我批判建构主义的路径是不同的。它不是说罗尔斯式的选择者不适合回答他们所面临的问题,重复一遍我的这个问题:我们应该用什么样的基本规则来调节我们的社会生活与政治生活?我的批判与以下情况是一致的:承认(虽然支持比尔格拉米的[和其他的]批判,但我实际上并不承认)它们非常适合于回答那个问题并且它们正确地回答了它。因为我的批判是,对**那个**问题的正确回答不可能告诉我们正确的正义原则是什么,并且因为一个引人注意的简单原因,即正义不是那应该影响对所述问题的回答的唯一考虑。可靠的社会调节规则必须满

---

① 见 Bilgrami,"Secular Liberalism"。

足那些德性,而不是满足正义;并且,必须遵从那些不影响正义本身的事实性限制。所以,我的异议不是说居民们不会正确地回答他们所面临的问题,而是说如果我们所想知道的东西是正义的基本原则是什么,那么我们向居民们提出的那个问题就是错误的问题。

我同意苏格拉底-柏拉图的观点,那个观点导致苏格拉底拒绝正义行为的例证,例如,作为对"正义是什么"这个问题提供一个正确回答的例证:关于那些事例,没有任何一个系列的事例来揭示是什么使每一个事例成为一个正义的事例。在我们发觉那个与事实无关的原则——它控制了我们关于正义的装入事实的(fact-loaded)具体判断——之前,我们不知道为什么我们认为我们所认为是正义的东西是正义的。并且,我们必须后退到(我们所认为的东西是)纯粹形式的正义来弄明白如何在其中建立尽可能多的正义。

在柏拉图的《理想国》第五卷中,"爱声色者"(lovers of sights and sounds)认为,在视觉与听觉的世界里述说什么被看作是正义的,对述说正义是什么就足够了。他们几乎没有认识到就其本身而论正义是什么**这样的**问题。简言之,在事实是 F 这样一个世界里,他们相信 P 构成了正义,并且他们没有进行抽象到明白以下一点的程度,即他们相信那些独立于事实的如下形式的原则:**如果 F 那么 P**。柏拉图认为,并且我也同意,你需要清楚正义**本身**是什么,以便明白当 F 为真时正义指向 P。这就是,正义如何超越了世界的事实。

我碰巧也同意柏拉图的看法,正义是穿越并独立于历史的恒常之物。但是,那个极端的反相对主义(anti-relativism)在这里没有任何要辩护的教条成分,即正义在终极的意义上在任何人的信念结构中都是与事实无关的,而无论她如何考虑相对主义,也无论相对主义是否是真实的。

最后一点。我已经把正义与最优调节规则的这个罗尔斯式等同看成是一个方法论的主张:它告诉你的不是正义是什么,而是如何决定正义是什么。但是,它可能被反诉①,所说的等同是一个规范性命题,从而我与罗尔斯的分歧实际上不是一个方法论的分歧。

现在,在我倾向的那个词的意义上,我不认为把那个等同看成是一个规范性命题与把它看成是一个方法论命题之间是不一致的。然而,假设它是

---

① 并且,它确实是这样反诉的,这是由艾伦·吉伯德提起的。

那样的,那么"规范性"是(那两个方式中)描述这个命题的唯一正确方式①。于是,关键之处在于,所说的规范性命题可能像我主张的那样,存在于与正义这个概念的冲突之中,因为我们知道,从正义所是的那种概念来看,一个正确的正义观念排斥如下观点:正义的内容是最优调节规则的集合。

3. 正义的基本原则与建构主义:新问题

在这一节中,我尝试回答那些可能使某些读者感到困惑的问题。这些问题是:(1)在原初状态中,哪些事实为原则的选择提供了根据?并且,又是哪些与事实无关的原则解释了为什么那些事实能够那样做?(2)第1节和第2节的断言与非罗尔斯式的建构主义有怎样的关系?(3)后期罗尔斯的"重叠共识"的正义观维护了正义依赖于事实这个断言吗?(4)如果我们通过清除它对事实的依赖而重建社会正义的建构主义,那么将会怎样?(5)我对罗尔斯的批判与我接受所谓的"运气均等主义"有何关系?

(1)我在前一章第7.2小节中主张,与事实无关的原则在罗尔斯式构建中隐藏在两个地方,尽管它们作为与事实无关的原则的出现是不得已而非公认的,这是因为在罗尔斯关于何者构成正义原则的元理论中对事实非常崇拜。首先,与事实无关的原则构成了原初状态中被选原则的基础并表现了它们没有表达出来的前提。这第一个断言就被阐明了。但是,在自由平等的人类这个"观念"所没有陈述的内容中,它们也被遮蔽了;而这个"观念"证明了原初状态本身的正当性。我不打算阐明这第二个断言,但是我认为它似乎是成立的。

接受第一个断言的一些人可能会问,罗尔斯的两个正义原则所依赖的**事实是**什么?又是哪些**初始**原则赋予那些事实以支持性力量?这个回答的一部分已在第六章第18节中给出:受到良好调节的市场经济这个(假设的)事实在没有"过多的不平等"(并因此,"人们不应当容忍过多的不平等"这个原则)隐蔽在差别原则的选择之下时能够发挥作用。接下去要注意的是,这两个原则的词典式次序依赖于没有严重的匮乏:如果人们放松了这个事实性假设,那么就退回到了一般的正义观念②;根据这一点,**所有的基本**

---

① 需要注意的是,所说的描述可能无力承担起对建构主义的辩护以反对我在第六章第7.2节和本章第3.3节中论述的不敏于事实的命题。

② *A Theory of Justice*, pp. 62/54.

善就都被最大最小化了。一般的观念在严重匮乏的情况下对自由或机会公平产生不了词典式优先性，但是它在有限匮乏的情况下确实产生了这样的优先性。

一般的观念**本身**（也因此，那两个原则）依赖于哪些事实性信息？一个策略性事实是：存在着善，而人们需要被提供善以便去从事他们的人生计划①。那些善有助于产出一般的观念，以及未被表述的不敏于事实的原则。在可能的范围内，后者是每个人执行她的人生计划都应该具备的东西；如果她有人生计划的话，那个计划就建立在下面的原则之上，即**人们应当增进完满的生活**。不难设想无人生计划的人，但是，有人可能会认为，努力设想有人生计划而不需要那样（初始的）善的人是在把概念拉伸到一个极限点。然而，考虑一个有人生计划的人，无论选择的是什么样的人生计划，这个计划从一开始就内在地提供了它所要求的一切东西。对这样的幻想，有人说：科幻小说案例考虑的要点是什么？回答是：为了揭示我们关于实际的人类事例的中心。在当前这个案例中，这个中心**不是**聚焦在基本善的供应，而是在于一种完满生活的促进。（对用特殊字体指出的那个不敏于事实的原则的挖掘与阿马蒂亚·森的坚持有关联，他坚持是能力而不是服务于他们的基本善，是正义的基本关注。）

在目前的情况下，当然需要基本善来满足人生计划。但是，这不意味着它们应该构成公平分配的尺度。对罗尔斯来说，那毋宁意味着，因为"可适用性的限制"（*Political Liberalism*，第182页，参看该条。）和可选择的正义尺度的难解性，诸如对偏好的满足程度，都不是公开可确定的；相反地，基本善促进了公开可见的人际比较。但是，我们将在第7节和第八章中看到，把关于基本正义的任何断言建立在公共性的实际障碍的基础上都是一个严重的错误。

进一步恰当的假设事实是，人们形成、追求并修改善的观念，或者在良性条件下能够这样做，他们需要自尊地从事他们对于善的观念②，人类社会既具有利益一致的典型特征也具有利益冲突的典型特征③，等等：未陈述的不敏于事实的原则对这些事实的每一个都赋予了规范性联系。

---

① *A Theory of Justice*, pp. 62/54.
② 这个事实性断言在 Nir Eyal 的 *Distributing Respect* 中受到了尖锐的批判。
③ 见 *A Theory of Justice*，第4/4页。

(2) 如果我是正确的,那么关于正义的建构主义就是错误的,因为它推荐的程序不可能产生正义的基本原则,而与有某种其他推荐的那些原则相反。前面提出的反罗尔斯式断言,**加以必要的变通后**,也与大量的非罗尔斯式断言有关。现在,让我来叙述其中的若干断言。

根据在这里遭受到批判的任一关于正义的建构主义,正义的正确原则都是合法的调节规则的一种理想程序的产物。随着建构主义的几个版本指派给立法者的**动机**与**信息**的差异,输入程序的东西随之而变化。在罗尔斯的建构主义中,非道德驱动的行为主体根据人性与人类社会的一般知识来选择原则,而无视把他们(或者他们所代表的委托人)区别于其他人的任何东西;在斯坎伦的建构主义(或者可能地,在被更贴切地称为一种"斯坎伦式的"建构主义中:参见接下来的讨论)中,被道德驱动的行为主体,即愿意能够证明他们有正当理由对他人采取行动并因此在那些无人能合理拒绝的原则下寻求与他人合作的行为主体,根据有关每个人的(包括他们自己的)能力、局限、偏好等方面的充足信息来选择原则;在戴维·高蒂尔的建构主义中,具有类似完全信息的利己主义行为主体选择相关的原则;而在某些形式的"理想的观察者"理论中,事实上良构的并且持公正动机的行为主体在选择原则时则不需要为这个任务补充任何他们自己特色的知识。在所述的差异之外,所有的这些建构主义都一致同意赋予他们所任命的立法者(们)以正确的(或者最可行的)关于人类和人类社会的一般信息。

我相信所有那些建构主义所遭受到的批判类似于那些我形成用来反对罗尔斯的批判:如果那个程序像它设计的那样运转,那么它所产生的不可能是**正义**本身。在不同的情景中,关键点可能是不同的:建构主义者们参差不齐地认为,**正义**是他们所推荐的那些程序的产物。

在这个问题上,托马斯·斯坎伦的立场是不清楚的。首先,值得注意的是,"正义"这个词没有出现在《我们彼此负有什么义务》的索引中,这暗示着正义落在其视界之外。然而,斯坎伦在一个致力于对这些问题进行分类的段落中①说,他不是在最广泛的意义上讨论道德,而只是在一部分的意义上,这个部分即我们彼此负有什么义务是"比正义更广泛的,它必须专门处理社会制度":而那意味着正义在其免予考虑的范围之内。另一方面,他说

---

① *What We Owe to Each Other*,第 6—7 页。在他的 *Imprints* "Interview" 第 108 页上提出了同样的分类。

"在罗尔斯理论的主题与这里所讨论的主题之间有一个重要的区别"。他把"评估基本社会制度的正义性"与决定"我们彼此负有什么义务"进行比较,并且用那个比较来支持对"正义原则"与"个体行为原则"的区分①。因此,这里有对比的痕迹:很难说斯坎伦的契约主义方程式是否想要尤其地覆盖罗尔斯原初状态中所致力的论域。

现在,基于前面第三章所辩护的那个立场,我严重地怀疑有关斯坎伦可能必须把他与罗尔斯所讨论的主题区分开来的任何抱负的说服力,并且我相信,上面所引述的稀奇古怪的各种各样方程式——它们既赞成又反对这样一种分界——在试图这样做时起到了一种张力作用。(需要注意的是,当斯坎伦把他的主题与罗尔斯的主题进行比较时,奇怪的是,他得出结论说,证明了一个政府可能立法的社会保险形式的正当性的那些原则不是关于我们彼此负有什么义务的原则。)但是,即使我是错的,并且斯坎伦有好的理由阻止把他的方程式运用到社会正义问题上,并且相信通过某种其他方式(关于这种方式,他在《我们彼此负有什么义务》中没有给出暗示)来解决这些问题,斯坎伦的合理拒绝方程式(reasonable rejection formula)仍被广泛地看作是罗尔斯原初状态的一种替代选择(的确,也被看作是一种发展),它当然也是决定正义特征的一种设计。因此,如果斯坎伦本人不同意关于正义的建构主义,那么我们仍然可以说它是一种关于正义的"斯坎伦式的"建构主义,就如我在前面所做的那样。并且,那种关于正义的斯坎伦式建构主义将很容易受到与我对罗尔斯式建构主义的批判在实质上相同的批判:用一种合理的要求替代罗尔斯式的无知之幕,对于我对建构主义的具体批判没有什么区别②。

(3)乔舒亚·科恩在私下交流中极力主张,即使《正义论》不是这样做的,罗尔斯在其后期作品中采纳的正义观点仍然表明了正义的基本原则如何能够依赖于事实。在那个后期作品中,由于原则属于一个重叠共识的交叉域的范围之内而有资格被社会采纳③,在那里共识各方因为各自合理的完

---

① *What We Owe to Each Other*, p. 228.
② 在对上述评论的以前版本的一个私下回应(2000年7月17日)中,斯坎伦重申了他想要在道德与正义之间做出区分,但是他承认他"如果更像那种类型的一个建构主义者,那么批判的就是正义而非道德"。
③ 一如既往,我使用这个语词指称的不是对一种信念的阐明,而是对一个规范的社会设置(无论是单独通过法律还是通过其他方式):参见前面的第276页。

备性学说中的某种元素而赞同所述的原则①，但其本身并不是一种正义理论。科恩似是而非地补充说，那些原则根据一方的合理的完备性学说**以及**其对事实的看法而被同意。相应地，他因此得出结论说，虽然所选原则在行动的意义上是正义的**基本**原则（参见第 279 页及其后），但它们却建立在一种事实的根据之上。

297　　如科恩提出的那样，按照后期罗尔斯的假设，进一步需要的**不**是不敏于事实的**正义**原则。按照科恩的观点，关于正义原则的正确资源，这里保留着一个不敏于事实的元原则——重叠共识原则本身②——或许在她的综合性观点中必须存在不敏于事实的规范性原则，对于每个人而言，综合性观点解释了为什么重叠中的敏于事实的原则构成了对她的事实观点的反应。但是，那些种类繁多的不敏于事实的规范性原则并非必须是正义原则。如果科恩是正确的，那么第 2 节中那个强的命题就不成立了，而无论那个弱的命题是否还成立。

　　我拒绝科恩在对后期罗尔斯立场描述中的两个关键性断言。他的第一个关键性断言是，重叠共识中的原则可以被看作是敏于事实的**正义**原则。第二个关键性断言是，不敏于事实的重叠共识原则不是一个规范性原则，因此在这里就不是一个正义原则，并因此在这里也不是一个不敏于事实的正义原则。

　　我从对第一个断言的一个异议开始。在我所能够明白的范围之内，属于重叠共识范围内的原则可能会或可能**不会**被看作是正义原则：没有理由认为，正是在一个重叠共识的本质上，它所赞同的（全部）原则才有资格作为具体的正义原则。它们在重叠共识中的谱系给予它们的德性是一个特别种类的合法性：后期罗尔斯的合法性**规范**宣称，我们应该作为调节原则采纳③那些处于人们合理的完备性学说交叉域的原则。现在，在某种意义上，合法性原则是一个正义原则，因为它宣称，如果我们由于在一个人所肯定的合理学说之内不可能获得支持而强迫她，那么我们就对她就做了一件不正义的事情。但是，考虑到合法性本身确实是一种正义形式，所以在相关的含义上，合法性没有提供它挑选正义原则的那些原则。因为它们的正义，如同罗

---

① 或者仅仅是因为在那个学说中没有什么与它相抵触——但是，我在这里不理会这个含蓄的可选项。
② 比较一下在上一章第 7.2 小节中对我的事实/原则论证的第二个前提的那个异议。
③ 参见第 25 条注释（中译本第 271 页注释③——译者注）。

尔斯的两个原则一样，不是一个关于它们内容的问题。为了通过一个半约束性的区分来阐明立场，被合法化的原则就是**公正的原则**，只是强加的原则，但是它们不必然是**正义原则**。

并且，因为合法性原则显然是一个实体性规范，所以我也不同意科恩要求的另一个前提，即重叠共识原则是一个方法论原则。它不是用来决定正义是什么的一种纯粹技术，而是一个不敏于事实的规范性原则，直接禁止某种形式的不正义。重叠共识原则宣称，它是公正规则的一个条件，这些公正规则是对那些认为其完备性学说是合理的人们而言的；它可能提供给这些人们以理由来使他们遵守他们所能够自觉赞同的原则①。

我正在做三个关于重叠共识合法性原则的断言：它是规范性的，它是不敏于事实的，并且它是一个正义原则。诚然，在差别原则是一个正义原则的意义上，共识原则不是一个正义原则，因为它不是一个分配正义原则。它也不是这样的原则，像任何一个罗尔斯正义原则那样，根据它们的内容来决定何种政策是公正的。共识原则确实是一个正义原则，但是它赋予的是合法性，而不是它据之以合法的正义。合法性问题不是如下问题：哪些规则是公正的？而是下面的问题：哪个**规则**即哪个种类的统治**力量**是公正的？如罗尔斯本人强调的那样，在他对不合作主义的讨论中，可能会说："这个法律是不公正的，但是我们必须遵守它，因为它是民主通过的。"由此，"民主通过"导向合法性问题，或者如果你愿意，导向公正规则的问题。

需要注意的是，因为我在两个方面不同意科恩，也就是关于在重叠之内原则的地位（它们不是这样的正义原则）**和**关于共识原则本身的地位（它是一个正义原则，不是一个方法论原则），因此我需要一针见血地专注在那两个方面的（任何）一个方面上去挡开科恩的挑战。

（4）正义的权威性立法者被提供了有关（至少一般的）人性和人类社会

---

① 在这里，我没有评价这个断言，并且，更一般地来说，我通常不理睬后期罗尔斯关于正义的"政治性"命题，不是因为我对它们没有同感（尽管我是这样的），而是因为我对一个本质上以《正义论》为核心的正义观念的批判正如其本身那样相当地复杂，并且，把估量那个批判在多大程度上适用于后期罗尔斯命题这个特殊任务放在一边似乎是明智的。（不过，关于一个中肯的评论，参见第4节最后一段。）

的事实,这是关于正义的实际存在的建构主义的一个特征①。但是,也可能提出一个改进过的用于决定正义内容的建构主义应用程序,在其中不给立法者提供事实性信息。这样一个建构主义应用程序可能会使它免于关于正义的建构主义批判,正如目前它被构想的那样,这与建构主义的那个用事实污染基本正义的倾向性有关。

在关于正义的一般性描述中②,建构主义的观点如下:一个原则有资格成为一个正义原则,是因为它是一种用来挑选社会调节规则的可靠程序的产物。这样一来,如果一个观点的其他元素被保留而挑选者被剥夺了关于正义的实际存在的建构主义所赋予他们的信息,那么它仍然是建构主义的。于是它们就会为每个可能世界或者关于事实的假设集合生产调节规则,它们能够通过阐明原则性反应而达到纯粹的**假设性事实**③。

在这里,我对所提议的修正性步骤——即对一种没有为其所赞同的决策程序塞入事实的建构主义——加入三个评论。

首先,如果事实不被带进来,那么它就会产生相当大的差异。那样的话,关于正义的建构主义就会被非常不同地构想,并且,从我的经验和有关的建构主义作品中的承诺来看,清楚的是,建构主义的支持者们可能不会被吸引到这个修正上来。对罗尔斯和斯坎伦这样的思想家而言,诉诸事实不是纯粹偶然的。他们相信以下说法是一个深刻的真理:正义的基本原则和至少在罗尔斯那里一般而言的"首要原则"都是对人类条件这类事实的一个回应。罗尔斯相信,那个观点的一个替代品是"理性的直觉主义",并且如我们在第六章第18节中看到的那样,他贬低并猛烈地反驳了"理性的直觉主义"。

因此,对于主张可在不抛弃建构主义本身的情况下接受我对罗尔斯的批判,我的回应如下:即使确实如此,主要的建构主义者,如罗尔斯案例例证的那样,也都有一种巨大的理论上的投入,尽管如我主张的那样,这在一个具体的敏于事实的建构主义中是一种被误导的投入。接下来阐述另外的

---

① "在作为公平的正义中,正义的首要原则依赖于那些关于人性和社会如何运转的一般信念,这对于原初状态中的各方是被允许的。在一个建构主义者看来,首要原则不独立于这样的信念,并且如一些形式的理性直觉主义认为的那样,首要原则在所有的可能世界中也不是真实的。"(Rawls, "Kantian Constructivism in Moral Theory",第351页)

② 也就是,通过放弃事实性信息要求来一般化其描述的这样一个描述。

③ 此外,参见第六章第261—262页上对罗尔斯断言原初状态各方不可能在缺乏事实性参数的条件下进行决策的讨论。

两点。

第一点是,如果我的批判被接受,并且事实被消除,那么如我相信的那样,被原初状态居民们选择的原则就会是一个更加纯粹的平等主义类型,因为常常是事实使平等无法实现(相对于与正义不等同)。因此,例如,在我看来,"松散的"差别原则①虽然是一个原则,但不是一个正义原则,而是一个当不可能完全实现正义时如何尽可能地接近正义的原则。依我之见,罗尔斯的建构主义在其诉诸事实的过程中就破坏了平等主义,这在他对"自然彩券"的评论中可以清楚地显示出来,那是他的起始点。

最后,甚至一个清除了事实的关于正义的建构主义,都生成了对正义与其他德性诸如帕累托、稳定性和公共性等(参见第6—8节)之间关系的错误教导。并且,这些再次使原则偏离了平等主义的错误教导反映了关于正义的建构主义的生成性错误。正义在一个无事实的建构主义中存活下来,也就是说,把正义原则等同于正确的社会调节原则:即使当关于正义的建构主义原则从事实性信息中被自由地选择出来时,那也仍然是并因此是对所有的可能世界而言的一个错误。

(5) 我在总附录第7节中解释了对苏珊·赫尔利(Susan Hurley)的反对:在我对罗尔斯的激励批判与我公开接受所谓的运气均等主义之间没有矛盾,运气均等主义认为把分配正义等同于一种消灭由于运气而非选择产生的不平等的配给。现在,让我把这个观点与在第1、2节中对罗尔斯的批判联系起来。

在运气均等主义所追求的智力计划(intellectual project)与罗尔斯所追求的智力计划之间有一个很大的差异。运气均等主义寻求精确地提供一种关于分配正义的直觉,大体上是说,谈到不平等,当且仅当关于责任的某些事实获得,不平等才是公正的。我相信,罗尔斯也有这种直觉,它支配着他关于"道德专断"的评论,但那不是他考察和完善上述直觉的目标。

通过完全合适的——考虑到问题是什么——反例方法、修正后的断言和新的反例等,运气均等主义者努力给这个直觉提供一种完善的形式,努力到达它的中心。他们并不因此忙于着手考虑社会生活原则(即使他们有时候错误地认为那是他们所关心的)的所有事情(换言之,分配正义和其他的

---

① 松散的差别原则(参见第一章第12节)被下面这样一种社会中的政府所遵循,这个社会的行为主体自己在他们的经济选择中并不尊重差别原则。

事情),因为两个原因:首先,因为在组织一个社会的过程中把他们聚焦的分配正义作为唯一考虑的规范将是愚蠢的;其次,因为即使它**是**被满足的**唯一规范**,由于经验与其他的限制,它也只能以一种相当勉强的方式来满足:决定那些限制的适当影响不是到达那个直觉的根基的部分任务,而那些限制是对我们所赖之生活的原则的限制。运气均等主义者对分配正义的真正本质感兴趣,而对那个另外的问题没有兴趣,后者即关于一个社会应该采纳①哪些原则——被分配正义影响**但也被其他的东西**影响——作为它的基本原则。

相应地,罗尔斯的计划展示了一个相反的(但未经确认的)限制。他不是(真的)在探究正义本身的性质。他的计划是为了确立什么是社会上执行的正确原则,并且,在一个基本的层面,第 1 节提出了这个问题但对他是一个异议:他把那个计划的产物描绘成一组**正义**原则,后者界定了那种德性的真正本质。这些原则不可能起到这样的作用,因为正义之外的东西影响了正确的社会原则应该是什么。

勾勒一种德性——在这个案例中是分配正义——的任务,不同于阐明一个社会的设计这个任务。并且,一个比迄今为止的冒险都更强有力的断言是,第一个操作(exercise)应该影响第二个操作,而第二个操作不影响第一个操作。这是一个较强的断言,因为它保留了前面段落中所做的事业对比并且对第一个操作增加了**某种**优先性,第一个操作提议谈论正义**是**什么,而不是怎样在所有的事实及社会设计必须尊重的**深层**规范的限制下最好地实现正义②。

有人(布莱恩·巴里、戴维·莱昂斯③)曾说过,实际上,那种优先性在根底上**是**受到罗尔斯尊重的。罗尔斯关于正义的"真实"观点是:正义**是**平等,但是因为社会设计的意图而使我们无法合理地与之保持协调。但是,与

---

① 关于在这里如何应当理解"采纳",参见前面第 276 页。我们所采纳的原则是根据我们所不采纳的原则来采纳的。罗尔斯在我们所采纳的原则的空间中运作:他的观点位于第 278 页那个矩阵的第(4)格中。运气均等主义在我们所没有采纳的原则的空间中运作:它属于那个矩阵中的第(1)格。

② 关于运气均等主义计划与罗尔斯式计划之间的一个非常富有启发的对比,参见 T. M. Scanlon, "Justice, Responsibility, and the Demands of Equality",第 85—87 页,其中的许多观点我都同意。

③ Barry 在 *The Liberal Theory of Justice* 和 Lyons 在"Nature and Soundness of the Coherence and Contract Arguments",尤其第 152—153 页。

我到目前所说的相反,其他的人会说,我所看到的位于某种正义观念中心的那种类型的任何直觉都不过是一种初步的偏见,一种一旦有一个完全的原则信条在手边就失去其自身利益的偏见。我不相信这一点,恰恰是因为我相信,正义是正确的调节原则所应该尊重的众多德性中的**一种**德性,只要那是可能的和合理的。

4. 正义是社会制度的首要德性吗?

有人可能会说:对罗尔斯和罗尔斯主义者来说,"正义"是由选择规则调节我们生活的一个理想程序所规定的那组原则的名称,并由此它也是任何调节社会的正确原则的名称。相应地,如它可能被反对的那样,根据罗尔斯的"正义"定义(或者,严格地来说,通过他使用那个词语的方式,因为罗尔斯说他把意义和定义的问题撇在了一边)①,就不可能展开我所致力揭示的那些调节原则与正义之间的分歧。

我不同意对"正义"这个词的那个建议用法(而且,我在第304—306页中表明,不可能认为罗尔斯始终如一地以那种方式使用了这个词)。我相信,由于这个所述的用法不易表达,所以正义——无论它的内容是什么——是在设计可靠的社会调节规则时唯一需要考虑的一件事情:我不明白,无论一个人认为正义是什么,她怎么能否定某些事实或其他价值可能会使正义的产生是不恰当的或者难以达到的或者成本很高呢?!考虑到"正义"的**那个**用法,建构主义就不可能承认那个真理:正义的那个定义所排除的正是一个真理。建构主义不可能承认,选择社会调节规则的那个正确方法是既考虑正义**又**考虑其他东西,并且在那个词的建构主义(在我看来,是使用了新语)含义上,那就是我们如何达到只不过是**所谓**的"正义"东西的方式。

其时,罗尔斯曾经说过一句有名的话,"正义是社会制度的首要德性,正如真理是思想体系的首要德性一样"②,我用这句话使罗尔斯表达下面的意思:一个思想体系可以显示的是德性而不是真理,诸如经济和一致性等,但如果它缺乏真理的德性,那么它的其他德性就不能使它免于不合格性的谴

---

① 参见 *A Theory of Justice*,第 111/95—96、130—131/112—113、579/507 页。需要注意的是,这推不出那些问题不存在或者它们不引起问题。

② *A Theory of Justice*,第 3/3 页。罗尔斯指派给他自己的(部分)思想体系的身份是:瞄向的不是真理而是合理的一致。这个著名而基本未经讨论过的格言符合这个身份吗?参见本节最后一段。

责。因此,类似地,一个制度可以显示的是德性而不是正义,诸如经济效率和一致的系统性等,但如果它缺乏正义这个德性,那么它的其他德性就不能使它免于谴责。

但是,毋庸置疑的是,虽然在正义与真理之间存在**某种**亲缘关系,可是在我看来,罗尔斯在其著名的陈述中对它们之间具体相似性的刻画并不能成立:正义与社会制度之间的关系并不相关地类似于真理与思想体系之间的关系。并且,我所考虑的不相类似性意味着正义**不是**社会制度的(唯一)首要德性。

真理可能是**思想**(它们是抽象的客体)体系的首要德性,也可能是人们思想过程或状态的首要德性,但它并非也是表达方式(utterance)的(唯一)首要德性。我所主张的是,正是表达方式、演讲行为相关地类似于社会制度;或者,至少可以说,社会制度与正义之间的关系更相似于表达方式与真理之间的关系,而不是思想体系或人们的思想与真理之间的关系。上述断言来自本章所贯彻的那个区分的连贯性:即在正义与正确的调节规则之间所做出的区分。

需要注意的是,一个陈述的真实性对其正当的表达方式而言,既不是必要条件也不是充分条件。十分普遍的是,人们没有义务**要么**说出全部真相**要么仅仅说出真相**:不是**全部真相**,因为有些真相不适合于表达方式的语境,或者在那个语境下非常难以传递,有时候(考虑一下新闻工作),正是为了传递真相本身,一个人在此情况下能够做的最好方式就是去减少(消灭不了)谎言;不是**仅仅是真相**,因为有时候在考虑了所有的条件之后不真实地说话、误导甚至撒谎是正当的。

并且,我相信,正如并非所有的真相都适合说出一样,因此类似地,有些正义在制度上无法实行,也有些正义不应该在制度上实行,或者如莎士比亚的鲍西娅知道的那样,从根本上的确是如此。正如真实性不是所有正当的表达方式的必要条件,因此,在考虑了所有的条件之后,在社会制度的构造中偏离正义有时候就是正当的:这些论点将在第5—8节中得到阐明。相应地,如我所说,正义不是制度的首要德性,而罗尔斯倾向于那个断言。制度含有和缺乏正义之外的德性,诸如帕累托效率这样的一般德性,而德性对于一个具体制度被设计来实现的东西有影响。于是,教育制度在它们分配教育权益的方式上当然应当是公正的,但是有时候这样的正义与教育生产力本身相冲突。并且,当发生冲突的时候,正义并非总是应当有优先权。

现在，有人也许会问：因此，如果罗尔斯没有称他的原则为"**正义**原则"，那么你会和他争论吗？**要是**罗尔斯式问题"我们应该采取什么样的调节规则？"把我们带离正义，那又会怎样？即使我们把它们**叫做**"正义原则"，那么询问哪些原则应该被选择用来调节社会仍然不是一个合理的计划吗？怎么能在乎一个名称呢？

决定正确的调节规则是什么无疑是一个合理的计划，但是，"正义"这个名称的意思，这个名称的指称，却是一个令人捉摸不透的德性。哲学家们已经讨论了数千年，他们没有把自己（首要地）设想成立法者，结果他们有了一套不同的计划。那个不同的计划被那些轻蔑地询问"怎么能在乎一个名称呢？"这样问题的人非常轻率地抛弃了。

的确，尽管在压力之下罗尔斯主义的主要兴趣放弃了这个真正的抱负，但是它**确实**承诺告诉我们正义是什么：建构主义没有，或者没有一贯地，明确提议使用"正义"这个标签来指称它先前所不指称的东西。正是因为被认为提供了一种崭新而全面的**正义**理论，所以《正义论》才受到如此令人兴奋的欢迎：兴奋的不是罗尔斯对**某种**类似正义的东西提供了一种理论。并且，正如罗尔斯自己所说的那样，而这也与他在其他地方的立场几乎完全矛盾："人们想知道的是，[那两个]原则满足正义含义的方式，以及它们为什么与**这个**道德概念而不是某种其他的概念相联系"①。罗尔斯在这里实际上同意（斯坎伦也同意），**在做哲学**之前我们就对正义具有强烈的信念，而我的论证也是如此，无论那些信念的内容如何，如果全面考虑各种因素，则任何告诉我们采纳何种调节规则的程序都无法展示和完善那些信念。综合考虑各种情况，我们所应该做的只能是反映各种价值以及（作为后果的）各种折中；但是，关于我们的正义概念的一个深刻真理是，任何这样的折中办法都不影响它自身的内容。

进一步来说，也如我在一些批判中所说的那样，如果对罗尔斯而言，"正义"只不过是在全面考虑各种情况下的有关社会调节的正确原则的一个名称，那么当罗尔斯把正义与真理相比较时，"正义是社会制度的首要德性"这个陈述就会失去罗尔斯所赋予它的重要性。离被采纳的正确制度这个概念

---

① "Justice as Reciprocity"，第198页（添加了强调）。我无法明白这个合理的抱负如何与如下文本相一致——参见前面第37条注释（中译本第277页注释①——译者注）——即坚决放弃对正义**概念**的分析。另外，同上书，第204页，在那里罗尔斯把他的计划描述成有助于"对正义概念的一个分析"。

有些距离的正义概念,被要求成为一个有实质性断言的概念,因为这样的制度的首要责任就是为正义服务。我们的确想要调节社会结构的原则为**正义**服务,正如这样的原则在一切正当理由下应该和能够做的那样。但是,如果建构主义是正确的,如果"正义"**仅仅**指称调节社会的正确规则,那么我们就会从概念上被禁止做那么一个有细微差别的判断。当我们考虑调节规则时,我们就想问:它们为正义服务吗?它们这样做是合理并且可行的吗?按照所提到的修正主义的概念化,这样的问题就不可能被提出。

简言之,罗尔斯为什么称他的原则为**正义**原则,而不(仅仅)是公共政策的首要原则,这是有原因的。罗尔斯说,每个"人都拥有一种基于正义的不可侵犯性"①。那种不可侵犯性不是**立基于**公共政策的首要原则②。

但是,基于我的阐述斥责了认为罗尔斯确实对正义本身感兴趣,现在假设罗尔斯主义者只不过抛弃了那个抱负并且声明他们只是关注如此那般的调节规则,而不关注任何更终极的东西。那可能会减弱我的挑战,但没有消除我的挑战。因为它还必须对我的整个非术语学的观点做出回应,这个观点是:调节规则要求正义原则依其身份作为它们的正当性理由的一部分。

罗德尼·佩弗(Rodney Peffer)宣称,并且许多人也可能会认为,"一般而言的道德的、社会的和政治的哲学与理论,以及具体而言的社会正义理论,它们的全部存在理由就是指导我们的实践"③,也因此,如我这般坚持区分恰当称谓的正义与社会生活的基本规则就有些迂腐的小题大做。在上述前提下,这个坚持就不能构成对政治哲学的一种贡献。

我拒绝佩弗的论证的那两个前提,即政治哲学的整个目的就是指导实践,以及我所称作正义的东西与实践没有关系。

我先讨论第一个前提。并非所有讨论实践背景以及实践正当性的正确形式的哲学都是瞄准了关于实践的建议。元伦理学的大片领域构成了对佩弗的一般化的一个巨大例外。并且,也可以考虑有关归纳法的根据的各种理论。归纳法是从经验证据得出结论的实践。何者构成那个实践的基础,

---

① *A Theory of Justice*, pp. 3/3.
② 需要注意的是,如果我们采纳差别原则不是**因为**正义要求它,而是因为对于最优的规则选择而言它产自正确的程序,那么以下情况就是可疑的:按照前面第288页上我所介绍的"强有力的权利"的含义,对于原则赋予他们的优先权,处境最不利者是否拥有一种恰当的**强有力的**权利?
③ Rodney Peffer, "Rawlsian Theory", p. 17.

则是一个极其有趣而困难的哲学问题。但是,对那个问题有贡献的人们却通常对改善和重构归纳法的实践没有任何兴趣。

此外,即使政治哲学的**一个**最重要目标**就是**有关实践的建议,这也不意味着政治哲学之内的**所有**问题都指向那个目标,不意味着上述目标是政治哲学"**全部的**存在理由"。一个人无论是否关心实践,都可以关心正义;同理,一个人即使根本不关心实践,也可能对正义是什么感兴趣。在我看来,政治哲学是哲学的一个分支,而不是规范性的社会技术的一个分支①。"问题不单单在于我们所得到的结论,而在于我们是如何得到它们的。"②

当然,对正义感兴趣而对实践毫无兴趣可能是不正常的。对正义是什么感兴趣,通常伴随着对正义的关心,也因此,就伴随着关心实践是否对正义做出了恰当的回应。但是,同时关心正义和实践不等于相信正义是为了实践目的而值得关心的唯一要考虑的事,更不用说关心人类福利就是相信它是在实践时唯一要考虑的事。在实践时只考虑福利而不考虑其他事情(例如,不考虑它的分配),这简直是太疯狂了;同时,我也相信,只关心正义也是一种类似的疯狂,一种拜物主义(参见第六章)。我想知道正义是什么,而无论我或其他任何人会认为正义应该对政治实践和社会实践做出贡献的正确形式是什么以及要做出多大的贡献。我个人碰巧也被后面那个问题所困扰,但人们没有必要为了关心前一个问题而被后者所困扰。

因此,并非所有的政治哲学问题都是实践问题。那不是政治哲学"**全部的存在理由**"。佩弗那个论证的第一个前提是错误的。第二个也是错误的,因为就像我一有机会就反复坚持的那样,基本原则**确实**与实践有关,这是由于需要它们来证明实践导向的调节统治者(ruler of regulation)的正当性。而且,这也产生了一个很大的区分,我们是认为我们所遵循的最优调节规则与具体的基本正义是一致的,还是处于某种紧张关系中的。当我们遵循它们时,这会影响我们所持的态度,并且能够有深层的影响,诸如对以下问题的影响:当我们发现能那样做时,我们如何改变它们,或者,在调节规则看似没有给我们正确指示的地方,我们如何做出反应③。

现在,与后期罗尔斯不同的是,佩弗不否认建立某种真理是政治哲学的

---

① 参看第六章第 19 节的末尾。
② Joshua Cohen, "Is there a Human Right to Democracy?" p. 229.
③ 比较一下关于采纳那些能被打破的规则这个观点,参见第六章第 269 页及其以后部分。

目标。相反地,后期罗尔斯坚持:① 政治哲学的目标是对合理性原则达成共识,而不是发现真理;② 是否有关于诸如正义的真理,这是一个他的哲学不考虑的问题。但是,这些立场都是有问题的。因为,与②相反的是,除非一个人明确**否认**有这样的真理,否则由①提供的对政治哲学目标的说明怎么能不是随意独断的呢?也就是说,如果不排除可能存在关于诸如正义的真理,那么为什么一个政治哲学家不应该寻求真理呢?

5. 两个例证:社会保险和财产税

如果人们知道由他们较少的关心所造成的(一些)松懈会由其他人弥补的话,那么他们就会倾向于减少他们对于事情和自己的管理对象的关心,诸如政府或保险公司。并且,对我接下来的目的至为重要的是,他们把那个关心减少到不同的程度。这个事实,即我将命名为**差异关心**(differential care)的这个事实,有许多具体的情况,这必须被精心设计的调节规则考虑进去。这意味着,所述事实一定会影响到被拣选的(假定的)正义原则的选择,而结果是——我也将论证——在正义与建构主义所拣选的原则之间存在偏差。

差异关心的产生是因为两个重要的可比的原因。有的人比别人更不关心是希冀他们会由此比别人提供更少的关心,并因此剥削和受益于别人的劳苦。我们可以称他们为"剥削者"。但是,其他的人,只是"搭便车者"且并不也是剥削者的那些人,也发生了比别人减少他们的关心这样的事:他们的目标不是剥削他人,但是他们**无辜地**受益于他人的更多关心。如果诸如他们的较少关心仅仅是反映较少的风险厌恶,那么他们的较少关心是无辜的,因为没有任何一种具体的风险厌恶度是道德上可规定的。为了消除另外一种可能性,即立场坚定者也是道德败坏的,我们也可以假设非故意的搭便车者错误地相信其他的人和他们自己一样是不厌恶风险的。

关于差异关心以及难以检测它这样的事实构成了选择可依靠规则这个工作中的相关信息,也因此,对一个建构主义者来说,它们在确定正义基本原则的工作中构成了相关信息。虽然那些事实无疑地与挑选那设计用来处理它们的原则相关,但反映相关事实的原则不是正义的基本原则,是因为他们的拣选部分地反映了所说的事实。反映差异关心的原则不是正义的基本原则,但是,有时候是最小化不正义的原则,有时候是以正义做交易来反对其他迫切需要之物的原则①。

现在,根据像差异关心这样的事实,你不可能追求最小化不正义,除非你有一种关于正义本身是什么的观念,或者无论如何,有一种独立于那些事实的何谓更多/更少公正的看法。你也不可能在事实的压力之下以正义做交易来反对其他的迫切需要之物,也除非你有一个观念,即独立于那些事实的正义是什么这个观念②。**据推测**,建构主义不可能提供这个观念。此外,在差异关心现象的"剥削者"变量中导致与正义妥协的根本原因是某种人类道德虚弱:建构主义者因此处于可质疑的境地,在确定**基本的**(非矫正性)③正义是什么之中他们必须尊重人类道德虚弱的事实。

可能有人会认为剥削者事例在这里是一个越权行为:它不是由占支配地位的罗尔斯假设认定为不合格了吗?这个假设认为,我们为之立法的社会表现出完全符合正义规则。但是,剥削的**危险**对于罗尔斯主义者而言是无处不在的,以至于无法撇之一边而不予注意。只有当"非理想的"或"部分符合的"理论列入议程,才有可能那样。而这不是罗尔斯实际处理它的方式。考虑一下他对如何及为何在良序社会中仍然需要一种存留下来的强制威胁的解释,我在第三章附录Ⅰ中有另外一个机会引用过它:

> 下面的假设是合理的:即使在一个良序社会中,为了社会合作的稳定性,强制权在某种程度上也是必需的。因为,尽管人们知道它们分享相同的正义感,并且每个人要求维持现存的安排,但他们可能还是缺乏完全的相互信任。他们可能怀疑某些人没有尽职,从而他们也被诱

---

① 鉴于这些事实,正义的一些非基本原则适用于基本原则,但没有因此就导致对正义的一种偏离。迎合差异关心的原则**确实**导致了这样的偏离。参见前面第285页展开的三分法:(2)和(3)在这里讨论。

② 并且,也涉及正义与其他价值之间的正确交换比率是怎么样的:参见第六章第271—272页。

③ 当那些原则——它们到了如果每个人都遵守它们就没有正义的地步——被违反时,矫正性正义原则告诉我们应该做什么。在矫正性正义的这个分支之内,尊重人类道德虚弱的事实也许看起来是合适的。但是,如果恰当地理解,甚至矫正性正义的基本原则也是不依赖于事实的:诸如歹徒(如果有的话)应该被惩罚、受害者(如果有的话)应该被补偿这样的原则,并没有预设存在歹徒或受害者,并且存在歹徒(这个纯粹的事实)对于惩罚他们而言并不是一个**根据**,或者这对于惩罚他们而言当然并不比对于奖赏他们而言是一个更加强有力的根据。诚然,严格说来,惩罚歹徒以外的人是不可能的,但是,做某事的可能性不是做这件事的一个原因。此外,参见下面第335—336页上对**戴维·米勒**(David Miller)所称的"预设地根基于"的讨论。

惑而不尽其职。单是因为这一点，一个强制的主权大概也总是必需的，尽管在一个良序社会中，制裁不是严厉的甚至可能是从不需要强加的。更确切地说，有效的刑罚机器的存在是为保障人们相互间的安全服务。①

罗尔斯在这里没有说剥削**本身**是无处不在的，但是他暗示，对剥削的一种恐惧是无处不在的，并且规则必须被安排在对如下事实认知的框架之内：关于或涉及人们的并非不合理的忧虑。这个对"剥削"的间接影响的考虑足以满足我的批判目的。

为了使阐述简单些，我将只举一个比较常见的有关差异关心的例子，但是它有很多其他的例证，它也必须是一个罗尔斯式的原则拣选者充分意识到并对之做出了反应的考虑。

假设最初保险范围没有涵盖恶劣天气对房屋造成的损坏，并且每个人在保护他们的房屋免受天气灾害方面都花费了同等程度的工作，这至少部分地因为利己主义善于管理，但也可能更多的是品格高尚，因为他们的努力有助于保存社会的住房供应量。于是，我们可能会认为，住房仍然受到天气损坏的人们应该是同等损害得到相同补偿②，并且我们可能会因此引入一个国家方案 S1 来精确地做这个事情。现在，两个可比较的事情就会发生了，第二个事情比第一个更有可能。

首先，我们可能发现，S1 没有使任何人比以前更降低对自己房屋免受灾害天气损坏的安排（称之为事实 F）。在这个案例中，在那些事实性环境的条件下，我们会确定无疑地保留 S1，并且我们可能说，在这个语境中，正义以一种不妥协的形式占据了主导地位：人们根据他们表现出的关心程度而得到报酬或受到惩罚（这对每个人都是同样的）——例如，环视很多的自由意志论者和所有的"运气均等主义者"③，他们可能会普遍赞同：正义是完全由所述的报酬原则来服务的（在我们所说的第一个假设 F 之下，碰巧没有

---

① *A Theory of Justice*,第 240/211 页。比较第 268—270/237—238、315/277 页，以及第 336/295—296 页。

② 为了使这个想法更可信，让我们假设，在给定的情景中，有关其他每件事情的正义都已占据了主导地位，以至于（比如说）没有任何理由在决定补偿标准前使用经济状况调查。

③ "运气均等主义者"诸如理查德·阿尼森、G·A·科恩、罗纳德·德沃金和约翰·罗默等人都坚持认为，正义认可对平等的偏离，当且仅当，处于不平等地位的各方对那个偏离负有相关的责任。

任何人受罚）。

但是,其次,下面这个情况现在可能会是真的,**某些**人可能确实希望从别人的劳苦中获益,或者只不过**某些**人可能非常无辜地比别人更少些关心,这样 S1 也因此的确可能会使某些人受益于别人的付出①：称那些事实为**非 F**。于是,我们可能会用方案 S2 代替 S1,在方案 S2 中,每个人必须为各种天气损坏支付 100 英镑,因为我们判断这个数额可能使关心上的差异降低到最小程度,并且后果是,把某些人从别人花费中得到的受益降低到一个最小数量。我们选择 100 英镑这个数额来定义 S2,是根据关于天气的事实和关于人们在不同的金融激励下对维护房屋的不同关心或其他方式安排的猜测。

在关于事实的第二个假设（非 F）之下,方案 S1 将会对关心程度不等的人们给以同等补偿,关心较多的人们也因此会背上较高的关心成本这个包袱。在方案 S2 之下,因为腥醍的交易或仅仅别人表现的较少关心,所以关心多的人们和他们在 S1 之下一样继续受罚,这是由于关心程度的差异即使**在采取不同的措施下**也的确因 100 英镑的额外花费而在缩小了,但也不能排除掉。S1 和 S2 中的每一个对于关心的人而言都是不正义的,因为他们被迫为其他人埋（一些）单,但是 S2（**根据推测**）比 S1 相对少些不公正。

让我来陈述一下这个例子的意义。被选方案 S2 反映了两个考虑：正义和事实。如果可能的话,前者就会敏感地对**个体**进行弥补（并且,只要事实是 F,正义就会在 S1 下完全实现）；后者是关于不同的人类道德问题、有关关心程度上的无辜变量、有关所有那些变量的不可识别性等方面的事实。有关诸如道德弱点的事实使 S2（无条件地）公正,这个宣称显然会是错误的。这与更值得挑选相反,因为在非 F 前提下它比 S1 产生较少的不正义。当我们制定 S2 时,我们知道我们只不过是在尽力而为：我们的目标是产生我们认为的尽可能多的正义。在制定 S2 中,我们寻求把超额确定在一个最小化不正义的水平上,但是我们无法着手这样做,除非我们有一些关于正义本身是什么的先天观念（我是这样设想的,在当前这个事例中,对相似的投保者而言,他们的负担分配具有一定的平等）。并且,没有建构主义理论能够告诉我们（在这个论域中）正义是什么,因为一种建构主义称之为"正义"的原则已经把诸如差异关心这样的事实考虑在内了。建构主义者无法把一

---

① 也就是说,甚至**在事前**：所有的保险都以别人既往的花费来使某些人受益。

种融合了不同程度关心投入的保险费及其回报的分配当作一种由于未被扭曲而具有优先权的正义价值的现实化。

我宣称,我们选择 S2,给每个人相同的超额,因为我们无法决定不同的人是有多么剥削或者是多么无辜地不讨厌风险。但是,假设既然不同水平的关心确实是不可确定的,不过要付出很大的代价,一个公平的方案 S3——这个方案敏感地弥补个体投入的关心——就是可行的。不过,我们可能会有正当理由地抛弃 S3 而保留 S2,因为 S3 提供的是为拯救正义付出的巨大代价,这可能会使牺牲正义来赞成一个不公正的方案成为合理的。在那个不公正的方案下,如我们可以假设的那样,每个人会更加受益①。在选择 S2 中,我们现在做的不会是在最大化正义,而是以之交换来反对对效率的考虑。但是,这个熟悉的运作不可能在建构主义者的视觉中被(依其所是地)觉察到。关于正义的建构主义缺乏概念性资源来描述正义与其他必需之物之间的正当交换,因为那些必需之物(不正确地)限制了建构主义所相信为公正的东西②。

结论是:我们处理差异关心这个事实的方法表明,有些有正当理由的原则只不过最大化了正义,但没有实现正义,并且有些以正义做交换来反对其他的迫切需要之物,诸如在这里,效率这个迫切需要之物。但是,建构主义者必须(误)称每个这样的原则组是**公正的**、没有严格限制条件的、在综合考虑各种条件下它是有资格的。他们也不能说一个有正当理由的方案在哪些方面反映了正义本身的要求而在哪些方面没有反映,因为他们不可能把对这个方案影响的因素都包括进那些确实代表和确实不代表正义的东西之中。

我在这里已经讨论了一个(假设的)具体的公正**方案**,而不是一个正义基本**原则**本身。但是,存在一个使每个方案都正当化的原则,并且,使 S2 正当化的原则可能会在原初状态中被选出来,并因此被罗尔斯主义者错误地归类为一个正义基本原则——所谓错误分类是因为它反映了差异关心这个

---

① 我对正义与效率之间关系的看法和罗纳德·德沃金的截然相反,他拒绝下面这个观念,即"公平要求人们相应地承担他们在危险赌注上的风险,无论他们发现那个风险有多大。这看起来是一个对于公平的不合理的定义,因为在这样的考虑之下,一个公平的制度会是一个在经济上浪费的制度"(*Sovereign Virtue*,第 451 页)。我的非德沃金式观点是,它在经济上的浪费能够成为不构建一个(完美的)公平制度的一个理由。

② 需要注意的是,一个使其自身从事实性信息中解放出来的关于正义的建构主义——参见第 3 节(4)——仍然缺乏所说的资源。

事实。

　　在我看来,在保险领域正确运作的正义原则是,根据一个平等地获得优势的背景,人们应该把他们对他人关心的缺乏内在化于成本之中。这个推定的正义原则,在我看来是不敏于事实的。即便它不是这样,即使**它**的基础是关于人类的事实,那么以前面所评论的未修改过的形式来适用于它时所面临的困难,也使它没有资格作为一条调节规则。正如我在前面指出的那样①,正义原则与调节规则之间的对比并不要求断言正义原则本身是不敏于事实的。

　　现在,让我来提供一个不同的事例,它在统治者与被统治者之间缺乏策略性互动这个元素。

　　"家庭税",一种英国的地方财产税,就是这样运作的。根据市场评估价,财产被分为七个区间。在地市与地市之间,这个税是不同的;但是在任何一个地市,相应于那七个市场价区间,这个税都有七个等级。

　　家庭税区间说明了可行性和帕累托最优的非正义考虑对调节规则的适当影响。区间划分被一个正义原则即"能者多担"证明是正当的:你越富裕,你就应该缴纳更多的税。但是,区间划分使拥有不同价值财产而在同一区间的人们缴纳相同的税额,因此,鼓励区间方案的那个正义原则**也谴责**这是一种**不**正义,因为比如在 90 000—99 999 英镑这一个区间内,(拥有) 90 000 英镑财产的人与(拥有) 99 999 英镑财产的人缴纳相同的税额。然而,即使从鼓励它的那个正义原则的视角来看,这也是这个方案的一个缺点。从正义的视角来看,这个缺点并没有把这个方案**作为**一个调节规则来谴责。如果(拥有) 90 000 英镑财产的先生会抱怨他缴纳了与(拥有) 99 999 英镑财产的先生相同税额是一种不正义,那么对他而言的正确事情就可能是,消除这种不正义的唯一途径可能是通过设计一个更细密的方案,但这会附加更多的额外行政成本,而那是每个人包括(拥有) 90 000 英镑财产的先生原本都会减少的行政成本②。

　　我宣称,正是正义这个**概念**告诉我们,正义并没有通过一个包含家庭税

---

　　① 参见第 1 节倒数第二段中的评论。
　　② 此外,一份财产的**精确**价值这个概念是模糊的,与它在市场上所**实际**值得的东西那个概念不同,它根本不是一回事情。并且,这使识别其精确价值的那个实际问题复杂化。(撇开实践性观点,就其自身而言,概念性观点对有关可比较的基本原则和调节规则没有丝毫影响。但是,它通过使实践性问题更加充实而间接地起作用。)

所使用的那种阶梯函数的规则来得以完全实现。为了明白这样一种阶梯函数的调节规则不可能完全实现一种正义原则,你并非必须接受能者多担这个原则。

有人提出异议说,在我关于财产税的断言中,我是有争议地假设正义本身恰好是一种可指明的关系(在这个事例中,是在赋税与财富之间),而实际上它只是一种粗略的关系。依异议者来看,正义表明赋税仅仅是**粗略地**对应于财富:在异议的一个极端形式中,也许会说,赋税只不过是软弱无力而单调地对应于财富,但足以满足正义。异议者断言正义本身对这种赋税没有言说什么:剩下的是一个实际细节的问题。我们被正义所鼓舞而决定采取若干这样的方案,但是我们把正义这个论域丢在了身后,并因此当我们计算出实际的细节时,我们没有构建任何不正义。

对这个异议我有三个回应。首先,从"最有能力者"的观点来看,虽然我们也许能够公正地容忍(拥有)90 000 英镑财产的人与(拥有)99 999 英镑财产的人缴纳相同的税额不是不公正的这个思想,但我们很难接受(拥有)90 000 英镑财产的人远远比(拥有)89 999 英镑财产的人缴纳更多的税额是正义的。更一般地说,从正义视角来看,对财产税的最强异议不是区间内的范围,即一个认为正义可能会允许的范围,而是可行区间的阶梯函数特征。

其次,考虑如何进行那个所提议的假设性"后正义",即我们准确地应该有多少分级这个纯粹的实际讨论。假设有人说应该有二十五个区间。回复将是:那会是无法实施的。但是假设有人说:那我们设两个区间。异议现在就不能是,**那会是无法实施的**:两个区间比任何更多的区间都更可实施。那么,对两个区间这个建议的异议会是……什么呢? 可以想得到的回答不外乎是:两个区间可能会**过于**不公正吧? 因此,当我们讨论我们应该有**多少阶梯**时,由于粗略就把正义撇在一边的想法是错误的。

第三,假设——也许是不可能的——一个超级计算机在第 56 条注释①所解释的概念性藩篱的限制之内,能够成本低廉地、精确地计算出所有的财产价值。这样一来,从房屋价格到财产税的函数就大约是一条直线。谁能否认赋税负担的这种分配因此就会比我们实际上能够实现的分配**更加公正**呢?

我的结论是,正如我说的那样,这个实例说明调节规则能够与使我们受

---

① 中译本第 287 页注释②。——译者注

鼓舞的那个正义原则背道而驰,这是因为立法的影响是对于所考量的调节规则的阐明,而不是对正义的阐明。

6. 正义和帕累托法则

(1) 现在我以更一般的表述来讨论正义与帕累托这个主题,这个主题在上一节中发挥过作用。这个讨论也会继续进行对第四章中提起的差别原则的那个批判。

我认为,那个会构成一个帕累托改进的事实是赞成一个改变的理由。在那些与我有一样观点的人中,有的人在至少经过反思后会认为,如我想的那样,那不是做那个改变的一个**正义**理由(a reason of *justice*),而其他的人会认为那确实是一个正义理由。本节第(1)、(2)小节谈论的立场是,帕累托改进表达的不是正义,而通常地是有助于反驳正义。在第(3)小节中,我换到一个更加轻松自在的档位,**在辩论中**我允许那构成一个帕累托改进的事实可以的确是进行那个帕累托法则所要求的改变的一个正义理由。在两者中的任何一个观点看来,我都揭示了建构主义在解释其授权的帕累托改进中的一个困难。

现在,我在第三章中论证"帕累托对不平等的论证"是失败的,因为那个要求一个不平等帕累托改进的论证所基于的根据与它建议的初始平等所基于的根据是不一致的,后者正是帕累托改进性不平等所困扰的。在这里我提及那一章不是因为下面的评论构筑于其上,而恰恰是因为它们不构筑于其上,却容易被误解为是那样的。为了探索正义对于帕累托法则的关系,无论下面的情况是否是真的,在这里我假设在某个给定的事例中,一个平等主义的分配与对于它的一个具体的不平等帕累托改进拖垮了那个可行集。但是,在这里,与"帕累托论证"中所讨论的可行集相反的是,构成可行集的是所述的那些完全独立于人类意志的理由。具体来说,与"帕累托"中所假设的不同,它不是因为那些在帕累托改进条件下与其他人所做不同的那些人不愿意再分配他们的盈余物给那些其他的人,以便于恢复一个更高水准的平等,而那个更高水准的平等是无法达至的。那个更高水准的平等在这里**严格说来**①就是无法达至的:考虑到人类的意志,它的不可达至性则是完全

---

① 这个对"严格说来"的使用与第一章第12节中所介绍的对差别原则"严格的"解释与"松散的"解释之间的区分相关。

外在地被规定了。在下文中有类似的相关背景。

我们有两个人,A 和 B,处于这样一个世界,他们有相同的偏好和权力,并且在他们之间完全的分配平等占据着优势:A 和 B 中的每一位都有包含五份吗哪(manna)*的额外财物。在当前这个事例中,这里关于同样偏好和才华的假设保证(或者,如果你认为不是这样,那么请增加你认为能够保证这一点的前提)每个平等主义的观点都规定了精确的吗哪量的平等,而无论使用的是什么样的计量单位。

现在,三片无法分割的吗哪从天而降,并且关于物理属性、地点和运输等方面的事实意味着即使 A 能够有两片吗哪而 B 有一片,那么也没有办法逆转以下这一点①,要么通过给他们每人 1/2,要么通过转让其他的资源以使他们在有人得到两片的前提下,在考虑了所有条件的情况下(但是在一个比初始更高的水准上),仍持有平等的财富。我们也不能扣留一些吗哪:我们要么分配全部的吗哪,要么一个也不分配。因此,那个可行集如下②:

	分配 I	分配 II
A 有	5	7
B 有	5	6

许多人会同意有关的平等主义直觉,这个直觉宣称:如果社会选择分配 II,那么就是一种不正义,在分配 II 中,A 无缘无故地比 B 有更多的吗哪。在这个观念中,在社会上受到支持的不平等至少是由于**这种**赤裸裸的运气构成了一种不正义③。["**这种**":我不必在这里断言,**所有**在社会上受到支持的并且产生不平等的赤裸裸的运气都是不公正的;就我的意图而言,它足以是指**有些**赤裸裸的运气不平等是不公正的(因为赤裸裸的运气导致那种

---

* 音译为"吗哪",据《圣经》中的《出埃及记》记载,"吗哪"指古以色列人经过荒野时得到的天赐之物,是一种"样子像芫荽子,颜色是白的,滋味如同搀蜜的薄饼"。——译者注

① 我利用这个假定来阻止一个抛硬币的解决方案(无论那是否会促进正义)。

② 在这里,我忽略通过 I 的帕累托主导的可行性分配(如果存在的话)。

③ 有人会说,如果自然本身强加给的是分配 II,那么这就不是一个不正义,因为自然不可能产生不正义。我无须在这里否定这一点,因为在当前事例中,II 构成了一种社会的政策选择。它不是(单独地)由自然强加的:自然给了我们两个选择。(有的人也会否认,由自然产生的一种不可逆转的不平等[不反映相关的长处或短处或选择]构成一种**不公平**。我本人的看法是,它明显构成一个不公平,但它是否也构成了一个不正义则是可商榷的。)

不平等)。如此一来,我就能保证没有理由更喜欢一个全是盲人的世界,而不是去喜欢一个有的人是盲人有的人不是盲人的世界:也就是说,我可能肯定了前一个世界**一点也不更好**(这不是说我确实肯定了这一点),而这不过是肯定本节中所提出的立场]。

现在,我自己的信念是,如果对平等的不平等化帕累托改进可以提出明智可靠的政策,那么这样(可能的)明智可靠的政策并不能促进正义。为了明白你是否赞同我的观点,就看你在接下来的例子中决定用什么态度对待简。设想一个和平的无政府状态,一个没有国家的自然状态,在那里吗哪从天上降落下来并被分成平等的份额,因为分配者认为那是处理来自天上的吗哪的正确方法①。现在,假设一份额外的不可移动但可分割的吗哪降落在简的地盘上。简说:"我不想要这份额外的吗哪,我打算用它邀请你们所有的人来组织一次篝火活动,因为我拥有比你们大家都多是不公平的,没有任何其他原因。"如果你认为简**只不过**是在装傻,那么在这个简易案例中你能够拒绝如下断言:正义赞同平等。但是,作为其中一员,我不会认为简是在装傻。我会认为她只是一个相当公平的人,并且我认为我们应该称赞她是这样的一个人,并可能用那额外的一份来奖励她。或者,即使我们不应该用那额外的一份**奖励**她(因为这**可能**被认为与**她依**之行动的那个平等原则相矛盾),我们仍然可以让她拥有它。正义可以是吝啬而恶意的,但是,尽管那样,它仍然是正义:我们不应该混淆不同的美德。在《威尼斯商人》中,当波西娅建议时,她不认为怜悯能适用于正义。

罗尔斯必须断言,所显示的帕累托更优的分配Ⅱ是被正义要求的,因为授权予之的原则将在原初状态中被选择出来。隐藏在罗尔斯式幕后的契约者,如他们所做的那样,纯粹是自利地进行选择,他们没有理由反对使每个人生活更好的偶然的不平等现象。并且,斯坎伦式的选择者会把所述的不平等看作是通过了他们所做的某种合理性检测。坚持平等主义者所认为是正义的东西,对任何人而言都会是不合理的②。

---

① 甚至诺齐克都承认,对于来自天上的吗哪,平等可能是正确的分配。尽管他显然地并且必然地未能注意到,地球这个行星上的原材料与来自天上的吗哪**是**处于一种道德上的同等地位。见其 *Anarchy*,第198页。

② 只要——非常不适当地——他们已经是平等主义者,而且因为帕累托失礼(Pareto-disrespecting),他们是一种不合理的狂热类型的平等主义者,他们就可能坚持平等主义者所认为是正义的东西。但是,他们本应该是**选择**原则,而不是**运用**原则。

我接受下面这一点：帕累托赞同的那个结论具有建构主义的偏离，这是有效的。但是，我拒绝它的结论。因为我深信，下面的命题是成立的：为一种包含这种纯粹运气式不平等而进行的立法比决定何者为公正的罗尔斯式或斯坎伦式程序更能产生一种不正义。在我看来，斯坎伦式和罗尔斯式程序都没有带来正义，恰恰是因为"偶然的"不平等是不公正的，而那些程序宣称一些偶然的不平等是无条件地①由正义授权的，诸如这里所讨论的这种不平等②。

当然，有些读者不会赞同那个处于当前分歧的核心位置的平等主义直觉（参见第317页），并可以因此不同意建构主义由于违背了那个直觉而是错误的。但是，那些持异议的读者中的有些人却可以同意建构主义是能够被拒绝的，由于建构主义对那个直觉根本没有丝毫的承认，并且，那个直觉是否成立或者在多大程度上成立的问题，不可能通过建构主义的一种元理论的优先权得以解决。鉴于某些种类甚或**任何**种类的选择者会选择执行帕累托这个事实，为什么正是那拥有该直觉的我们中的许多人应该把我们自己从中培养出来呢？

正如我理解这个状态的那样，我们面临着以下困境：

  a. 建构主义的标准赞同帕累托改进，而且，独立于建构主义的诱导性帕累托改进在政策上似乎是合理的。
  b. 正义要求平等。
  c. 正义应该指示政策。

我不接受 c，并因此我说，**即使**我们假设建构主义的程序确实是告诉我们根据调节规则去选择什么东西的正确程序（在这里，我不需要评论它们是否确实是实现**那个**目的的正确程序），那也得不出，并且是错误的，它们告诉我们所要选择的东西就是正义。再次重申，正义**不**是社会制度的（唯一的）首要德性（参见第4节）。

当面对第317页上所展示的可行集时，人们可能会做出三种政策回应。

---

 ① 关于一个更加合格的状态，参见下面的第(3)小节，但是那个状态并不对建构主义开放。
 ② 在当前的联系中，我发现墨菲和内格尔所做的以下评论是很奇怪的："很清楚，没有人能反对［一个帕累托改进］，除非可能是基于公平的理由（'为什么不是我呢？'）。"（*The Myth of Ownership*，第50页）一个公平异议这种可能性能损坏这个"很清楚"吗？

d. 正义要求平等,即分配Ⅰ,因此分配Ⅰ是我们所应该选择的东西。

e. 正义遵照帕累托最优,因此我们应该选择分配Ⅱ。

f. 正义不遵照帕累托最优,并且分配Ⅱ是不公正的,但是鉴于人类的繁荣昌盛,它就是最可取的,并可能因此合理地被选择。

正义的盲目崇拜者主张 d。建构主义者主张 e。我主张 f。我认为,把这种我们在这里所面对的不可逆的 6/7 不平等非常简单而彻底地①看作公正是荒谬的——几乎没有人会倾向于前理论地就之谈论**这个问题**。但是,它仍然可能②是使水平下降的坏政策。在当前案例中,好政策可能要求对正义的一个偏离③。

（2）现在,吗哪抑或其他的东西不（再）是从天上掉下来,但是它的降落所会引发的（帕累托与平等之间）对原则的选择在现实世界中确实会成为现实。菲力普·范·帕里斯在其"差别原则"中提供了几个假定存在的例子:

---

① 第（3）小节解释了对这个限制条件的需要。

② 只不过是"可能",不仅因为（参见第一章的第 10 小节和第 17 小节）我们可能公然反对帕累托**奖赏**不公正（在我们的吗哪例子中它没有这样做）,而且因为我们可能牺牲帕累托以使平等上升到某个限度。

③ 我在前面宣称,帕累托法则可能会打正义牌即平等牌,帕累托法则因此不是正义的一个原则,而是明智政策的一个原则。有关差别原则对于正义和平等的关系,我们能确切地说它们是一回事吗? 我们不能,因为和下面事实相关的那些原因:在其标准的词典形式中,差别原则的确赞许帕累托法则起作用时的变化,而差别原则也赞许帕累托法则保持沉默时的变化。

让我来解释一下。当可能集合如我们吗哪例子中那样时,即当选择处在平等与一个帕累托更优的单一分配之间时,与平等和正义相关的差别原则的确如帕累托法则那样发挥作用。在这里,像帕累托法则一样,差别原则赞同一个对平等和[关系平等主义者（relational egalitarians）所相信的]正义的偏离,那却可能是明智的政策。但是,与帕累托法则不一样的是,差别原则也赞同按理说代表着正义的帕累托**中立**（Pareto-neutral）的移动,因为它们既导致不平等又使处境最不利者的境况变好。例如,考虑下面的这个可能集:

	Ⅲ	Ⅳ
A	34	27
B	26	32

假设我们处于Ⅲ。然后,差别原则授权转变到Ⅳ。但是,那个转变不利于 A 的利益。因此,它不是由帕累托法则授权的。所以,差别原则对于平等和正义的关系不同于帕累托法则对于它们的关系。当处境最不利者的身份在可行集的有关选择中保持不变**时**,差别原则在帕累托法则赞许变化的地方也赞许变化。当那个身份变化时,差别原则在帕累托不可比性选项中表达了赞许变化,帕累托法则对此沉默,而那个选项可以说代表着正义的利益。

……对于资本主义的不平等(它有时是引起争论的)而言,最有说服力的以效率为基础的情形,不依赖于巨大的收益吸引企业家辛苦工作和冒险这样的事实,而依赖于如下事实,即资本竞争保持了财富的增长,以及由此而来的经济力量。经济力量来自被证明是低劣的发明者或不明智的投资者的那些人,因为经济力量集中在发现并继续发现以最便宜的生产产品的方式来最好地满足消费需求的那些人手中。如果利润被以均等主义的方式再分配或者被一个公共机构征收,那么这个机制就会被破坏掉。结果是,收入和财富的不平等作为使动装置(enabling devices)的重要性可能不少于作为激励的重要性。这个可能性在附属于社会地位的权力与特权的不平等这个情形中甚至更为明显。①

范·帕里斯对投资的事例阐明如下:

运转这个机制的关键条件是,好的投资者/发明者(或者好的投资者/发明者的选择者,或者选择者的选择者,等等)应该有权力支配那财富,无论账户上的存款是否被用作他们的家庭消费。这个(在其纯粹形式上)不是通过激励来运转的机制的关键条件是,对效率的贡献不依赖于分享报酬所产生的刺激,而依赖于对才能的审慎配给。处于真正不平等源头的这个机制的关键条件是,有权力支配这些资源在测算盈负一览表中具有十分重要的意义。②

类似地,在范·帕里斯的第二个事例即"权力和特权"的事例中——参见前面来自"差别原则"的那个摘录的最后一段——只要指挥集团是有效率的(这是可能的),并且高成本有高回报(在一种非金钱的意义上),那么又一个不是以激励为基础的深层不平等似乎就被差别原则证明是正当的。我目前的主张是,在结果上有一种不正义,并像帕累托法则一样,差别原则因此有时候赞同不正义。

最后,并且是相同的意思,存在这样的案例,在其中某些职位所要求的

---

① Philippe van Parijs, "Different Principles," pp. 203-204.
② 私人交流,2000年11月8日。

培训"在测算盈负一览表中"有十分重要的意义。这是下面这种不平等的第三个例子,这种不平等没有被设计成一种激励,并且被差别原则甚至在其"严格的"解读中作为公正的来支持。

如果存在一种机制来施加抗衡性的惩罚给那些从刚才已被注意到的生成性不平等中获益的人,那么这些不平等就**不会**是**绝对地**必要的。如果它们要保持必要性,那么它们就会只是在以激励为基础的不平等这个"松散的"意义上是必要的:因为如果施加补充的惩罚于他们,也就是说,如果附属地溶合于他们那些功能的报酬**也**没有作为激励来运转的话,相关的行为主体就会拒绝执行他们在社会上有用的功能。但是,可能有时在效率的界限内没有这样的抗衡性机制,就仍然如我主张的那样,根据帕累托改进,尽管是明智的,却会引入一种不正义。

(3)在第(1)小节中被攻击的立场是,鉴于帕累托导致了偏离正义的政策,但那仍然可能是明智的,所以再次重申,建构主义式的把正义的基本原则识别成应该指导政策的原则是失败的。但是,那个建构主义的异议是成立的,即使有关帕累托激励的政策偏离正义的这个论断是过于纯朴的,并且要求某种更有差别的观点。

让我来解释一下。可能有人断言,关于帕累托构成**不**正义至少有某些错误。于是,假设我们从一个平等的情景开始,一个分配者或者(a)无法实现一个维护平等的帕累托改进,或者(b)因为维护平等而恶化了每个人的情况。很多人会说,这样的一个分配者会不公正地行动。并且,有的人会说(c)仅仅抑制产生帕累托改进也是不公正的,**即使它是产生不平等的**。那是因为"正义要求我们对每一个个体予以适当水平的关心,而不是对某些个体的不适当的更大关心强于对其他人的关心"①。简言之:正如它可能被认为的那样,正义不仅比较一个人的所得与另一个人的所得,而且比较一个人的所得与她否则可能会得到的所得。

我不完全赞同当前异议的一个隐含前提,这个前提就是:如果不产生情景 s 是不公正的,则(就是因为)**正义**宁愿要 s 而不是维持现状。分配者在(a)至(c)的全部或某些情形中可以不公正地行动,但是,我相信一个人

---

① 安德鲁·威廉姆斯,私人交流,1999年10月12日。

能不公正地行动绝不是因为她导致或维持了一种不正义①;并且,我不确定相关的分配者会去做后者。假设 A 有 5 份,B 有 5 份,但是 B 能在不影响 A 的同时使自己有 7 份。于是,使 B 未能升到 7 份的 C 可能就是不公正的,因为 C 因此会"无法对每一个个体予以适当的关心"。然而,因此我主张,一个人仍然可能会肯定以下情况:使 B 升到 7 份就引入了一种在 5/5 分配中没有出现的不正义。

但是,假设我是错的,并且帕累托无效率不仅是无效率而且是不公正,因为正义的确已支持非人际的内容成分。这不会彻底破坏我以帕累托为中心的建构主义批判。并且,那是因为对这个批判的当前异议不是说(没有人能够,这不是说没有人尝试过②)分配正义根本没有一个可比较的方面。并且,只要它(至少也)是那样的,那么我聚焦的帕累托改进就会(至少)**在某种程度上**是对正义的一个偏离,建构主义也就会无法支持那个弱的断言。正如它不能区分可以联合起来证明一个原则正当性的不同德性(参见前面第 286 页),因此它也不能区分正义的不同**方面**,如果正义有不同方面的话。

进一步为正义中人际方面的不可消除性(ineliminability)辩护,考虑一下在"加权慈善"(Weighted Beneficence)标签下游走的两兄弟:帕累托法则和差别原则。根据加权慈善,如果能使较富裕者比起较贫困者得到更多的受益,那么就支持较富裕者。加权慈善可能是最好的政策理论,但是我尤其怀疑它是否是最好的正义理论③。假设萨姆有 3 份而索尔有 9 份。如果我们给索尔小器具,他就上升到 15 份。如果我们把它给萨姆,他就上升到 3.1 份。谁能相信把小器具给索尔**只不过是更为公正**?我不能相信。

7. 正义和对选择最优调节规则的限制,后者即著名的公共性

考虑那句古老的口号,它说"正义必须不仅被实现,而且要被看得见地实现"。这个口号也常常被适用于报应性正义。它是说,例如,该判罪的人必须被判有罪,而且该判罪的人被判有罪必须要**被看得见**,这就是正义。当

---

① 在他对向低水平下降反对平等主义这一点的讨论过程中,拉里·特姆金(Larry Temkin)建议,为产生一个善果可能是错误的。我在这里建议,在众多善中为产生一个善果可能是错误的,这是正义的某种形式。见 Temkin,"Equality, Priority, and the Leveling Down Objection",第 156 页,注释 4。

② 诸如 Harry Frankfurt 和 Joseph Raz。

③ 如利亚姆·墨菲宣称的那样,"改善处境最不利者的境况更重要这个[加权慈善]观点不是以某个公平思想为基础的"(*Moral Demands in Nonideal Theory*,第 154 页,注释 8)。

法院的程序部分地被设计用来促进那第二个目标时,它们就尊重了这个口号。由于那个目标因为各种原因而是一个好目标,因此它可能会证明否则可取得较多正义而实际取得较少正义的法院程序是正当的,但这更可能使它们**确然**实现的正义被公众看得见。(警察往往知道某人是犯案有罪的,但他们不追究她,是因为他们不认为根据透明准则所要求的高的证明标准来证明她有罪是可能的。)

也有人可能会提出理由要证明分配正义中的透明度:值得拥有的不仅是发生那种正确的再分配,而且是普通大众**看得到**并**确信它就是**那种正确的再分配。许多考虑因素都支持对口号的这个引申,其中之一就是,当正义是可见的时候,对那部分从正义中得到的比期望的较少的人就减少了怨恨,而这加强了公正的倾向。现行的赋税可以**在实际上**为正义服务,但如果人们怀疑那有损于正义的实现,那么他们可以在面对高赋税时通过减少对工作的投入来阻碍那种赋税的目的。

需要注意的是,正如我的例子表明的那样,那个古老的口号意味着,有可能**存在着**不被看得见的实现了的正义与非正义,也就是说,它们**没有**公开地显露自身:该判罪的人可能已被判有罪,但甚至没有人确切地知道这件事情。并且,正如这个例子表明的那样,所述的那个古老口号的含义非常明显是真的。但是,**当按照字面意思来理解时**,这个口号也就预设了总是**能够**指明正义是否被实现了,因为以下这一点不可能始终**被**确保——如口号所指示的那样——正义被实现了,如果人们不能始终确保正义被实现的话。然而,所说的预设是错误的,并且,这个口号也因此在某些语境中是不可接受的①。因此,例如,没有种族偏见的正义——第八章中将对这一点做较多的讨论——常常是不可看得见的,因为指出一个人比如在雇佣的事情上是否以种族偏见来行事常常是不可能的。考虑到这样的一种语境,人们就无法说"正义**必须**不仅被实现,而且必须被看得见地实现",因为在那样一种语境中**不能**总是被看得见地实现。

现在,罗尔斯主义者当然会同意,正义可能会被实现但可能是(作为一种事实)不被看得见地实现。但是,至少对某些语境来说,他们无法同意,正义和不正义可能会在其不可能被保证实现的地方被实现。因为在至少有些

---

① 在其通常的预期范围内,这样的语境无疑在那些说出这个口号的人的关注范围之外,因此有关的语境构不成对它的异议:这就是为什么我在上面强调"**当按照字面意思来理解时**"的原因。

语境中,那种确保的可能性是社会调节规则的一种想望之物。例如,在某种语境中应该对违反规则的人施以某些形式的惩罚。因此,公共性是某种在这样的语境中建构主义者(他们把最优的调节规则与正义原则混为一谈)所必须坚持的东西,而这足以引起一个反对建构主义的异议。因为建构主义将因此称原则为"公正的",那可能会为了公共性的利益而卷入一种牺牲,并且的确是一种明智的牺牲,牺牲我们本该认为是正义的东西。

简言之,因为建构主义的程序所产生的调节规则有资格作为**正义**原则,**并且**,一种公共性要求有时正确地影响了社会调节规则的样子,因此在某些语境中,建构主义必须宣称,这种公共性要求属于正义的**本质**,正义能够不仅**被**实现而且是被**看得见地**实现。但是,尽管公共性在某些领域的确**是**社会调节规则的一个想望之物①,但它无疑不是正义自身的一个要求②。因此,在建构主义的产物与正义之间的一个深层分歧就能够被揭开了。

罗伯特·诺齐克解释了正义是如何为了公共性而在立法中被牺牲的:

> 据说,正义必须不仅被实现而且被看得见地实现。然而,当能被可信任地看得见并被承认的东西比(完全)充足的正义所要求的更少些复杂时,什么应该发生呢?使他人确信正义已被实现或原则正被遵守的人际功效可能会使下面的原则成为必要的,即[比正义所要求的——G·A·科恩]更少些微妙而细微的差别但是其运用有时能被他人核查。
>
> 于是,在微调一个原则来适应一种情形与通过那个原则产生公共信任之间就可能存在一种冲突。微调那个原则越多,它的应用就越不容易被其他人核查。另一方面,超过一个大致的点,一个原则就无法鼓舞信任,不是因为它无法被核查而是因为它的运用不再被看作是可取的。③

---

① 关于表明它并不总是一个想望之物的考虑,参见第八章第 4 节最后一段。

② 我没有否认,未能公开某些事情可能是不正义的,并且那可能包括未能公开正义已经被实现。但是,那个站得住脚的规范性判断不影响证明这个有争议的观念性断言。它没有使公共性成为对能够被看作是正义的东西的一种限制。

③ *The Nature of Rationality*,第 11—12 页。注意诺齐克的观点与罗尔斯在《道德理论的独立性》(第 295 页)中所支持的那个观点之间的对比。

诺齐克在这里运用了一个正确的区分,即在定义一种德性的原则——在当前这个例子中就是定义正义的原则——与在认识论的及其他的限制条件之下被采纳用来服务那种德性的原则之间的区分,后一种原则我已称之为调节**规则**。用我的词语来表达,诺齐克的论点就是,服务于正义的调节规则将常常需要尊重一种与正义自身本质无关的公共性要求。因为规则必须被遵守,所以它们必须被塑造成敏感于关于遵守的社会学事实,即与正义的内容无关的事实①。

诺齐克也提醒我们注意公共性之外的影响调节规则(在他的词汇表中被称为"原则")之选择的那些考虑:

> 因为对一个原则的采纳本身就是一种影响其他行为之间关联的可能性的行为,所以在采纳哪些原则中一定的小心是适宜的。一个人不仅必须考虑遵守原则带来的可能收益,而且必须考虑违反原则的可能性和那种违反的后果。可能较好的选择是,采纳一个(被遵从时)不算太好但较易保持的原则;这尤其是因为如果人们未能坚持一个更严厉的原则,那么那个原则就不可能作为一个可信的可靠之物始终是可用的……无疑地,基于这样的考虑,一种关于原则最佳选择的理论就可能被阐明了。[在这里,诺齐克的注释是:一个原则的颁布也影响第三方将会怎样执行它;一位原则设计者将考虑他人可能会怎样曲解或滥用它们。]②

这个被设想的关于调节规则之最佳选择的理论把那些规则当作相关基本原则的一种功能,相关的基本规则是,例如正义,**以及**那些与正义明显不相关的考虑,诸如公共性、依从性社会学(the sociology of obedience)、"颁布"的社会心理学等。这个所期望的理论告诉了我们,我们应该努力去实现多少正义(同样出现在第5节的例证中)。建构主义促进了那些(与正义)无关的考虑,即在调节规则的正当性证明中正确地想象了对正义**是什么**的那

---

① 关于对正义原则必须满足的这个限制的一个非常好的揭示,按照我已经在这里拒绝的那个假设,即"正义原则……应当发挥[那种]独特的社会作用……[来]约束或解决在资源匮乏方面的冲突性断言",参见 Allen Buchanan, "Justice as Reciprocity versus Subject-Centred Justice",第241—242页。

② *The Nature of Rationality*,第20页,注释参见第185页。

些限制的身份。

诺齐克也做了这样的评论：

> 如果一个原则是一种为了拥有某些效果的设计，那么它是一种被遵守时就拥有那些效果的设计；因此，当它被遵守而不只是它说什么时，实际上所发生的东西在评估那个原则作为一种目的论设计的过程中就是相关的。①

并且，我的观点是，在**没有**作为"一种为了拥有某些效果的设计"时，一个旨在陈述正义**是**什么的原则与一个调节规则是不同的。

我在本节中仅仅是力图驳斥公共性要求，而没有对其动机给出一个适当的考察或对它的可能性论证给予一个通盘考虑。那个对公共性的更靠近的考察留给了本书的最后一章。

8. 正义和稳定性

现在考虑**稳定性**要求，即这样的要求：原则一旦建立就有一种**持续**的倾向。完全能够理解的是，建构主义的选择者们应该希望他们所选择的原则是稳定的。稳定性对于明智的社会选择而言是一个必需品：抛开具体的语境，选择人们不会（持续）遵从的原则是毫无意义的。

现在，由于良构的（well-formed）建构者必须寻求稳定性，罗尔斯主义者，即相信正义是良构的建构者所选择的东西的那些人，必须断言稳定性是正义要满足的一个要求。但是，那是拒绝建构主义正义观的一个好理由。因为把稳定性这个明显的想望之物作为对正义可能被认为是什么的一种限制，所以只要他们的规则一旦建立后具有一种持续的倾向，那么就判断原则有资格作为正义原则。这是荒谬的。那会意味着一个人不可能宣称诸如接下来的话语那样完全明白易懂的事情："这个社会在目前是公正的，但是它也许很快就会失去这个特点：正义就是这样一个脆弱的成就"；或者"我们不想要我们的社会只是在眼下是正义的：我们想要它的正义持续下去"②。

---

① *The Nature of Rationality*，第38页。

② 罗尔斯本人写道："一个公正的合作系统可能不均衡，更谈不上稳定。"（*A Theory of Justice*，第496/434—435页）。我正在论证的是，他已经否定了他本人需要那样说的并且他在那里所使用的那些概念资源。此外，参见本节最后一段。

这将会意味着,当柏拉图在《理想国》第Ⅷ卷中根据经验理由主张一个正义社会必定随着时间的推移而失去其正义时,他在概念上是混淆的。

为什么想要社会公正的人们或者用我所坚持的更合适的词汇来描述他们志向的人们可能在他们所选择的规则中寻求稳定性呢?为什么想要社会如其合理被要求那样公正的人们寻求他们所选择的规则的稳定性呢?显然的回答是,他们想要正义或者合理期待的那个正义量**得以持续**。但是,当稳定性被视作如下情况——把一组原则**看作**正义原则——的一个条件时,那个希望就是无法表达的,因为在那个处理之下,根据没有危险的含义,真实的情况就是:正义不会持续。而这是荒谬的。寻求会(或能够)持续的原则的合理性可能错误地被认为支持了建构主义的教条,即公正的原则必须是稳定的。实际上,前者反驳后者那个教条。我们当然不想要正义永远地处于危险之中。但是,那个**忧虑**的连贯性表明稳定性不是正义本身的一个特征①。

举一个部分类似的例子,我在第八章第7节中将有机会重温一下它,即忠诚的美德。假设一个组织正在寻求阐明关于忠诚的规则,并且它的成员合理地判断出,某一组规则应该被拒绝,因为他们被过分地要求——这样的要求使他们会容易被嘲笑——以致结果是忠诚(依其身份而言:也就是说,**忠诚**,不仅仅像讨论中的规则所定义的那样)会被违背。成员们拒绝过分要求的规则,根本不是因为它们没有阐明忠诚是什么,而只不过是因为他们被过分要求,并因此事与愿违。它们是错误的鼓励忠诚的调节规则,也许**正是因为**它们表达忠诚**是**什么比那些更加松散的忠诚规则所表达的更好。

并且,这些**做必要的修正**就能适用于正义和社会调节规则。正如那些被理智地阐明的忠诚规则必须考虑到稳定性,并因此不可能被期待去阐明忠诚**是**什么,所以,从正义视角来看,最优的规则必须考虑到稳定性,并因此不可能被期待去阐明正义是什么。常言道,至善即不善(The best is the enemy of the good)。但是,建构主义者必须推断它因此**不是**至善。而那是荒谬的。

到目前为止,我一直用"稳定性"意指朴素的、普通的稳定性,即一个事

---

① 范登布鲁克(Vandenbroucke)写道:"也许我们关于社会正义与个体行为的理想必定是**脆弱的**——人们不得不持续地论辩的那些生活形式,它们无法必定得到一种重叠共识的支持。即使在实际中得以实现,它们仍继续处于腐蚀的危险中。"(*Social Justice*,第280页)有一个类似的观点,参见 David Copp, "Pluralism and Stability in Liberal Theory",第203—206页。

物对象无论出于何种理由而持续的那种倾向。特别意义上的罗尔斯式稳定性需要一般的稳定性,但是它也包括那种反馈特性,即对那些规则的坚持加强了在未来坚持它们的倾向,并且,对罗尔斯式稳定性来说,那个特性此外必须有一个特别的基础:

> 发现一种稳定性观念不仅仅是一个避免无效性的问题。而毋宁说,有关系的是那种稳定性,那些拯救了它的强力的本质……假定在一种公正的基本结构中的生活形成了人们的特点风格和利益,那么他们的正义感就足够强到来抵制不正义的正常倾向。人们心甘情愿地行动以致久而久之就给彼此以正义。稳定性通过在公正制度下所要求的那种恰当的充分诱因而被拯救。①

决非显而易见的是,这个无疑可欲的特性对原初状态中的选择者是有吸引力的,但是,这个可能的罗尔斯批判不在我的计划之中。虽然它是可欲的,但我也不想讨论罗尔斯式稳定性是不是一个公正**社会**的必需特征,因为为了当前的目的可把"公正社会"这个短语在理解上的复杂性先放到一旁②。在这里,完全可以说,无论挑选者是否赞同罗尔斯式稳定性,也无论后者是否被正义所要求,依其身份,挑选者都会赞同普通的稳定性。并且,上面所述的那个异议独立于对我在这里大体上归为一类的那些问题的那些回答。那个异议是,他们会因此给他们所应当选择的规则以一个有正当理由的限制,但那不是对正义本身的一个正确限制。

只是"大体上",由于我确实愿意对罗尔斯关于稳定性的评论之一进行谈论,因为它与当前研究中的其他命题有关:

> 无论一个正义观念可能在其他根据方面多么吸引人,如果道德心理学的原则使它未能在人们身上产生按照它去行动的必要欲望,那么它就是有严重缺陷的。③

---

① *Political Liberalism*,第 142—143 页。比较 *A Theory of Justice*,第 138/119、177/154、398—399/350、454—456/318—319、496—502/434—440、567—568/496—497 页;"Distributive Justice: Some Addenda",第 171 页;"The Independence of Moral Theory",第 294 页。

② 关于相关的复杂性,参见第三章第 3 节的最后几段。

③ *A Theory of Justice*, pp. 455/398.

但是,什么东西可能会使所述的观念而不是它的(**据推测**无法实现的)正义有吸引力呢?**当然**,形成上述观念的规则是有"严重缺陷的",因为它们**据推测**是没有希望作为调节规则的,但绝不是因为它们作为一种正义的解释是有缺陷的。拒绝一个假定的正义原则**正是且仅仅是**因为它(作为一个调节规则)是无法实行的,这就赋予它**成为**一个正义原则。在这个事例中,为什么罗尔斯通过指出那个正义观念的一个缺陷(作为一个正义观念来考虑的话,它的确不是其中的一个缺陷)而不是人们道德能力的一个缺陷,来对上述正义观念的吸引力与人们的道德能力之间的差异做出反应?① 人类有正义的**能力**是一个公理吗?"原罪"在措词上是一个矛盾吗?

对我而言,以下两者似乎都是显然的,调节规则的挑选者必须考虑稳定性,并且,公正的原则可能是(我的论证在这里只要求"可能是")脆弱的:因此,正义不是那些挑选者所挑选的东西。并且,需要注意的是,当前的论证虽然是通过我关于事实与原则的观点来表述,但它不要求那个观点。问题是,两个必需之物即正义与稳定性之间的对比在这里是毫不重要的,而无论这两者是都敏于事实的,还是都不敏于事实的,或者是一个敏于事实,另一个不敏于事实。

9. "正义的环境"

许多人就正义的环境对我提出异议,如罗尔斯(遵循休谟)定义它们(宽泛地说,就是有限的利他主义和有限的匮乏)②的那样,正义的环境构成了与正义的基本原则是什么这个问题相关的事实。我相信,一旦我们把这个异议的支持者们所没有注意辨别的四个问题区分清楚,那么所提的异议就崩溃了:① 在什么环境下正义(的实现)是可能的和/或必要的? ② 在什么环境下产生正义的问题? ③ 正义是什么? ④ 对③的回答依赖于对问题①和②的回答吗?

我持有自己的观点,我一会儿将公布对问题①和②的回答,并且我的观点与那些提出所述异议的人有分歧。但是,我对异议的原则性回应是,对问题④的回答是:不。在本节最后两段中详细阐述。对问题"正义是什么"的

---

① 在第四章第 9 节中给出的推断可能有助于提供这个所要求的解释。

② 参见 *A Theory of Justice* 第 126—128/109—110 页中的讨论,它包含了如下这个总结:"于是,一个人能够简要地说,只要相互无私的人对中等匮乏条件下社会利益的划分提出了相互冲突的主张,那么正义的环境就算达到了。"

回答远非依赖于对问题①和②的回答,对后者的回答依赖于对先前那个问题的回答。

我相信,休谟的正义环境的信条主要是对问题①的回答,而那个"正义"对他而言,在其初始的应用中指人的一种德性,而不是如对罗尔斯而言那样,指社会基本结构的一种德性①:对休谟而言,人的德性是说,正义就是一种遵循承诺和财产的规则的安排,在极端匮乏的条件下无法发展,而在富足的条件下又没有必要,因为没有它应用的范围。进一步来说,如果人们是完全利他的,那么和正义一样的德性就是没有必要的;而如果人们是完全自私的,那么它又是不可能的。把技艺看作人的一种德性。如果模仿休谟来谈论正义,我们可能会说它依赖于有限的匮乏和有限的才能。因此,一个人可能会说,在极端匮乏的条件下技艺会是不可能的,因为没有时间让它去发展;并且,一个人也可能会说,在一个富足到所有想要的手工艺品都长在树上的安乐乡里,那会是不必要的;如果人们缺乏那么一点儿天生才能,那么它又会是不可能的;并且,如果大多数复杂的生产成就对人们来得像对全能的上帝来得那样容易,那么它就会是既不必要又可能的:如果它像从圆木上滚下来一样容易,那么它就不是技艺。但是,所有这些是从技艺是什么中**得出**,又与它是**什么**无关,正如休谟的正义环境从(他认为)正义是什么中**得出**而又**与它**是什么无关。

关于正义作为一种个人的德性,无论怎样来谈论这一点,谈到对其而言出现在休谟设想的四种极端环境的任何一种情况下它是否是不可能的和/或不必要的,就必须考虑一下把正义作为一种并非个人的属性,而是分配的属性。很难明白是什么可能会使**这样的**正义成为不可能的:无论环境怎么样,只要是可遇的,这样的正义最起码会**碰巧**在那儿。并且,一个公正的分配可能是没有必要的这个想法有争议地包含了一个分类错误:和正义作为一个个人的德性不同,一个公正的分配只服务于——如果这个值得考虑的

---

① 除处于它们之间的这个范畴性区别之外,至少存在两个方面,在其中罗尔斯可能会被认为背离了休谟对正义环境的鉴定。首先,他没有排除适度匮乏的超越性,这与对正义的一个持续作用相一致:参见《道德理论中的康德式建构主义》("Kantian Constructivism in Moral Theory", *Collected Papers*,第326页)。其次,他定义"正义的主观环境"时比休谟更少地强调私利的冲突,并更多地强调"宗教的、哲学的和伦理的信条"上的冲突(同上书,并比较同上书的323、329页,以及《正义论》第129、112页)。第二个背离使第一个背离成为可能,因为第二个背离承认无限制富有之下的冲突。为了阐述的简单明了,我将把正义环境看作休谟式的,但是,我的论证**稍作必要的修正后**将适用于罗尔斯式的变种。

话——实现正义这个目的。

现在,对罗尔斯而言,正义首先不是分配的一种属性①,而是规则的一种属性;其次,是遵循它们的那些人的一种属性。因此,让我们问一下关于罗尔斯的那个相当难的①类型的问题:在极端匮乏和无限富足的每一个情况之下,以及在极端自私和极端慷慨的条件下,可能达到罗尔斯所认为是正义的东西吗?

我相信,当如下一点被认为是正义的本质时,即正义的规则是**被执行的**而不仅仅是被观察的,那么回答问题①的正确方法**可能**就依赖于我们是否打算如罗尔斯有时描述它们的那样,把正义的规则当作本质上是强制性的;或者,如罗尔斯在其他时间描述它们的那样,也如我主张的那样,它们必须被描述成不是本质上强制性的②。接下来,我依次谈这些所说的可选项。

首先,那么假设公正规则的一种强制性观念,并且考虑极端匮乏的情形,在这个情形中至少有人必须很快死亡,并且如果资源被平等分配的话每个人都会死亡。现在,某种均等主义隐藏在罗尔斯式构筑物之后,这是一种他认为被自然彩券和社会彩券的任意性证明正当化的均等主义,并且它在一般的正义观念中被清楚地表达了出来。但是,这里**有**一个在极端匮乏条件下——某种(故意人为的)彩券——尊重一般观念的规则。可能大多数人在匮乏的条件下会不愿意引入那个规则,或支持它或遵从它,但是这没有使那个规则成为不可能。考虑一下罗尔斯可能要说或会说或必须要说的,即那极少数当权者,他们原本掌握着仅有的救生用品,并且他们有权力执行他们的意志,但是他们却用掷骰子的方式来决定谁会得到它,这就是说因为考虑到平等的机会而强加了一个公正的结构。罗尔斯会说只是因为他是令人惊奇的慷慨大方吗?他不会也说或他不应该也说:在那些条件下,强加一个对他自己损害的平等主义结构,他是多么公正的一个人吗?

只要我们继续假设那些正义规则还必须拥有强制性力量,那么富足的情形是不同的。我相信,真正富足条件下的均等主义规则是:喜欢什么就拿什么。于是,人们的机会就会彻底地平等,并且不会产生使均等主义者焦

---

① "分配"作为"是公正的"这个谓词的公认主词,它的非首要性来自罗尔斯的如下观点,即按照公正规则所产生的分配在纯粹程序正义这个总标准(the canon)之下被算作正义:参见《正义论》,第87—88、76—77页。

② 参见第三章第5节。

虑的不平等。但是，只要我们坚持（在我看来，是被误导的）正义的强制性观念，这就不会是罗尔斯式的正义。因为根据罗尔斯所做的假设，没有人会有动力在不利己的条件下去损人，所以在那个情景中强制力就没有了作用。对富足条件下的正义而言，只有在相反的"居心不良的"动机出现的条件下，强制性才可能是必要的。

如果继续坚持强制性观念，那么在关于公正的规则在那两个逻辑上可能的方式中的每一个之下——有限的利他主义在其中可能会无法达到——是否是可能和/或必需的这个问题上，罗尔斯应该说什么呢？我相信他应该宣称以下观点：如果利他主义是无限的，那么正义就会的确成为不必要的；并且，如果利己主义是无限的，那么正义就会是必要的——如果正义是可能的话，但是它几乎必定是不可能的。

我们可以很快地解决相反的假设，在那样的条件下，正义规则**不必**是被强制执行的。于是，甚至在匮乏条件下一伙非常公正的人也许会愿意遵循公正的规则，并且每个人在富足的条件下也是毫无痛苦地这样做的。

这些都是作为对问题①的回答。但是，更重要的一点是，对问题①的回答并没有解决对问题②的回答，②是关于在特定的环境中正义判断是否能**适用**的问题。这样的话，先谈休谟的（个人的德性）正义，我们甚至能够在不可能和/或不必要来发展或执行处置的环境中判断人们是否拥有或缺乏相关的处置。关于分配中的正义，把一个状态描述成公正的或是不公正的将总是可能的：这个问题有时将无法适用则是错误的①。并且，对罗尔斯式正义而言，在其强制性或其更一般的规则统治的形式中，我们总是能够询问公正的规则是否是可被观察的。于是，即使与我已论证的相反，在极端匮乏的条件下无法**存在**罗尔斯式正义，这也不会得出，这样环境中的罗尔斯式公正规则无法被描述，并因此不会得出，我们不能把这样的环境描述为对不正义的生产，因为事实是，其中的人们必定前进而无视罗尔斯式公正规则。

但是，核心的争论点是，这些有关问题①和②的推断与正义是什么几乎无关。返回休谟的正义，它是人的一种德性，并且对技艺的德性而言，它起

---

① 参见科恩的 *Self-Ownership, Freedom and Equality* 第139页，并比较一下第三章第125—127页。

部分相似的作用。我在本节第三段中所展开的"技艺的德性"没有蕴涵技艺**是**什么。相反地,它们得自它是什么。同时,类似地,休谟的正义,对信守承诺和财产等(尽管并不多)规则的观察,独立于环境是否使之必要和/可能,并且独立于它们是否使正义的判断是恰当的,而休谟也没有给出任何迹象的不同思考。在一个诺言不被信守和财产无法维继的情景中,是没有正义的;但是,我们或任何其他人是否会因如此的身处其间以致不关涉正义是什么吗?并且,休谟本人没有混淆正义是什么的问题与在何种环境中可以期待正义出现的问题。(没有更多的理由来认为罗尔斯也是这样的。在本节中所讨论的异议[参见其第一句]是代表罗尔斯的**利益**而提出的,但是我在罗尔斯那里几乎没有发现对它的正当性证明原文。)的确,**如果**不仅休谟式正义而且(与我所已经论证的相反)罗尔斯式正义在相关的极端环境中都未能出现甚至未能适用,那么它就会**得自**正义是什么,并因此能够与正义是什么这个解答没有关系。

相应地,正义基本原则的特征不受事实影响这个断言没有被这些有关正义环境的复杂考量所论及。对问题"何时能获得正义?以及,何时我们能够询问正义是否可获得?"的事实性回答没有任何倾向显示出正义基本原则是敏于事实的。决定一个原则是否适用的那些事实并没有由此而有助于决定讨论中的原则内容。因此,例如,那个宣称冒犯者应当被惩罚的矫正性正义原则并不预设存在甚至**可能**存在冒犯者。那个原则是否是不敏于事实地成立的①,无论何人相信它是成立的则必须相信它,而无论他对存在多少冒犯者持有什么样的看法;并且,**加以必要的变通**,这在以下两种信念之间的关系上同样是成立的:一种信念是对于分配正义的那些原则的内容;另一种信念是对于那些(可能的)严格条件,在那些条件下对那些原则的遵循就可能被观察到或可能被认为是适用的。

戴维·米勒通过极力主张原则都"预设地根基于"事实,诸如形成正义环境的事实,而实际上抵制我从根基上解放出原则的尝试②。只要那个形容词短语的"预设地"部分继续存在,那么以下陈述就是错误的:原则(的真实性或可认同性或无论什么东西)**本身**预设了任何这样的东西。毋宁说,那预

---

① 如果它依赖于例如有关威慑的有效性这样的观点,那么它是敏于事实地成立的;如果它不依赖于任何这样的事实性观点,但是,例如,依赖于某种应得观念,那么它是不敏于事实地成立的。

② 参见米勒的"Political Philosophy for Earthlings"的第Ⅱ部分。

336 设某些事实的东西是原则的**适用性**：但是，它不要求任何的证明或争论去表明**那个**东西立基于事实。

进一步来说，所引用的那个形容词短语的"根基于"部分是完全没有正当理由的。所谓的"预设地根基于"并不是一种根基的形式，正如它在当前讨论中始终意味的那样，它意味着提供了一种断言的理由。考虑到米勒明确回避对"预设"的正常理解，他实际上用所援引的短语表示的意思是模糊不清①。在正常理解下，"预设"的一个特点就是：一个陈述和它的直接否定②有相同的预设，因此，例如，"法国国王不是秃子"和"法国国王是秃子"一样地都预设了有法国国王。但是，无论米勒用这个短语表示什么意思，他的所谓"预设地根基于"的例证都证明了他所寻求坚持的那个异议的不足之处。他的例证性断言之一是，"人民是意向（intentions）的自我意识的形成者"正是自由原则的一个"预设性根据"，它告诉我们要尊重人民的意愿。但是，即使它是成立的，与我前面的观点相反，正如米勒所断言的那样，自由原则（本身）预设了人民有自我意识意愿的能力，他们只不过能做到这样，缺乏进一步的主张，并没有比支持挫折原则更多地支持自由原则，挫折原则告诉我们尽可能地使人民的意愿受挫。某种行动是可能的对于指示一个行动而言并不比对于禁止一个行动而言更是一个理由③，也不是它们其中任何一个的**部分**理由，因为**对于某件事情而言**，如果任何一个东西可以同样成为其对立面的一个理由，那么这个东西就不能成为它的部分理由。如果依据 F 你没有比肯定原则 P 的对立面有更多的理由去肯定原则 P，那么 F 就甚至不是肯定 P 的一个**部分的**根据：P 的根基是审慎的，你并没有比你在知道 F 成立这个消息之前的情况更好。

米勒写道，像那些人类自我意识这样的事实"使……自由原则发挥起作用——如果是其他不同的事实，那么就会只不过是没有理由提出这样一个原则"④。但是，**加以必要的修改**，对挫折原则而言同样是正确的：如果没有受挫的故意意向，那么就会没有理由来提出它。

---

① 参见米勒的"Political Philosophy for Earthlings"，第 34 页，第 7 条注释。
② "法国国王是秃子，这是假的"是对"法国国王是秃子"的非直接否定。
③ 比较一下，在第六章第 8 节最后一段中，对关于引发和阻止痛苦与快乐的原则而言，关于它的根据所说的那些话。
④ Miller, "Political Philosophy for Earthlings," p.36.

10. 结论

在进入第八章之前,我提醒读者注意,我只是笼统地对建构主义做了一个批判,也就是说,建构主义错误地认为正义的基本原则等同于调节社会生活的最优规则。这个错误使基本的正义对事实与非正义的价值产生了敏感,而实际上,它不受它们的影响。这个错误有不同的表达形式,在前两章中我描述了其中的四个形式,在那里我努力使正义区别于① 事实;② 帕累托法则;③ 对公共性以及规则信息的相关必要之物的考虑;以及④ 对稳定性的考虑。

建构主义者能够对那些断言的每一个以两个方式中的这个或者另外一个方式来进行答复;也就是,在每种情况中他们能够**或者说**——与我已经论证的东西相反——调节规则不**需要**敏于相关的考虑,**或者说**——与我的观点相反——那些考虑**确实**真的反映正义。关于"事实"异议(参见第 3.4 节),求助于一种与事实无关的建构主义就例证了第一个策略:那个提议是,建构主义应该被用来为**所有的**可能世界挑选调节性原则。我确信,对于帕累托和稳定性这两个异议而言,第一个策略是不可用的,并且,第二个策略对于帕累托是一个启动器,但是对于稳定性它确实不是。两个策略对有关的公共性都没有较多的讨论,这个公共性如我将在第八章中继续阐述的那样,它与正义全面不相容。

附录:两个原则的原初状态证明是契约主义的吗?

罗尔斯把他的两个正义原则的正当性证明描述为契约主义的,但是在我看来,倘若对那个词的使用给出一个似乎合理的必要条件,它就不是契约主义的。并且,关于"契约主义"这个词(在道德哲学和政治哲学中它缺乏一个公认的权威定义),无论任何人想要谈论些什么,当前这个附录的一个要点就是要做若干在我看来似乎是容易忽略但却重要的区分①,无论它们是被看作显著类型的契约主义(在这个词的一种广义上)还是被看作来自正当性证明的部分类似形式的显著的契约主义(在这里,以更严格的界定来使用这个词)。

在我看来,对于把"契约主义"这个词应用到正当性证明而言,罗尔斯对

---

① 它们与出现在晚期 Jean Hampton 的"Contracts and Choices"中的那些区分不一样,该书提出的问题不同于占据当前附录的那些问题。

他的原则的原初状态正当性证明未能满足这个似乎可信的必要条件：对一种义务的正当性证明，无论是服从于最高权力者还是遵循一个原则，只有它的根据是这种义务对每个个体而言或者是该个体所已经做的一个许诺或者是在特定环境中她会做的一个许诺，它才是契约主义的。因此，契约主义的义务受约束于下面这个原因，或者因为类似于下面这个原因的原因①，即承诺正在约束：她必定会的，因为她（特别）同意，或者，无论讨论的是什么，她都会同意。

在上述对这个词语理解的基础上，三种契约主义者分别是约翰·洛克、托马斯·霍布斯和戴维·高蒂尔。洛克的市民义务契约主义理论是以一种对遵守市民秩序的实际的认同行动为根基，这个认同或者是明示的或者是暗示的。霍布斯是比较复杂的一个案例。一方面，在他的思想中，有类似于实际上服从最高权力者这样的观点成分作为服从义务的根据。但是，在霍布斯的思想中也有其他的成分，这些成分在洛克那里找不到，并且，这指向下面的观念：正是因为在任何的情景中，在其中没有最高权力者当局，即在任何的自然状态中，你都**会**同意一个最高权力者当局，所以你必定服从于最高权力者②。高蒂尔的契约主义证明了不服从于最高权力者但遵从所挑选的道德原则是正当的，并且像霍布斯中的一种契约主义一样，它在形式上是假设的：高蒂尔的理性自我发现的个体在一种难以控制的无政府状态条件下会同意相关的原则，并且，这是为什么她必定观察他们的原因。

在契约主义中，正如理解的那样，个体的服从或遵守的义务依赖于**她自己的许诺**，无论是实际的还是假设的。确如（至少）在霍布斯那样，导致义务的许诺可以依赖于其他人做了一个类似的许诺③，但是，那并不剥夺她自己的自我约束在解释个体义务中的关键性作用。

罗尔斯没有提出一种对政治义务的（任何意义上的）契约主义理论：我们有义务服从国家，不是因为我们已经或原本会同意它的权威，而是因为国

---

① 因为讨论中的许诺不必有资格作为一个所谓严格的诺言，所以我增加了这个短语：例如，对我的论题而言，认同不必被看作是一种承诺。相关的行动性声明（the relevant performative）所属于的准确分类与这里无关。这里的有关问题是，正是个体**自己的**行动性声明把她约束起来。

② 见"Reason, Humanity, and the Moral Law"，第167页。我对霍布斯有关服从最高权力者的义务区分出了四个论证，其中三个在这里所界定的意义上是契约主义的。

③ 参见霍布斯《利维坦》第190页和第227页上的"That a man be willing"阐述和"I Authorise"阐述。

家执行正义,并且限于国家执行正义的范围之内。不存在实际的或假设的选择来支持国家——国家的存在是被假定的,并且,如果并且因为它是(充分地)公正的,我们对它负有义务。然而,罗尔斯仍可能会在高蒂尔的方式中是一个契约主义者,也就是说,罗尔斯是原则的契约主义者,而不是遵守国家法律的契约主义者。但是,我不认为他对原初状态的使用在它的最佳解释中在性质上是契约主义的。

当我提到罗尔斯对原初状态的使用的"最佳解释"时,我不是指罗尔斯本人所提供的对他的话语的解释,因为相对于这里所形成的区分,他解释得不清楚,在不同时间又解释得不一致。我的意思毋宁是指那个生产出以下最优理论的解释:这个理论能够似乎可信地被说成是由罗尔斯的话语产生的。至于当前的议题,我相信,那个最佳解释如下:由于原初状态的本质,这两个原则会被原初状态中的每个人所同意,这一点就确立了它们是**正义**原则,并且,它们是正义原则**这个事实**回答了下面的问题:什么使我们负有义务去观察它们。因此,我受它们的约束,不是因为(尤其)我原本会同意它们,而是因为我们原本都会同意它们。并且,**我们**负有义务不是(直接地)因为我们原本就同意那些原则,而是因为一个事实,即我们原本都会在这个使它们成为正义原则的假定不偏不倚的状态中同意它们①。你可以**说**我们受它们约束是因为我们原本就同意它们,但是,那不意味着我们遵循它们是因为我们于是为了尊重一个诺言而那样做。在所述的条件下每个人都会同意那些原则,因此罗尔斯断言,被最佳解释就确立了它们是正义原则,并且,也正是**这一点**,而并非直接地是因为我们原本会同意它们,使我们负有义务去遵守它们。

重申一下:我关于遵守所选原则的理由不是我原本就同意它们。**我**特别地原本就同意它们,这个是真实而需要的,却不是本质所在。对我而言要说的事情是,如果我抵制那些原则,那么不是我原本会同意它们,而是每个人在原初状态中都原本会同意它们,并且它们因此是正义原则。没有任何事情是我们负有义务去做的,恰恰是因为不做它就会违背一个协议,不管这个协议是实际的还是假设的。

---

① 见 Rawls,"Distributive Justice: Some Addenda",*Collected Papers*,第 175 页,我相信这是以下两个解释之间的一种合并:我所赞许的那个对原初状态作用的解释,以及一个更加恰当的契约主义解释。比较 *A Theory of Justice*,第 16/14—15 页。

考虑一个部分类似的情况。在欧盟立法的某些领域，要形成一部法律要求经过简单多数的国家同意。但是，其他的法律要求全体一致同意。现在假设，在一个要求全体一致同意的领域，某部法律是经过全体一致同意通过的。那么，为什么英国有义务执行那部法律呢？不是因为英国为之投了赞成票——在相关的领域，如果英国投赞成票但有些国家没有投赞成票，那么英国不会被要求执行这部法律——而是因为所有的国家都投了赞成票，并因此导致它是合法的①。关于进一步的比较，考虑只要求多数赞成票的领域的欧盟法律。在这样的情形中，无论英国是否投了赞成票，英国执行的义务都是相同的；并且，甚至在它的赞成票是必不可少的特别案例中，它的义务都不是立基于**它的**已投的赞成票，而与违反这种法律的情况相联系。在要求全体一致同意的情形中，英国的赞成票对**看成**是全体一致同意的结果是必需的，但是它不是执行那部法律之义务的**根据**。并且，我主张，在罗尔斯式情形中遵循那两个原则之义务的结构是相似的②。

值得注意的是，关于我所赞同的对原初状态的说明，罗尔斯对它的运用避开了一种它已经遭受到的异议，即一种我们可以称之为反契约主义的异议。这个反契约主义异议是说，任何发生在原初状态中的假设的契约都不是约束性的，因为一个假设的契约根本不是一种契约。如果我**原本会**（但没有）同意在星期一付你 1 000 英镑来买你将在星期二绘制的画作，那么这就推不出我已经和你**定下了**一个支付你那笔钱的协议并因此我现在有义务为画作支付 1 000 英镑。因此，一个假设的契约不算得什么，并且，这个异议得出结论说，原初状态因此是一个不健全的设置。需要注意的是，反契约主义论证使用了我在这里所提供的对"契约主义"的那个说明：它宣称，**我的**假设协议并没有使**我**负有义务。

反契约主义的论证依赖于两个前提。大前提是说，假设的契约没有约束；小前提是说，原初状态是一个假设的契约主义设置。

---

① 立法，而不是公正：那就是为什么这个类比只不过是部分类似的一个原因。但是，在每种情形中，全体一致同意赋予了一种性质，这种性质解释了我的义务，而与它的存在相对照，后者是通过我自己的同意来解释的。

② 不可否认，它是因为一个承诺，也就是，加入《罗马条约》使英国受欧盟规则的约束，但是这是类似于罗尔斯那里的"更大的契约主义架构"（参见下面的第 343 页）：它没有破坏上面所阐述的那个不同类比。

现在，我以其所述的（和所要求的）一般形式来拒绝反契约主义论证的大前提：如我当前论证的那样，至少存在一种情形，在其中一个假设的契约**确实**有约束。但是，正如你将会看到的那样，对这个论证的大前提的这种具体抵制不会帮助罗尔斯。（我对该论证小前提的拒绝将会帮助他，该小前提说[如罗尔斯本人误认为的那样]原初状态是一个假设的契约主义设置。）然而，我会继续重复那个破坏这个论证大前提的情形，因为它的内在利益，并因为正是深层的利益使托马斯·霍布斯和戴维·高蒂尔的假设性契约主义断言例证了这个相关的情形。

在我所想到的这个情形中①，不仅在一些特定的环境中，例如，在罗尔斯的原初状态的那些环境中，而且在这个安排没有占优势的**任何**环境中，你都**原本会**同意目前的安排（假设它是一个规则，或一个法律，或一个政府），并且，这也是为什么你现在必定尊重它的原因。由于出生在一种强制性秩序中而不是一种自然状态中，因此我们中没有任何人有机会去决定是否同意服从一种强制性状态。但是，如果如霍布斯主张的那样，无论无政府的自然状态会是什么样，我们原本都会同意服从一种强制性状态，那么，因此我相信，我们有义务遵守一种强制性状态。总体而言，使我感觉似乎可信的是，如果我在**任何**缺少 X 的环境中原本会同意 X，那么我必定接受 X；并且，这与对假设的契约的不严格拒绝相矛盾，而那种拒绝表现了反契约主义论证的特征。如果**无论在何地**这个现存的安排不是有效的，我原本会同意服从它，那么似乎对我而言，对任何抵制它的一个非常有力的回答就是，我寻求达至的是：如果它不在那里出现，那么我原本会同意它②。这不意味着无论现有的状态告诉我做什么我就都必须去做，而毋宁说我无法反对它**正是根**基于它是一种我没有认可其规则的强制性状态。霍布斯（**在其他东西中尤其**）③论证如下："要么我们接受最高权力者，要么我们处在自然状态中。但是，处在任何自然状态都是如此的糟糕，以至于如果我们（已经）处在一种自然状态中的话，我们就会（或原本会）接受最高权力者。所以，我们负有义务

---

① 我不是说它是唯一的情形。

② 一个类似的观点维护了所谓的公平游戏原则（fair play principle）来反对**一个**异议，即一个人在接受相关的收益上可能原本没有任何选择。如果我原本寻求这些收益，那么无论如何，我反对为他们付出（至少我原本要付出的最小代价）就是不成立的（参见罗尔斯在《正义论》第52节中对公平原则的辩护，以及诺齐克在《无政府、国家和乌托邦》第90—95页上对公平原则的批判，我相信那是一个屈从于当前观点的批判）。

③ 参见前面第100条注释（中译本第310页注释②——译者注）。

接受最高权力者。"这个论证宣称,我们必须接受国家最高权力者,如果没有它则我们原本也会同意创造出它。无论我们认为霍布斯式论证的小前提是什么,那个大前提似乎对我而言都是成立的①,也就是说,任何的自然状态都会确实坏到足以产生对一个最高权力者的一种偏爱。

这个反例整体地拒绝了假设的契约,但是,这个反例没有帮助罗尔斯来反对反契约主义的异议。因为对正义原则的罗尔斯式同意断然不是任意条件下的人们会做出的,而无论他们是否会在罗尔斯所强加的无知之幕这个具体条件下做出。并且,以下这个根据自身而被接受的**纯粹**事实,并且假设它是这样一个事实,即在如此具体的环境中我们原本会同意那些原则,就其本身而言,这个事实的确并不使我们负有义务去观察它们。但是,如果我所称作的(参见第339页)关于罗尔斯使用原初状态的最佳解释是正确的,那么这个反契约主义论证的小前提就是不成立的,并且罗尔斯的观点因此避开了它的论域范围。

当然,反对罗尔斯的反契约主义批判的无关性说明没有把他的源自两个原则的原初状态从所有的批判中移出来。在下面这个主张中没有任何东西是不证自明的:在无知之幕下被选的任何原则有资格作为正义原则。并且,我在这里(或其他地方)没有拒绝它们,这一点已经受到了独立的批判②。

虽然我力图表明原初状态这个设置没有使罗尔斯成为一个契约主义者,但是,这个较大的架构——在其中罗尔斯安排资源给原初状态——的确是契约主义的。原初状态这个设置被认为是为一个合作者社会安排原则,这些合作者愿意公正地对待每一个人,并且他们**确实**同意原初状态是决定公正为何物的方式。但是,这与我的如下观点不相抵触:他们遵循原则是因为他们(认为)它们具有正义标记,而不同于为了履行一个假设的协议。

霍布斯、洛克和高蒂尔都是真正的契约主义者,因为正是**我的**实际的或假设的协定使我负有义务遵循霍布斯的最高权力者、洛克的市民社会规则

---

① 相应地,并根据所说的受限程度,我不同意罗纳德·德沃金的如下陈述:"假设的契约没有为执行它们条款的公正性提供一个独立的论证。"当然,"一个假设的契约……根本不是一个契约",但是实质的问题是,你原本如此这般订立契约的事实本身是否能够有规范性力量,并且,按照你原本会这样订立契约的条件,无论是怎样的条件,我认为是能够有的。见 Dworkin,"The Original Position",第17—18页。

② 我在本章的开端部分中既有区别又很明确地批判的就是以下主张:在无知之幕后所选的原则都是正义的**基本**原则。

和高蒂尔的道德原则。但是,斯坎伦的"合理的拒绝"测试在当前这个意义上不是契约主义的:使**我**负有义务观察他的设置所生成的原则的不是**我**不能合理地拒绝它们,而是没有人能合理地拒绝它们。

因此,按照我对罗尔斯和斯坎伦的论证的那个形式的理解,得出如下结论:(在无知之幕下的,或者通情达理的)每个人都会同意这些规则,因此它们是正确的规则,因此每个人有义务遵循它们。

第八章 公共性论证

1. 安德鲁·威廉姆斯论公共性和平等主义风尚

安德鲁·威廉姆斯声称我尝试把差别原则运用到个体经济选择领域未能反驳正义原则必须满足公共性要求这个异议,后者是说应该有可能**辨别出**一个正义原则是否被遵循①。威廉姆斯声称,公共性要求推翻了我的主张,即一个公平社会具有一种平等主义的经济风尚,因此单独考虑其国家立法之基本结构的特征就不是公正的②。我希望表明,公共性——如威廉姆斯对这个观念的解释那样——确然不是一个正义要求,而因此我说的正义所要求的平等主义风尚能满足每个**可辩护的**对正义的公共性要求。展开来说:无论公共性是否是**社会调节规则**的一个**限制条件**抑或不同的是一个**想望之物**,我都将论证它不是对**正义是**什么的一个限制条件(参见第3—6节),并且,即便那个较弱的建议——它可能是正义的一个**想望之物**——也是令人难以理解的(参见第7节)③。

宽泛地说,威廉姆斯是罗尔斯的一个辩护者,因此值得注意的是,以下是根本不清楚的:相比于稳定性,在威廉姆斯的强的含义(strong sense)上,公共性将会得到原初状态中立法者的拥护④。公共性可能被认为是由契约主义要求的,因为订约人要求清楚明白的契约条款,以保持遵循与违反契约之间界限的明确性。但是,无论怎么样,我本人的观点是,对原初状态在罗

---

① 关于这个要求的一个更完备的陈述会出现在下面的第2节中。
② 参见 Williams, "Incentives, Inequality, and Publicity",除了特别指出之外,本章正文中的所有页码索引都出自这篇引文。
③ 威廉姆斯也在特别的罗尔斯式意义上(第244—245页)涉及了稳定性,但是他的事例的那个部分可如我在第七章第6节中所表明的那样不予考虑,因为稳定性与正义无关。诚然,我也已经(在第七章第7节中)坚持认为公共性本身与正义不相容,但是,这是一个更有争议的主张,我在这里为之提供进一步的论证。
④ 相比而言,原初状态的立法者必须瞄准稳定性,即使他们没有理由特别地瞄准罗尔斯式稳定性:参见第七章第8节。

尔斯的思想结构中所起作用的一种正确理解表明,罗尔斯的建构主义**不**是一种契约论学说①,或者说,这个作为基本点,在刚才所述论证要求的那个意义上不是一种契约论学说。

并且,无论建构主义和/或契约论是否对正义加上一个公共性限制条件,威廉姆斯的公共性情形都不依赖于罗尔斯的建构主义:尽管他的情形是对罗尔斯的一个辩护而反对我以激励为中心的批判,但是他的情形并没有预设原则是在一个罗尔斯式原初状态中被选择出来。因此,我们在这里可以把罗尔斯的建构主义放在一边,而在某种程度上直接谈论威廉姆斯。

此外,需要注意的是,基本结构这个概念在威廉姆斯的论证中没有起任何作用:参见我在下面348页对那个论证的重构。那个论证意在表明差别原则没有支配个体的经济选择,并且,形成这种选择的平等主义风尚因此不是分配正义的一个要求,并且,这个结论和被援引用来支持它的推理都不使用基本结构这个概念。

在我进而开始一个详细的阐述并拒绝威廉姆斯的断言之前,我要说一句话。在威廉姆斯的标题为"我们信任征税"的论文的一个早期草稿中,并且在该论文发表版本的第246页上,威廉姆斯**把通过征税的再分配与(完全)出于一种平等主义风尚的再分配对立起来**。毋宁说,这两个工作是一起的:一个社会的风尚越是平等主义的,那么在那个社会中为了帕累托一致的再分配性征税的范围也就越大(参见总附录第1节)。并且,在那个语境中,"威廉姆斯所识别的信息性议题的种类不太可能是关键所在"②。我不是不信任赋税。我是说,我们不应该**单单地**信任赋税:如果我们那样的话,我们就无法信任赋税在其他方面所能传达的意思。

2. 对威廉姆斯论证的一个剖析

威廉姆斯坚持认为,一个规则要成为一个**正义**规则,它就必须具有一种公共性属性:在原则中必须可判定规则所要求的东西以及它是否已经被满足,因为"为了实现正义,正义必须被看见"(第246页)。这个被引用的论断与那古老的口号"正义必须不仅被实现,而且要被看得见地实现"所承载

---

① 对这个观点的辩护,参见第七章附录。

威廉姆斯本人的看法**确实**类似于一种契约主义,是因为在他的论证中**担保**考量的策略性作用(参见下面的第2—4节)。

② Joseph Carens, "An Interpretation and Defense of the Socialist Principle of Distribution," p. 172.

的思想不是相当的,后者我在第七章第 7 节中讨论过。在威廉姆斯的评论中,看见(the seeing)是有关公正的规则**是什么**的知识,而在那古老的口号中,看见是下面的知识:公正的规则正在被**执行**。威廉姆斯所尤其否定的是,可能存在着被实现但**无法**被看得见的正义。

当威廉姆斯规定正义规则必须在以下三重含义上是公共的,他就解释了他用"公共的"所表示的意思:

> 个体有能力获取规则的如下一般知识①:(ⅰ)普遍适用性;(ⅱ)它们的具体要求;(ⅲ)个人遵循那些要求的程度。②

我理解,(多少有点儿古怪表述的)条件(ⅰ)要求以下情况是可能的,即每个人应该知道(每个人知道每个人知道……)规则是什么:例如,它把伯纳德·威廉姆斯著名的称为"政府大楼功利主义"(government house utilitarianism)的东西排除在外。根据这种功利主义,政府遵循它来制定规则以实现功利最大化,但公民们是在非后果主义的义务考虑的鼓舞之下遵守那些规则。政府的原则不是**他们的**原则:正是那隐蔽的原则解释了为什么他们应当遵守他们的差别原则。威廉姆斯的条件(ⅰ)排除了那种操控手法。它宣称,"个体[必须]有能力获取"占支配地位的正义规则(只不过)**是**什么的"一般知识",与(ⅱ)相比较,后者要求以下的一般知识:对具体情形而言那些规则的推论是什么。

在(ⅲ)中有一种含混不清,威廉姆斯解决它是为了支持(ⅲ)的一种特别强的版本。如果我对他的理解是正确的,那么威廉姆斯的意思是,应该从分配性上来理解条件(ⅲ)而不是仅仅从全体性上来理解它:也就是说,考虑到(至少绝大部分的)个体,威廉姆斯认为,无论如何,在适合的信息条件之下,必须有可能知道,那些个体中的**每一个**在多大程度上遵循正义的要求③。如果我对威廉姆斯的理解还算正确的话,那么:如果我们尽人皆知我们中 98% 的人遵循一个规则但我们不知道我们中的哪一个属于 98% 以及

---

① 当每个人知道 p,并知道其他人知道 p,并知道其他的每个人也知道其他人知道 p 等,如可能则无限延续下去,或者如不可能则尽可能延续下去的时候,那么个体就享有 p 的**一般知识**。

② Joseph Carens, "An Interpretation and Defense of the Socialist Principle of Distribution," p. 233.

③ 所述的威廉姆斯的理解被他的"Incentives"第 233—234 页上的材料所强烈建议,并被他在第 238—239 页上通过对个体的重点讨论而或多或少地加以说明。

哪一个属于2%,则他的条件(ⅲ)就没有被满足。我将在后面论证,条件(ⅲ)在那样的解释之下是对正义原则的一个荒谬的强的要求(参见第3—5节)。

条件(ⅰ)不会在这里受到挑战,但是(ⅱ)和(ⅲ)将会受到批判:我将表明,如果在威廉姆斯的论证所要求的强的形式中来理解,那么它们就不是正义所必须满足的条件。我也将表明,我所主张的正义应该要求的平等主义风尚在比威廉姆斯假设的更大程度上满足了条件(ⅱ)和(ⅲ)。

为什么威廉姆斯坚持这些条件呢?为什么他认为这些问题——不可能屈从于一种只在(ⅰ)至(ⅲ)成立的地方才是可能的公共调节形式的问题——无论对人们生活机会的影响可能是多么深刻,它们仍因此超出了正义的敕令范围呢?他这么认为是因为他相信,对构成正义所必需的某种社会团结的理想(参见第243页及其后各页)在缺乏那个公共性形式的条件下是无法实现的:正义对威廉姆斯而言是一项合作性事业,其中的合作者必须知道其他人正在合作——只有当他们知道其他人也正在合作时,他们才受正义的限制去合作:期望他们承担起正义的担子会是不公平的,除非(他们能够知道)其他人正在那样做①。并且,由于平等主义风尚的规则不可能在下面这种形式中陈述出来,这种形式使个体能以任意的准确性来知道它们如何适用于他们自己的情形,以及其他人是否正在遵循这些规则,因此,这样的规则不可能是正义规则。对于正义规则而言,如果他们被视作应试者,他们面临了一个无法解决的"担保问题"。

我重构威廉姆斯的论证如下:

1. 正义是一组要求。
2. 正义的要求应当(仅仅)被全体性地执行。
∴ 3. 个体不因一个(假定的)正义的要求而负有义务,除非其他人通常愿意遵循那个要求。(由1和2。)
4. 你没有义务执行一个正义的要求,除非你能够知道你负有义务那么做。

---

① 在威廉姆斯的阐述中公平主题不是那么清楚明白,但是,亚当·斯威夫特(Adam Swift)颇有道理地建议我,那对威廉姆斯的立场是必需的。无论威廉姆斯怎么想,这个主题当然加强了他的立场,因此,我在这里把它纳入考虑范围。此外,参见下面的第3节第3段。

∴ 5. 没有人**能**因一个正义的要求而**负有义务**,除非能够知道并除非能够被**担保**,其他人正在遵循它。(由 3 和 4。)

∴ 6. 没有什么东西**是**一个正义的要求,除非一个人能被担保其他人正在遵循它。(由 5。)

但是,

7. 一个人不可能被担保其他人正在遵循一个要求,除非(ⅱ)在具体的情形中那个要求的含义是明确的,以及(ⅲ)一个人能够判断既定的个体们是否正在遵守那个要求。

∴ 8. 正义的要求满足(ⅱ)和(ⅲ)(由 6 和 7)。

但是,

9. 平等主义风尚不满足(ⅱ)和(ⅲ)。

∴ 10. 平等主义风尚不是一组正义的要求。

3. 种族主义、正义和担保

我现在来评估前面那个论证中的各种要素。

我从子结论 3 的一个反例开始。如果任何事情都是不公正的,那么种族主义就是不公正的。但是,即使我知道我的绝大部分同事都是种族主义者,那我也因正义而负有义务去远离种族主义。即使我知道剥削是普遍现象,我也因正义而负有义务不去剥削其他人。这就证伪了 3。

我认为,在上面紧邻的段落中所提出的判断与对**公平**考量的正确理解是一致的,对后者的叙述出现在我对威廉姆斯论证的递进式展开之前。在正义之下,当其他人没有承担起他们的负担时,一个人的负担可能比它否则会是的样子更大些:因此,例如,我可能不得不在要么剥削要么实行种族歧视式雇佣——否则走向破产——之间做出选择。于是,无疑地,在我的境况中存在一种不公平,但是,真实的情况是,如果我也加入违反正义的群体,那么我就不公正地对待了有色人种或者受剥削的员工。并且,这才是这里的唯一争论点。即使期待其中的行为主体以其他方式行动是不公平的,一种不正义也已经在他们那里出现了。也许在有关的不公平承担负担的某些极端情形中,我甚至可能会在以下情况中**被证明是正当的**:不做正义所要求的事情。那是一个我不需要表明立场的问题:我只需要坚持认为,正义仍然要求它。

因为3是假的,所以至少1和2中有一个是假的。并且,我用来表明3是假的那些例子,即种族主义和剥削的例子,也表明至少2是假的。

前提1也可能被挑战,除非它以我没有在这里解释它的方式来解释。因为前提1至少可以有两种不同的解释,当语词"要求"出现在前提陈述之中,那两种解释就对应于"要求"可以具有的可对比含义。如果——我**不打算**那样——我们用"要求"意指"命令",并且似乎合理的是,一个人不可能被命令去实现不可实现的东西,那么尽管正义无法**要求**(在前述含义上)不可实现的东西,但有些不可实现的东西仍然可能**是正义**①:并且,这会证伪前提1。根据所获得的环境,可以说,正义**生成了**要求,但是与前提1相反的是,它本身不是一组(命令性)要求。另一方面,如果我们把正义的"要求"仅仅理解成正义**需要**获得的某种东西,而不论是否有人被要求去产生那种东西,那么前提1就是无可非议的。从此以后,我将把"要求"解释成非强制性含义上的"需求",前提1将因此没有争议。

可能会出现某种异议来反对我突然使用种族主义来反驳2和3。这种异议展开如下:它通过在其结构中有一种不公正的**意向性**成分来辨别种族主义。并非所有的正义判断都对意向性敏感,因此2和3可能在非意向性案例中保持为真,并因此进一步被断言。评估经济的正义就是那些案例中的一个:它不需要**意向性**评估。

但是,这个被考虑的异议会非常求助于这里的问题。我们正在辩论一种风尚能否是正义的一个需求,而风尚包含意向性。因此,在限制2和3范围的尝试中对缺少意向性的诉求以及因此对保留关于某种正义**形式**之结论的诉求就求助于这个问题。至于剥削例子:要么剥削也牵涉到意向性,并因此对异议——它求助于这个问题——适用同样的回应,要么非意向性的剥削是可能的,在这样的案例中所考虑的异议离不开这个根据。当然,筛选相关的正义形式来作为我们**全体性地**执行的对象会甚至更明显地是求助于问题的。举例来说,我看不出非求助于问题之筛选(non-question-begging demarcation)的可能性,但是我确实同意,我没有**表明**可能不存在非求助于

---

① 比较一下第六章第13节中对"应当"蕴涵"能够"的讨论。

问题之筛选。

我将不挑战前提 4。我相信,如果它是假的,那么它的假是因为纯粹形式原因,即在当前的争论中不支持任何一方。换句话说,如果 4 是假的,那么它还能被修正以便于在威廉姆斯论证的这个阶段上产生他所需要的东西。

现在,转向子结论 5。因为子结论 3 已经被驳斥,所以 5 现在缺乏支持。并且,重申一下,种族主义表明 5(并加上 6)也是假的。你负有义务作为一件有关正义的事情来不同意一个人的种族情况影响你的雇佣决定,尽管有下面的这个事实,即你的确无法总能向你自己担保其他人(甚或有时候,你自己)正在遵循那个原则。我相信,如果有人在雇佣中受到了种族考虑的影响,那么他就做了一个不公正的决定,而无论其他人甚或他能否表明他已经那样做。并且,即使当你知道几乎所有的雇主都在那么做时,你都负有义务不去剥削。因此,在正义原则的案例中,以下情况就是假的:担保其他人遵循**必须**是可能的。当其他人遵循对加予你的一个正义要求而言本身是不必要时,为什么那个担保应该必须是可能的呢?

威廉姆斯断言,只有当他们知道其他人也将合作时,民众才受正义约束。种族主义和剥削表明,正义不仅仅在担保之下才**有约束力**。即使正义因没有担保而没有**约束力**,那么它也不会因此丧失其**作为**正义的身份。如果没有其他人那么做的话,你就不需要有秩序地排队等候:正义因此使你解除了那样的义务。但是,有秩序的排队当然保留了被正义所要求的那个制度①。有些东西被正义所需要,也就是说,被需要是为了正义占据优势,即使当没有人负有义务去确保满足那个需要的时候——例如,不可解决的协调性问题可能确保了正义的需求的无法满足性。相应地,从 5 到 6 的推理就失败了。

但是,无论假设威廉姆斯对命题 6 的论证有多么的微弱,你仍可发现 6 内在地具有说服力。于是,正如我希望在第 4 节中表明的那样,在任何情况下,前提 7 都是假的:威廉姆斯的条件不是担保所需要的(并且,我在第 5 节中继续努力表明,它们也不是正义所需要的)。

---

① 为了认识到我的重点,需要注意的是,对于为什么我可能不依正义而必定去做 A,有两个原因:因为正义没有声明赞同 A;并且因为,即使正义赞同 A,A 也是不可达到的,因此我没有必定去做 A。我的论证依赖于后一个原因的连贯性。

4. 担保要求威廉姆斯类型的确定性吗？

回顾一下（参见前面第347页），威廉姆斯的条件（ⅲ）有着非常强烈的意向：它是从分配上，而不是从全体性上来理解的。而这就使它对担保有一个不正当的强烈要求。为什么基于例如"有关人性和社会化的合理信念"①或者基于因果推理，为了在甚至无法具体地知道谁在遵循而谁不遵循时避免成为一个受骗上当者，知道98%的人在遵循应该不足以满足社会担保呢？

让我来例证"因果推理"这一点。在一个卧室兼起居室的大房间里，15位房客合用了一个大冰箱，在其中，每个人把她的食物保存在一个单独的未上锁的盒子中。对大多数人而言，没有人拿其他任何人的食物。但是，**仅仅是**对于大多数人而言：不时地，一位房客发现她的一些储备物丢失了。然而，受伤害的房客很少因此通过拿其他某人的食物来进行报复，因为他们相信，如果他们那样做，那么每个人从中获益的便利安排就可能开始瓦解。每个人都知道大多数人遵循了"不拿他人东西"的规则，并且，除非他们相信前者，否则没有人会遵循；但是，没有人知道谁是不遵循者。有人可能会说："如果大家都乱丢杂物，那么我也会乱丢杂物；但是大多数人不那样，所以我也不那样；但是我不必知道谁属于由所述的愉快事实所诱发的那个'大多数'。"

这个冰箱案例模型表明，在威廉姆斯对条件（ⅲ）强烈的从原因考虑的分配性解释中，条件（ⅲ）不是担保所要求的，但是它使条件（ⅱ）未被触及，因为禁止拿取他人食物（像反对乱扔杂物这个规则一样）这个规则是完全确定的。相比而言，平等主义风尚的规则无法用简明扼要的词语阐明出来。但是，这不意味着，一个人可能不知道，为了支持平等主义风尚规定的约束，并因此最为重要的是，为了支持非常高的累进税制被控制着市场高收入的人们所接受，同时不损伤他们投入的努力，从而在社会上有还是没有一个合理有效的②**真诚努力**来坚决抛弃市场最大化。至于公共性的要点则是为了解决担保问题，并因此建立起所欲的社会团结。大体上来说，个体们的普遍真诚努力的知识（knowledge of widespread good faith effort）应该确实足以解

---

① Frank Vandenbroucke, *Social Justice*, p.272.
② 我增加"合理有效的"是为了排除下面的情形：对于已知的真诚努力，人们不知道有恰当的效果。

决担保问题,即使一个人不仅无法如在冰箱案例的问题中那样把绝大多数的真诚努力者从一小部分半途而废者中分出来,而且也无法确切地保证在具体情境中规则的推论是什么。

关于对这个深层观点的一个例证,考虑一个野营旅行。在其间,我们大家的贡献大致相等,并且大致平等地享有我们的合作成果。在无法形成对互助和宽容明确理解的条件下,我们共产主义地前进着:我们都尽力投入相当的努力,但没有人能够说一个人必须投入多大的一份努力才算合格地尽了自己的本分①,**或者**一个人要承担多大才能够说"我只是拿了我公平的那一份"。尽管有无法消除的模糊性,但是能够知道所有或大多数人都投入了有效的真诚努力,并且,这确实足以满足在野营背景中"协调对平等和社会团结的追求"(第245页)(或者,如果不足以满足,那么威廉姆斯就是在建立一种荒谬的高标准"协调")。现在,在一个更大的社会规模上来了解关于真诚努力的情况可能更加困难,但这不是威廉姆斯的论证。他的论证是:如果"对平等和社会团结的追求"应当是协调的,那么一种可知性条件必须被满足,这个条件远远强于真诚努力知识所满足的东西;而野营旅行的事例拒斥了这一点。这**既**表明一个正义规则的"具体要求"[参见条件(ⅱ)]能够为了拯救正义而是模糊的,又表明能测定威廉姆斯对条件(ⅲ)的分配性解读,即可以不清楚到底谁在遵循。

但是,真诚努力地遵循一个规避清楚陈述之原则的知识**能够**在一个巨大的社会规模上获得吗?在第二次世界大战时的英国,一种社会风尚引导人们为了战争胜利而牺牲个人的利益,为正义计,每个人被期待"尽他的本分"并承担他公平的份额。设想有人能精确地陈述那个命令要求多大的牺牲则是荒谬的,真实的是,因此,对于许多人,一个人无法指明,并且对于有些人,他们甚至自己也无法指明他们是否以所要求的程度在牺牲。在每个人的生命中有太多的细节来影响所需要的牺牲应该是怎么样的:马克斯有一个糟糕的背,莎莉有一个困难的孩子,乔治刚刚继承了20 000英镑,等等。"是的,杰克每一周只出去执勤一次,不像我们大多数人,每一周两次,但是那时杰克必须照顾他的母亲。"但是,大致说来,当然能够在全体性上知道对于牺牲的要求"个体们所遵循的程度"②,并且,在某种程度上,也能够知道

---

① 关于这个例子的一个更完整表述,参见我的"Why Not Socialism?"第58—60页。
② 这个短语属于威廉姆斯的条件(ⅲ)。

在分配性上的"程度"：这个牺牲风尚对满足亚威廉姆斯式（sub-Williamsian）粗略的公共性可检验性**是**经得起检验的。尽管它模糊不清，"尽你的本分"仍被作为一个正义原则来理解和应用。为了正义而要求它能够被仔细地界定，这已经是荒唐的；为了正义而否认它形成了社会调节的一项任务，则也是荒唐的。

因此，我拒绝前提 7。

让我来补充一下，应该从一个人那里所期待的贡献数量否定了良好的测量，这无疑并不总是令人遗憾的。有时候，如果能精确地测量，那会是一件可怕的事情，因为为了正义的利益，我们可能会因此被引诱去那样做，而那会使生活成为一件可怕的事情。为了例证这一点，再次考虑第 352 页介绍的野营旅行，其间一群朋友合作捕捞并享用鱼、浆果等，如果能够理解每个人将以平等主义的方式来贡献和获益的话，那么就抵制了精确的陈述。如果那个旅行不是以平等为特征，**再加上**如果那个平等可阐述为一组全部要求观察的精确规则，那么这个旅行就会缺乏它的独特性和有吸引力的特征。

而且，即使当正义**能够**被精确地表述时，放弃对它的那样的表述也常常是明智的。为了说明这一点，考虑一下在酒吧中轮流买饮料这个实践中的两个可对照的轮流方式。能想到的是，在财富差异不大的一群朋友中，每个人将轮流为在场的每个人买单。但是，没有人计算每个朋友花费多少钱，并且在我所提到的这群人中，没有人在娱乐活动开始时说："嗯，杰克，你必须买第一圈，因为上次在你有机会买单时他们叫停了。"任何一个平和的人都不想正义以那种方式强加进生活：我们同意波西娅，正义能够屈从于其他考量①；并且，如我在其他地方说过的那样，"考虑到其他价值，我们让正义粗略一点儿"②。但是，由此得出我们不关心正义，则是错误的。如果杰克从来没有支付过他的那一份，那么这群相当随和的人就会愤愤不平。在上面的事例中，我们可以设想，正义**原本能够**是精确的，但我们放弃了精确的正义。可是，如我接下来要表明的那样，那不是同意正义始终能精确地实现。

---

① 参见第七章第 304 页。
② *Self-Ownership, Freedom, and Equality*, p. 31.

5. 正义需要精确度吗？

前提 7 的终止毁灭了威廉姆斯的前提 8 的情形。但是，我们也应该注意到，前提 8 是假的：无论正义是否要求担保，它都不要求适用范围和证实的精确度。

我从一个让步开始，即承认威廉姆斯使他自己所达到的——我认为——比他所认识到的更伟大：

> ……尽管科恩也许是正确的，即我们能通过那些使大多数人受益于当前收入分配的人来证实过度的追逐私利，但是非常可能的是，在通常情形中，我们将缺少一种足够精确的公共标准来证明或批判彼此私利行为的正当性。（参见第 140 页）

假设如威廉姆斯断言的那样，可证实性至多适用于**过度的**即相当严重的①追逐私利。按照他所辩护的观点，我们仍然不应当谴责适当**过度的**追逐私利是不公正的，只不过是因为我们无法证实在不太显著的情形中情况会怎么样。对我而言，这似乎是没有根据的。即使正义不可能始终发声，但为什么在它**能够**发声的地方正义应该沉默呢？类似地，并且更加一般地，在一些社会中比在其他社会中可能更难以指明是否已经尽到了真诚努力来遵循那些自我命名的原则：有些社会中的民众和环境比其他社会中的可能更少些可了解性。但是，为什么那意味着在真诚努力**是**实质上可评估的地方一种风尚不可能是正义的组成部分呢？转回到前面的事例，为什么它的粗略就绪应该使"尽你的本分"如在第二次世界大战时的英国中被理解的那样失去作为正义指令的资格呢？

然而，一个人可以走得更远。正如马丁·威尔金森向我指出的那样，过度的追逐私利者也容易走向可耻：如威廉姆斯承认的那样，那就是为什么他们能够被发觉的原因。但是，荒谬的是下面的观点，即认为公然的追逐私利者是不公正的，而不公然的追逐私利者不是不公正的，区别仅仅在不公然

---

① "过度的"在这里是一个不幸的词语选择，因为它意味着，在给定的所引摘录的语境中，威廉姆斯准备承认，也许有可能（或多或少精确地）指出个体的追逐私利在何时超过了被我所接受的谢弗勒式个人特权所允许的范围。但是，这正是威廉姆斯所否定的：他必须用"过度的"意指"超过了个人特权所会允许的**极大的**追逐私利"，并且，这是根据我在本段剩余部分中批判他的方式来理解他的。

方面。因此,公然情形中正义的适用范围同样适用于非公然情形,也就损害了(ⅱ)和(ⅲ)作为正义的条件①。

种族主义事例表明,(ⅱ)和(ⅲ)未能作为所提议的正义条件。许多种族主义不正义牵涉到行为主体的动机,但是,仔细测量条件(ⅱ),很难为歧视动机精确制定出行为主体本人所能够确保她正在尊重的一个标准;并且,仔细测量条件(ⅲ),会发现在许多情形中,观察是否已经发生了种族主义(在部分结果上)可能非常困难。因此,种族主义不可能单靠立法来消除,因为立法(幸亏)无法深入至人们的态度;如果能的话,那么根据自由这个理由,它不应该那样也仍然会是真的。但是,当他们在法律无法禁止他们那样做的任何地方(因为在当前情形中法律手段所要求的公共性是不可能实现的)实行种族主义的选择时,像(现实世界)那些立法反对种族主义的罗尔斯式立法者——**只要立法的限制条件允许他们这样做**——这样的人们,无疑是为了正义而在不公正地行事。我们不可能在立法上制定一个原则说:"净化你的种族主义偏见的灵魂",因为我们无法非常充足地指出人们(包括我们自己)是否忠实于它。但是,那不意味着种族主义不是不公正的或者"不要实行种族主义,即使**在对内权力中也不例外**"不是一种正义指令。并且,关于公共性,我在种族的正义与经济的正义之间看不出任何**相关的**区别。我断言,由于各种原因,存在着法律无法或不应该调节的经济正义问题。这加强了我的立场,即某些明显不公正的种族主义形式无法从法律上来禁止,并且,能够从法律上禁止的其他形式也不应该被禁止。

迈克尔·大冢(Michael Otsuka)援引了其他的事例,这些事例表明,具体来说,"难以知道一个规则所要求的东西这个事实"并不表明所说的规则不是一个正义规则:

> 在雇佣和提拔中的裙带关系和任人唯亲……一般是不公正的。但是,常常难以知道一个人的变动是否是由于友谊或家庭关系而不是由

---

① 让我引用威尔·阿尔特(Will Alter)2006 年牛津大学本科毕业论文"Does Justice Require an Egalitarian Ethos?"中的话:假设"为了有资格在他的报酬中得到所谓的补偿性工资级差,某人故意装作她的工作对她而言实际所是的情况要繁重得多。她非常好地伪装了这个信息,这不意味着她不是在不公正地行事。想象一下,实际情况是她容易承担得起,并且她知道她在伪装沉重的负担。这阻止了她对以下情况的知晓吗? 这个情况就是,她也在不公正地对待所知道的如下情况:其他人没有察觉,或者,她正在愚弄他们"。

于才干。并且,在有些情景中(例如,小生意,政治委任制度),一定量的裙带关系或任人唯亲是可允许的。并且,在这些情景中难以指出一个人何时越线了。在关于与被有权者提拔起来的那些人的友善感方面(或者在师生之间),以及关于工作场所中性骚扰与可接受行为之间的界线方面,都有相似的情况。在有些情形中,人们持有一种以行为主体为中心的特权来赞同在雇佣或友善中的某种程度上的家庭或友情关系。并且,如威廉姆斯指出的那样,很难知道这种特权的程度。①

并且,葆拉·卡萨尔(Paula Casal)在酬劳方面的正义与分担环保负担方面的正义之间做了一个有力的比较。

> 公共性的要求或者我们应该知道要求我们做多少的想法,并不始终是决定性的考量。它们在我们的环境义务案例中明显不是决定性的。我们知道,会有许多搭便车者,它们会继续污染和破坏臭氧层,等等。但是,这并没有使我们免除我们的义务。我们不知道我们应该要分担多少或者其他合作者准备分担多少这个事实不能使我们免除我们的义务。无论我们认为人们应该为环境做些什么,我们也能够运用激励性报酬。②

我同意我把一些东西看成了卡萨尔在这里所做的三个要点:一种正义义务能够约束,① 即使与威廉姆斯的前提 3 和子结论 6 相反,可以预见到普遍地未能履行它;② 即使与威廉姆斯的条件(ⅲ)相反并因此与他的前提 7 也相反,一个人无法指出为履行那个义务得有多少次失败;以及③ 即使与威廉姆斯的条件(ⅱ)相反并因此又一次与他的前提 7 相反,一个人无法确切地指出它要求一个人做什么:在一定的语境中,正义所要求的可以是不清楚的,但是这不意味着在那个语境中正义不可能被满足或者被违背。威廉姆斯主张,正义要求了确保普遍的遵从,这就要求①是假的,②是假的,③也是假的。他犯了多重错误。

---

① 1998 年 6 月,私人交流。比较一下 Frank Vanderbroucke, *Social Justice and Individual Ethics in an Open Society*,第 277 页,它指出了在经济生活中不遵从清晰陈述之风尚的重要性。

② 1998 年 7 月,私人交流。

他也确然与罗尔斯本人的步调不一致。公共性是罗尔斯所谓的"正当概念的形式限制"①条件之一。但是,如罗尔斯阐明这个限制的那样,它不可能像威廉姆斯的条件(ⅱ)和(ⅲ)那样严格地要求任何东西。它仅仅要求在规则是什么方面具有透明度,以及关于每个人都知道每个人接受它们的可能性:我尝试在第2节第3段中解释了这个限制。威廉姆斯最能够断言的是,罗尔斯对公共性限制的描述开启了进一步详述之门,并且,威廉姆斯的条件(ⅱ)和(ⅲ)代表了对那个限制的一个站得住脚的进一步详述。但是,后一个断言被罗尔斯所谓的"对个人而言的原则"在正当概念的条件下不成立这个事实所驳倒②,并且,至少罗尔斯的一些对个人而言的原则显示了威廉姆斯所认为的公共性谴责的模糊性。因此,例如,"正义义务":

> 要求我们支持和遵从那些存在并适用于我们的正义制度。至少当这个能够在**不用花费我们自己太大的代价**下被完成时,它也限制我们做进一步的还未被建立的公正安排。③

罗尔斯没有说多少代价是太大的代价,并且亚里士多德和我也不认为他必须说出。但是,威廉姆斯,这个声称是罗尔斯捍卫者的人,必须告诉我们,当根据威廉姆斯的观点,一个在"不用花费我们自己太大的代价"下放弃经济利益的义务被相同的模糊性所击垮时,为什么含有"不用花费我们自己太大的代价"这种模糊性的正义义务却无视其模糊性而没有被一种公共性限制所击垮。

或者考虑一下"产生大量善的自然义务"。尽管我们处在那个义务之下,但是如果我们能够履行起来"相对容易,那么当**代价对我们自己而言是相当巨大**时,我们就可以[从中]解脱出来"④。但是,什么构成了一个"相当巨大"的代价呢?我们又怎样能够知道这个成本要巨大到什么程度以致有人会不得不去履行义务?在这里,威廉姆斯问题所涉及的与它们带给平等主义风尚的一样多。并且,我认为它们在其中任何一个情形中都没有上钩。

---

① 参见 *A Theory of Justice*,第433/115页。
② 参见同上书,第109/94页上的树结构,以及周围文本中对它的伴随解说。
③ 同上书,第115/99页,添加了强调。
④ 同上书,第117/100页,添加了强调。

如果一般地谈及自然义务，罗尔斯承认"它们的定义和系统排列是不清晰的"①，但是他没有因此把它们撇在一边。我提出以同样在概念上和认识论上宽松的态度来对待日常生活中平等主义义务那些断言。

罗尔斯在《康德的建构主义》②中所提供的对公共性特征的一个考察，证实了他自己对正义的公共性要求非常不同于威廉姆斯的有关要求。对正义的公共性要求与原则运用上可能的认识论困难基本没有关系，而与关于原则的接受性和正当性证明的共享的知识和信念有很大的关系。需要注意的是，如果罗尔斯的公共性是威廉姆斯的公共性，那么那些视不可觉察的种族主义为不公正的"传统的正义观"就会是罗尔斯如下断言的明显反例：那五个"对正当概念的限制"——其中之一是公共性——"不排除任何传统的正义观"③。

最后，需要注意的是，我没有把平等主义风尚设想成包含罗尔斯意义上的"对个人而言的原则"，在罗尔斯的意义上，那个短语指**附加**在适用于基本结构的那些原则之上的原则。相反地，我已经论证，没有好的理由来解释为什么**恰好**那些支配基本结构的原则不应该延展至那个结构之内的个人选择，特别是在那个延展的条件下那些原则所遭受的适用上的部分不确定性不是这样的理由。

6. 家庭内、市场上和国家中的平等主义风尚

我把注意力转到前提9，它说平等主义风尚不满足条件（ⅱ）和（ⅲ）。我不准备去反对它，也就是说，表明一种平等主义经济风尚满足条件（ⅱ）和（ⅲ）。相反地，我将表明，威廉姆斯断定并必须断定属于正义指令的那些指令**也**达不到（ⅱ）和（ⅲ）（所要求的形式）：因此，他无法使用（ⅱ）和（ⅲ）来（尤其地）怀疑平等主义风尚。

威廉姆斯把一种支配家务工作分配的平等主义风尚与一种通过强大的经济机构来约束他们运用议价能力的平等主义经济风尚相比较。他认为，家庭风尚满足公共性限制但是经济风尚不满足。他说，平等主义家庭风尚满足条件（ⅰ）和（ⅱ），是因为它的"要求能非常清楚地表述出来"，而它满

---

① *A Theory of Justice*, pp. 339/298.
② "Kantian Constructivism," p. 324.
③ *A Theory of Justice*, pp. 135/117.

足条件(ⅲ)是因为"任何遵从这些要求的严重错误对不正义的受害者都是一想便知的,并且可能更加广泛地被揭示出来"(第242页)。威廉姆斯认为,平等主义经济风尚则没有任何相似之处。

现在,一个人可能假设,比方说,在丈夫做他们适当份额的家务事这个方面的错误,正如威廉姆斯所言,对他们的受害者而不是其他人是"一想便知",只不过是因为只有受害者,只有他们的妻子,在**那里**,在厨房里。但是,我相信那是严重错误的。即使他们在厨房里,也无疑会有非家务成员未能看到的对平等主义家庭规则的违反,因为他们缺少配偶养成的特殊敏感性。在有些情形中,只有他的妻子能够知道他以背痛作为不洗餐具的理由是真实可靠的还是编造的。在其他情形中,只有他能够知道那一点。并且,在另外的情形中,甚至他也能够被搞糊涂。

因此,有损于他对条件(ⅱ)的使用,对一种公正的家庭风尚的要求"无法被表述得[如此]非常清楚",就像威廉姆斯似乎假设的那样(多大的背痛证明了多少免于洗餐具的正当性?)。结果是,并且有损于他对条件(ⅲ)的使用,服从于家庭风尚的公共可检测性不是一个像威廉姆斯所假设的那样简单的问题。但是,威廉姆斯不会愿意否认一种平等主义家庭风尚服务于正义。因此,他无法坚持如他所坚持的那样对正义如此严格的一种公共性要求(也就是说,包含条件(ⅱ)和(ⅲ)的那种)。关于公共性,一种正义的家庭风尚与我所视作的一种正义的经济风尚之间的区别没有那么大,而威廉姆斯为了支持他的批判,他必须断言这个区别有那么大(除非他会乐意放弃他关于正义要求一种平等主义家庭风尚这个信念,而那无疑是不真实的)。

威廉姆斯断言(第242页):"科恩的[家庭中的不正义]事例的力量部分地源于它们所涉及的显而易见的不正义。"但是,不明显的(即难以察觉的)不正义能够是显而易见(即**公然地**)不公正的。**甚至对你自己而言**,以伪装背不好作为避免厨房义务的一种方式也是显而易见(即**公然地**)不公正的,而不论你这么做的时候有多么的不明显(即难以察觉)。因为"显而易见"包含这些可对比的意思,含有所引用评论的句子似乎未能达到其目的,即为了表明我致力于分号之前的表述。这个完整的句子宣称:"这些要求能够被非常清楚地表述出来;的确,科恩的[家庭中的不正义]事例的力量部分地源于它们所涉及的显而易见的不正义。"如果这个句子的第二部分看起来支持第一部分,那是因为对"显而易见"所具有的两个意思即"可觉察的"和

"公然的"支吾其词而隐瞒真相。

在威廉姆斯对平等主义经济风尚的处理与他对平等主义家庭风尚的处理之间,存在一个显著的不一致性。在家庭风尚的情形中,他把他的条件(ⅱ)看作是被满足的,因为——如我们看到的那样(参见第 359 页)——"任何遵从[其]要求的**严重**[我加的强调]错误对不正义的受害者都是一想便知的"(即使我们可以推断,不太严重的错误不是"一想便知的");但是他却没有——如我们也看到的那样(参见第 354 页)——把"过度追逐私利"的可察觉性看作足以澄清经济风尚情形中对条件(ⅲ)的满足。但是,"严重的"和"过度的"在当前的语境中大体上指向同样的东西。

在阐明平等主义家庭风尚比平等主义经济风尚更能满足条件(ⅱ)的一种进一步尝试中,威廉姆斯写道:

> 尽管市场风尚抵制被制度化,但它仍然可以是可行的,可能是通过学校和媒体的教化运动,来建立起一种家庭风尚,以禁止科恩所反对的性别不正义类型。(第 242 页)

再说一次,我相信这个陈述夸大了一种家庭风尚正义能够满足(ⅱ)的程度,并且淡化了一种经济正义的风尚能够那样做的程度。我不知道,威廉姆斯打算在这里把他对公共性的总体要求与对通过被**教导**而要求的一组正义规则的要求联系得有多么紧密。但是,无论威廉姆斯怎么打算,让我们注意,其中任何一个要求都没有使另一个成为必要。某些非常公共的规则可能不需要被教导,而可能仅仅需要被陈述、被理解和被遵守:关于这样的规则,谈论"教育运动"会有些夸张修辞。而且,其他非常公共的原则甚至不必被陈述就可能变得尽人皆知。反之,某些完全可教的并且广泛被教的规则,显然缺乏完全的威廉姆斯式公共性。一种风尚可能是明显可教的,尽管事实是,它不能用清楚陈述的规则表达出来。考虑一种反种族主义的风尚,它对维持基本的善即罗尔斯称为的自尊的社会基础而言,无疑是必要的。在这里,再说一次,不论含义清楚并可应用的规则的不可获得性,反种族主义的观点仍然能够被解释和被教导,并因此能够促进社会的正义。

威廉姆斯只不过说建立一种平等主义家庭风尚"**可能是可行的**",那意指他承认,这也可能不是可行的。他相信如果不可能教导(或者以其他方式建立)一种与之相悖的风尚,那么否则成为性别不正义的东西就不会被那样看待吗？那无疑会是一个荒唐的结论，但是，我相信威廉姆斯承诺了这一点。

总之，关于平等主义市场风尚与平等主义家庭风尚满足条件（ⅱ）和（ⅲ）的能力，我不接受威廉姆斯对它们进行比较的这个进一步尝试。

离开家庭的领域，我应该喜欢说明一个深层的——至少对于条件（ⅱ）——甚至有更大破坏性的反驳性观点①。考虑一下非同寻常的（又无疑地不可获得的）知识：一个政府会需要不得不使自己满足差别原则②。也就是说，这个知识会使政府选择一种经济政策，考虑到加强改善处境最不利者一生基本善的前景，这种经济政策是最优的。例如，政府怎么能知道，通过从一个普遍的分配转向一个通过资产测查使某些人受益的分配会使处境最不利者的供应得以提高，而这足以弥补在加强较贫穷者的"自尊的社会基础"过程中的下降（由于与资产测查有关的瑕疵）呢？③ 所需要的用来回答这样问题的指数在哪里？在太虚幻境中这样的一个标准就在手边，那能够提供相关标准的先知先觉者和那些甚至有千里眼的研究者在哪里呢？因此：如果公民们因为差别原则给他们的信息是不清楚的而不可能受差别原则的制约，那么根据那个标准，政府也不受差别原则的制约。这是对威廉姆斯立场的一种归谬反驳。（需要注意的是，在这些案例中对于不够清楚而言**原因**是不同的，这个事实不影响当前的论证。）

当前的断言是，只要涉及政府对它的应用，差别原则就通不过条件（ⅱ）。因此，它也通不过条件（ⅲ），因为**当（ⅲ）被那样阐明时**，它的满足就预设了对（ⅱ）的满足。但是，威廉姆斯不应该以那种方式来阐明（ⅲ）：它本能够并且本应该独立于（ⅱ）而用某种类似下面的方式符合逻辑地阐明出来：

在那里必须可能有下面的一般知识：（ⅲa）个人遵从如下要求的程度，这些要求**被最大程度地判断为**满足了既定的规则。

---

① 本节的剩余部分受到希娜·史弗林所提供的建议的强烈影响。
② 在威廉姆斯所辩护的对它的松散解释之下，在那里它只是**直接地**适用于政府行为。直到本节的结尾，我都松散地指"差别原则"。
③ 对于资产测查手段的普遍的（至少在英国）左翼异议不是根基于经济上的无知，而是根基于所说的非金钱考量。

我承认,应该确切地阐明这种方式,因为真实而重要的是,在适用于公民们方面,(松散的)差别原则比一种平等主义风尚的要求更能满足(ⅲa)。考虑一下下面的情况。假设政府在差别原则(虽然价值不大)的指导下提出了课征一组税收 P(等等)这个政策。那么,比较容易指出的是,公民们是否如所要求的那样在遵从:即他们是否缴纳他们的税款、遵守契约以及诸如此类的问题。

但是,关于松散的差别原则,如果**公民们**容易地通过了(ⅲa)测试,那么同样可能不适用于政府。并且,比起政府是否忠实于松散的差别原则,可能更容易辨别公民们是否忠实于表现平等主义风尚的严格的差别原则。遵守者们怎么能够知道一个政府是否已经致力于寻求它所能辨明的最好的经济政策,并因此比如它的失误是否可归因于不可预测的市场力量而不是欺诈呢?希娜·史弗林写道:

> 对普通公民来说,感觉到他/她的公民同胞们是否正在理解……要比最好的经济政策是否正在被负责任地执行……似乎要更容易得多。没有理由认为公民们将会有能力知道政府正在执行最大程度改善处境最不利者境况的政策:这样的知识需要一个非常巨大量的有关经济的信息……和关于政府内部运作的大量信息。没有理由认为公民们将会知道正义被实现了——威廉姆斯认为,他人想法的不透明性将阻止其他公民们正在诚意行动的信心,经济制度和政府的不透明性将以某种与前者相同的方式起作用。……从日常生活以及在工作场所和商场中的参与情况来看,我们倾向于……[拥有有关]文化和我们的同龄人是如何物质享乐主义的和自我导向的信息。比起评估政府政策所必需的一些宏观经济学的信息来,那样的信息似乎更容易随手获得。①

全面地来看,我对威廉姆斯的回应已经形成,即一种平等主义风尚会如正义需要满足的那样,它满足了同样多的公共性,也满足了同样强烈的一个公共性要求。换句话说,我已经含蓄地用选言命题回应了他的挑战:**要**

---

① 2001 年 7 月,私人交流。在这里,相当有趣的是,罗尔斯本人说(松散的)差别原则在宪法上不是本质的,**因为**与其他事物相比十分"难以确定"原则是否被满足了。见 *Political Liberalism*,第 229 页,以及 *Justice as Fairness*,第 48—49 页。

么对既定的公共性要求的一种阐明是过于强有力的,如对正义的一个限制一样,**要么**它不是过于强有力的,而能被一种平等主义风尚来实现。在某些语境中,其中的一个析取支命题比另外一个是一个更为恰当的反应。

上面介绍的许多事例,诸如野营旅行风尚、战时英国的"尽你的本分"规则和支配家务公平分工的规则等,都表明一个规则没有仅仅因为它未能始终精确地告诉行为主体她应当做什么而缺乏正义的权威。但是,假设在一个具体的环境中,对一个具体的行为主体而言,在找到正义的含义方面不存在概念上或认知上的障碍。例如,假设人们有能力精确地指出,在与身边的正义议题相关的意义上,与其他人相比他们有多么富裕。那么,人们仍然能够极力主张,他们倾向于在判断上赞同他们自己,并且我们所选择的规则必须因此对这一点保持敏感:所以,可能一种平等主义风尚应该比它在人们倾向于不偏不倚地判断自身时的样子更加严格。也许是那样的,但是这个要点不影响正义**是**什么:正义不是人类弱点和缺陷的人质。并且,如果我们的趋势是倒退的,为了更严格地判断我们自身,那么受到过多影响的就是我们所应该采纳和改善的那些规则,而不是正义的本质,后者也不是人类德性的人质。

7. 作为正义的一种想望之物的公共性

如果有普遍的真诚努力和高度公开的规则,那么非常可能的是,我们将会比有普遍的真诚努力而没有非常公开的规则时更接近正义。(我只说"非常可能",是因为有可能在普遍的真诚努力而规则模糊的条件下偶然地获得了一个很高程度的正义。)但是,我的论证是这样的,这不意味着正义本身必须能够在高度公开的规则中表达出来,即使当正义碰巧能够被如此表达时它通常地[①]受到欢迎。

但是,威廉姆斯建议,公共性也许可以不被看作是对正义的一种**限制**,而是看作正义的一种(可压倒一切的)**想望之物**。在对本章较早的一个版本的回应中,他说:

> 我也怀疑,我是否实际上断言了或需要去断言,公共性是一种限制,而不仅仅是许多重要的想望之物中的一个。在这里,值得注意的

---

① 通常地,但不是始终如此:参见第4节最后两段。

是，我的建议——罗尔斯相信"我们对竞争性正义观的评估应该沿着多维度进行"（第 243 页）——没有使我对作为一种限制的公共性做出任何论断。而且，我后面的评论"假设我们接受如下观点：竞争性正义观的相对价值**部分地**依赖于它们有能力发挥和一种良序社会正义观同样的社会作用……"（第 244—245 页）支持了想望之物解读。①

威廉姆斯同意我来公布，在对这一点的口头阐述中，他说，对于应当被一个候选的正义规则所保护的人而言，在那些人的预期负担严重的地方，这个公共性想望之物可能非常容易被覆盖或者被修改：于是，他说，对种族主义而言可能是松散的，但对经济而言不是这样，因为种族主义对它的受害者强加了比一种贪婪风尚所做的要严重得多的后果。因此，在种族主义案例中对原则中公共性的坚持就可能会是不太恰当的。

我发现，被如此阐述的②这个**想望之物**的提议模糊难懂，**即使**清楚易懂的话，它也不是完全合乎情理的。让我来首先说明，为什么我发现**想望之物**这个提法是模糊难懂的。

当然，如我已经完全同意的那样，公共性可能是调节规则的一种想望之物：在这个思想中没有模糊难懂的东西。为了明白为什么，如我仍然认为的那样，它不可能成为正义本身的**一种想望之物**，那么考虑一种截然不同的德性：忠诚。一个组织可能会要求来自它的成员的忠诚，并可能会认为以下是可取的：建立标准来判断一个成员是否忠诚。如果那些标准是被明智地阐述的，那么它们将会像诺齐克那样③，不仅考虑忠诚的本质，而且考虑其他的关注，诸如公共性、（我们不想要他们舍弃的）对个人的制约，等等。但是，我不明白，对后一种的关注怎么就能被认为有助于理解忠诚**是**什么：毋宁说，它们有助于为某个具体组织选择一种具体形式的忠诚**规则**的正当性证明。也考虑下法律上的无罪推定，这是为适应信息限制、基本人权和法庭程序等而制定的一条规则。我们不可能形成这样一条规则，除非我们已经知道无罪本身是什么；而把一个良好的无罪推定规则看作有助于阐明无罪

---

① 1999 年 10 月 12 日，私人交流。

② 我当然不否认，实现正义比不实现正义更可取，并且，公共性可以加强它实现的预期。我否认的是，威廉姆斯对他的主张的最新表述所肯定的不同东西：即（尽管可压倒一切，但）它不利于一个原则**成**为一个未能满足他的公共性要求的正义原则。

③ 参见第七章第 7 节后半部分中所引用的诺齐克段落。

是什么则是荒谬的①。为了我们可以形成一条适当的无罪推定规则并认为它是那样的,我们需要并无疑拥有一个完全独立于实际限制的无罪观念。为了更加切中问题的要害,考虑一下,法庭都追求**正义**,但是它们的规则并没有阐明正义**是**什么,即使那些规则的要旨是为正义服务的:它们被阐明是按照对正义的一种理解,并伴随着意识到法庭程序的规则能够最好地传递正义,同时意识到正义不是全部(只不过是因为另一件事情,即也要考虑各种复杂程序的帕累托恶化成本(Pareto-threatening cost),而那些程序可能会带来更接近正义的裁决)。

也因此,对(应当通过正义获知的)一般的社会调节规则和正义本身而言,只要有正义这样的一种东西,并且关于它我们能够问"它是什么?",那么所有对其想望之物的谈论都是一种范畴错误,一个错误的设想,即用适合于论述对规范性规则而言什么是正确的来阐明那些界定一种德性的原则。在这里,那样的论述是不恰当的。仅仅因为它们**是**调节规则,而(依据——常常难以确定的——事实挑选的)调节规则不构成正义**是**什么,并且,阐明一种德性**是**什么不是调节规则的作用。如我在第七章第1节中评论的那样,我们不询问正义应当是什么,而**是**询问正义是什么,这显示出正义本身的原则与调节规则在身份上的差异。

但是,假设我被误导并且威廉姆斯的想望之物的提议确实是清楚易懂的,那么即使我相信如此,它也仍然是荒谬可笑的。

在蒙特利尔,作为犹太人的孩子,我体验过反犹太人的态度。但是,那个对我们的后果不是非常严重,因为不像许多其他的种族主义受害者,我们犹太人有资产(尤其是在文化意义上引发自信的那种),这使周遭的反犹太主义对我们生活机会的影响相对地效果不佳。我们是否因此要说,根据威廉姆斯的想望之物提议(参见第364—365页),则蒙特利尔的反犹太主义就不是不公正的,因为在**这个情形中那些禁止某些态度**的强制令所具有的不可避免的模糊性不能被种族主义后果的严重性所覆盖?基于那与态度的公

---

① 有时候,非常不可能阐明那些切合实际的规则,而那些规则体现(codify)一种德性的要求。考虑一下安提俄克学院(Antioch College)的约会密码,它寻求阐明情色约会的行为准则,并且指导参与者在这样的一种约会中不从一个既定阶段前进到一个"更热的"阶段,除非得到那潜在情人的明确同意,通常的阶段是牵手、爱抚、接吻和宽衣解带,等等。不可否认存在安提俄克规则想要服务的德性(即相互尊重、自由选择等),但是,也非常显明的是,安提俄克规则危及了它们被引进来而支配的行为。这不是因为一致同意不是命令式要求,而是因为它常常难以捉摸的迹象否定了通用规则中的特征。

开禁止的可能性无关,所以所讨论的种族主义就没有比如说 1930 年的美国南部反黑人种族主义的损害更严重,但是,随便什么事情怎么能够表明蒙特利尔的种族主义不是不公正的呢?它只是因为美国的反黑人种族主义是如此严重,以至于会把它考虑成一个小于最优公共规则的适当目标并**因此**是不公正的(尽管面临会由此引起的上述无法避免的公共性亏损)吗?

当然,真实的情况是,在调节规则的层面上,如果不这样做的有害后果越大,那么实施或以其他方式来指导对正义的实现就越重要。但是,那不表明后果越严重,它们就越有资格作为一个有关正义的问题。并且,**到此为止**,在不正义将会越严重的地方,实施正义也就越重要,即使它的后果,除了考虑它们的不正义之外,较少值得考虑之处。因此,例如,比起控制经济上的贪婪,可能更加迫切需要控制种族主义,不是因为前者的后果更小,而只不过是因为种族主义是一种更坏的不正义。但是,那没有告诉我们任何有关正义特征本身的东西。正义是对这些权衡决断的一种投入,而不是一种产出。

有时候,我们也必须在调节规则的层面上用一种形式的正义来权衡对抗另一种形式的正义。因此,例如,当某人对正义的贡献不会伴随着处于类似地位的其他人的类似行为时,我们就可以用分配性正义这种正义来权衡对抗不能给那个人一个不公平的负担这种正义①。我们可以用两组在心灵上的限制来形成对个体的表扬和责备的规则。因而,我们可能会被描述成是在综合考虑的前提下决定什么原则是最公正的或者最少不公正的,但是,**按照假设**,我们所形成的规则并不传递纯粹的正义:它代表一个关于每种正义中有多少个应当被牺牲掉的决定。

8. 公共性和职业选择

在我看来,谈到**职业选择**的问题,正义原则的一种强有力的公共性要求就会使正义变形。

考虑这样的一个社会,其中的大多数人不太喜欢他们的工作。现在考虑两位医生园丁②G 和 H。如果 G 和 H 中的每个人都从园艺工作转变到医

---

① 参见前面第 349 页。
② 医生园丁,即能够既从医又从事园艺但更愿意从事(对社会相对较少帮助的)园艺工作的人,在第五章第 2 节中有所介绍。

生工作,那么社会将会获益非常大;并且,G 和 H 两个人都知道这一点。但是,他们中的每个人相对于医生工作都更喜欢园艺工作,结果是,每个人都拒绝了医生工作,除非支付他一大笔奖金。

现在,在 G 与 H 之间有一个相当大的差异。虽然每个人相对于医生工作都更喜欢园艺工作,但是 G 不喜欢医生工作,而 H 喜爱医生工作,即使**按照假设** H 喜爱园艺工作比他喜爱医生工作更多一些。**在各种意义上**,比起大多数人的工作使他们感到满足而言,园艺工作使 H 更感到满足,而园艺工作没有使 G 更感到满足。(**在各种意义上**:"使⋯⋯感到满足"在这里把许多相关度量的高水平联系起来,包括心理满意度、实现程度和创造力活动。在这个词的综合含义上,"使⋯⋯感到满足"提供并/或支持一种高水平的幸福。)

我们可以假设,他们中每个人都不寻租①,而只是希求一份薪水,对他而言,在综合考虑后,那份薪水会使医生工作像园艺工作一样是值得的。在我看来,H 的要求与平等主义正义相抵触,因为平等主义正义不允许超越准则之外对保留兴趣方式的坚持。相比而言,G 的要求与平等主义正义显然是一致的。

威廉姆斯无法认识到我刚才所使用的那种区分,它对正义判断非常重要,因为某个特定的人有多享受或者在其他方面发现有多满足或者反之有多大负担,某份特定的工作都不是公开地(非常地)可了解的。然而,正如我早些时候偶尔评论的那样②,以下观点看起来是荒谬的:当如罗尔斯设想的那样,正义被设想成安排我们应当怎样分配社会合作的收益和负担的那些原则时,就应该(因此)把劳动负担从正义的范围中排除出去。社会合作的哪些负担比起劳动负担更有意义和更普遍呢? 尤其在个体情形中,并且在一种平常的含义上,无论那种区别的精确度可能有多么困难,某些人的工作(在当代现实世界中,通常指那些低薪酬的工作)远比其他人的工作更少有满足感,怎么就没有资格作为对正义的一种关心呢?

这不是承认劳动受益和负担在整体上是神秘莫测的。如我已经说的和

---

① 需要注意的是,在威廉姆斯看来,寻租不可能是一种不正义,因为一个人无法轻易地指出谁是和谁不是一个寻租者。无论如何,并非所有的寻租都与平等主义正义相抵触,因为一个租金接受者不一定比其他人的处境更好:租金是一个纯粹的个人头脑**中**的概念。见我的 *Self-Ownership*,第 217—219 页。

② 参见第二章第 5 节第 2 段和第五章第 200—202 页。

威廉姆斯宣告的那样,真实的情况是,劳动负担"未能通过那规定基本善的公共可检测性测试"①。但是,我在那里所说的是,它未能通过罗尔斯为描述一种作为"基本"的善而规定的测试。这不意味着,劳动负担未能通过较不严格但仍然重要的公共性测试。

在这里,我们可以向约瑟夫·卡伦斯的《平等、道德激励和市场》学习。对卡伦斯而言,一个人履行其社会义务的程度由他的**实际**收入占其**原本能**挣到的最大量的比重来衡量②。随机选择的公民当然不可能讲得出随机选择的其他公民能够挣多少,但是,卡伦斯指出,后者的密友们能够知道那一点,这就可能会构成一种足以实现社会调控的约束力。

现在,我没有赞同前面所说的社会义务观点,卡伦斯本人也明智地抛弃了它,接下来对其睿智的批判来自唐纳德·穆恩(Donald Moon)。卡伦斯的**平等**方案压制了(一些)有才能者,实际上是憎恨他们工作的任何人,这些人的报酬接近于他们的最高收入。这个方案在精确性方面是失败的,因为它忽视了福利影响,福利影响在我本人的不同观点中是非常显著的,我认为,在其他方面平等的情况下,人们的工作与收入一揽子交易在福利方面应该是匹配的。但是,一种类似于卡伦斯观点的公共性形式也适用于我所主要考虑的方面:一个人的密友至少常常知道这个人的工作对该人而言有多么厌恶或值得。

正如我在第五章第4节中论证的那样,"有才能者的奴隶制度"在我将会证实的大体靠公共福利过日子的想法中是不可能的,在那里这意味着给有才能者安排了一种特别糟糕的命运③。我的平等主义规则宣称,任何人都不应该寻求这样一种补偿,这种补偿使他的处境在综合考虑之下比其他任何人(远远)④好得多。现在,许多人会发现平等主义过于严格,也就是说,这种平等主义宣称,在假定了对她而言与她的工作有关的满足感和挫折感

---

① Williams,第239页,援引自"The Pareto Argument for Inequality",第170页第34条注释,现在它在第二章第33条注释。

② 在卡伦斯的方案中,实际收入是被平等地重新分配的。人们追求收入不是为了使他们自己富裕,而是为了履行他们所认为的社会义务。此外,参见第五章第189—191页。

③ 的确,并且具有讽刺意味的是,考虑到他所拥护的资源主义立场,罗纳德·德沃金本人基于所谓的本质上的福利主义根据就拒绝了有才能者的奴隶制度。在那个有多重缺陷的处理中这是仅有的一个不连贯性,关于这一点参见 Miriam Cohen Christofidis,"Talent, Slavery, and Envy"。

④ 我插入"(远远)"是为了迎合个人的特权,在这些问题上我对它允许一定的范围:参见导言第5节和第一章第61页。

的条件下,没有任何人应该要求一个比对她而言所要求的与其他人大致同等水平的薪水高得多的薪水。在这些问题上,许多人将发现在这个方面你应该对其他人负责这个想法过于侵犯不受限制的私权领域。但是,用来拒绝我的观点的那个根据与根据公共性错误而拒绝它没有关系,后者是我们这里正在讨论的。在第五章中,我已经考虑到下面的指控:平等主义规则是难以忍受的,它侵犯了自由(这与公共性相反)。

我说,平等主义正义要求 H 去作一个医生,薪水并不比他作为一个园丁得到的更多,并且不理会他对园艺工作的偏好。因此,平等主义正义比 H 得到一份与其他人大致相当的工资要求得更多,这是一个在他沉湎于对园艺工作的偏好时可能遇到的要求,因为它要求他**做**一个医生。换句话说,使用威廉姆斯在他对更愿意做一个艺术家而不是一个商业设计师的"索菲"的讨论中所引进的词语,平等主义正义则相当于威廉姆斯所称的一种"广泛的"风尚,而不是一种"局部的"风尚。平等主义正义要求人们对正义有所考虑,不仅在商谈报酬的时候,而且在做事业选择的时候,正如在一次野营旅行中平等主义正义不把它的要求限制在消费领域:它不仅反对贪婪,而且反对偷懒。威廉姆斯是正确的,正义要求一种"广泛的"风尚;并且,他仍然是正确的,这样的一种风尚强加了难以应付的信息需求。

但是,这种广泛的风尚所要求的全部就是,人们在事业选择中不能侵犯平等。通常难以知道,一个人是否正在触犯平等,但是,不可能期望一个人比其有理由认为他会不侵犯平等做得更多。在不清楚一个人是否在侵犯平等的地方,尤其当允许对她的个人偏好有某种应有的考虑时,她不可能被期望不侵犯平等。"应有的考虑"是一种无人能说得清楚的东西,正如没有人能够说得清楚在挑选餐馆时对装饰应该考虑多少,然而,尽管这样,我们仍然都知道对于良好装饰的过分偏好是怎么回事。卡塞尔在环境主义与平等主义正义之间所做的比较(参见前面第 356—357 页)在这里仍然有帮助。在许多案例中,很难知道平等主义要求什么。在这样的案例中,对于自私自利者而言,成为一个触犯规则者就是十足合理的。但是,从一种平等主义的视角来看,这很难得出一个人可以根据自己的喜好来做,即使在那些案例中,在一个人能够对一个人应该做什么和不应该做什么做出合理猜测的地方。

在第 4 节的野营环境和第二次世界大战的事例中,分析了更一般的观点。考虑到我的合法的特别需求,我可以从公共股份中拿取多少呢?我无法确切地知道这个数额,但我能够**大体**上知道这个份额,而不管那些不可度量性和不可鉴别性。也存在根据**任何**标准都是拿取过多这么一回事。正义的羔羊不应该被牺牲在模糊性和不可度量性的祭坛之上。

现在,再次强调,期望索菲是一个不需要太多报酬的设计者可能似乎特别地难以忍受,这是对她的自由的一种否定。但是,威廉姆斯对这种广泛的风尚的公共性异议不是建立在对自由考量的基础之上:他在第228页上排除了这个诉求。他的异议是,由平等主义风尚生成的原则有不可理解的含义,并因此是不适用的。我在本节中已经回应了这个公共性异议。索菲对自由本身提出的问题在第五章中得到了处理。

总附录：对批判的回应

　　这里的绝大部分是回应对第一章至第三章中内容的批判。第 1 节(**公众行动和私人行动**)回应下面的意见，即说我高估了个人能够对分配正义成就作出的贡献并因而低估了国家必须对分配正义成就作出的贡献。第 2 节阐释**正义的场所不在引起它的地方**。它驳斥下面的论证，即根据基本结构**本身**是对风尚的一种主要影响(或者基于相关的根据，即它是最优的**政策**手段)这个前提而把规范性优先权赋予基本结构。我论证这些主张混淆了正义是什么和何者使正义得以获得，并且混淆了哲学问题和因果实践的问题。我在第 3 节(**先验原则、自尊和平等**)中所面对的异议宣称，我高估了罗尔斯的体系所能容许的不平等数量，因为我既无视正义原则的平等主义影响，这些正义原则在罗尔斯的体系中词典式地优先于差别原则，也无视那个体系中自尊之核心性的平等主义影响。第 4 节(**激励和特权**)处理戴维·埃斯特伦德的争辩，他认为我所接受的①对谢弗勒特权无法避免的扩展实质上抹杀了罗尔斯的立场与我的立场之间的区别。第 5 节回应托马斯·博格关于**总体目标和超级目标**的谈论。该部分着手处理博格的批判，他认为我的立场是道德的**一元论**，也就是说，我所假设的一般论断，即作为国家这只雌鹅的道德调味剂的东西是普通公民这只雄鹅的道德调味剂。博格主张，一元论要么属于"超级目标"种类，要么属于"总体目标"种类，而这两个种类都是极其有问题的。我主张，"总体目标"与"超级目标"之间的区别和那样的一元论根本没有关系，博格找出的是一个与我的立场不相关的问题。第 6 节(**博格在处理标准情形上的失败**)考察了博格对我有关激励论述的极其详细但被误导的批判。第 7 节(**分配正义的通货和激励性不平等**)考察并驳斥苏珊·赫尔利的主张，她认为在我有关激励的立场与我的论文《论平等主义正义的通货》这个主题之间存在一种张力。最后，在第 8 节中，我全面地评论

---

① 参见第一章第 61 页。

了那先于我本人的对激励和帕累托论证的批判,它们由托马斯·葛雷(Thomas Grey)和简·纳维森阐述①。我还考察了布莱恩·巴里对罗尔斯的帕累托论证的一个令人费解的无效辩护。

1. 公众行动和私人行动

返回到第70页第一章的文本:

> 假设我是一位医生,想在一家医院谋求一个职位。我知道,我可能获得年薪10万英镑的收入。我也相信,当且仅当我要为了完成这份工作需要大约花费5万英镑时,我的报酬与待遇较少者报酬之间的任何差距才会被我做这项工作所确实需要的东西或被它的具体负担证明是正当的。那么,我怎么可能一本正经地说正义禁止那些有害于贫穷者的不平等呢?并且,除非我确实想要获得这份特定的工作,我要求的报酬是5万英镑,并且为了社会利益因而放弃5万英镑,否则我如何能决心在自己的生活中正当地行动呢?

在我看来,这样一段文章已经给一些人一种错误的印象,即我所拥护的平等主义风尚的主要相关影响会是大量的像那个医生那样的忍让和/或慈善行动。因此,例如,诺曼·丹尼尔斯(Norman Daniels)宣告,"科恩说我们必须用一种支配个人选择的正义风尚来**替代**罗尔斯对基本结构的聚焦及其伴随的责任分工"②。这是一个误解,因为我从来没有建议政府应该放弃**它**对差别原则的维护以支持用平民行动来替代那种维护,相当清楚的是,当公众行动足以满足所欲的最大最小化影响时,我所谓的严格的差别原则并没有倾向于赞成私人行动要凌驾于公众行动之上。丹尼尔的宣告只有在"不但……而且……"推导出"根本不是……而是……"的情况下才会是正确的。

实际上,差别原则服务的平民行动的最有效形式不是各种各样不协调的慈善事业,也就是**补充**公众行动的私人行动(诸如第374页上那个故事中

---

① 我承认,葛雷和纳维森的论证比我在第263页上的论证要早,我的这个论证的最初版本在 "Incentives, Inequality, and Community" 上。

② "Democratic Equality",第265页,我添加了强调。关于另一个类似的误解,参见 Daniel Weinstock, Review of *If You're an Egalitarian, How Come You're So Rich?* 第407页。

的医生在一种状态中所采取的行动),而是**加强**公众行动效果的私人行动。我来解释一下所强调的区别:例如像医生案例中的那样,当有人在她自己的选择领域适用一个原则,并且,即使她的选择没有结合其他人的选择,也可能获得好的效果时,那么私人行动**补充**公众行动。但是,举例来说,就在高额税率之下有更多机会去努力工作而言,当这样的一个意愿使政府在一种高额税收的预期并随之彻底重新分配的能力的条件下制定那些税率时,那么私人行动就**加强**公众行动。于是,政府的税收政策就不是制定来反对利己主义的果实,它的可选范围由此得以合适地扩展①。当差别原则只是通过个人选择而被尊崇时,的确会出现可怕的信息/协调问题,但是,在一种赋税可接受之风尚的鼓舞之下的行动(也就是说,相对平和地接受高税收的行动——或者温和的不作为)不会面临那样的问题。

让我来阐发一下我对私人行动的加强功能的例证。假设一个叫斯维德兰(Swedeland)的国家一度有一个高福利州,这个州非常惠及处境最不利者,但是,这个州向更加成功的人课以各种税率来反对中上层民众的适时反抗,那些人通过字面意思的和"国内的"各种形式上的移民,就在其他人中对处境最不利者造成了损害,如税收政策做的那样,由此这个福利州衰落了。(有人认为,这里所讲的故事对瑞典是真实的,但是我说"斯维德兰"以迎合在这一点上的不同意见。无论这个故事是否对于某一个现实中的国家是真实的,它都不仅是融贯的,而且是可信的,并且,它的可信性足以说明我所主张的风尚存在与否的极端重要性。)

斯维德兰事例表明,我批判的戈-佐·丹(Kok-Chor Tan)对"真正的个人选择"的界定方法——他寻求防范一种科恩式风尚的侵蚀——与丹的意图相反,它不会保护经济选择:"真正的个人选择……只是针对个人的那些行动和决策,并不直接蕴涵能够在社会中被建立和支撑的有关制度种类的行动和决策。"②但是,根据丹的标准,经济选择不是"真正个人的",因为任何属于选择之普遍模式的选择都**的确**强烈地蕴涵可能的制度种类的选择。

---

① 相反地,罗尔斯既不要求通过一个公正社会的居民们来增添也不要求通过一个公正社会的居民们来加强政府对差别原则的服务:他们只需要愿意遵从公正的法律。确实,有人可能会说,**罗尔斯呼吁在日常生活中遵守那服务于原则的法律,而不是在日常生活中遵守原则本身**:"从理想上来说,应该建立这些规则,以使人们被他们的主要利益所推动而向着社会可欲的目标行动。受理性计划指导的个人行为应该尽可能地协调一致,以达到他们虽然未曾意欲甚或预见但从社会正义的角度出发仍是最好的结果。"(*A Theory of Justice*, pp.57/49.)

② "Justice and Personal Pursuits," p.336.

因此,在丹的标准之下,经济选择不能免于正义判断。

医生事例(参见第 374 页)的作用,不是要概括一个综合性的经济程序,而是要说明某种组合的宣告和行为的不连贯性。医生事例用来强调原则的重要性,而不是要描述一个可推广的经济机制。

为了明白原则的这一点,考虑一下罗尔斯的第一个正义原则,它在授权中尤其授权言论自由,或者第二个原则的第二部分,它在立法中尤其反对工作歧视。谈到他们对这些原则的尊崇,一个人能够设想罗尔斯式公民们的正义感蕴涵着没有什么比遵从那些被设计来服务于他们的法律更令人愉快吗?假设法律的设计不能消除某些形式的对言论的非自由限制、某些形式的工作歧视,并且,私人行动能够带来某种相关的信念。那么,由合适地位的人来识别并行动起来去努力消除那些不正义不就是一种义务吗?如果不是,那么他们的正义感就无法那样来描述。如果是,那么为什么谈到差别原则,在那里,相对于政府单靠法律来拯救的东西而言,人们能够通过他们的个人选择来实现一种对正义的更为完全的实现,这时,事情怎么就成了另外一回事呢?即使与我的看法相反,不存在这样促进正义的个人义务,那么(超越义务)从事于相关行动中的一个人就不会有资格被描述为特别**公正**和/或被描述为给她的社会带来更多的正义吗?

无须否认,就其本身而言,对政府来说加强自由与机会的原则比使收入最低者获得尽可能高的收入可能更容易些,部分地因为有才能的人对于他们的薪水和工作偏好拥有政府难以知道的信息,而难以捉摸的信息问题似乎并不如其他原则那样重大。但是,这对受到鼓舞的人来说是一个原因,正如所假设的罗尔斯式公民们受到差别原则的鼓舞,他们通过他们的个人选择并尤其通过接受高额税收来促进原则得到更充分的实际应用。如果他们如罗尔斯说的那样一心想获得公正,那么他们为什么会在他们能够有助于确保实现仅靠政府不可能(但是,倘若政府致力于按照差别原则行动,那么若能够的话,政府就会)获取的成就时却利用他们的机会来阻碍原则之目标的实现呢?

2. 正义的场所不在引起它的地方

不时有人提出,罗尔斯的聚焦点在基本结构上并且远离社会风尚,这由结构对风尚本身占优势的影响所证明是正当的。托马斯·博格说:

我的著作提出,例如,一种基本结构产生一定比率的由各种各样道德动机所引导的事件……如果[通过基本结构进行影响]是相当强有力的,那么对基本结构的聚焦就能通过下面的思想来诱发(正如它对我而言是如此的),即这个聚焦是真正独立的可变项:虽然重要的是什么风尚和个人选择占优势,但是,在这些场所的持续改革只能通过制度改革来实现。①

并且,罗尔斯也把它作为聚焦基本结构的一个理由,因为基本结构强有力地影响着人们的态度和意图②。

博格的论证使用了两个前提。第一个宣称,不仅社会的基本结构深刻地影响它的社会风尚,而且更加强烈的是,相对于那个风尚,它是"真正独立的可变量"。第二个宣称,鉴于社会的整体性特征,所以正义的主要场所就是因果力(causal power)的场所。这两个前提都是假的。

如果"结构深刻地影响风尚"确实为真,那么"社会风尚深刻地影响基本结构的特征"也为真。导致英国1945年之后向着社会主义方向进行变革的原因,不是1945年英国基本结构的特征,而是在战争经历中所形成的一种强大的民主风尚。女权主义风尚的兴起,不是因为美国基本结构的特征,也许是因为避孕药物影响意识的结果,并且无论如何确实在意识方面有了改变;而这导致了1970年之后美国基本结构转向对女性友好。风尚对结构有非常大的影响是因为下面的事实,即结构影响风尚所具有的辨别力。如果因为基本结构对风尚的影响就说它是正义的**那个**场所,那么根据同样的论证,风尚就是正义的**那个**场所③。结构"可变量"和风尚"可变量"都无法"不依赖"于对方。

此外,博格的第二个前提为确定正义的场所肯定了一个错误的标准。因为场所问题不是"何者导致一个社会应当是公正的?",而是"何者使一个社会有资格是公正的?",因此,即使一个社会的风尚对其基本结构没有任何

---

① 个人通信,1999年11月30日。"我的著作"指博格的《解读罗尔斯》(Reading Rawls)。
② 见 A Theory of Justice,第259/229页及以下各页,Justice as Fairness,第55—57页,以及"Kantian Constructivism",第325—326页。
③ 比较一下 Kok-Chor Tan, "Justice and Personal Pursuit",第356页。他引用罗尔斯的话宣称,正义与制度有关,因为"制度的影响非常深刻,并且从一开始就表现出来"(A Theory of Justice,第7页),尽管风尚的影响无法**也**是深刻的并从一开始就表现出来。

影响,即使这个论证的第一个前提为真,那么也推不出,从决定一个社会是否公正的视角来看这个社会的风尚的特征不能算作是非常有价值的。的确如此:在它的因果力相对于风尚被认为表现了基本结构对于正义的重要性的程度上,如果这尤其回答了何者使它对于正义而言是重要的,那么我的断言即风尚是正义的一个场所就得以维护了,而不是妥协了。对于社会正义而言何者在因果上是基本的?这个问题不同于下面的问题:对于使社会**被看作**是公正的而言,何者是基本的?①

现在这个场合适合来回应乔舒亚·科恩对于我回应罗纳德·德沃金为罗尔斯强调基本结构辩护的批判②。我的回应识别出,在德沃金化的罗尔斯式立场内部有我所认为的一个不连贯的三和音:

(1) 差别原则是分配正义的一个平等主义原则;
(2) 它赋予政府一个促进一种平等主义风尚的职责;
(3) 差别原则要求政府促进那个风尚不是为了在社会中加强分配正义。

乔舒亚·科恩回应道:

可能的情况是,制度和政策上的变化会改变[惠及最贫困者的]分配和生产,这种转向是通过改变构成社会风尚的偏好、态度和情感而进行的。当对处境最不利者的影响来自那些因为制度变化而产生的社会风尚的变化时,当然不是那些要求我们采纳对处境最不利者作出最大贡献的制度和政策的正义原则指示我们不去做那些改变。③

当面对德沃金的提议时,我们需要询问,一个代表正义而运转的国家怎么设想它本身,并且,在我看来,德沃金的提议是把一个不融贯的自身观念(self-conception)归于了政府。德沃金/罗尔斯政府寻求消除对于改善处境最不利者情况并不必要的所有不平等:简而言之,把那样的不平等称为"可

---

① 正如 Michael Otsuka 已经评论的那样(私人交流),当前在因果上依赖于过去,过去在因果上独立于现在。这能够推出我们是否享受社会正义与现在的情况怎么样根本不是一回事吗?
② 参见第三章第 127 页。
③ "Taking People as They Are," p. 377.

消除的"。现在,因为关于社会风尚的不可更改的事实就是那样,那么所说的政府怎么就包含了一种结果是不可消除的不平等呢?这样的一个政府当然把那种不平等的不可消除性看作是**不幸运的**,因为当它开始着手它的任务时,它希望结束更多而不是更少的不平等;至于任何已有的不平等是否是可消除的,它却没有在一种无区别对待的精神中来运作。并且,我的反德沃金的观点,它没有受到乔舒亚·科恩所说的任何话的影响,转而认为当政府努力最大可能地惠及处境最不利者时,政府就能够设想它本身应当正努力去做什么。它是努力去产生尽可能多的正义,虽然有时也会失败,然而在罗尔斯的观点之内,政府没有能力如此设想它正努力去做的事情,因为,如果它**消除了**所有相关的可消除的不平等,那么它所产生的基本结构**根据假定**就是极大公正的:在这些环境中,无法存在一个更公正的基本结构①。

乔舒亚·科恩承认,"如果风尚——如果态度、偏好和情感——对制度相对地反应迟钝"②,那么他对德沃金的辩护就失败了;并且,他进而主张,它们的确有适当的反应。但是,对于反对我的批判的那个德沃金提议的任何辩护,虽然提出了因果关系的论断,但没有抓住问题所在,因为我对那个提议的批判没有蕴涵对任何因果论断的否定。我们面前的问题不是社会学问题:国家是否能够影响风尚,如果是的话,那在多大程度上。所争论的问题是下面这个非因果的哲学问题:何者使一个社会**被看作**在一定程度上是公正的。

这个哲学问题不是一个因果问题,基于相同的原因,它也不是一个政策问题,因为政策问题主要是关于因果层面的问题。相应地,当马丁·威尔金森问"扩展差别原则来涵盖社会习俗和个人行为是否是一个好主意"③的时候,他就表现了错误的理解。那个措辞把一个概念性问题错误地表达为一

---

① 考虑一块田地,在那里建设一个高台。建设者把柱子钉进土里,以便后面把高台建在它们上面。但是,现在,一场大雨来了,一些柱子变得松动。结果是,建设者现在开始着手移走松动的柱子,但是他们也着手移走根部松动的杂草,因为他们不想要高台的木料上长满杂草。因此,他们移走松动的柱子,把坚固的柱子留下,并且移走根部松动的杂草,把坚固的留下,因为我们能够设想,它们的移动不值得那份辛劳。他们对柱子和杂草严格地执行着相同的政策,也就是说,移走可移动的,但是当柱子是可移动的时候他们是高兴的,而当杂草是可移动的时候他们是忧愁的。那寻求消除我所说的"可消除的"不平等的罗尔斯式政府像一个移动柱子者或像一个移走杂草者吗?直观地说,它像一个移走杂草者,但是根据官方说法,它是一个移走柱子者,因为从官方来看不可消除的不平等丝毫没什么错误。而我说:把这个跟法官去说。

② "Taking People as They Are," p. 280.

③ "Equality and the Moral Revolution," p. 278.

个有关明智实践的问题：我所提的问题是，是否按照概念的根据——基于什么根据而构成了对差别原则的一个承诺——差别原则才有必要做这样的扩展？

在这里，关键的是，差别原则享有作为一个**正义**原则的地位。这是说，**正义**要求不能获取损害处境最不利者的不平等。因此我说，为什么这不应该意味着正义谴责市场利己主义呢？我不明白政策考量怎么能够回答**这个**问题，与这个清楚的问题相反：无论那样的行为是否不公正，是否就存在指明反对违法、在其他方面令人气馁和市场利己主义等情况的政策考量呢？

寻求促进正义的也可能是坏政策，无论因为那不会在实际上促进正义，还是因为寻求促进正义会损害其他德性①。既然如此，我就不明白对明智政策的何样考虑**也**能够决定一件行为是不是——无论我们对于它应该怎么做——不公正的。

由于我在这里贬低了政策的重要性，有人也许会说我的观点缺乏吸引力，因为它没有**实际的**结果。

这个异议的两个前提都是假的：在政治哲学中，吸引力依赖于实际的结果，而我的观点没有实际的结果。实质上，甚至当我们对政策完全同意时，我们也能够对正义是什么表达不同意。但是，正义**是**什么不如知识或者理性是什么更有哲学上的吸引力。

并且，这个异议的小前提说我的观点没有实际的结果，这也是假的，部分地因为乔舒亚·科恩的因果论断无疑是正确的。我们确实能够评估国家行动，不仅凭借它直接通过强制性结构所做的事情，而且凭借那种结构对风尚的可能影响。例如，撒切尔夫人的自由市场重构具有灾难性的风尚后果。并且，一个人可以补充说，我们的日常行动极大地影响风尚，因为它们改变了我们倾向于受制于其中的行为模式。例如，考虑一下，环境意识是怎样培养的②。

3. 先验原则、自尊和平等

我对激励论证的批判是对一种不平等**论证**的批判。我对它未能对不平

---

① 这些实情反映了正义的基本原则与调节规则之间的区别，这已在第六章第19节中介绍过，并在其后的章节中得到了详尽的阐发。

② 参见第三章第142页。

等提供一种有承诺的可接受的正当性证明提出异议。从哲学上来说,我在政治上不赞成激励论证所声称的提供了正当性证明的不平等,则是一件次要的事情。我对罗尔斯的首要批判是在政治哲学的范围之内,而不是在公共政策的范围之内:尽管我的确相信在罗尔斯之光下的公正社会显示出了**过多的**不平等,并且这个信念鞭策我在这些方面的工作,但它不是我的主张的**核心**。但是,我最重要的拒绝是对不平等的某种正当性证明,即那些条件的某种表现形式,在那些条件下社会是公正的。我拒绝这种正当性证明,而不管它实际上被证明甚或被罗尔斯证明有**多少**不平等是正当的。

既然我的批判是对一种**正当性证明**的批判,那么对那个批判不妨说,正如在我的许多批判中已经说的那样,罗尔斯式正当性理由所会证明的不平等的**数量**由于各种理由而不太大,例如,在估计不平等的程度中为保证罗尔斯对差别原则的松散运用,我错误地忽视了那两个词典式次序地优先于差别原则的原则(平等的自由、公平的机会)的**等量化**影响。无论怎样,对"这个对不平等的正当性证明是无效的"说:"哦,好吧,你不用太担心,因为正当性理由无论如何证明不了过多的不平等是正当的。**其他的东西**有助于说明那一点。"这就都等于没有做出回答①。罗尔斯式居民们认为,才能禀赋的分布"在道德上是任意的":这也是他们为什么进入原初状态的部分原因。因此,我们能够发问:"如果你认为才能的分布在道德上是任意的,那么你怎么能够认为你对你在这种分配中的位置的利用是符合正义的呢?"他们不能这样回答:"哦,好吧,即使对我们加以整套的限制,我们对那个位置的利用也不会导致非常**多的**不平等。"

那些优先的原则有一种等量化倾向这个断言没有触及哲学上的关键性区分,这个区分不是在巨大的不平等与微小的不平等之间,而是在以下两种不平等之间:一种是为了改善贫困者的条件而并非无条件要求的(无论多么微小的)不平等;一种是被如此要求的(无论多么巨大的)不平等。哲学感兴趣的是不平等的根据,而不是不平等的范围。

---

① 这个辩护的支持者通常表示**满意于**——如她认为的那样——没有产生过分的不平等。但是,即使大量的不平等最后被罗尔斯式原则证明是正当的,那么为什么只要如此多的不平等在她看来会是公正的她就应该感到满意呢?一种迹象是,她把差别原则当作我所说的"调节规则",而不是当作描述正义本身的特征,她急于表明后者不导致"过分的"不平等。(比较一下第二章第9节[**不平等:一个必要的恶**],并参见第六章第259—260页上论平等怎么可能会被认为支配了差别原则的有效性。)

然而,正如我已经指出的那样,促使我对罗尔斯采取批判性立场的一件事情是,我相信他的原则正如他所阐释的那样证明了**实质的**不平等的正当性。因此,优先性原则异议完全适合作为一个异议,对**我作为**一个哲学家而言,即使不是最重要的,也是非常有关系的。

戴维·布林克对优先性原则断言提供了一种说法:

>……有一般的理由来认为罗尔斯的差别原则不会支持非常重要的激励性不平等。当我们记起(a)自尊的条件是在差别原则所支配的基本善之中,以及(b)差别原则在词典式次序上不仅后于平等的基本自由和机会平等,而且后于政治自由的公平价值,认为差别原则会赞同非常重要的不平等这种情形就被严重削弱了。(a)的扩展:正如你所注意到的,不必要的激励腐蚀了处境最不利者的自尊;倘若自尊的社会条件具有首要性(*A Theory of Justice*,第440页),那么这些激励就不会最大化有利于处境最不利者的状态。(b)的扩展:除非我们能够从人们的社会经济资源的(相对)水平上隔绝人们政治自由的价值,否则政治自由的公平价值就会要求实质的经济平等。①

布林克的异议说我低估了罗尔斯体系中差别原则之外的其他要素促进平等的倾向。在评价这个异议中,关于罗尔斯体系的逻辑容许多少不平等,我们必须区分从中推出的东西与罗尔斯所认为的从中推出的东西。并且,在回答第一个也是更加重要的那个问题中,我们必须考虑**松散的**差别原则在其中的那个体系,因为**我本人的**一个命题是,罗尔斯体系的逻辑实际上所要求的是**严格的**并且更加严厉平等化的差别原则。因此,那个体系所产生的任何平等——可以指责我忽视了它们——必须并且可以被考虑到产生在对差别原则的一种松散的解释之下。准确地来说,因为我当前的异议者宣称:不要顾虑松散的解释可能会允许多少不平等——假定了体系中**其他地方**要求平等的压力,它就不可能允许很多不平等。

罗尔斯本人不时地表示出或者暴露了一个与布林克相矛盾的信念,即

---

① 戴维·布林克,私人交流,1992年7月(补加的"扩展")。比较一下 David Estlund, "Liberalism, Equality, and Fraternity",第110页; Joshua Cohen, "Taking People as They Are",第382—383页;以及 Norman Daniels, "Democratic Equality",第252页。关于优先性原则论断的一个有意思的讨论,参见 Dong-Ryul Choo, "Cohen's Egalitarianism",第18页及以下各页。

他的制度所规定的社会将展示的不是如布林克所说的实质的经济**平等**，而是实质的经济不平等，至少在一个大的环境范围内是如此：他宣称，在最初的生活方面那种深刻的不平等是不可避免的①；他推测，社会群体之间在"财富和境况方面的差别"不会使处境不太有利者非常痛苦，因为"我们倾向于把我们的境况同处于与我们一样或相近的群体中的人加以比较"②：如果不平等不太大，那么无痛苦地从中隔离出来就会挽救了处境不太有利者；罗尔斯对描绘"处境最不利者群体"也就是如那些收入低于**平均**收入一半的人③所建议的一个方法，建议的正是许多人所会考虑为实质的经济不平等的东西。因此，罗尔斯**无法**同意，布林克的考虑（a）和（b）保证了实质的经济平等。

但是，罗尔斯并非始终一致，尽管因为刚才所述的原因他**应该**不同意布林克，但他实际上在一些方面同意他。让我们现在转到布林克所援引的那三个假设的平等化因素上。我们对它们中每一个都能问以下两个问题：罗尔斯是否分享布林克关于它们的影响的看法，以及它们是否在实际上会有那种影响。

先考虑对于政治自由的公平价值的平等而言的推论。我不认为，并且

---

① *A Theory of Justice*，第 7 页。也许这代表一种自由主义共识：与墨菲和内格尔的 *The Myth of Ownership* 第 80 页上的话相比较："无论在［一个人的］精神观念上［对公平分配］有怎样的平等主义，一个公正的分配仍将会涉及实质的资源不平等。这是简单的现实主义。"

② *A Theory of Justice*，第 537/470 页。让我来援引一下没有删节的完整文本，因为它强有力地证实了在实现了的罗尔斯式社会中存在着实质的不平等："在一个良序社会中的诸多社团，每一个都有稳定的内部生活，倾向于降低在人们前景方面的差别的可见度，或者至少是降低那种令人痛苦的可见度。因为我们倾向于把我们的境况同处于与我们一样或相近的群体中的人，或其地位在我们看来与我们的志向相关的人，加以比较。社会中各种各样的社团倾向于把社会分为如此众多的不可比群体，这些群体之间的差别不再吸引人们的注意，而正是这种注意使那些处境不太有利者的生活不安宁。并且，不去理会财富和境况上的差别这件事由于下面的事实会变得更加容易，即当公民们在实际地相互交往时，如他们至少在公共事务中必须相互交往的那样，平等正义原则是他们都承认的。而且，人们在日常生活中看重自然义务，于是，较有利者就不会因他的计算起来使财产较少者相形见绌的较大财产而炫耀卖弄。总之，如果使人变得羡妒的条件消失了，那么羡慕、嫉妒和怨恨（即羡妒的反面）的那些条件可能也就消失了。当社会中较不幸人群缺乏这个条件句中的一个条件时，较幸运者中也就缺乏另一个条件。一个良序政权对这些特点的综合减少了［但不是完全消除！——G·A·科恩］使较少受惠者可能把他们的境况体验为穷困和丢脸的场合。即使他们有某种羡妒的倾向，这种倾向也不会强烈地爆发。"与 *Justice as Fairness* 第 68 页上的话相比较："我们希望分配的**可观察**特点落在一个不会**看起来**不公正的范围之内。"（补加的强调）如果我不知道罗尔斯不是愤世嫉俗的，那么我会称他在这里所表现的立场是愤世嫉俗的。这是一个特别的暗度陈仓式的自由主义论证。

③ *A Theory of Justice*, pp. 98/84.

我不认为罗尔斯认为,为了确保人们拥有职位和发挥政治影响力的机会实质上独立于他们的社会经济状况,就要求实质上平等的物质占有①。我相信,美国之外的实践表明,选举制度能够在一种收入和财富普遍不平等的条件之下产生政治的民主。此外,需要注意的是,那些归因于优先原则——它们不会也由差别原则本身所提供——的任何平等是以处境最不利者所得到的物质财富数量小于他们原本应得为代价而获得的:无论那些优先原则为了它们各自的意图而如何授权,那碰巧发生的最大最小化趋势——如果要求最大最小化的效果——无论如何都是差别原则所要求的。并且,我认为难以置信的是:相对于他们在一种并**不**在词典式次序上后于政治自由的差别原则之下的前景,政治自由的公平价值要求缩小处境最不利者的收入和财富的前景。

我转向布林克的主张,即保护自尊规则的社会基础免于"不必要的激励"。在这里,布林克的观点被下述要求剥夺了资格,即前面提过的那个要求:"优先原则"异议必须在对差别原则的一种松散解释之下才有效。因为松散性意味着经济行为主体被允许**在**最大最小化国家(the maximinizing state)所选择的政策**之内**最大化他们的前景。因此,以下是不可能的:这个体系应该禁止"不必要的激励[因为它们是不必要的]损害处境最不利者的自尊"。如果在他们这样做这件事情上布林克是正确的,那么这个体系的拥护者必须要么放弃对于严格而言的松弛并且同意我的观点,要么放弃罗尔斯对于自尊的社会基础的强调。

在机会的公平平等这个问题上②,罗尔斯可能会同意布林克,即使那种同意会与他的一般看法相冲突。根据他的一般看法,公正的机会不**可能**生成实质上的平等(因为不会有实质上的平等)。因为罗尔斯说:

> [在一个机会公正平等的社会里]随着更多的人受益于培训和教育,合格人员的供应……就越来越多。当对获得教育的机会没有限制,

---

① 参见 A Theory of Justice,第 197—200/224—228 页; Political Liberalism,第 327—329 页。在后一本书的第 328 页上,罗尔斯写道:"一个保证公平价值的指导方针似乎能够使政治党派在一种私有财产的民主制度中独立于私人经济和社会权力的高度集中,并在一个自由的社会主义政权中独立于政府控制和官僚主义权力。"这意味着,在一种罗尔斯所认可的私有财产的民主制度中或在自由的社会主义中能**够产生**大量的财富聚集并因此产生显著的不平等。

② 我在这里不考虑第四章第 4 节最后一段中所表达的疑虑,即关于罗尔斯是否"确实地"把机会的公平平等放在差别原则之前考虑。

或在资本市场中对教育方面的贷款(或补贴)没有缺陷时,那些禀赋较佳的人所获得的额外报酬就会减少很多。在较有利阶层与最低收入阶层之间的相对收入差别趋于消失;并且,当差别原则得到遵循时,这种趋势就更加强烈。①

关于机会完全平等的均衡化后果,罗尔斯也做了一个相当引人注目的断言。他说:"在综合考虑之下,在均衡中不同工作的相对吸引力将是同等的。"②这与上文中所展现的更加温和的陈述不一致,并且如理查德·克劳斯(Richard Krouse)和迈克尔·麦克弗森(Michael McPherson)所指出的那样,从更一般观点来看,人们在他们的天生能力上有区别,这一点经常由罗尔斯给出,这一点对他的不平等论述至关重要③。并且,人们可以补充说,即使有同样的天赋,罗尔斯所描述的均衡仍然只会在效用函数也相同的地方发生。

机会的公平平等比松散的差别原则导致更多的平等,这到了什么程度呢?回想一下,机会的公平平等是这样一种环境,在其中拥有相同天赋和相同抱负的人们拥有相同的成功前景。这得不出直接的推论,因为梯子的台阶之间有不同的间距,并且/或者有抱负的人们有不同的前景。它推出下面的结论,不像对于平等的政治自由和普遍的自尊而言似乎是可信的东西那样,没有理由在一般的可能性上假设,由差别原则推出的机会公平平等比没有受到机会公平平等限制的差别原则产生更多的平等。机会的公平平等不应该已然出现在布林克的清单上。

4. 激励和特权

我的断言,即罗尔斯支持了他不应该支持的激励性要求,已经受到两条相反路线的批判。第一条路线肯定了罗尔斯支持激励性要求是正确的,而我认为他的支持是错误的;但是,第二条路线否定他支持或至少他承诺了支持我所认为他支持的全部激励性要求。

第一条批判路线否定了差别原则对经济选择与态度的相关性。它宣

---

① *A Theory of Justice*,第307/207页。另一个类似的陈述,参见 *Justice as Fairness*,第67页。
② 同上书,第305/269页。
③ "Capitalism, 'Property-Owning Democracy,' and the Welfare State," p.93.

称,那个原则应当只是被运用于社会的基本结构,因为(这些是第一条批判路线的三个变体)基本结构对生活机会有特别深远的影响,并且/或者因为"一个不严格的差别原则"提出"过量的信息要求";并且/或者因为那样的一个差别原则提出"侵扰性信息要求"①。第三章处理了第一条批判路线的第一个变体,第七章和第八章分别处理了它的第二个和第三个变体。

在本节中,我处理第二条异议路线的一个变体,它是:

> 科恩夸大了他与罗尔斯观点的区别,因为科恩承认至少有些激励性要求是合理的,并且承诺同意一个更大的范围是合理的。②

第一条异议路线在通常接受(在我看来,这是正确的)罗尔斯理论的情况下为他辩护,根据他的理论,一旦好的市场规则在对的位置,那么在市场上"万事皆可"。第二条异议路线,由戴维·艾斯特伦德发起③,宣称没有那样的事情,但是提出:一个我只能在道义上支持的由动机支配的市场将与我从罗尔斯应该并能够完全支持的那种市场出发的设想没啥不同。埃斯特伦德注意到我明确允许不平等,那反映了一种谢弗勒式利己主义的个人特权④,但是,因此他极力主张,我无法保持融贯性地承认那个特权而不承认导致深层不平等的深层特权以及因此比我原本想到的更多合乎情理的不平等。在一个我必须考虑公正的社会里,"不平等产生的激励将仍会被许多认真尽职的公民所要求,他们实践的"不仅是那个特权,而且包括三个其他的"科恩所必须允许的特权"⑤。总之,我所寻求接受的谢弗勒特权的很有说服力的扩展实际上缩小了罗尔斯立场与我本人之间的差别。

在我回应埃斯特伦德之前,让我来谈谈在我读到他的挑战性文章之前,关于特权和激励我思考些什么。

我对罗尔斯的异议的中心要点是对于下面这个论证,这个论证宣称,激励性报偿是公正的,纯粹是因为它们使处境最不利者的境况好起来并因此

---

① 这些引语出自对我的观点的异议的一种分类,乔舒亚·科恩在"Taking People as They Are"第365页第3条注释中提供了它们:上面所给出的分类对他的分类稍有改变。
② 同上,但添加了数字(2)。
③ 见其"Liberalism, Equality, and Fraternity"。
④ 参见第一章第61页。
⑤ "Liberalism, Equality, and Fraternity," p. 101.

至少是促进激励性需求的动机。我的异议宣称,在"标准"情形中①,这些动机揭示出,对相关的受激励的行为主体而言缺乏一种对差别原则的承诺,缺乏一种削弱下面断言的承诺:差别原则宣布了市场激励的合法性。

但是,我也赞同允许收入不平等的两个理由,对这两个理由我没有争议,这两个理由与不平等的激励效果无关。第一个理由涉及收入不平等情形,它抵消了劳动负担的不平等②。这样的收入不平等是正当的,不是基于激励性根据,而是基于平等主义的根据。并且,不平等的第二个正当理由是,它可以在一种谢弗勒式个人特权的实践中相继发生,这种特权支持行为主体在他们的个人选择中不被平等主义要求完全限制。我也主张,并且根本不需要论证,即使特权有正当的理由,正义也指向一个没有太多不平等的社会。(我不声称我用"太多"指什么意思。)

需要注意的是,我**支持**我所(恰巧)支持的特权,这不是我对罗尔斯批判的组成部分③。这个罗尔斯批判的要点和我坚持的这个要点是,不平等的特权正当性证明**不同于**罗尔斯式的。迈克尔·大冢最近主张④,某些平等主义者容许背离平等的任何种类特权这一做法是被误导的。大冢没有说服我,但是只要我反对罗尔斯的论证在继续,那么我就能够去同意大冢并因此剥夺埃斯特伦德所利用的"妥协"。

现在,在我解读埃斯特伦德的文章之前,我打算**对比一下**不平等的激励正当性与它的特权正当性:如埃斯特伦德表明的那样,我不关注能够**结合在一起的**特权和激励的考量。我的主要思想是,谢弗勒特权不可能是对激励正当性的一个**论证**,如果只是因为激励考量所证明的不平等的数量随环境而变化的话:它可能比谢弗勒特权所会许可的更多或者更少。它可能更多,是因为产生于对巨大市场力量的运用的不平等可能超过了谢弗勒特权所允许的范围。它可能更少,是因为高超的经济学家们可能发现了对人们进行过度征税的方式,也就是说,相对于谢弗勒特权宣称他们有权利去保留的他们所挣的那个数量:如果谢弗勒特权是站得住脚的,那么它应该影响

---

① 参见第一章第 57 页。

② 参见第一章第 55 页上所描述的"特别负担"情形。我相信,埃斯特伦德建立在男性与女性有不同的工作偏好这个假设之上的事例("Liberalism, Equality, and Fraternity",第 105 页)未能起到它的作用,因为它是特别负担情形的一个复杂例子:在这里不需要特权来证明相关的不平等的正当性。

③ 我在第一章第 61 页上所说的只是"我不情愿拒绝"谢弗勒特权。

④ 见"Prerogatives to Depart from Equality"。

税收政策,但是在一般情形中,它所建议的东西不可能是激励论证所建议的东西。因此,如我说的那样,"妥协观念",即正义是在合乎情理的自私与他人利益之间的一种妥协这个观念,"简单地说,不同于下面的观念:如果不平等对于惠及贫困者是必要的,那么它们就是正当的,即使这些行为主体是市场上的利己主义最大化者"①,而无论他们选择成为什么程度的最大化者。

埃斯特伦德制定了三个步骤。首先,他把特权和激励主题比我所看到能够做的更加清楚地**结合在一起**。对埃斯特伦德而言,**正是凭借**特权,一个人的激励要求才是合乎情理的,尽管只有那样做能够惠及处境最不利者时国家才同意那个要求。其次,埃斯特伦德断言,如果我赞同一种自私自利的特权,那么我也必须赞同其他的特权。再次,他推断,一旦这些深层特权被认可,那么结果就可能比我似乎准备赞同的更加不平等。

我将对埃斯特伦德的第二个步骤表达一个较小的保留,对他的第三个步骤表达一个较大的保留。

那个较小的保留涉及埃斯特伦德已经识别了多少个真正的**深层**特权。埃斯特伦德的第一个假设的附加特权关系到人对他人可以感受到的**情感**,她可以情愿地通过人们(因此)所要求作为一种激励的金钱来提供服务②。但是,如此的情感诱因已经被包括在埃斯特伦德的特权中,在那些的确是受对他人的情感所鼓舞的计划中,它允许一个人对他自己的计划投入不相称的影响力。我的错误不是我未能(对谢弗勒特权)**增加**一个允许对他人情感迁就的特权,而是我错误地把谢弗勒的特权只是描述为一种(狭隘的)自私自利的情况。然而,我们能够在一种狭隘的自私自利特权与一种情感之间做出区分,并且,埃斯特伦德当然是正确的,任何人只要准许第一个特权也就必须准许第二个特权。

埃斯特伦德称他的第二个所谓的附加特权为"不平等产生道德要求"③,他对它的例证是这样一种情形:在那里,一种激励引导我更加努力地工作,以便我能够对我损坏邻居的花园做出赔偿。埃斯特伦德的想法是,为处境最不利者做那份额外工作在我的能力范围之内,但是,那个"道德要求"

---

① 第一章第 72 页。
② Estlund, "Liberalism, Equality, and Fraternity," p. 102.
③ 同上。

特权所证明的并不是全力以赴为了它们。这个可能的确会被看作一种深层特权①,尽管人们可以质疑它会证明多少不平等是正当的。

最后,埃斯特伦德主张,如果如我所准许的那样,在一个人的优先性计算之内允许自私自利这些主张压倒了社会正义主张,那么即使从一个不偏不倚的视角来看那些其他的考量不值得更为重要,但一般的社会正义也可能在那个计算之内被其他的道德上的重大考量所压倒。激励性追求可能被例如建立促进艺术的基础这个愿望所证明是正当的。但是,这又被包括在一种谢弗勒式特权之中。

到目前为止所形成的观点,如我所说的那样,都是次要的,因为它们没有触及埃斯特伦德第二个步骤的**实质**,即我必须允许比我明确承认的更多的特权。我关于埃斯特伦德的第三个步骤的观点是更为实质的。

假设我说你应该花费一个下午的工作在你的青年俱乐部上,但是,你却能够拿出一个小时来修理你的指甲,或者去拜访你所深爱的阿姨,或者去偿还你所欠的道德债,或者去追求一些独立的道德目的。那么,我已经给了你特权来说明埃斯特伦德所区分的四种类型的特权,但是那不意味着我已经给了允许你拿走四个小时的特权。可能的确存在"自私自利、道德和情感"(参见第112页)的特权,但是,这推不出对于合乎情理的不平等而言会比单独一个狭隘的自私自利特权有更多的余地被证明是正当的。对于做某件事情而言你能够有超过一个正当性理由的更多正当性理由,这个事实不意味着在一个比以下情况更大的程度上证明了你做那件事情是正当的:如果你做那件事只有一个正当理由那么你就会被证明做那件事情是正当的。埃斯特伦德的第三个步骤不是一个逻辑步骤。

这里有三个可能的观点,其中第三个似乎最合理。首先,你有**一个**特权,可以背离平等到一个规定的程度,无论你怎样使用这个特权,可以是自私自利的,并且/或者情感上的,并且/或者道德上的。其次,每一个特权都证明额外的不平等是正当的,而不只是有区别地加以证明,并且,如果(一个公认的古怪假设)它是唯一的特权,那么它就会证明与讨论中的特权所会证明的不平等数量同样多的额外不平等是正当的。第三个也是似乎最合理的

---

① 我明显慎重地表达自己的观点,因为人们可能把一种特权看作是在同等的合法性之下一个人能够要么做要么不做的某种事情,并且,当**允许**一个人不需要特别地对待处境最不利者时,这个当前假设的特权就不是人们直接被允许**不**去做的某种事情。

观点是，真理位于前两个观点之间的某个地方。

我不知道怎样去确立关于这些特权的真理。也许我**确实**低估了谢弗勒特权——如我理解它的那样——**本身**所会允许的不平等数量，但是，我认为可以公允地说，比起我认为的狭义上构思的特权考量所会允许的东西，埃斯特伦德没有**表明**更多的不平等被特权证明是正当的①。

此外，需要注意的是，在披着个人特权和其他人特权的外衣来包装最初的"赤裸裸的"②激励论证中，埃斯特伦德突破了罗尔斯所坚持的公共与私人之间的障碍。对埃斯特伦德而言，同对罗尔斯而言一样，在由松散的差别原则所制定的强制性规则**之内**你所做的事情都没有超越分配正义的判断。根据埃斯特伦德的观点，如果没有基于特权的理由来要求激励性需求的话，那么激励性需求在正义的公开审判中就面临着批判。

这就是为什么埃斯特伦德正当地宣称，对例如配偶之间或者搭档之间褊狭的私人正义的一种关注充当了"社会正义标准侵入对某种更狭隘关系和努力的引导的一种缓冲器（尽管不是一个障碍）"③。因为埃斯特伦德没有为**障碍**辩护，因为确实他乐于破坏它，他对我的批判支持了我对罗尔斯关于私人的经济选择免疫于正义判断的学说的批判。如果并且**只不过是**因为，无论有抱负者的动机可能是怎样的，迎合那些动机都能够惠及贫困者，那么罗尔斯本人就证明了不平等的正当性。埃斯特伦德没有为这一

---

① 当我读到诺曼·丹尼尔斯对埃斯特伦德的下述评论（"Democratic Equality"，第267页）时，我留下了深刻的印象："由于这个坚固的与行为主体相对的特权，我们排除了明确的贪婪情形，但没排除个体通常表现出来的许多由不平等产生的选择。罗尔斯的松散解释与科恩的严格解释之间的距离就突然缩小了。"丹尼尔斯没有为他的有力陈述的经验主义部分提供证据。

我应该也喜欢在这里评论由乔舒亚·科恩所做的一个使我感到困惑的关于标准情形的观察。在评论了我承认谢弗勒/埃斯特伦德类型的特权之后，科恩继续说道：

> 因此科恩接受至少某些激励性不平等的正义，这出现在**绝对的激励**情形之中，并且他无疑必须同意，难以准确地划定可接受情形的范围。因为这个原因，所以我不理会这种情形。（"Taking People as They Are"，第373页）

如果要给出或者采纳一个好主意的话，那么乔舒亚·科恩的**绝对的激励**情形就是我的"标准情形"。奇怪的是，我发现我们应该假设能够真的不理会那样的绝对激励情形，只不过是因为它们中的一些确实应该不被理会，并且，这个不理会的界限很难确立。这个程序的一般化会消除道德哲学和政治哲学中的许多讨论。

② 参见第一章第6节的倒数第二段。

③ Estlund, "Liberalism, Equality, and Fraternity," p. 106.

点辩护①。相应地,我深信,他发展出来的商榷情况没有如埃斯特伦德有时所建议的那样与罗尔斯本人的观点保持完全一致,而是对它的一个实质性改编,是处于罗尔斯的观点与我在第一章至第三章中所辩护的观点之间的一种折中方案。

埃斯特伦德意识到,他不是直接证明而是重构了罗尔斯的立场。他写道:

> 科恩的论证让我们明白,如果差别原则曾经要证明重大不平等的正当性,那么这个理论就**需要**走向特权。当然,从罗尔斯的最初论证来看,这一点不是清楚的。

毋宁说,埃斯特伦德正在提出一条中间道路:

> 对差别原则的松散解读与严格解读之间的[那个]区分展现了一种错误的两难困境。真实的情况既不是如下情况:当非常有必要改善处境最不利者时,能够无视人们所持有的动机,不平等就只是被证明是正当的;也不是如下情况:如果有必要改善处境最不利者,无论人们碰巧持有什么样的动机,那么不平等就被证明是正当的。毋宁说,在松散与严格之间有我们所可能会称作的:
>
> **温和版本的差别原则**:倘若人们所持有的真实动机与一种被那两个原则所限制的正义风尚相一致,当有必要改善处境最不利者时,不平等就只是被证明是正当的。
>
> 按照温和版本的差别原则,如果人们寻求激励是为了追求科恩所准许的与正义的风尚相容的特权,那么为了也尽可能地惠及处境最不利者,[实质的——G·A·科恩]不平等就可以是必要的。
>
> ……我归于科恩观点的重要性是这样的:许多人原本以为罗尔斯的论证会证明改善最少受惠者的不平等的正当性,即使这要求提供激励给自私自利最大化的有抱负者。科恩的论证首次驳斥了这个关于罗尔斯的论证会证明何者正当性的断言。然而,科恩错误地假设公正的

---

① 在一篇没有发表的非常有吸引力的名为"I Will If you Will: Leveraged Enhancements and Distributive Justice"的短文中,埃斯特伦德为下述看法提供了极其有趣的理由,即在合法特权的实践中所允许的激励性不平等的数量可能比他写这篇在此讨论的文章时所假设它会允许的数量要少很多。

公民们不能够既是激励的奉行者而又不是自私自利的最大化者,因此差别原则仍然可以证明重大不平等的正当性,但是,是在一个不同于公认基础的基础之上。也许这个新的基础不会证明与那个错误解释所能证明的同样多的不平等,但是这个到目前为止不太清楚。①

埃斯特伦德认识到,没有迹象表明罗尔斯依赖于规定的**特权**来致使不平等是公正的:**无论激励被"赤裸裸地"要求什么东西**,罗尔斯都允许,并因此许可了特权,因为那些没有得到埃斯特伦德支持的理由②。因此,无论埃斯特伦德是否证明了比我所想的更多的不平等是正当的——并且我们继续不同意这个困难的判断问题——他却没有证明我的主要目标,即赤裸裸的激励论证,并且,通过它对自由主义有某种理解。同时,正如我已经解释的那样(参见前面第389页),为了我对罗尔斯的批判,我需要对特权采取一个没有具体观点的立场。

5. 博格的总体目标和超级目标

博格《论分配正义的场所》第8—13节致力于驳斥被利亚姆·墨菲肯定③并且被博格归于我的一种名为"一元论"的观点,这个观点意味着作为国家这只雌鹅的道德调味剂的东西是普通公民这只雄鹅的道德调味剂。因为一元论宣称,适用于任何地方的任何基本规范性原则也适用于每一个地方:于是,如果适用于基本结构,那么也就适用于个人行为。博格把一元论者划分为超级目标的一元论者(博格认为我是其中之一)与总体目标的一元论者,并且,他主张一元论的这两个形式(也因此,一元论)都站不住脚。

总体目标的拥护者大致上是这样说的:"任其自然,无论怎样,某个单个目标就实现了。相应地,如果因果关系碰巧是独特的,并且,如果人们寻求阻碍目标的实现,那么目标将被更好地实现,那么就让人们寻求阻止这个应

---

① 私人通信,1998年4月21日:我已经满足于一点有帮助的(没有欺骗的)剪辑工作。

② 根据这个情况,来自埃斯特伦德1998年通信中的那个长引语的最后一句就是不足以妥协的。允许只是在一个选定的动机范围内想要更多怎么能够和允许在**任何**动机范围内想要更多证明同样多的不平等呢?

③ 为防止可能的误解,我注意到,对于本书导言第3节中所肯定的多元论,墨菲的一元论是中立的。墨菲的一元论大体上是说,同一组目标(这个组所包含的要么只是一个目标要么是多个目标)应当被所有的行为主体所追求。在我的导言中所肯定的多元论是说,存在一个激进的目标多元性(无论所有站得住脚的目标是否应当被所有的行为主体所追求)。

当被实现的目标去被实现吧。"完全相反地,超级目标的拥护者大致上是这样说的:"每个人都应该有意识地寻求那唯一值得的目标,不管它由此被实现的可能性有多大,即使如果没有人寻求去实现它则它会被更好地实现。"

我将论证:首先,博格在两种目标之间所做的区分与那样的一元论没有关系;其次,它应该使一元论者为难比起它使其他任何人为难既不多也不少;以及再次,它实际上不应该使任何人感到为难。

"总体"与"超级"①之间的差别和一元论与多元论之间的区分无关,因为所说的差别甚至包含在目标的一种(每种意义上的②)**多元性**的表现之中。根本的对比是偏爱可欲的结果与偏爱产生那可欲结果的意图之间的完全一般的对比:如果我先思考人们应该促进一个目标 G 是因为实现 G 是值得的,那么,**无论 G 是不是我所赞同的**对每个对象包括国家和公民而言都应该追求的**唯一目标**,关于 G 的实现,如果对于寻求促进 G 的人们而言最后结果事与愿违,那么我应该说什么呢?这个问题的尖锐程度与一元论无关,因此,博格把它与一元论特别地联系起来就有些误导了。这个由假设所引起的困境完全是一般的,并且因为这个原因,就一元论/多元论争论所涉及的范围而言,它完全没什么恶意。注意一个类似的问题,也是同样独特的一个问题,这个问题能被提给罗尔斯:你更喜欢一个其政府目标是满足差别原则的社会,但不喜欢其政府目标是其他的东西但碰巧使处境最不利者也能被尽力改善的社会吗?如果一元论者面临一个难题,那么罗尔斯也同样,并且,任何一个赞成任何种类目标的人也同样面临一个难题。

我在第三章中建议,如果我们支持差别原则,那么一个**社会**是否**奉行**差别原则就决定了**它**是不是公正的,并且,差别原则指示我们所奉行的社会分配的近似值,即一个最大最小化的分配,就决定了一个社会的**分配**是否公正(无论差别原则要求那个近似值所依靠的手段是不是可获取的)。博格要求我在公正社会的"超级目标"与公正分配的"总体目标"之间做出选择。在我看来,他问的是(第 160 页,第 40 条注释③)公正社会和公正分配的(可能的)竞争性目标的相对权重是什么。

在这个问题能够被提出的范围之内,存在可对比的视角。先考虑政治

---

① 与在一元论范围之内表明那个区别的那些名称相反。
② 参见前面第 46 条注释(中译本第 362 页注释③——译者注)。
③ Pogge, "On the Site of Distributive Justice," p. 160. ——译者注

哲学家的视角,问我们作为一个社会应该奉行什么。在那个视角之内,我们不可能在实现正义与奉行正义之间做出选择,因为当我们奉行正义时,它就是正义本身,而不是对它的纯粹奉行,这是我们的目标①。当我介绍博格的总体目标/超级目标区分时,我通过辨别一个人可能会说"允许事情那样……"的不同事情来区分这两个目标。但是,这是上帝的语言。我们缺少权能(power)来**允许**任何事情如此这般:我们仅仅能够**使得**事情如此这般。对我们而言,"总体"与"超级",以及它例证的更一般的区分,在行为主体的视角之内都是不可操作的区分②。上帝(或者,就此而言,任何其他的第三方③)能够决定**他**(或者**她**)更喜欢正义还是更喜欢对正义的奉行,但是,那些寻求正义者无法决定。

当自然④做好事的时候,那是令人愉快的;当同样的事情来自人类意图和美德时,那至少在某种程度上更加令人愉快。但是,去问哪一个**更好**,为了哪一个应该乐意去牺牲另外一个,则有点儿古怪。我们不可能控制自然,而只能控制我们做什么。因此,当选择如何行动时,我们不在总体与超级之间选择。对博格的假定难题的回答是:你应该瞄准你认为一个受到良好鼓舞的人所会瞄准的东西,并且你应该希望一切进展顺利。只有在特殊的情形下,你才应该(相反地)瞄准**成为**一个受到良好鼓舞的人。

现在考虑一个可对比的视角,不是**我们**在其中行动的视角,而是国家——在这里它不是被设想为"我们",而是作为第三方——必须于其中在倾向于导致公民公正的立法与提高分配正义的立法之间做出选择的视角:也许通过公民社会的适当分层来促进公民的正义会比花费同样多的金钱来提高对处境最不利者的社会福利支出产生更少的分配正义。因此,我**能够**被询问,我会更喜欢国家去做哪一个。回答是:它依赖于环境。在我的(可允许的)观点中,任何一个目标都不左右另外一个。如果事情足以恐怖,那么我们应该喜欢正义超过喜欢对它的奉行。但是,在某些环境中,对正义的奉行更可取,即使在正义方面付出些代价。

---

① 正如迪克·阿尼森(Dick Arneson)已经向我指出的那样,我不是"承诺下述立场:如果一个人真的拥护平等,那么他就会感觉到自己在道德上被要求行动起来去表达自己对平等的承诺,即使那样做是事与愿违的"(私人通信)。

② 类似的考虑适用来反对秋东律在其"Cohen's Egalitarianism"第Ⅴ-3节(第39—43页)中对"平等引发的风尚"与"平等促进的"风尚之间的对比。

③ 诸如国家,相对于它的全体公民:参见再下一段。

④ 自然在这里涵盖了各种无意识的事情,并因此包括我们行动的那些非故意的后果。

我已经论证,一元论者不需要对超级目标/总体目标的区分比任何行为主体对它所例证的一般区分更感到为难,实际上,任何人都根本不需要对博格所做的那个区分感到为难。我现在补充说,在任何情况下,在相关的意义上我本人都不是一个一元论者或者一个一元论的否定者。我对这个问题没有明确的看法,不是因为我不知道自己的观点,而是因为我不确定"一元论"是什么:我在本节的开头段落中所提供的界定性阐述能够经得起进一步的澄清。通过在他的论文第四节中把我和利亚姆·墨菲归为一类,通过把墨菲和我看作有着相同的目标,博格夸大了我对墨菲立场的认可。无论它是否推导出我本人的立场,我都没有持有和墨菲的道德一元论那样一般化的立场。我没有说,(仅仅)**因为**最大最小化目标支配国家行为,所以它必须支配个体的行为。我只不过是提问为什么它不应该那样做,并且,我拒斥对这个问题的各种各样回答,是因为它们的各种各样不充足,而不是基于墨菲意义上的一般立场。我也没有说,笼统而言,"下面的事情没有意义,即要求公民们以一种方式去追求[一个]目标……而不是要求他们也以其他的方式去追求它"①:如果这一点没有被第三章第 2 节最后一段中竞技性运动的例子所反驳,那么我不知道它意味着什么,并且,我因此不知道一元论应该是什么样子。我所期望得到的不是这个领域中的一般性:我不过是设法批驳那些**实际的**理由,即罗尔斯主义者对为什么公民们不需要以特别的方式——如果它对支配他们的选择的那个风尚有影响那么他们就会采纳——来奉行分配正义所给出的理由。

于是,我没有"极力主张"罗尔斯"赞同超级目标一元论"。博格为这个结果所援引的段落也极力主张没有这样的事情②。我只不过把公正的社会与公正的分配区分开来,并且,我批判了罗尔斯对何者足以满足公正社会的观点:我断言,根据罗尔斯自己的清晰阐述,它不足以满足公正社会。

6. 博格在处理标准情形上的失败

(1) 贯穿他的文章《论分配正义的场所》第 4—7 部分,托马斯·博格介

---

① Pogge, "On the Site of Distributive Justice," p. 159.
② Pogge, "On the Site of Distributive Justice," 第 158 页。所援引的段落出现在 *If You're an Egalitarian, How Come You're So Rich?* 第 131—132 页、"Where the Action Is",第 14—15 页,以及前面第三章第 127—128 页。

绍了五种关于我指派给有才能者的"义务"①的可能阐述,并且,他断定所有这五种都应当要。那么,让我来陈述我在差别原则之下把那个义务理解成了什么,如果它是义务的话,并且让我来为一种个人特权**取模**(modulo):这个义务不是要比他人获得更多的收入,而是在那样的薪酬被要求去补偿"特别负担"②的地方节省下它们。现在,让我来评论博格讨论中的一些要素。

博格关于科恩义务的第一个候选阐述(第143—144页)把违反该义务的自我富化的有才能者比作普通的绑架者。但是,这种有才能者例证了我的"欺骗"情形或"糟糕"情形③,对此我明确不加以考虑。相反地,我所谴责的有才能者类似于一种不寻常的绑架者:如果他得不到赎金,他实际上会更愿意保留小孩(参见第299页)。(在第5节的开头部分中,博格意识到他的第一个阐述没有接近目标,但是,对他的最初论述而言没有根据显示我有时候"暗示"那种阐述[第143页]。)

(2) 在第5节中,博格进而介绍我所称作的"标准"情形④,这是我非常明确地特别强调的情形:正是我的标准情形的有才能者和他的更不用说的骗子同胞,违反了科恩义务。但是,博格不正确地论证,标准情形瓦解了我的欺骗或糟糕情形:

> 无论如何,科恩本人没有把策略安排看作是他的批判的中心问题。在"对不平等的帕累托论证"中,他区分了在一种罗尔斯式社会中的三种经济不平等情形。他把策略情形描述成"糟糕情形",并且表达了下述信念,即最可能的是"标准情形",在那里"有才能者的工作不是特别地难以承担,而是相反,在性质方面比其他人的工作更加舒适"("帕累托论证",第172—173页)。现在,如果高生产率的工作真的更加舒适,那么为什么在标准情形中当真会有差别工资呢?有才能者毕竟更喜欢舒适的工作,即使没有特别的报酬。因此,为什么一个满足差别原则的税制不会减少那样工作的报酬倍数到1或者更低呢?科恩所指示的回

---

① 我补充触目惊心的援引是因为我更喜欢谈及有才能的人如何在一个公正的社会中表现。有关这个的真理并不蕴涵在一个不公正的社会中所赋予他们的这个义务:是否如此是 *If you're an Egalitarian, How Come You're So Rich?* 第十章中那个无结果性讨论的主题。
② 参见第一章第61页及其后页码(关于特权)和第55页(关于"特别负担")。
③ 分别参见第一章第57页和第二章第102页。
④ 参见第一章大约第57页。

答是,"如在糟糕情形中一样,有才能者可以成功地坚持"一个更高的纯工资标准,科恩然后把它称作"依据与他们的优秀才能有关的谈判能力,他们把握到的一个标准"("帕累托论证",第173—174页)但是,根据这个回答,标准情形就陷入到糟糕情形,这再次表明,科恩为在一种罗尔斯式社会中坚持的高报酬倍数所能够设想的唯一解释(包括对特别繁重工作的额外报酬的"良好情形")是,通过有才能者的策略行为。①

博格的经济推理工作**至多**为重要的不现实情形服务,在其中有才能者的选择是双重的:要么从事管理,要么从事劳动。如果我们介绍最小的三种选择的现实主义给管理者,即:或者作为一个管理者工作8小时,或者作为一个管理者工作6小时,或者作为一个劳动者工作8小时;那么,如果税赋抬高并有损于劳动者的话,那么管理者的效用函数可能会引导他更愿意并去选择作为一个管理者工作6小时,而不是作为一个管理者工作8小时。并且,这个选择的管理者活动不会使他被看作一个"糟糕的"或者"欺骗的"管理者。

第一章第57页上的论述指出了"标准的"管理者与欺骗的管理者之间的区别。欺骗的管理者发布一种**威胁**,因为即使在高额税率的情况下,他也会更喜欢他现在做的工作,而不是减少他的工作投入。标准的管理者发布一种**警告**,因为他真的更喜欢在低于60%的税的情况下工作,而不是在40%的税的情况下工作(即使,显然一致并至关重要的是,当他在60%的税和在40%的税时一样工作卖力时,他的处境会保持比劳动者的处境更有利)。"策略行为"以其他人的预期反应为条件。因此,威胁是条件性的,而警告不是条件性的②。

因为"标准的"有才能者仅仅是警告,所以"谈判能力"在我这里可能是作为一个不幸运的措辞选择:在标准情形中,有才能者可信地宣告他们的真正偏好,并且,政府同意他们不考虑处境最不利者。他们讨价还价,是因为他们不愿意为低于激励所提供的东西去工作。这个宣告是打算促成并且确实促成了他们所想要的东西,尽管人们可以否认这个宣告建立了一个"谈

---

① "On the Site of Distributive Justice," pp. 144 – 145.
② 这个区分归于诺齐克。参见他的"Coercion"第103页及以下页码。

判的"立场。但是,相关的实质区别是在欺骗情形与标准情形中的偏好排序之间,它们在前面一段中被清楚地安排好,无论我们想要怎样使用"谈判"这个词语。

博格对我有关标准情形论述的批判引导他提供了他对我的批判的第二个阐述,它的目标是经济租金①。但是,这是一个严重的错误。一个人接受经济租金不含有任何人际的推论:它没有谈论他的条件与其他人的条件相比较的情况。标准情形(它是唯一恰当的情形)的描述包括了有关人际福利比较的信息,但后者不包括在经济租金的评估中。如果贝比·鲁斯(Babe Ruth)(博格,第20条注脚)讨厌打篮球,但更讨厌任何的非球类工作,那么在我看来,他打篮球得到高工资可能会已经得到保证,即使那负载着租金②。

(3) 总结一下到此为止的要点。为了更好地揭示,我们能够假设所有的有才能的最大化者都陷入了标准情形。因为我所(特殊)谴责的就是这个情形,**为给一种个人特权取模**,我拟定的道德义务如我所说的那样,不是拿取比处境最不利者所节省下来的工资更多的工资,在那里这样的工资被要求节省下来补充特别负担。并且,这不等于谴责策略性行为或经济租金。

(4) 博格对我的激励批判的特性的其余讨论被他把标准情形和欺骗与租金事例合并到一起所削弱。

我发现难以理解博格的克莱拉情景(参见他的第6节)。**根据**(博格的)**假说**,在克莱拉的世界中,管理和劳动"在客观上是同等繁重的",而克莱拉本人相对于管理更喜欢劳动。但是,这些事实没有告诉我们,和不同工资等级上的有代表性的劳动者相比,当克莱拉从事管理或者从事劳动时,她的处境多么有利。我所使用并辩护的开诚布公的人际福利比较,在这里被一个不比较人们偏好的客观的负担尺度所替代。我不排除那样的比较,但是,通过我的阐明可以看出,它们没有弥补一个事实,即没有足够的信息让

---

① 见"On the Site of Distributive Justice",第146—147页。博格对我在第146页上有关经济租金与生产者剩余(producer surplus)之间区分的批判对我而言似乎非常不相关,但是那无助于我们的争论,因为博格只不过使用"经济租金"作为我所称作生产者剩余的东西的一个名字而已,而生产者剩余,如我定义的那样,在这里是相关的可变项(不管"经济租金"是否能指某种不同于"生产者剩余"的东西,我认为是这样,但博格不这么认为)。

② 在临近"On the Site of Distributive Justice"第5节的结尾处,博格不知不觉地陷入了对尺度的评论,却没有注意到我在第二章第6节中所谈论的问题。

我来宣称"克莱拉退向劳动"(第150页)是否是可允许的。

博格宣称:"[科恩的]批判的第三个阐述允许这个"向劳动的"退向"(第150页)。但是,我所能指出的是,他没有实际地描述那个应该允许它的阐述。

(5) 无论那个阐述是什么,博格都认为我不会允许克莱拉后退。这引导他走向他的第四个阐述:"有才能者应当如它们在罗尔斯所设想的社会中会做的那样作贡献,即使得到的仅仅是社会产品的一个平等份额。"并且,这确实接近了目标,因为我假设,对于有才能者而言,他们的工作没有比那些没有才能者的工作更小地满足有才能者①。

(6) 博格现在提出一个进一步假设的问题:

> 克莱拉的最近抱怨提出了一个认识论问题。当所有有才能的公民们众所周知地都是参量的最大化者时,那么清楚的是,一种对差别原则的真正承诺要求他们全体都去做的事情是:他们应该像他们现在做的那样工作,但却改变所有特别报酬的使用方向。②

博格接下来对比了这个解决方案的清晰度和在部分遵从的情形中我们能够说什么,并且提出了有关这个问题的认识论困难③。但是,那个附带的讨论与这里无关:我们辩论的领域是对完全遵从理论的情形。

(7) 第7节展示了博格的第五个阐述:

> 所有人都应该寻求其能够履行的最有成效的工作,无论他们个人可能发现那样的工作是多么令人讨厌;并且,所有人应该接受对他们的工作不超过单位报酬(除非根据人际的不变标准,它特别地难以承担)并且应该使用剩余的部分来贴补最低收入者。④

---

① 这应该导向一个惹人反感的在其呼吸器为7的杰夫与其呼吸器为5的克莱拉之间的对比(博格在其"On the Site of Distributive Justice"第145页上定义了呼吸器)。但是,我不理解什么东西使我摊上了"一个完全武断的中止"观点("On the Site of Distributive Justice",第150页)。

② "On the Site of Distributive Justice," p.151.

③ "但是,在一个社会中,其中有些公民可以——即使是部分地——是在遵循这个道德义务,它的内容是不可知的,因为那样(部分地)道德上的教化安排影响了最优的报酬倍数和税率。"(同上)

④ 同上书,第152页。

这个虚构出一个噩梦般的场景,在其中我所支持的义务被解释成尽他们所能地制造富有成效的工作来使较少工资者得到尽可能高的收入。这个场景非常容易忘记我在第二章第 5 节和第 6 节中对资源和福利尺度的有关讨论。需要注意的是,如前一样,在对第五项义务的阐述中缺少了人际比较的条件这个指示器。

博格断言我自相矛盾:"就它在非常不情愿的超级多产者身上赋加如此过分的要求而言,科恩本人则舍弃了他所极力主张加诸罗尔斯主义者身上的[攻击的]道德义务。"①我的工作中没有这样显而易见的不一致。为了清晰表达并忠实于我的立场,博格的句子会不得不大致继续如下:"就他们在没有好的理由的前提下所坚持的一种纯粹的资源尺度而言。"如果加上这一句,那么那个所假设的在我的观点中的不一致就消失了。

博格的根本错误是在第二章第 6 节中采用了我所称作的"不一致的尺度"。我宣称,**如果**处境最不利者**在资源方面**得到尽可能的改善,那么超级多产者必须工作到他们开始降低水平,无论他们的生活变得多么不愉快。因此,我只"**极力主张**"道德义务,但**如果**(如我不认为我们应该的那样)我们**在资源方面**最大最小化,那么我也拒斥这个道德义务。在我看来,这是一件应当做的疯狂的事情,并且,当这个疯狂事情被撇在一边并且我们在一种对福利有所考虑的尺度中最大最小化并因此在人们所经历的劳动负担方面最大最小化时,那么当然我极力主张不存在福利破坏性义务。即使为一种资源尺度取模,宣称我"**极力主张**"它也不是非常正确的:我只不过是说通过那种尺度差别原则**使不公平**的义务**成为了必要**。

7. 分配正义的通货和激励性不平等

在《正义、运气和知识》第八章中,苏珊·赫尔利声称要辨明有一种不一致或至少是一种张力,存在于我在对罗尔斯激励观点的批判中所阐明的立场与我的论文《论平等主义正义的通货》的中心思想之间②。我在后面那篇文章中论证,在一个平等主义的正义观点之内,并且在一个一级近似

---

① "但是,在一个社会中,其中有些公民可以——即使是部分地——是在遵循这个道德义务,它的内容是不可知道的,因为那样(部分地)道德上的教化安排影响了最优的报酬倍数和税率。"("On the Site of Distributive Justice",第 153 页)

② 塞缪尔·谢弗勒说,他在"What Is Egalitarianism"第 37 页第 77 条注脚中倾向于肯定这样一个断言,但是在那里他没有展开这一点。

值上①,不平等是公正的,当且仅当,从不平等盛行于其中的人民利益的角度出发,不平等反映了选择方式并且是错误选择的方式。赫尔利相信,在这个立场与我下面的主张之间有一种张力,即多产者与少产者之间的不平等不只是由下述考虑所导致:不均衡化激励会比没有那些激励所引发的不平等更多地惠及少产者。

我将随后描述赫尔利所声称辨明的这个张力,但是,先让我来说明"通货"观点与我关于激励的论证的**结论**之间是一致的。后者没有宣称,一个公正的社会显示了不存在报酬的不平等。它否认的不是报酬的不平等可以是公正的,而是它的激励性正当理由使之是公正的。并且,它的激励性正当理由确实没有使之是公正的,从"通货"的观点来看,只不过是因为不平等的激励性正当理由没有要求高报酬者与低报酬者之间在报酬上的差异完全是一个他们的选择问题,相对于完全地或部分地是一个运气问题。中心要点是,由激励性正当理由断定的公正的不平等的充分条件(一种"向前看的"或者推论性的条件)与由"通货"规定的公正的不平等的必要条件(一种"向后看的"或者先决性的②条件)之间不一致。那个改善处境最不利者的"激励"主张没有证明:不平等没有与"通货"观点相抵触,反而是由"通货"观点**得出**。(这不是说,所述主张在我的有关罗尔斯激励问题的批判中以"通货"观点为**基础**得到了论证。相反地,被论证的是,那个假定的正当理由没有得自罗尔斯的差别原则,除非我们假设我们处在差别原则必须谴责为不公正社会的一个社会里。)③

现在,赫尔利问:如果如"通货"所说,选择产生了一种豁免于平等的权利,那么为什么更努力工作的选择即有才能者对激励的回应就不产生那样一种豁免权?她的修辞学问题不是说讨论中的问题于是会被作为差别原则

---

① "在一个一级近似值上"——接下来的陈述忽视了我为回应托马斯·斯坎伦的某些论证而提出的观点的微妙之处:参见我的"On the Currency of Egalitarian Justice",第937页。那个微妙之处在这里被忽视是因为它与本节中所讨论的问题无关,并且,"Expensive Taste Rides Again"中所提供的对我的最初观点的进一步修正也与这里所讨论的问题无关。

② 这个词来自乔治·谢尔(George Sher);参见他的"先决主义"(Antecedentialism)。

③ 既然实质上我已经提供了前面提到的段落,赫尔利就主张向前看的与向后看的正当理由之间的区别是"人为的"(Justice, Luck, and Knowledge,第215页)。但是,我不理解她对那个的论证:以她所描述的(构成原因的)动态眼光来看问题不可能抹去由已做的事情来证明(在先决条件方面)是正当的奖惩与由所发生的事情来证明(在后果方面)是正当的奖惩之间的区别,如果它们被提供或似将发生的话。

条件下的激励而被证明是正当的,而是被作为由选择证明是正当的不平等的一种特殊情形。

在详细阐述我的回应时,我将在对普遍性没有威胁的情况下假设,全体居民分为平等的生产者和平等的非生产者。假设起初生产者和非生产者都同样提供相同数量的所选择的努力,但是不得已地有着不同数量的生产,是因为天赋方面的不同,它把生产者和非生产者区分开来。那么,根据"通货",如果其他条件相同,那么所有的人应该享受同样的报酬。

现在,假设**一些**生产者和**一些**非生产者选择提供同等程度的额外努力,并且每个分类中的其他人继续提供与先前一样的努力。那么,"通货"就预示了报酬的不平等,然而,不是在生产者与非生产者之间,而是在额外努力的提供者与额外努力的抑制者之间①。并且,这个报酬的不平等当然没有因为其作为一种激励的结果而被预先规定。在这里,所讨论的不平等在形态上完全不同于不平等的一种激励性正当理由所会预先规定的东西。

我们正在假设以下问题不是一个运气问题:一些生产者**制造了**他们所做的努力增长型选择。但是,与少产者不同,作为那个选择的结果,他们尽可能多地生产,这却是一个运气的问题。按照"通货"的观点,有助于解释并进而谴责结果不平等的相关坏运气是,非生产者缺乏生产者能够通过投入相当大的努力选择去生产的生产性选择(the choice of producing),因为对非生产者而言,不幸运的是,他们确确实实是非生产者:他们的服务没有达到有关的要求水准。在不平等的激励性正当理由中,这个坏运气被忽略了。

赫尔利写道:

> 凭借他们[例如,生产者的]进行生产的选择,他们至少对这种额外产品可负部分的责任。对他们而言,并不是所有的生产都可看作是一种运气问题。因此,有些产品不应该被用来再分配,而应该返还给

---

① 这是约翰·罗默对机会平等的简练清楚阐述的一个原版:参见他的 *Equality of Opportunity*,并且,一个更加简明扼要的阐述,参见他的 "A Pragmatic Theory of Responsibility for the Egalitarian Planner"。如赫尔利恰当宣称的那样(*Justice, Luck, and Knowledge*,第217页),她在第七章中对那个阐述进行了一次抨击,但是,我没有被她的工作说服,并且,这里更重要的是,我不认为她以反对罗默所说的那些话影响了我在这里对这个有关观念的宽泛使用,也就是说,我在它的非常一般的(并非专门地是罗默式的)形式上对它的使用。

他们。①

在适当的假设条件下,我同意这个陈述,但是,这个陈述没有包括不平等的一种激励性正当理由。我能够同意,鉴于一种他们所做的而其他人拒绝的选择,这些人应该得到更多。这是不平等报酬的一个正当理由,但是,它不是不平等报酬的一个激励性正当理由。这个额外报酬没有**因为**它导致处境最不利者的境况好起来而被证明是正当的,并且,即使没有达到那样的结果,它也被证明是正当的。

在我能够明白的范围之内,前面的阐释使我以选择为核心的平等主义观念与我对不平等的激励性正当理由的拒绝之间完全地相吻合。并且,需要注意的是,我对赫尔利所提出的问题的解决没有使用她所称作的"回归要求"②,后者认为"对某事的责任要求对其原因的责任"。我没有宣称,对所增加的努力这个结果而言**不存在**责任(因为那些结果的部分原因是天资,生产者对它没有责任可负)。我也没有宣称,关于人们提供多少努力,他们缺少选择。他们可以或不可以缺少选择:关于这个困难的形而上学问题,我的正义观念是中立的③。如果真的不存在那样的权能去选择努力的投入,那么**似乎**是选择的东西就没有证明任何不平等的正当性。如果真的存在那个权能,那么某些不平等就的确被证明是正当的,但不是因为它们显示了激励的效果④。

8. 罗尔斯关于激励的较早期讨论

我不是第一个觉察到罗尔斯那里的平等主义主题与不平等主义主题之间存在不一致的人,特别是布莱恩·巴里已经指出我所提的那种问题能够由罗尔斯立场的一致性方面引发。巴里讨论了罗尔斯的评论,他

> 宣称:如果每个人都接受了对**表面上**平等正义的[罗尔斯式]论证……那么激励将会是不必要的,因为人人都会同意,为了获得与其他

---

① *Justice, Luck, and Knowledge*, p.213.
② 同上书,第218页。
③ 比较一下我的"Equality of What? Welfare, Goods and Capabilities",第381页。
④ 皮特·瓦伦提那(Peter Vallentyne)讨论了赫尔利与我之间的争论,他在"Hurley on Justice and Responsibility"的前面部分中进行了详细的考察。

每个人相同的收入而工作是正当的。因此,也就不存在从平等走向不平等的空间,关于正义的最终结论也就会是,它授权在收入上的一种平等分配。①

巴里说,罗尔斯未能为他自己辩护来应对"这个路线的攻击",但是"一个令人满意的辩护"是能够给出的②。巴里声称,在他的《正义诸理论》附录C中提供了那种辩护。

我将很快说明为什么我相信巴里的辩护是失败的。但是,首先我来谈谈巴里所面对的罗尔斯的两个评论者的立场问题。

第一个评论者是托马斯·葛雷,他在一个对《正义论》的评论中评论了罗尔斯的规定,该规定认为原初状态中的人们依据他们的人性和人类社会的知识来选择原则。葛雷强调,竞争社会理论"会产生非常不同的原则……当事人是弗洛伊德或荣格、迪尔凯姆或斯宾塞、马歇尔或凡勃伦、沃森或皮亚杰的追随者吗?"③并且,更切近本书第1节中心主题的是,葛雷评论说,"追随无政府主义观念——贪婪的欲望不是产自于人类而是产自代表统治阶级利益设计的社会组织——的人,将会倾向于容许收入上的实质不平等以作为对社会上有用工作的激励"④。有人可能会补充,从短期来看,"无政府主义的观念"能够容许不平等,这是因为资产阶级的意识形态遗产⑤,但要不是处在一个受到无政府主义观念鼓舞的有成就的社会之中,人们就会逐步地卷入一种环境,在那里他们会不贪婪地组织他们的经济生活。

葛雷说,他"对差别原则的"主要"异议是它未能对那些超过平均生产能力的人的讨价还价权建立任何的正义限制"⑥:

> 这个原则明显仔细考虑了一些额外报酬给那些有罕见技能或特殊技能的人。对于它所允许的财富或收入上的不平等,只有生产力这么一个明显的理由。显而易见,罗尔斯相信,即使在一个公正的社会里,

---

① *Theories of Justice*, p. 234.
② 同上。
③ Thomas Grey, "The First Virtue",第 305 页。(事实上)对这个具体问题的精彩回应,参见 Rawls, *Justice as Fairness*,第 125 页。
④ Thomas Grey, "The First Virtue",第 305 页。
⑤ 参见我的 *Self-Ownership, Freedom, and Equality*,第 125 页。
⑥ Grey, "The First Virtue," p. 322.

对那些有额外技能的人支付不同的收入将会从他们那里产生出额外的产品。这必然推出，这个例外的生产性在道德上是正当的，它威胁使他们的技能远离公众以加强额外收入的支付①。在任何情况下，一个公正的社会都不会为它有权利做的事情额外支出。②

我们应该修正葛雷的想法，他认为恰当的对照是这样一个社会，在其中有"每个人都有尽其所能……去工作的这样一种社会义务"③。按照这个观点，抛开那个轻率的短语，葛雷当然倾向于认为，一个公正的社会不是一个在其中人们尽可能努力工作的社会，而是一个在其中没有人仅仅因为她的并非非同寻常的努力产生了非同寻常的结果就因而获得更好报酬的社会。在那样一个社会里，报酬大体上必然地反映各种各样劳动形式在令人讨厌或者令人喜欢的程度方面的区别，并且仅仅如此。这个条件不是完全可达到的④，达到它的方法的细节需要仔细地制定出来，但是，很清楚的是，它没有要求人们工作到筋疲力尽。

葛雷觉察到，在罗尔斯所提出的安排中有"一种严重的道德不稳定性"。"作为经济人"，罗尔斯的人们"都有权利……保留他们的生产数量，除非他们得到全部的报酬"：

> 但是，当个体摘下他的生产者帽子换上他的公民帽子时，他就被期待用投票赞成那些直接违背了经济生活中所施行原则的尺度……最后的分配不应当通过在政治舞台上的第二轮讨价还价来实现，而应当通过集体选择来实现，这个集体选择基于对一个假设的正义原则的应用，该原则指出，处境最不利者应当得到一种能够为他们实现的尽可能高的税后转支的收入。那个最大值将是什么，只能在强壮的生产者戴上他们作为经济人的帽子，并且自私自利地计算对于税率的每次增加他

---

① 更简单地说，下面这样说会更好："使他们的技能远离公众在道德上是正当的"：不需要任何对威胁的指责。
② Grey, "The First Virtue," p. 322.
③ 同上书，第323页。葛雷宣称，"各尽所能，按需分配"的社会主义原则意味着那样一种责任。我确信它没有那样的意味，至少在卡尔·马克思对它的阐释中是这样：参见 *Self-Ownership, Freedom and Equality*，第126页。
④ 有关在清楚表达和实现所应当达到的条件中的问题，参见 Joseph Carens, "Compensatory Justice and Social Institutions"。

们将减少多少他们对共同体的生产技能贡献的时候,才能够被决定。①

根据葛雷的观点,结果就是一种对公民动机的不一致表述:

> 在经济体系之内,他们扮演自私自利的经济人,压榨交易所能够承受的东西。在办公时间之外,他们被期待无私地纳税,缴纳那个收入的一个重要部分,以便它可以被转移给那些在讨价还价舞台上没有能力获取它的人。②

若干年之后,简·纳维森发表了相似的异议③。他给它们装饰了一些细节,其中的许多细节我不会接受,并且,我没有像他那样,把罗尔斯对不平等化激励的赞同当作是(不一致但)欢迎那么做的。然而,如下面所摘录的代表性文章指出的那样,纳维森提前讨论了许多我本人在第一章中所论证的基本内容。

纳维森援引了罗尔斯对激励的支持,即"鼓励表现……是必要的"④,并且他评论如下:

> ……激励是心理学的事情,那关涉到人的行动原理。如果我为我的服务坚持要求或者接受一个比某个其他人正在得到的更大的报酬,那么我就是在自愿地赞同一种不平等。我不可能论证这个更高的报酬是"必要的",即我**被迫**拥有得比你更多。显而易见的是,如果我想的话,那么我**能够**接受与其他每个人同样的工资……我们正在讨论的问题是,在正义中,我是否**应当**做这个事情。并且,宣称为了这个目的所以激励是必要的,则是在故作混淆,甚或可能是自欺欺人。⑤

并且,纳维森做出结论:

---

① Grey, "The First Virtue," pp. 323-324.
② 同上书,第324页。
③ 见"A Puzzle about Economic Justice in Rawls' Theory",以及"Rawls on Equal Distribution of Wealth"。
④ *A Theory of Justice*,第151页。1999年版本中丢掉了这一段。
⑤ "A Puzzle," pp. 11-12.

如果差别原则真的是分配经济物品的正确原则,那么除了显示自然方面不可避免的东西之外还显示任何不平等的任何社会由此看来是不公正的。①

这使纳维森确信差别原则必须被舍弃,因为作为资格和应得的一个支持者,他发现平等主义的推理是"残暴的"②。但是,这没有减少在他所指责的罗尔斯的不一致性与我自己观点之间的相似性。

正如我确实支持这个指责那样,我被巴里回答葛雷和纳维森的尝试是多么的单薄所鼓励。巴里的答复的不充足性——虽然它确实来自如此有洞察力的一位作者——是他们的(并因此,我的)情形的力量的间接证据。

巴里论述了葛雷的主张,即认为罗尔斯的立场显示了:

一个道德上的不一致,因为关于市场决定收入的原则性根据与关于重新分配的原则性根据不相适应……这个指责是,如果接受生产优势是[道德上任意的]③,那么就应该无需什么物质激励了。因为一个公正社会中的成员为了追求收入平等分配的最大值的目标,就应该在不平等的不正义这些想法的刺激下忠诚地工作。④

但是,在这里(尽管非常值得原谅,因为他沿自葛雷),巴里以一种没有给罗尔斯的拥护者留下多少痛苦的方式错误地表述了这个问题。平等收入(并因此,劳动投入)被最大化这个要求强加出无法接受的艰巨劳动成本。要回答的情形是,在一个他们本人都信奉差别原则的社会里,有才能者不会要求很强的物质激励而用他们超过普通水平的生产方式在普通努力的水平上去工作⑤。

巴里拒斥了对这种情形的各种各样回应,包括下面这个回应,即差别原则只有在确保职业自由选择之后才起作用。为评论后者,巴里说:

---

① "A Puzzle," p. 13.
② 同上书,第 22 页。
③ 巴里写的是"不公正的",但是,内容和上下文使"道德上任意的"更加适宜。根据罗尔斯的观点,"自然资质的分布既不是公正的也不是不公正的"(*A Theory of Justice*,第 102/87 页)。
④ Barry, *Theories of Justice*, pp. 395 – 396.
⑤ 关于对这个情形起作用的详细阐述,它也构成了对第一章的一个深层的实质预期,参见约瑟夫·卡伦斯"Rights and Duties in an Egalitarian Society"第 6 节。

> 重要的问题……与其说是罗尔斯是否使差别原则受制于职业的自由选择,不如说是在其平等主义假设的前提之下他是否有资格这么做。①

话虽如此,我们继续往下读,期待巴里告诉我们,那些前提是否的确容许对职业选择自由的一种不受约束的使用,后者既影响平等又限制差别原则被满足的方式。但是,没有这样的讨论接着出现。实际上在结论方面,我们所得到的是纯粹的表态,即巴里所拒斥的职业自由选择首先是作为对上面引文的不满意而出现的:

> 现在,我没有看到有任何方面表明罗尔斯把职业自由置于优先考虑的地位有不协调的地方。第一个原则即平等的自由原则优先于第二个原则被内构在理论之中。并且,在第二个原则的范围内,罗尔斯把规定地位应在"机会的公平平等"条件下对所有人开放的条款表述为具有对差别原则的优先性。因此,如果我们把差别原则的应用理解成受制于尊重职业选择自由的限制,那么我就不会看到在罗尔斯的理论中存在着内在不一致的问题。②

但是,这是巴里已经舍弃了的回应。并且,不论它的失败是否因为**他**所给出的原因③,即因为非最大化宽容与职业选择的自由是**一致的**。实际上,有一种叙述葛雷/纳维森挑战的好方式会是下面这样:即使职业的自由选择是一个优先考量要素,那么为什么享有这种自由的**所假设**的罗尔斯式公正的人们使用它但却不考虑它所能够产生的不平等呢? 如巴里本人所写:"既可能宣称权利的某种分配是公正的,也可能宣称只是那些权利的某些运用是公平的。"(《正义诸理论》,第 314 页)这就是我本人在第五章中大体上所说的,职业选择的自由这个议题在那里得到了全面详细的阐述。

真正的问题是,一种求取最大值的姿态怎么能与对差别原则的承诺或者更一般而言罗尔斯式"平等主义的前提"(参见第 97 条脚注④的文本)

---

① Barry, *Theories of Justice*, p. 99.
② 同上书,第 400 页。
③ 参见前面第 97 条注释(中译本第 378 页注释①——译者注)的文本。
④ 中译本第 378 页注释①。——译者注

相融贯呢？面对这个问题，巴里只是宣布他能够辨明在罗尔斯式的整组原则中没有不一致。如果——虽然是不太可能——他指的是逻辑上的不一致，那么他所说的是成立的，但却与主题无关。本段起首处的问题问的是，由职业选择自由这个原则所赋予的一种标准的机会利己主义用法怎么能够被一种与差别原则的平等主义正当理由相融贯的方式来证明是正当的？在他的讨论中，在这个决定性的终点上，巴里似乎已经忘记了，如他本人表述的那样（参见第95条脚注①的文本），问题是，在罗尔斯那里似乎有"一个道德上的不一致性"，"因为关于市场决定收入的原则性根据与关于重新分配的原则性根据不相容"。巴里认为，罗尔斯自己对这个预期评论的回应"求助于这个问题"，但是它不可能发现下面这个情况，在其中巴里的回应代表了对罗尔斯的回应的一个改进②。

---

① 中译本第377页注释⑤。——译者注
② Barry, Theories of Justice, p.393.

参 考 文 献

注释 1：紧随作者名字之后的年份表示所列书目的最初出版年份，它区别于在其他地方所标示的出版年份。

注释 2：在大多数情况下，当我直接援引或者间接引用罗尔斯的《正义论》时，我以这种体例表示参考了它的两个版本：*A Theory of Justice*, p. 25/18，在这种体例中，第一个参考是指 1971 年版本，第二个参考是指 1999 年版本。如果在两个版本中相应的文句只是非实质的区别，我则不注明这种不同。如果在两个版本中它们的区别超过了非实质性，我则注明这种不同，并且我有时对这个(些)不同做出评论。

Action Aid Leaflet. "How Do You Tell a Person Dying of Hunger That There's Nothing You Can Do?" *Action Aid*, 1990.

Alter, Will. "Does Justice Require an Egalitarian Ethos?" Oxford University undergraduate thesis, 2006.

Anderson, Elizabeth. "What Is the Point of Equality?" *Ethics* 109 (1999): 287–337.

Andrews, Kay and John Jacobs. *Punishing the Poor: Poverty Under Thatcher*. London: Macmillan, 1990.

Arneson, Richard. "Liberalism, Freedom, and Community." *Ethics* 100 (1990): 368–385.

——. "Property Rights in Persons." *Social Philosophy and Policy* 9 (1992): 201–203.

——. "Against Rawlsian Equality of Opportunity." *Philosophical Studies* 93 (1999): 77–112.

——. "Luck Egalitarianism and Prioritarianism." *Ethics* 110 (2000): 339–349.

Ashcraft, Richard. "Class Conflict and Constitutionalism in J. S. Mill's Thought." In Nancy Rosenblum, ed. *Liberalism and the Moral Life.* Cambridge, Mass.: Harvard University Press, 1989.

Baker, John. "An Egalitarian Case for Basic Income." In Philippe Van Parijs, ed. *Arguing for Basic Income.* London: Verso, 1992.

Barry, Brian. *The Liberal Theory of Justice.* Oxford: Oxford University Press, 1973.

——. *Theories of Justice.* London: Harvester Wheatsheaf, 1989.

Beauchamp, Tom L. "Distributive Justice and the Difference Principle." In Blocker and Smith.

Bedau, Hugo Adam. "Social Justice and Social Institutions." *Midwest Studies in Philosophy* 3 (1978): 159–175.

Bennett, Jonathan. "Analytic-Synthetic." *Proceeding of the Aristotelian Society* 59 (1958–59): 163–188.

Berlin, Isaiah. *Historical Inevitability.* Oxford: Oxford University Press, 1954.

Bilgrami, Akeel. "Secular Liberalism and the Moral Psychology of Identity." In R. Bhargava, A. K. Bagchi, and R. Sudarshan, eds. *Multiculturalism, Liberalism and Democracy.* New Delhi: Oxford University Press, 1999.

Blocker, H. G., and E. Smith, eds. *John Rawls's Theory of Justice.* Athens: Ohio University Press, 1980.

Britannica Book of the Year (A Record of the March of Events of 1944). Chicago: Encyclopaedia Britannica, 1945.

Buchanan, Allen. "A Critical Introduction to Rawls's Theory of Justice." In Blocker and Smith.

——. *Marx and Justice.* Totowa, N. J.: Rowman and Littlefield, 1982.

——. "Justice as Reciprocity vs. Subject-Centred Justice." *Philosophy and Public Affairs* 19 (1990): 227–252.

Burley, Justine, ed. *Dworkin and His Critics.* Oxford: Blackwell, 2004.

Carens, Joseph. *Equality, Moral Incentives, and the Market.* Chicago: University of Chicago Press, 1981.

——. "Compensatory Justice and Social Institutions." *Economics and Philosophy* 1 (1985): 39–67.

——. "Rights and Duties in an Egalitarian Society." *Political Theory* 14 (1986): 31-49.

——. "An Interpretation and Defense of the Socialist Principle of Distribution." *Social Philosophy and Policy* 20 (2003): 145-177.

Carroll, Lewis. *Symbolic Logic*. William Warren Bartley III, ed. Hassocks, U. K.: Harvester, 1977.

Casal, Paula. "Mall, Rawls, Cohen and the Egalitarian Ethos." Unpublished paper, 2006.

Choo, Dong-Ryul. "Cohen's Egalitarianism: Looking Through His Debate with Rawls." Equality Exchange website (http://mora.rente.nhh.no/projects/Equality Exchange), 2004.

Christofidis, Miriam Cohen. "Talent, Slavery, and Envy." In Burley.

Cohen, G. A. *Karl Marx's Theory of History: A Defence*. Oxford: Oxford University Press, 1978, and Princeton, N. J.: Princeton University Press, 2000 (expanded edition).

——. *History, Labour, and Freedom*. Oxford: Oxford University Press, 1988.

——. "On the Currency of Egalitarian Justice." *Ethics* 99 (1989): 906-944.

——. "Incentives, Inequality, and Community." In Grethe B. Peterson, ed. *The Tanner lectures on Human Value*. Vol. 13. Salt Lake City: University of Utah Press, 1992.

——. *Self-Ownership, Freedom and Equality*. Cambridge: Cambridge University Press, 1995.

——. "Reason, Humanity, and the Moral Law." In O. O'Neill, ed. *The Sources of Normativity*. Cambridge: Cambridge University Press, 1996.

——. "Where the Action is: On the Site of Distributive Justice." *Philosophy and Public Affairs* 26 (1997): 3-30.

——. *If You're an Egalitarian, How Come You're So Rich?* Cambridge, Mass: Harvard University Press, 2000.

——. "Why Not Socialism?" In E. Broadbent, ed. *Democratic Equality: What Went Wrong?* Toronto: University of Toronto Press, 2001.

——. "Expensive Taste Rides Again." In Burley.

——. "Luck and Equality: Reply to Hurley." *Philosophy and Phenomenological*

Research 72 (2006): 439–446.

———. "Fairness and Legitimacy in Justice." Festschrift for Hillel Steiner, Forthcoming.

Cohen, Joshua. "Democratic Equality." *Ethics* 99 (1989): 727–751.

———. "Taking People as They Are." *Philosophy and Public Affairs* 30 (2001): 363–386.

———. "Is There a Human Right to Democracy?" In Sypnowich.

Copp, David. "Pluralism and Stability in Liberal Theory." *Journal of Political Philosophy* 4 (1996): 191–206.

Dancy, Jonathan. *Moral Reasons*. Oxford: Blackwell, 1993.

Daniels, Norman, ed. *Reading Rawls*. Oxford: Blackwell, 1975.

———. "Democratic Equality: Rawls's Complex Egalitarianism." In Freeman.

Dupré, John. *Human nature and the Limits of Science*. Oxford: Oxford University Press, 2001.

Dworkin, Ronald. "The Original Position" (1973). In Daniels.

———. *Sovereign Virtue*. Cambridge, Mass: Harvard University Press, 2000.

———. "Equality of Resources." In Dworkin.

Enoch, David. "A Right to Violate One's Duty." *Law and Philosophy* 21 (2002): 355–384.

Estlund, David. "Liberalism, Equality, and Fraternity in Cohen's Critique of Rawls." *Journal of Political Philosophy* 6 (1998): 99–112.

———. "I Will If You Will: Leveraged Enhancements and Distributive Justice." Unpublished manuscript, 2003.

Eyal, Nir. "Distributing Respect." D. Phil. diss., Oxford University, 2003.

Feinberg, Joel. *Harmless Wrongdoing*. Oxford: Oxford University Press, 1988.

Flaherty, Joshua. "The Autonomy of the Political." Ph. D. diss., Massachussets Institute of Technology, 2003.

Freeman, Samuel, ed. *The Cambridge Companion to Rawls*. Cambridge: Cambridge University Press, 2003.

Gauthier, David. "David Hume, Contractarian." *Philosophical Review* 88 (1979): 3–38.

———. *Morals by Agreement*. Oxford: Oxford University Press, 1986.

Gibbard, Allan. *Wise Choices, Apt Feelings*. Cambridge, Mass.: Harvard University Press, 1990.

——. "Constructing Justice." *Philosophy and Public Affairs* 20 (1991): 264–279.

Grey, Thomas. "The First Virtue." *Stanford Law Review* 25 (1973): 286–327.

Griffin, James. *Value Judgment*. Oxford: Oxford University Press, 1996.

Hampton, Jean. "Contracts and Choices: Does Rawls have a Social Contract Theory?" Journal of Philosophy 77 (1980): 315–388.

Hayek, Friedrich. *The Constitution of Liberty*. Chicago: University of Chicago Press, 1960.

Hobbes, Thomas. *Leviathan* (1651). C. B. MacPherson, ed. Harmondsworth, Middlesex, U. K.: Penguin, 1968.

Hurley, Susan. *Justice, Luck, and Knowledge*. Oxford: Oxford University Press, 2003.

Julius, A. J. "Basic Structure and the Value of Equality." *Philosophy and Public Affairs* 31 (2003): 321–355.

Kagan, Shelly. *The Limits of Morality*. Oxford: Oxford University Press, 1989.

——. *Normative Ethics*. Boulder, Colo.: Westview, 1998.

Kamm, F. M. "Owing, Justifying, and Rejecting." Review of *What We Owe to Each Other*, by T. M. Scanlon. Mind 111 (2002): 323–354.

Katz, Jerrold. *Realistic Rationalism*. Cambridge, Mass.: MIT Press, 2000.

Korsgaard, Christine. "The Reasons We Can Share." *Social Philosophy and Policy*, 10 (1993): 24–51.

Krouse, Richard, and Michael McPherson. "Capitalism, 'Property-Owning Democracy,' and the Welfare State." In Amy Gutmann, ed. *Democracy and the Welfare State*. Princeton, N. J.: Princeton University Press, 1988.

Kymlicka, Will. "Liberal Individualism and Liberal Neutrality." *Ethics* 99 (1989): 883–905.

——. *Contemporary Political Philosophy*. Oxford: Oxford University Press, 1990.

Laslett, P., and W. G. Runciman, eds. *Philosophy, Politics and Society*,

Second Series. Oxford: Blackwell, 1962.

——, eds. *Philosophy, Politics and Society*, Third Series. Oxford: Blackwell, 1967.

Laslett, P., and W. G. Runciman, and Q. Skinner, eds. *Philosophy, Politics and Society*, Fourth Series. Oxford: Blackwell, 1972.

Laslett, Peter, and James Fishkin, eds. *Philosophy, Politics and Society*, Fifth Series. New Haven, Conn.: Yale University Press, 1979.

Lessnoff, Michael. "Capitalism, Socialism and Justice." In Shaw and Arthur.

Lyons, David. "Nature and Soundness of the Contract and Coherence Arguments." In Daniels.

Macleod, Alastair M. "Economic Inequality: Justice and Incentives." In K. Kipnis and D. T. Meyers, eds. *Economic Justice*. Totowa, N. J.: Rowman and Allanheld, 1985.

Mandeville, Bernard. *The Fable of the Bees*. Many editions, 1714.

Marx, Karl. "On the Jewish Question" (1843). In Lloyd D. Easton and Kurt H. Gudat, eds. *Writings of Young Marx on Philosophy and Society*. Garden City, N. Y.: Doubleday, 1967.

——. *Economic and Philosophical Manuscripts* (1844). In Tom Bottomore, ed. *Karl Marx: Early Writings*. London: C. A. Watts, 1963.

——. *Capital* (1867). Vol. 1. Harmondsworth, Middlesex, U. K.: Penguin, 1976.

McDowell, John. *Mind, Value, and Reality*. Cambridge, Mass: Harvard University Press, 1998.

McMahan, Jefferson. "The Ethics of Killing in War." *Ethics* 114 (2004): 693–733.

Meade, James. *Theory of Economic Externalities: The Control of Environmental Pollution and Similar Social Costs*. Leiden: Sijthoff, 1973.

Mew, Peter. "G. A. Cohen on Freedom, Justice and Capitalism." *Inquiry* 29 (1986): 305–313.

Mill, John Stuart. *Utilitarianism*. Many editions, 1861.

——. *Autobiography* (1873). New York: New American Library, 1965.

——. *Principles of Political Economy* (1848). In J. M. Robson, ed. *Collected*

Works of John Stuart Mill. Vol. 2. Toronto: Toronto University Press, 1965.

Miller, David. "Political Philosophy for Earthlings: Against Cohen on Facts and Principles." In D. Leopold and M. Stears, eds. *Political Theory: Methods and Approaches.* Oxford: Oxford University Press, 2008.

Mishel, Lawrence, and David M. Frankel. *The State of Working America.* Armonk, N. Y.: M. E. Sharpe, 1991.

Moon, Donald. Review of *Equality, Moral Incentives, and the Market,* by Joseph Carens. *Ethics* 94 (1983): 146–150.

Murphy, Liam. "Institutions and the Demands of Justice." *Philosophy and Public Affairs* 27 (1998): 251–291.

———. *Moral Demands in Nonideal Theory.* Oxford: Oxford University Press, 2000.

Murphy, Liam, and Thomas Nagel. *The Myth of Ownership.* New York: Oxford University Press, 2002.

Nagel, Thomas. "Rawls on Justice" (1973). In Daniels.

———. "Libertarianism without Foundations" (1975). In Paul.

———. "Equality" (1978). In his *Mortal Questions.* Cambridge: Cambridge University Press, 1979.

———. *Equality and Partiality.* New York: Oxford University Press, 1991.

———. *The Last Word.* New York: Oxford University Press, 1997.

———. "Rawls and Liberalism." In Freeman.

Narveson, Jan. "A Puzzle about Economic Justice in Rawls' Theory." *Social Theory and Practice* 4 (1976): 1–28.

———. "Rawls on Equality Distribution of Wealth." *Philosophia* 7 (1978): 281–292.

Nozick, Robert. "Coercion" (1969). In Laslett, Runciman, and Skinner.

———. *Anarchy, State, and Utopia.* New York: Basic Books, 1974.

———. *The Nature of Rationality.* Princeton, N. J.: Princeton University Press, 1993.

Okin, Susan. *Justice, Gender and the Family.* New York: Basic Books, 1989.

———. "Political Liberalism, Justice, and Gender." *Ethics* 105 (1994): 23–

43.

———. "Justice and Gender: An Unfinished Debate." *Fordham Law Review* 72 (2004): 1537–1567.

Otsuka, Michael. *Libertarianism without Inequality.* Oxford: Oxford University Press, 2003.

———. "Liberty, Equality, Envy and Abstraction." In Burley.

———. "Prerogatives to Depart from Equality." In Anthony O'Hear, ed. *Political Philosophy.* Cambridge: Cambridge University Press, 2006.

Parfit, Derek. *Reasons and Persons.* Oxford: Oxford University Press, 1984.

———. *Equality or Priority?* Lindley Lecture. Lawrence: University of Kansas Press, 1995.

Paul, Jeffrey, ed. *Reading Nozick.* Totowa, N. J.: Rowman and Littlefield, 1981.

Peffer, Rodney. "Rawlsian Theory, Contemporary Marxism, and the Difference Principle." Unpublished manuscript, 1999.

Palto. *The Republic.* Many editions.

Pogge, Thomas. *Realizing Rawls.* Ithaca, N. Y.: Cornell University Press, 1989.

———. "On the Site of Distributive Justice: Reflections on Cohen and Murphy." *Philosophy and Public Affairs* 29 (2000): 137–169.

Rawls, John. "Justice as Fairness" (1958). In Laslett and Runciman, Second Series.

———. "Constitutional Liberty and the Concept of Justice" (1963). In Rawls, *Collected Papers.*

———. "Distributive Justice" (1967). In Rawls, *Collected Papers.*

———. "Distributive Justice: Some Addenda" (1968). In Rawls, *Collected Papers.*

———. *A Theory of Justice.* Cambridge, Mass.: Harvard University Press, 1971 and 1999.

———. "Justice as Reciprocity" (1971). In Rawls, *Collected Papers.*

———. "Reply to Alexander and Musgrave" (1974). In Rawls, *Collected Papers.*

——. "A Kantian Conception of Equality" (1975). In Rawls, *Collected Papers*.

——. "The Independence of Moral Theory" (1975). In Rawls, *Collected Papers*.

——. "The Basic Structure as Subject" (1977). In Rawls, *Political Liberalism*.

——. "Kantian Constructivism in Moral Theory" (1980). In Rawls, *Collected Papers*.

——. "Social Unity and Primary Goods" (1982). In Rawls, *Collected Papers*.

——. "The Priority of Right and Ideas of the Goods" (1988). In Rawls, *Collected Papers*.

——. "Justice as Fairness: A Briefer Restatement." Harvard University typescript, 1989.

——. "Themes in Kant's Moral Philosophy" (1989). In Rawls, *Collected Papers*.

——. "Reply to Habermas" (1995). In Rawls, *Political Liberalism*.

——. "The Idea of Public Reason Revisited" (1997). In Rawls, *The Law of Peoples*.

——. *The Law of Peoples*. Cambridge, Mass.: Harvard University Press, 1999.

——. *Collected Papers*. Samuel Freeman, ed. Cambridge, Mass.: Harvard University Press, 1999.

——. *Lectures on the History of Moral Philosophy*. Barbara Herman, ed. Cambridge, Mass.: Harvard University Press, 2000.

——. *Justice as Fairness: A Restatement*. Cambridge, Mass.: Harvard University Press, 2001.

——. *Political Liberalism*. Expanded edition. New York: Columbia University Press, 2005.

Raz, Joseph. *The Morality of Freedom*. Oxford: Oxford University Press, 1986.

Roemer, John. "A Pragmatic Theory of Responsibility for the Egalitarian Planner." *Philosophy and Public Affairs* 11 (1993): 146–166.

——. *Equality of Opportunity*. Cambridge, Mass.: Harvard University Press,

1998.

Roemer, John, and Roger Howe. "Rawlsian Justice as the Core of a Game." *American Economic Review* 71 (1981): 880-895.

Sayre-McCord, Geoffrey. "Coherentist Epistemology in Moral Theory." In W. Sinott-Armstrong and M. Timmons, eds. *Moral Knowledge*. New York: Oxford University Press, 1996.

Scanlon, T. M. "Contractualism and Utilitarianism." In Amartya Sen and Bernard Williams, eds. *Utilitarianism and Beyond*. Cambridge: Cambridge University Press, 1982.

——. "The Significance of Choice." In Sterling McMurrin, ed. *The Tanner Lectures on Human Values*. Vol. 8 Salt Lake City: University of Utah Press, 1988.

——. *What We Owe to Each Other*. Cambridge: Cambridge University Press, 1998.

——. "Interview." *Imprints* 8 (2005): 102-111.

——. "Justice, Responsibility, and the Demands of Equality." In Sypnowich.

Scheffler, Samuel. *The Rejection of Consequentialism*. Oxford: Oxford University Press, 1982.

——. "What Is Egalitarianism?" *Philosophy and Public Affairs* 31 (2003): 5-39.

——. "Ralws and Utilitarianism." In Freeman.

Schwartz, Adina. "Moral Neutrality and Primary Goods." *Ethics* 83 (1973): 294-307.

Sen, Amartya. "Nature and Classes of Prescriptive Judgments." *Philosophical Quarterly* 17 (1967): 53.

——. *Collective Choice and Social Welfare*. San Francisco: Holden-Day, 1970.

——. "Liberty, Unanimity, and Rights." *Economica* 43 (1976): 217-245.

Shaw, William, and John Arthur, eds. *Justice and Economic Distribution*. Englewood Cliffs, N. J.: Prentice-Hall, 1978.

Sher, George. "Antecedentialism." *Ethics* 94 (1983): 6-17.

Shiffrin, Seana. "Moral Autonomy and Agent-Centered Conception." *Analysis* 51 (1991): 244-254.

Sidgwick, Henry. *Practical Ethics: A Collection of Addresses and Essays*. With an Introduction by Sissela Bok. Oxford: Oxford University Press, 1998.

Skillen, Anthony. *Ruling Illusions*. Hassocks, Sussex, U. K.: Harvester Press, 1977.

Swift, Adam. *How Not to Be a Hypocrite: School Choice for the Morally Perplexed Parent*. Falmer, Sussex, U. K.: Routledge, 2003.

Sypnowich, Christine, ed. *The Egalitarian Conscience: Essays in Honour of G. A. Cohen*. Oxford: Oxford University Press, 2006.

Tan, Kok-Chor. "Justice and Personal Pursuits." *Journal of Philosophy* 101 (2004): 331–362.

Taylor, Charles. "Neutrality and Political Science." In Laslett and Runciman, Third Series.

Temkin, Larry. "Equality, Priority, and the Levelling Down Objection" (1993–94). In Matthew Clayton and Andrew Williams, eds. *The Idea of Equality*. Houndmills, Basingstoke, U. K.: Palgrave Macmillan, 2002.

Titelbaum, Michael. "What Would a Rawlsian Ethos of Justice Look Like?" Unpublished typescript, 2005.

Turner, Denys. "Religion: Illusions and Liberation." In Terrell Carver, ed. *The Cambridge Companion to Marx*. Cambridge: Cambridge University Press, 1991.

Vallentyne, Peter. "Hurley on Justice and Responsibility." *Philosophy and Phenomenological Research* 72 (2006): 433–438.

Vallentyne, Peter, Hillel Steiner, and Michael Otsuka. "Why Left-Libertarianism Is Not Incoherent, Indeterminate, or Irrelevant: A Reply to Fried." *Philosophy and Public Affairs* 33 (2005): 201–215.

Vandenbroucke, Frank. *Social Justice and Individual Ethics in an Open Society*. Berlin: Springer, 2001.

Van Parijs, Philippe. "Difference Principles." In Freeman.

Waldron, Jeremy. "A Right to Do Wrong." *Ethics* 92 (1981): 21–39.

Weinstock, Daniel. Review of *If You're an Egalitarian, How Come You're So Rich?* By G. A. Cohen. *Philosophy in Review/Compte rendus philosophiques* 20 (2004): 405–407.

White, Stuart. *The Civic Minimum*. Oxford: Oxford University Press, 2003.

Wiggins, David. *Ethics*. London: Penguin Books, 2006.

Wilkinson, T. M. *Freedom, Efficiency, and Equality*. Houndmills, Basingstoke, U. K.: Macmillan, 2000.

——. "Equality and the Moral Revolution." *Imprints* 5 (2001): 272–282.

Williams, Andrew. "Incentives, Inequality, and Publicity." *Philosophy and Public Affairs* 27 (1998): 225–247.

Williams, Bernard. *Shame and Necessary*. Berkeley: University of California Press, 1993.

致 谢

承蒙以下出版社的许可,得以援用所列出的材料,我在此深表谢忱:

布莱克威尔出版公司,因为第三章和第六章中的内容曾分别出现于《在哪里行动:论分配正义的场所》(G. A. Cohen, "Where the Action Is: On the Site of Distributive Justice," *Philosophy and Public Affairs* 26 (1997): 3 – 30) 和《事实与原则》(G. A. Coken, "Facts and Principles," *Philosophy and Public Affairs* 31 (2003): 211 – 245)。

剑桥大学出版社,因为第二章中的内容曾出现于《对不平等的帕累托论证》(G. A. Cohen, "The Pareto Argument for Inequality," *Social Philosophy and Policy* 12 (1995): 160 – 185)。

犹他大学出版社,因为第一章中的内容曾出现于《激励、不平等和共同体》("Incentive, Inequality and Community," in Grethe Peterson, ed., *The Tanner Lectures on Human Values*. Salt Lake City: University of Utah Press, 1992, 第 261 – 329)。

人 名 索 引 *

感谢米歇尔·科恩(Michèle Cohen)的帮助。

[约翰·罗尔斯(John Rawls)没有出现在这个索引中,因为这整本书都向他的思想致意。]

Action Aid Leaflet, 36	行动援助传单
Alter, Will, 355	威尔·阿尔特
Anderson, Elizabeth, 8,271	伊丽莎白·安德森
Andrews, Kay, 29	凯·安德鲁斯
Aristotle, 358	亚里士多德
Arneson, Richard, 81, 163, 206, 215,217,271,310,396	理查德·阿尼森
Ashcraft, Richard, 86	理查德·阿什克拉夫特
Barry, Brian, 87 – 90, 92 – 94, 99 – 100, 109 – 114, 164, 260, 285,302,374,406,409 – 411	布莱恩·巴里
Beauchamp, Tom L., 28	托姆·L·彼彻姆
Bedau, Hugo Adam, 137	雨果·亚当·贝道
Bennett, Jonathan, 242	乔纳森·班尼特
Bentham, Jeremy, 12	杰里米·边沁
Berlin, Isaiah, 176	以赛亚·伯林
Bilgrami, Akeel, 290 – 291	阿及尔·比尔格拉米
Britannica Book of the Year, 37	《大英年鉴》

---

* 本索引中页码皆为英文原著页码,即本中译本的边码。——译者注

Buchanan, Allen, 2, 86, 201, 326　　艾伦·布坎南

Carens, Joseph, 53, 122, 189–192, 194, 205, 345, 369–370, 408, 410　　约瑟夫·卡伦斯

Carroll, Lewis, 238–239　　刘易斯·卡罗尔

Casal, Paula, 198, 356–357, 371　　葆拉·卡萨尔

Choo, Dong-Ryul, 383, 396　　秋东律

Christofidis, Miriam Cohen, 370　　米利亚姆·科恩·克瑞斯特菲迪斯

Cohen, Joshua, 12, 57, 76–77, 126, 145, 267–268, 296–298, 306, 379–381, 383, 387, 392　　乔舒亚·科恩

Copp, David, 328　　大卫·科波

Dancy, Jonathan, 248　　乔纳森·丹西

Daniels, Norman, 374–375, 383, 392　　诺曼·丹尼尔斯

Dupré, John, 232　　约翰·杜普雷

Dworkin, Ronald, 8, 73, 98, 119, 127, 175, 188, 261, 310, 312, 342, 370, 379–380　　罗纳德·德沃金

Enoch, David, 199　　戴维·伊诺

Estlund, David, 1, 12, 68, 126, 373, 383, 388–394　　戴维·埃斯特伦德

Eyal, Nir, 294　　尼尔·埃亚尔

Feinberg, Joel, 215　　乔尔·范伯格

Flaherty, Joshua, 135, 142, 148　　乔舒亚·弗莱厄蒂

Frankel, David M., 143　　大卫·M·弗兰克尔

Freeman, Samuel, 161, 197　　塞缪尔·弗里曼

Gauthier, David, 2,110,275,295, 338-339,341,343	戴维·高蒂尔
Gibbard, Allan, 110-111,232,292	艾伦·吉伯德
Grey, Thomas, 374,406-411	托马斯·葛雷
Griffin, James, 153	詹姆斯·格里芬
Hampton, Jean, 337	琼·汉普顿
Hayek, Friedrich, 28	弗里德里希·哈耶克
Hobbes, Thomas, 6, 11, 112, 338-339,341-343	托马斯·霍布斯
Howe, Roger, 201	罗杰·豪
Hume, David, 238,248-250,331-332,334-335	大卫·休谟
Hurley, Susan, 300,374,403-406	苏珊·赫尔利
Jacobs, John, 29	约翰·雅各布斯
Julius, A. J., 9,23	A·J·朱利叶斯
Kagan, Shelly, 192,212,262	谢利·卡根
Kamm, F. M, 4.	F·M·卡姆
Katz, Jerrold, 242	杰罗德·卡茨
Korsgaard, Christine, 45	克里斯蒂娜·科尔斯戈德
Krouse, Richard, 386	理查德·克劳斯
Kymlicka, Will, 94,201	威尔·金里卡
Lawson, Nigel, 27-28,30,34,68	尼格尔·劳森
Lessnoff, Michael, 98	迈克尔·莱斯诺夫
Lyons, David, 90,271,302	戴维·莱昂斯
Macleod, Alastair, 56,82	阿利斯泰尔·麦克劳德
Mandeville, Bernard, 179	伯纳德·曼德维尔

424

Marx, Karl, 1 – 2, 84, 116, 152, 176 – 177, 225, 407　　卡尔·马克思
McDowell, John, 248　　约翰·麦克道威尔
McMahan, Jefferson, 265　　杰斐逊·麦克马汉
McPherson, Michael, 386　　迈克尔·麦克弗森
Meade, James, 2, 152, 174 – 175　　詹姆斯·米德
Mew, Peter, 176　　彼得·梅
Mill, John Stuart, 85 – 88, 130, 137, 178, 198　　约翰·斯图亚特·穆勒
Miller, David, 309, 335 – 336　　戴维·米勒
Mishel, Lawrence, 143　　劳伦斯·米舍尔
Moon, Donald, 205, 369　　唐纳德·穆恩
Moss, Sarah, 244　　莎拉·莫斯
Murphy, Liam, 138, 203, 271, 318, 323, 384, 394, 397　　利亚姆·墨菲

Nagel, Thomas, 9 – 10, 13, 17, 73, 92, 151, 161 – 163, 170, 201, 204, 220, 242, 271, 318, 384　　托马斯·内格尔
Narveson, Jan, 27, 206, 374, 408 – 409, 411　　简·纳维森
Nozick, Robert, 7, 17, 47, 57, 90, 152, 158 – 160, 168 – 170, 191, 265, 317, 325 – 327, 342, 365, 400　　罗伯特·诺齐克

Okin, Susan, 41, 80, 117 – 118, 134, 159　　苏珊·奥金
Otsuka, Michael, 163 – 164, 175, 216, 218, 356, 378, 389　　迈克尔·大冢

Parfit, Derek, 30, 54, 114, 128, 156, 159, 163 – 164, 167　　德里克·帕菲特
Paul, Jeffrey, 170　　杰弗里·保尔

Peffer, Rodney, 268, 306–307	罗德尼·佩弗
Plato, 11, 204, 291, 328	柏拉图
Pogge, Thomas, 94, 99, 373–374, 377–378, 394–402	托马斯·博格
Raz, Joseph, 289–290, 323	约瑟夫·拉兹
Roemer, John, 201, 311, 404–405	约翰·罗默
Sayre-McCord, Geoffrey, 243	杰弗里·塞耶-麦考德
Scanlon, T. M., 28, 110, 239, 269, 275–276, 282, 294–296, 299, 302, 305, 318, 343, 403	托马斯·M·斯坎伦
Scheffler, Samuel, 52–53, 60–61, 153–154, 166, 171–173, 176–177, 260, 271, 355, 373, 388–392, 403	塞缪尔·谢弗勒
Sen, Amartya, 169, 187–188, 232–233, 293	阿马蒂亚·森
Sher, George, 403	乔治·谢尔
Shiffrin, Seana, 192, 362–363	希娜·史弗林
Sidgwick, Henry, 13	亨利·西季威克
Skillen, Anthony, 107	安东尼·斯基伦
Swift, Adam, 175, 347	亚当·斯威夫特
Tan, Kok-Chor, 134, 376, 378	戈-佐·丹
Taylor, Charles, 232	查尔斯·泰勒
Temkin, Larry, 322	拉里·特姆金
Thatcher, Margaret, 29, 381	玛格丽特·撒切尔
Titelbaum, Michael, 23, 130, 198	迈克尔·提特尔鲍姆
Turner, Denys, 117	德尼·特纳
Vallentyne, Peter, 216, 406	皮特·瓦伦提那

Van Parijs, Philippe, 102, 155, 320 – 321　　菲利普·范·帕里斯
Vandenbroucke, Frank, 198 – 199, 328, 351　　弗兰克·范登布鲁克
Waldron, Jeremy, 199　　杰里米·沃尔德伦
Weinstock, Daniel, 173 – 174, 374　　丹尼尔·温斯托克
White, Stuart, 191　　斯图亚特·怀特
Wiggins, David, 7　　戴维·维金斯
Wilkinson, T. M., 191, 205, 211, 219, 355, 380　　T·M·威尔金森
Williams, Andrew, 22, 149 – 150, 277, 322, ch. 8　　安德鲁·威廉姆斯
Williams, Bernard, 141, 346　　伯纳德·威廉姆斯

术语索引*

在此,我对尼古拉斯(Nicolas Vrousalis)的帮助表示感谢。

abundance, 176 – 177, 331 – 334. *See also* justice, circumstances of	富裕。也参见正义的环境
agent-centered prerogative. *See* personal prerogative	以行为主体为中心的特权。参见个人特权
akrasia, 171 – 172	意志力薄弱
alienation, 66 – 68	异化
altruism, 174 – 175, 331 – 334	利他主义
analytic/synthetic distinction, 3 – 4. *See also* holism	分析/综合的区分。也参见整体论
anarchism, 1, 407	无政府主义
arbitrariness. *See* moral arbitrariness.	任意性。参见道德任意性
Aristotelian Principle, 107	亚里士多德式原则
assurance, 21 – 22, 147 – 148, 245, 325, 345 – 357. *See also* publicity	担保。也参见公共性
bad case. *See* incentives, bad (or bluffing) case	糟糕情形。参见激励,糟糕(或者欺骗)情形
bad faith, 63 – 64	欺诈
basic liberties. *See* the liberty principle	基本自由。参看自由原则

---

* 本索引中页码皆为英文原著页码,即本中译本的边码。——译者注

basic structure (of society), 94, 162, 197 – 198, ch. 3, 276, 331, 344 – 345, 359, 373 – 380, 387, 395　　（社会的）基本结构

 and coercion, 144 – 148　　基本结构与强制

 and the family, 117 – 118, 133 – 137, 140, 149　　基本结构与家庭

 dilemma, 137 – 138　　两难困境

 identity of, 132 – 140, 149 – 150　　基本结构的身份性

 informal, 133 – 138, 144 – 146, 149 – 150　　非正式的基本结构

 objection, 16 – 17, 117 – 118, 124 – 140, 183　　基本结构异议

 See also justice, site of　　也参见正义的场所

blame, 140 – 143, 173　　指责

blood donation, 188 – 190, 223 – 224　　献血

bluffing. *See* incentives, bad (or bluffing) case　　欺骗。参见激励，糟糕（或者欺骗）情形

Britain, 62, 65, 68　　英国

 World War II in, 219 – 222, 353, 355, 364　　第二次世界大战中的英国

burden on the will, 203 – 205　　意志的负担

camping trip, 352 – 353　　野营旅行

"can't" or "won't", 170 – 177　　"不能"还是"不会"

Capitalism, 12 – 13, 86, 163, 176 – 178. *See also* market　　资本主义。也参见市场

chain connection, 157　　链式连接

Chamberlain, Wilt, 17, 152, 169 – 170　　威尔特·张伯伦

clarity of mind requirement, 233, 245 – 247　　心灵清晰性要求

close-knitness, 157　　紧密连接

communism, 176, 179, 208, 225, 352　　共产主义

community, 32-33,38,41,43-48,53-54,64-68,82,121,178-179	共同体
comprehensive doctrines, 296-298	完备性学说
comprehensive justification, 41-44,172,381	综合的正当性证明
constructivism, 2-3,8,20-21,231-232,239-240,269,345	建构主义
and fundamental principles of justice, 279-302	建构主义与正义的基本原则
and human nature, 177-180	建构主义与人性
and justice, 20-21,第七章	建构主义与正义
and publicity, 345	建构主义与公共性
and truth, 302-307	建构主义与真理
defined, 274-275	被界定的建构主义
Scanlonian, 294-296	斯坎伦式的建构主义
without facts, 298-300	无事实的建构主义
See also justice and constructivism, original position, political philosophy	也参见正义和建构主义，原初状态，政治哲学
consumer preference, 185	消费者偏好
contractarianism, 110-111,114,275,295-296	契约主义
and publicity, 345	契约主义与公共性
and the difference principle, 163-166	契约主义与差别原则
and the original position, 337-343	契约主义与原初状态
council tax. See property taxation	家庭税。参看财产税
democracy, 11-12,93,146-148,287-289,378,385	民主
desert, 7,15-16,28,30,33,47-48,60-62,78-79,91,96-97,120,159-160,167,335	应得
difference principle, 17-18,27-34,68-86,ch.4	差别原则

and contractarianism, 163-166 差别原则与契约主义
and daily life. See justice and daily life 差别原则与日常生活。参见正义和日常生活

and moral arbitrariness, 156-163, 166-169 差别原则与道德任意性
and publicity, 362-363 差别原则与公共性
and relational egalitarianism, 159-161 差别原则与关系平等主义
See also relational egalitarianism 也参见关系平等主义
canonical (or lexical) version of, 17, 156-161, 164-165, 320 差别原则的权威(或者词典式)版本
contractarian case for, 163-166 差别原则的契约主义情形
lax version of, 17, 68-80, 83-86, 151, 168, 300, 316, 321, 362-363, 382-387, 392-393 差别原则的松散版本

Nagel's argument for, 161-163 内格尔对差别原则的论证
non-canonical version of, 157-158 差别原则的非权威版本
strict version of, 62, 68-74, 78-81, 83-84, 153, 156, 172, 204, 316, 321, 363, 386, 392-393 差别原则的严格版本

See also incentives, maximin 也参见激励,最大最小
dignity, 69, 76-77, 80, 85, 130-131 尊严
doctor-gardener, 184-186, 189-191, 193-194, 205-220, 368-370 医生园丁

economics, 15, 67, 124, 259 经济学
education, 50-51, 92-93, 157-176 教育
efficiency, 175, 198, 303-304, 311-315, 320-322. See also justice and Pareto 效率。也参见正义和帕累托

egalitarianism, 87-91, 127, 185, 333, 370-371 平等主义

definition of, 30-34 平等主义的定义

luck, 7−8,271,292,300−302,310− 313,403−406 运气均等主义

psychology of, 52−53 平等主义心理学

relational, 17,151,156−161,317, 320,323 关系平等主义

See also equality, ethos, " free and equal," leveling down 也参见平等、风尚、"自由与平等"、水平下降

emotivism, 257−258 情感主义

entitlement, 15−16,28,32−33,47−48, 50−51,60−62,91,159−160,167, 169,409 资格

environment, 356−357 环境

envy, 169,384 嫉妒

equality, 1−3,Part I 平等

and community, 41−65 平等与共同体

and constructivism, ch.7 平等与建构主义

and freedom, ch.5 平等与自由

and incentives, ch.1, 403−406 平等与激励

and justice, 2−3,7−8,13,15−19, ch.1−4,259−261,279,302,311− 313,317−320,370,374,382,403− 406,409 平等与正义

and Pareto, 315−323. See also Pareto argument for inequality 平等与帕累托。也参见对不平等的帕累托论证

metric of, 16,78,94,101,106−109, 183,200−202,294,316,368,400− 403. See also justice, currency of 平等的度量。也参见正义,平等的通货

of opportunity, 15,89−96,104,106, 121,151,160−163,197,199,216− 217,293,383,386−387,404 机会平等

of outcome, 89,93−94 结果平等

of respect and concern, 1−2 平等的尊重和关心

    See also distributive justice, egalitarianism, ethos, incentives, justice, "prior principles" and equality   也参见分配正义、平等主义、风尚、激励、正义、"优先原则"和平等

ethical solution, the, 188 – 198, 205, 214 – 215   伦理学的解决方法（伦理办法）

ethos, egalitarian and other, 2, 16 – 17, 21 – 22, 70 – 71, 73, 85, 122 – 124, 127 – 144, 175 – 176, 195, 202 – 204, 220 – 221, 344 – 356, 358 – 365, 370 – 371, 373 – 381, 393, 396, 398   风尚、平等主义和其他

exploitation, 176, 307 – 312, 348 – 350   剥削

fact and value, 3 – 4, 230, 250   事实和价值

fact-insensitivity thesis   不敏于事实的命题
  and justice, 284 – 292   不敏于事实的命题与正义
  its conditional character, 247 – 248   它的条件特征
  its meta-ethical neutrality, 257 – 258   它的元伦理的中立性
  not a causal thesis, 254 – 256   不是一个因果关系的命题
  not a psychological thesis, 256 – 257   不是一个心理学的命题
  not an epistemic thesis, 247, 262   不是一个认识论的命题
  Rawls and, 258 – 268   罗尔斯与不敏于事实的命题

facts   事实
  and principles, 20, ch. 6   事实与原则
  and the original position, 292 – 294   事实与原初状态
  definition of, 229   事实的定义
  See also fact-insensitivity thesis, rules of regulation   也参见不敏于事实的命题、调节规则

fair equality of opportunity. See equality of opportunity   公平的机会平等。参见机会平等

fairness. See justice   公平。参见正义

fairness, principle of, 342   公平原则

family, 78, 81, 130, 133, 225, 356. *See also* basic structure; feminism; justice, domestic; sexism

feasibility. *See* "ought" implies "can"

feminism, 116–118, 142, 378. *See also* family; justice, domestic; sexism

first principle of justice. *See* liberty principle

formal constraints of concept of right, 357

fraternity, 15, 69, 77–81, 85, 130–132

"free and equal", 74–75, 91, 112, 131, 148, 159, 164, 193, 241, 262–263, 293

free rider problem, 308, 357

freedom, 1, 12, 19, 170, 246, 256, 355, 366, 371

 and moral obligation, 192–195

 and Rawlsian liberty, 196–205

 See also trilemma, freedom of occupational choice

 as self-realization, 18, 84, 183, 205–216

 in work, 205–214

 of occupational choice, 18, 114–115, 第五章, 410–411

 of speech, 133, 287–289, 376

 of the will, 14, 141, 176–177

"from each according to his ability…", 208–209, 225, 407

full compliance, 69, 82–83, 85, 126, 147, 221, 309, 402

家庭。也参见基本结构；女权主义；正义，家庭的；男性至上主义

可行性。参见"应当"蕴涵"能够"

女权主义。也参见家庭；正义，家庭的；男性至上主义

正义的第一个原则。参见自由原则

正当概念的形式限制

博爱

"自由与平等"

搭便车问题

自由

 自由与道德义务

 自由与罗尔斯式自由

 也参见三难困境和职业选择的自由

 作为自我实现的自由

 工作中的自由

 职业选择的自由

 言论自由

 意志自由

"各尽所能……"

完全遵从

God, 112, 241, 261, 272–273, 332, 396　　上帝

historical materialism, 176–177　　历史唯物主义
holism, 241–244　　整体论
Homo economicus, 2　　经济人
human nature, 5, 18, 52, 85, 155, 176–　　人性
　　180, 229–232, 254, 287, 281, 284–
　　285, 287, 294, 298, 351, 406

ideal and nonideal theory, 221, 309　　理想理论与非理想理论
ideal observer theories, 267, 275, 295　　理想的观察者理论
ideology, 1, 51, 407　　意识形态
impartiality, 110–114, 339　　不偏不倚
incentives, 15, ch. 1–2, 118–125,　　激励
　　129, 138–139, 143, 152–156, 173–
　　174, 177–179, 197, 211–212, 300,
　　321–322, 345, 357, 373–374, 381–
　　383, 400–411
　　and blame, 54, 118, 140–143, 153–　　激励与受责备
　　　155, 173
　　and community, 15, 32, 46–48, 54,　　激励与共同体
　　　65–68, 82, 121, 178
　　and luck egalitarianism, 300, 403–406　　激励与运气均等主义
　　and personal prerogative. *See* personal　　激励与个人特权。参见个人
　　　prerogative　　　特权
　　and the difference principle, 68–86,　　激励与差别原则
　　　152–156, 172–173
　　argument, 13, ch. 1, 120–122, 125,　　激励论证
　　　139, 172–173, 381, 389, 392, 394
　　bad (or bluffing) case, 57–59, 102–　　糟糕（或欺骗）情形
　　　103, 181, 368, 398, 401

good (or special burden) case, 55–58, 70, 73, 102–106, 123, 152, 355, 374, 388–389, 398–401 良好(或特殊负担)情形

standard case, 57–59, 65, 73, 102–103, 107, 122, 181, 184, 207–208, 374, 388, 392, 398–403 标准情形

income taxation, 17, 27–30, 34–35, 42, 48–64, 67–68, 70–75, 79, 83, 122–123, 130–131, 172, 174–175, 190, 192, 202–204, 221–222, 276, 324, 345–346, 352, 362–363, 375–377, 389, 399–400, 402, 408 收入所得税

incommensurablity, 6, 183, 209, 371 不可度量性

inequality. See equality 不平等。参见平等

inequality as a necessary evil, 113–114 作为一种必要的恶的不平等

interpersonal 人际的

   arguments, interpersonal presentation of, 35–41, 64–68 人际论证，人际论证的人际表现形式

   test, 41–62 人际检验

intuitionism, 4–6, 259, 262, 285, 299 直觉主义

"is"-"ought" question, 230, 248–250 "是"-"应当"问题

Islam, 290 伊斯兰教

justice 正义

   and constructivism, 2–3, 20–21, 179–180, 231, 269, ch. 7 正义与建构主义

   and daily life, 2, 16, 74–76, 121, 139, 375 正义与日常生活

   and equality, 2–3, 7–8, 13, 15–19, ch. 1–4, 259–261, 279, 302, 311–313, 317–320, 370, 374, 382, 403–406, 409 正义与平等

and facts, 229－232,243,252－254, 259,262－263,267－269,271－272,289,292－294,298－300　正义与事实

and fairness, 6－8,156－160,163, 165,168,312,317－318,323,347,349　正义与公正

and ineliminable inequality, 379－380　正义与不可消除的平等

and legitimacy, 28,148,165－166, 297－298,340　正义与合法性

and other virtues and values, 3,7,21, 156,177－179,227－228,275,291, 300,302－305,309,317－318,323, 354,381　正义与其他德性和价值

and pareto, 15－18,274,315－323　正义与帕累托论证

and policy, 317－320,322－327,380－381　正义与政策

and precision, 22,260,314,347－348,354－359,364,369　正义与精确度

and publicity, 21－22,123,285－286, 294,300,323－327,337,ch.8　正义与公共性

and stability, 147－148,286,300, 309,327－330,337,344－345　正义与稳定性

and truth, 302－307　正义与真理

as the first virtue of social institutions, 84－85,286,302－307,319　正义作为社会制度的首要德性

circumstances of, 81,178,331－336　正义的环境

concept of, 2－3,6,21,160,180,279, 292,305,314　正义的概念

currency of, 222,403－406　正义的通货

domestic, 137,142,359－361,364. See also sexism　家庭中的正义。也参见男性至上主义

fetishism, 307,319　拜物教

in distribution vs. just society, 126-129	分配之中的正义对公正的社会
in society, 2,15,50-51,69,73,76, 81,83,86,94,118,121-131,147-148,161,174-175,193,221,328-329,344,375,396-398,403,407,410	社会中的正义
interpersonal, 160,322-323,400-402	人际正义
metric of, 16,78,94,101,106-109, 183,200-202,294,316,368,400-403	正义的尺度
"must be seen to be done", 323-325	"正义必须被实现"
natural duty of, 9,357-358	正义的自然义务
political conception of, 180,296-298	正义的政治观念
procedural, 126-127,220,333	程序正义
retributive, 309,323,332-333	报应性正义
site of, 116-117,124-140,276, 377-381	正义的场所
strong thesis about, 286-289,297	关于正义的强命题
weak thesis about, 286-287	关于正义的弱命题
See also basic structure, constructivism, egalitarianism, equality, Portia, principles of justice, rules of regulation, unjust society	也参见基本结构、建构主义、平等主义、平等、波西娅、正义的两个原则、调节规则、不公正的社会
kidnappers, 39-41,47-48,54,59,63, 66-67,83-84,122,210,398	绑匪
kidney donation, 183,223-224	捐肾
labor burden, 16,84,98-109,114,126, 154-155,181,200,368-369,388, 401-402,408	劳动负担

domestic, 137, 142, 359 – 364　　　　家庭的劳动负担
　　See also incentives, good (or special　也参见激励、良好(或特殊
　　　burden) case; publicity and labor　　负担)情形;公共性和劳
　　　burden　　　　　　　　　　　　　动负担
laissez-faire, 76 – 77, 79 – 80, 91 – 92,　自由放任(主义)
　　104, 221
　　See also natural liberty　　　　　　也参见天赋自由
legitimacy. See justice and legitimacy　合法性。参见正义与合法性
leisure, 49, 110, 203, 211 – 212　　　　闲暇
　　as a primary good, 99, 105　　　　闲暇作为一种基本善
　　See also labor burden　　　　　　也参见劳动负担
leveling-down objection, 31, 319 – 320, 322　水平下降异议
leximin. See difference principle, canonical　词典式最小(规则)。参见差别
　　(or lexical) version of　　　　　　　原则的权威(或词典式)版本
liberal rights, 187 – 188　　　　　　　自由权利
liberals, 1 – 2, 11 – 12, 15, 28 – 30, 32 – 33,　自由主义者
　　35, 69, 73, 93, 117, 129, 146, 166, 168,
　　173 – 174, 186 – 188, 220, 384 – 385, 394
libertarianism, 91 – 92, 216, 222, 310.　自由意志主义。同时参看自由
　　See also laissez-faire, self-ownership　　放任、自我所有权
liberty. See freedom, liberty principle　自由。参见自由、自由原则
liberty principle, 160, 196 – 205, 383　自由原则
love, 224 – 225　　　　　　　　　　　爱
loyalty, 283, 328 – 329, 365　　　　　忠诚
luck egalitarianism. See egalitarianism,　运气均等主义。参见平等主
　　luck　　　　　　　　　　　　　　义、运气

market, 12, 53, 74 – 76, 79, 104, 119 –　市场。也参见资本主义
　　120, 122 – 123, 133, 137, 142 – 143,
　　174 – 175, 179, 190 – 191, 202, 220,
　　223, 293, 361, 381, 388, 409, 411. See
　　also capitalism

market socialism, 34	市场社会主义
Marxism, 1-2, 84, 176-177. *See also* historical materialism	马克思主义。也参见历史唯物主义
Master goals and super goals, 373-374, 394-398	总体目标与超级目标
Maximin, 77-78, 80, 97, 163, 171, 183, 186, 202-203, 268, 293, 375, 385-386, 396-397, 402	最大最小
meta-ethics, 20, 230, 254, 257-258, 268-269, 276, 306	元伦理学
methodology, 2-6, 81, 238-240, 260-262, 292, 297-298	方法论
metrics. *See* equality, metric of; justice, metric of	尺度。参看平等,平等的尺度;正义,正义的尺度
monism (Murphy's), 373-374, 394-398	一元论(墨菲的)
moral arbitrariness, 17, 89-92, 96, 100, 104-105, 111-113, 151-164, 166-168, 170, 172, 271, 301, 333, 382, 409	道德任意性
moral division of labor, 8-11, 174	道德的劳动分工
moral realism, 230, 257. *See also* objectivity in ethics	道德实在论。也参见伦理学中的客观性
moralism, 51, 173. *See also* blame	道德主义。也参见指责
morality, 5-6, 8, 192-194, 212, 295-296, 391-392	道德
mutual advantage, 81, 110-113, 160, 177, 331	互利
mutual indifference, 80-81	相互不关心
natural assets, 76, 85, 91-94, 104, 107, 112, 120, 161-166, 300, 333, 386, 410	自然天赋
natural duties, 9, 358, 384	自然义务

natural laws, 240 自然法

natural liberty, 91-93, 166. See also laissez-faire 天赋自由。也参见自由放任主义

normative principles. See principles 规范性原则。参见原则

objectivity in ethics, 230, 233, 237, 257, 265 伦理学中的客观性

original position, 3, 5, 74, 80-82, 88, 131, 159-160, 164, 178, 180, 197, 239-241, 259-263, 266-267, 275, 277-278, 282-286, 290-293, 295-296, 298-300, 313, 318, 337-343, 345, 382, 406 原初状态

   and contractarianism, 337-343 原初状态与契约主义

   See also constructivism 也参见建构主义

original sin, 52, 330 原罪

"ought" implies "can", 15, 20, 39, 52, 154-155, 172, 250, 254, 349 "应当"蕴涵"能够"

overlapping consensus, 148, 239, 296-298, 328 重叠共识

   See also legitimacy, political liberalism 也参见合法性、政治自由主义

Pareto argument for inequality, 18-18, ch. 2, 151-153, 167-170, 182-184, 315-316, 374, 399 对不平等的帕累托论证

Pareto principle, 30, 84, 87-89, 156, 158-159-, 162, 165, 157, 285-286, 300, 304, 313, 337, 345, 366 帕累托原理(帕累托法则)

   and freedom of occupational choice, 18-19, ch. 5 帕累托原理(帕累托法则)与职业选择的自由

and justice, 15-18, 274, 315-323	帕累托原理(帕累托法则)与正义
and the difference principle, 151	帕累托原理(帕累托法则)与差别原则
and the Wilt Chamberlain argument, 152	帕累托原理(帕累托法则)与威尔特·张伯伦论证
defined, 87-88	界定
See also Pareto argument for inequality	也参见对不平等的帕累托论证
"personal is political, the", 116-118. See also feminism	"个人的就是政治的"。也参见女权主义
personal prerogative, 10-11, 61-62, 68, 70-72, 153, 178, 181, 183-184, 198, 214, 220-221, 354-356, 370, 373, 387-394, 398, 401	个人特权
political liberalism, 146-148, 296-298	政治自由主义
See also justice, political conception of; overlapping consensus	也参见正义、正义的政治观念、重叠共识
political liberty, 196	政治自由
fair value of, 205, 383-385	政治自由的公平价值
political philosophy, 3-4, 7, 11, 13, 87, 91, 195, 232, 337, 392	政治哲学
and political practice, 247, 260, 267-268, 306-307, 381	政治哲学与政治实践
Portia, 304, 318, 354	波西娅
"powers and prerogatives", 321	"权力和特权"
primary goods, 16, 79, 91, 94-99, 105-109, 112, 138, 183, 200, 220, 293-294, 362, 369, 383	基本善
principle of open positions, 217-218	开放职位原则
principles	原则
and facts, ch. 6	原则与事实

for individuals, 358-359 对个人而言的原则
methodological, 238-241, 296-298 方法论的原则
normative, defined, 229 规范性原则，界定
See also methodology, principles of justice 也参见方法论、正义原则
principles of justice 正义原则
and publicity, ch. 8 正义原则与公共性
applied, 279-282 所运用的正义原则
fundamental, 252, 259-262, 265-267, 269-271, ch. 7, 344, 346-347, 361 基本的正义原则
See also constructivism, difference, justice principle 也参见建构主义、差别原则、正义原则
"prior principles" and equality, 373, 381-387 "优先原则"与平等
prisoners' dilemma, 174 囚徒困境
private property, 12, 61-62, 334, 385 私有财产权
promising, 218-220, 234-236, 258, 332, 334, 338 承诺
property taxation, 279, 287, 313-315 财产税
prostitution, 224-225 卖淫
Prude and Lewd, 187-188 装正经者与淫荡者
public action vs. private action, 373-377. See also justice and daily life 公众行动对私人行动。也参见正义与日常生活
publicity, 21-22, 123, 285-286, 294, 300, 323-327, 357, ch. 8 公共性
and assurance, 345, 347-354, 357 公共性与担保
and labor burden, 355, 369 公共性与劳动负担
and occupational choice, 368-371 公共性与职业选择
and Rawls, 357-359 公共性与罗尔斯
and the difference principle, 344-345, 362-363 公共性与差别原则
and vagueness, 354-359 公共性与模糊性

  as a desideratum of justice, 277, 325, 344, 364–368   作为正义的一种想望之物

  as defined by Williams, 346   如威廉姆斯定义的那样

  See also justice and publicity   也参见正义与公共性

queuing, 175, 204, 350–351   排队

racism, 136, 199, 324, 345–350, 355–356, 358, 361, 365, 367   种族主义

rationality, 252, 256–257   理性

reflective equilibrium, 232, 243, 261   反思性均衡

relativism, 268, 291–292   相对主义

rent. See incentives, bad case   租金。参见激励、糟糕情况

rights, 95, 98, 133, 187–188, 213–214, 216–217, 287–288, 411   权利

  strongly individual, 288–290   强烈的个人权利

rules of regulation, 3, 5, 8, 172, 284, 294, 299, 323–330, 337, 365–367   调节规则

  vs. fundamental principles, 15, 19–21, 106, 253–254, 263–272, 276–279, 293, 285–286, 292, 303–308, 313–315, 319–321, 381   调节规则对基本原则

self-interest, 71–73, 81, 114, 119, 124, 130, 141, 174, 177, 195, 198, 371, 389–391, 408   自私自利(利己主义、私利)

self-ownership, 12, 61–62, 90, 214, 216, 224   自我所有

self-realization. See freedom   自我实现。参见自由

self-respect, 64, 81, 294   自尊

  social base of, 94–95, 194, 361–362, 383, 385–386   自尊的社会基础

sex, 183, 224, 276, 356	卖淫/性
sexism, 117-118, 137, 142, 359-361. See also justice, domestic	男性至上主义。也参见正义，家庭中的男性至上主义
simpler Pareto argument, 90-91, 167	更简单的帕累托论证
slavery, 91, 140-141	奴隶身份（奴役、奴隶制）
and utilitarianism, 20, 263-266, 268	奴役与功利主义
of the talented, 18, 114, 201-202, 205-208, 225, 370	对有才能者的奴役
social insurance, 279, 287, 296, 308-313	社会保险
socialism1, 34, 80, 85, 129, 163, 378, 385, 407	社会主义
socialists, 30-33	社会主义者
special burden. See incentives, labor burden	特别负担。参看激励、劳动负担
stability, 147-147, 286, 300, 309, 327-33, 337, 344-345	稳定性
Stalinism, 186-187, 215, 218-219, 221-222	斯大林主义
standard case. See incentives, standard case	标准情形。参见激励、标准情形
state, the, 1-2, 8-10, 18, 118, 146-148, 152, 172-175, 195, 198-199, 219, 222, 276, 339, 342, 373, 376, 380, 390, 395-397	国家
state of nature, 317, 338, 341-342	自然状态
strains of commitment, 50-51	承诺的张力
superstructure, 1-2	上层建筑
Swedeland (and Sweden), 375-376	斯维德兰（和瑞典）
talented, the, defined, 120-121. See also natural assets.	有才能者，界定。也参见自然天赋。
taxation. See income taxation, property taxation	税收。参见收入税、财产税

trade-offs, 4 - 5, 209 - 210, 269, 272, 312, 367   交易

trilemma, freedom of occupational choice, 18 - 19, 115, 182 - 186, 188 - 195, 198, 205 - 206, 209 - 215   三难困境。职业选择的自由

truth (and political philosophy), 302 - 307   真理(与政治哲学)

two standpoints, 8 - 10. See also moral division of labor   两种观点。也参见劳动的道德分工

unanimity 165 - 166, 340. See also legitimacy,   全体一致同意。也参见合法性

unequal income inference, 183, 214 - 225   不平等收入推理

United States, 11, 29, 82, 142 - 143, 189, 367, 378   美国

unjust society, 82 - 86, 118, 176, 398, 404   不公正的社会

using a person as a means, 198, 220 - 222   把人当作手段来使用

utilitarianism, 102, 160   功利主义

 and facts 20, 263 - 268   功利主义与事实

 "government house", 346   "政府大楼"

veil of ignorance. See original position   无知之幕。参见原初状态

weakness of will. See akrasia   意志的软弱。参见意志力薄弱

weighted beneficence, 323   权衡利益

welfare, 5, 185, 201 - 202, 222, 246, 256, 277, 282, 287 - 290, 307, 369 - 370, 400 - 402   福利

welfare state, 59, 179, 375 - 377, 397   福利国家

well-ordered society, 74, 127, 147, 309 - 310, 365, 384   良序社会

West Germany, 143   西德

Wilt Chamberlain, 17 - 18, 152, 169 - 170   威尔特·张伯伦

译者后记

正义和平等,这是一个与人类同生共死的重大议题。

当面对当代自由主义哲学家尤其是罗尔斯为资本主义的正义所做的系统辩护时,作为马克思主义者,我们有两种选择:要么简单地反对和拒绝,要么在认真分析和深入研究的基础上进行强有力的批判。很显然,G·A·科恩先生选择了后者。也正是因为他严谨的分析风格和对社会主义平等主义的彻底信奉,他被国际学界誉为"平等主义的良心"。

本书堪称科恩先生的盖棺之作,它是科恩先生对自己的政治哲学思想进行的一次集大成的系统阐述。《拯救正义与平等》原著于2008年由哈佛大学出版社出版,2009年8月5日凌晨,科恩先生就突然"停止思想了"。消息传来,闻者皆悲,国内段忠桥先生挥笔写下了《分析的马克思主义的旗手、社会主义平等主义的斗士——纪念G·A·科恩》一文以表纪念,倡承其志。我于2008年下半年联系科恩先生和出版社,最终确定下来翻译这部经典之作。在2009年的夏天,忽闻先生噩耗,彻夜难眠。脑海中不断地闪现出2005年3月在牛津大学万灵学院先生的办公室中与先生愉快地进行交流和向先生详细求教的景象,闪现出在牛津大学社区咖啡馆里听先生娓娓道来家庭生活和学界趣闻的场景,闪现出在牛津大学出版社书店里先生幽默风趣调皮的样子,历历在目,犹如昨日。译著最终出版历时五年有余,其间我因为各种事情时有耽搁,经历着心灵上的煎熬和精神上的求索,其间艰辛,甘苦自知。但是,每当面对原著或打印出来的译著初稿时,我都感受到这个重大议题对我有着特别的吸引力,促使我坚持完成这个对我而言的艰巨工作。今天,译著终成,聊慰先生之志。

《拯救正义与平等》尝试拯救的平等主义主题是:"在一个分配正义占据主导地位的社会中,民众期望在物质方面大体上平等:分配正义不能容忍由为处境好的人提供经济激励而产生的严重不平等,而罗尔斯及其追随者认为这样的严重不平等是一个公正社会的表现。"同时,该书还尝试把正义概念从罗尔斯的建构主义论述中拯救出来,即从构筑其内容的建构主义观点中拯救出正义概念本身。这是对正义概念的一种更加元伦理学意义上的拯救,而这个拯救又支持了对平等主义主题的拯救。围绕这两个主题,科恩游刃有余地运用了当代西方主流哲学社会科学的分析技术,尤其是分析哲学的分析技术,从激励论证、帕累托论证、基本结构异议、差别原则、自由异议、事实、建构主义和公共性论证八个方面进行了独到而详细的阐述。

在该书中,科恩先生对正义和平等这两个主题进行了纯粹哲学意义上的拯救。这种拯救方式是学术性的,但其意义不仅仅是学术性的,而且有着重大而深远的实践意义。首先,这是对当代资本主义正当性的强有力批判。科恩运用"科学的"分析工具从自由主义正义理论的根基处对它发起了致命一击,从而使自由主义正义理论在逻辑层面不再站得住脚。其次,这是当代西方马克思主义哲学家对他们所理解的马克思主义的继承和发展。在研究风格上,与马克思同出一辙,是在对当代资本主义理论深入而细致的批判这个基础上建立和发展社会主义理论。在这个意义上,科恩的工作堪称是对马克思主义的一种继承和发展。再次,《拯救正义与平等》中的许多思想,例如对帕累托论证的批判、自由异议、社会风尚理论等,对社会主义实践有着重要而深远的指导意义,它们在哲学的根基上为平等主义和社会主义提供了一个更加坚实的理论论证。

在我确定翻译本书之后,恰有方广宇博士来访,当时他正在复旦大学哲学学院攻读博士学位,因为他的博士论文准备写科恩的平等主义思想,所以他慨然允诺愿意翻译该书有关平等主义的部分,他提供了该书第1—5章以及人名索引和术语索引的最初译稿。该书其余部分的最初译稿由我完成。该书的全部译校工作和最后的通稿工作也全部由我本人完成,因此该书的译稿质量应该由我负责。在翻译该书时,我力求忠实于原著思想,很多学术名词都是慎重思虑、多方比较、反复斟酌之后才采纳的译法。我虽辛勤耕耘,奈才智有限,错谬和不当之处肯定在所难免,敬请读者不吝指正(联系邮箱: greatchen@126.com。),以期将来再版时能有一个更好的版本面世。

在这里,我要感谢复旦大学哲学学院给了我一个安身立命的平台,使我能够在基本衣食无忧的空间里做一点儿自己想做的事情。感谢国家社科基金的立项和资助,使我更有信心去做好这个领域的研究。感谢复旦大学"985工程"国外马克思主义与国外思潮研究国家哲学社会科学创新基地的不断支持,帮我打开了更多的思维视野,使我得到了更多的理论滋养。感谢复旦大学文科科研处"金苗"项目的前期资助,使得关于该书的前期研究能够顺利地展开。尤其感谢复旦大学出版社陈军先生的包容、督促和理解,以及他高效而细致的编辑工作,没有他的大力支持和热忱帮助,这一中译本就不可能顺利地面世。

  最后,非常感谢我的妻子马卉,正是她的督促、鼓励和支持才使我及时地完成了对中译本的最后通稿工作,使我的第一部译著能顺利面世。

陈 伟

2014 年 6 月 13 日

图书在版编目(CIP)数据

拯救正义与平等/〔英〕G·A·科恩(G. A. Cohen, 1941—2009)著;陈伟译.
—上海:复旦大学出版社,2014.8
书名原文:RESCUING JUSTICE AND EQUALITY
ISBN 978-7-309-10309-0

Ⅰ.拯… Ⅱ.①科…②陈… Ⅲ.①正义-研究②平等-研究 Ⅳ.D081

中国版本图书馆 CIP 数据核字(2014)第 017301 号

Cohen, G. A. (Gerald Allan), 1941-
RESCUING JUSTICE AND EQUALITY / G. A. Cohen
ISBN-13:978-0-674-03076-3
Copyright © 2008 by the President and Fellows of Harvard College
Published by arrangement with Harvard University Press
Simplified Chinese translation copyright © 2014 by Fudan University Press
ALL RIGHTS RESERVED
版权所有,盗印必究。

本书中文简体字翻译版由哈佛大学出版社授权复旦大学出版社有限公司独家出版发行。此版本可在中国大陆地区销售。未经出版者预先书面许可,不得以任何方式复制或发行本书的任何部分。
上海市版权局著作权合同登记号 图字 09－2011－175 号

拯救正义与平等
　〔英〕G·A·科恩(Gerald Allan Cohen) 著 陈 伟 译
　责任编辑/陈 军

复旦大学出版社有限公司出版发行
上海市国权路 579 号 邮编:200433
　网址:fupnet@ fudanpress.com　http://www.fudanpress.com
　门市零售:86-21-65642857　团体订购:86-21-65118853
　外埠邮购:86-21-65109143
　上海肖华印务有限公司

开本 700×1000　1/16　印张 27.25　字数 424 千
2014 年 8 月第 1 版第 1 次印刷

ISBN 978-7-309-10309-0/D·659
定价:58.00 元

如有印装质量问题,请向复旦大学出版社有限公司发行部调换。
版权所有　侵权必究